원효연구

원효연구

초판 1쇄 인쇄 2020년 1월 20일
초판 1쇄 발행 2020년 1월 28일

지은이 최유진
펴낸이 박재규
펴낸 곳 경남대학교 출판부
전화 055-249-2074
팩스 0505-999-2115
홈페이지 kyungnam.ac.kr/press
전자우편 ko10@kyungnam.ac.kr

출판등록 제1974-100001호(1974.3.14.)
631-701 경남 창원시 마산합포구 경남대학로7 (월영동)

원효연구

최유진

경남대학교출판부

머리말

원효(617-686)는 우리나라의 불교사상가 중에서 으뜸가는 인물로 예로부터 많은 존경을 받아 왔고 그와 관계되는 많은 설화가 후대에까지도 전하여 내려온다. 그러나 원효 생존 당시부터 그랬던 것은 아니다. 원효는 주류라고 하기는 곤란한 배경을 가지고 있다. 먼저 그는 진골 귀족이 아니다. 진골 귀족이 아닌 육두품 출신으로 짐작된다. 오두품이었을 것으로 추정하는 연구도 있다. 아무튼 높은 귀족 출신이 아니다. 그리고 서울인 경주 출신이 아닌 경산 출신이었다. 그의 집안이 원래는 서울인 경주 사람이었을 것이라는 주장도 있지만 그는 경산에서 태어났고 일단은 그곳을 중심으로 활동했던 것으로 보인다. 그리고 유학승 출신이 아닌 국내에서 수학한 사람이었으며 나중에는 환속을 하여 승려도 아닌 거사의 신분이었다. 이런 여러 가지 핸디캡 때문인지 당대에는 그렇게 높은 존경을 받지는 못하다가 세월이 흐르면서 더욱 주목을 받은 것으로 보인다. 9세기 초에는 고선사에 비가 세워지고 고려시대에는 원효의 화쟁이 주목을 받으면서 대각국사 의천에 의해 높은 존경을 받았고 보조국사 지눌도 그를 높이 존경하였다.

원효가 우리나라 최고의 불교사상가로 널리 존경을 받는 것은 수많은 저술이 보여주는 그의 뛰어난 지혜와 여러 설화로도 잘 알려진 민중 속에서의 실천 때문일 것이다. 그는 불교의 거의 모든 사상을 연구하고 그것을 자기의 것으로 하였으며 다양한 사상들의 가치를 인정하였다. 특정한 한 경전이나 종파를 주장하지 않고 모든 경전과 가르침의 중요성을 인정하고 다툼을 화해시키기 위해 노력했다. 불교의 모든 가르침들은 부처의 가르침이고 불교의 근본 목적을 위한 가르침이므로 모든 것이 인정된다는 것이다. 이것이 원효의 화쟁이다. 스스로의 견해에 집착하여 다투는 것은 부처의 가르침에서 멀어지는 것이므로 다툼을 화해시켜 부처의 본래의 가르침에 돌아가도록 하려는 것이 그의 목적이었다. 화쟁은 일심의 근거 위에서 가능하다는 것이 그의 주장이다. 모든 것이 마음에서 나오므로 그 마음의 진리를 깨달으면 부처의 가르침이 서로 모순이 없음을 알 수 있다고 한다. 이와 같이 일심의 철학과 화쟁이 그의 사상의 핵심이라고 할 수 있다. 일심과 화쟁으로 불교의 모든 이론들을 회통한 것이 그의 이론적 측면에서의 공헌이었다면 그는 또 한편 실천가로서도 중요하다. 그는 불교의 근본 가르침을 직접 민중 속으로 들어가 전파하고 실천하였다. 이론과 실천의 통합이 그대로 실현되고 있는 것이 원효의 삶이었다고 할 수 있다. 이론적인 통합, 이론과 실천의 통합이 그의 위대한 점이었다. 그 실천에서는 세속과 출세간의 경계도 넘어섰다. 그는 초기에는 출가자인 승려의 신분이었지만 생의 후반부는 거사로서의 삶을 살았다. 거사로서의 그의 삶은 더욱 민중과 가깝게 실천하는 삶이었다. 『송고승전』에서는 불교의 이상적인 거사인 유마거사를 연상시키는 표현으로 원효의 민중 속에서의 교화를 묘사하고 있다. 승과 속의 경계마저도 무너뜨리고 자유로운 실천을 하는 것이 무애자재한 원효의 정신이다. 원효의 이러한 무애한 모습은 선종이 본격화되기 이전의 사람이었음에도 불구하고 선종의 무애자재와 근본정신이 닮아 있어서 후대의 사람들에게 많은 영향을 준 것으로 보인다. 원효의 깨달음 설화가 널리 알려지고 전해 오는 것을 통해서 그것을 알 수 있다.

원효는 많은 저술을 하였다. 100여종 가까운 저술을 한 것으로 알려지고 있다. 방대한 양의 저술을 하고 불교의 거의 모든 분야를 다루고 있으므로 그의 사상을 전부 파악하기는 쉬운 일이 아니다. 그리고 실천적인 면에서도 위대한 그의 정신을 밝히는 것은 쉬운 일이 아니다. 필자는 상당한 기간 원효를 중심으로 불교 사상을 연구해 왔다. 연구를 하면 할수록 깊이 있는 그의 사상과 실천에 감탄하게 된다. 그동안의 원효에 대한 연구를 모아 보충하고 정리하여 『원효연구』라는 제목으로 내놓는다. 『원효사상연구-화쟁을 중심으로-』에 이어 두 번째 원효 관련 저서인 셈이다. 원효를 이해하고자 하는 모든 분들께 조금이라도 도움이 되길 바랄 뿐이다.

2020년 1월

최 유 진

목차

| 제1부 |

원효의 신분과 활동

원 효 연 구

제1장 신라에 있어서 불교와 국가

원효를 중심으로

I. 서론

6, 7 세기의 신라 시대에 불교는 국가와 밀접한 연관을 가졌다. 왕실에서는 불교를 적극적으로 받아들였고 스스로를 불교의 옹호자 또는 불교의 실천자로 자처하였다. 불교가 공인된 법흥왕 시대부터 왕명도 불교식으로 지어졌으며 왕은 스스로를 전륜성왕으로 자처하거나 또는 석가의 아버지나 어머니와 같은 이름을 가진 왕과 왕비도 있다. 법흥왕과 진흥왕은 모두 말년에 출가한 것으로 알려져 온다. 이런 왕실의 적극적인 후원에 힘입어 불교는 크게 발전하였고 다수의 고승들이 나왔다. 그 고승들은 대부분이 높은 귀족 출신이었고 정치에도 깊숙이 관여를 하였다. 원광, 자장, 명랑 등의 예가 대표적이다. 원광은 신라를 위하여 외교문서도 작성을 하였고 자장은 신라불국토설을 주장하였다. 명랑은 당나라 군사를 물리치기 위해서 주술을 사용하였다. 불교가 국가와 밀접한 관련을 맺고 있음을 알 수 있다. 의상의 경우에도 부석사를 창건한 것이 국가와 밀접한 연관을 가진 것으로 평가되며 왕에게 성을 쌓지 말라고 충고하였다는 기록이 남아 있다.

원효(617-686)의 경우는 어떠한가? 그는 국가 권력과 밀접한 관련을 갖기 보다는 민중 속으로 들어가서 활동하였다. 왕실과 밀접한 연관을 가지는 높은 귀족 출신의 승려는 아니다. 불교가 대중화되면서 귀족 출신의 승려들 외에 민중적인 승려들이 나타나는 시대에 대중 속에서 활동하는 평민 승려 또는 거사로서의 모습이 원효의 모습인 것으로 보인다. 따라서 왕실 내지는 국가와 밀접한 관련이 있었다고 말하기는 어렵다. 하지만 기록에 의하면 원효의 부인은 공주라고 전해져 온다. 이 점에서 본다면 원효는 또한 왕실과 밀접한 관련을 갖는다. 왕의 사위이면서 또 한편으로는 민중불교의 실천자라고 하는 어찌 보면 모순되는 관계를 어떻게 해석하여야 할 것인가가 문제이다. 신라 시대의 대표적인 불교사상가인 원효가 국가나 왕실과 어떤 식으로 연결되어 있었고 정치사상은 어떠했으며 국왕관은 어떠했는가를 밝히는 것은 중요한 일이다. 원효 사상의 측면에서도 그러하고 당시의 신라 사회를 이해하는 면에서도 중요하다. 원효의 출신 성분, 국가나 왕실과의 관련 또는 원효의 정치사상 등에 대해서는 이제까지 몇 가지의 연구가 있었다.[1] 하지만 자료의 부족 등으로 인하여 심도 있는 논의가 이루어지 못한 것이 많고 확실한 결론이 내려지지 못한 문제도 많다. 본 연구에서는 원효의 전기와 저술 기타 여러 자료를 동원하여 좀 더 넓은 시야에서 검토해 보고자 한다. 원효와 국가와의 관계를 살펴보기 위해서 먼저 그의 출신성분에 대해서 살펴보고 다음으로는 원효의 결혼 문제에 대해서 살펴보도록 하겠다. 그리고 다음으로는 원효의 활동과 왕실과의 관계, 정치사상, 국왕관의 순서로 논의하도록 하겠다.

II. 원효의 출신 성분

원효와 왕실과의 관련을 따져보기 위해서는 먼저 그의 출신 성분을 알아보아야 할 것이다. 그가 높은 귀족 출신이었는지 아닌지가 그의 왕실이나 국가와의 관계를 결정하는 데 중요한 요인이 될 것이기 때문이다. 먼저 원효의 출생에 대해서 알아보자. 원효는 617년(진평왕39년)에 지금의 경산에서 태어났다. 『삼국유사』에서는 원효의 출생에 대해 다음과 같이 말하고 있다.

> 성사 원효의 속성은 설 씨이다. 할아버지는 잉피공으로 또는 적대공이라고도 한다. 지금 적대연 옆에 잉피공의 사당이 있다. 아버지는 담내 내말이다. 처음에 압량군(지금의 장산군) 남쪽 불지촌 북쪽의 율곡 사라수 아래에서 태어났다. 마을 이름은 불지로 또는 발지촌이라고도 한다.(속어로 불등을촌이라고 한다)……성사는 출가하고 나서 그의 집을 희사하여 초개라 하고, 밤나무 옆에도 절을 지어 사라라고 하였다. 성사의 행장에는 서울 사람이라고 했으나 (이것은) 할아버지를 따른 것이고, 『당승전』에서는 본래 하상주 사람이라고 하였다.[2]

---

1 남동신의 논문 3편(「원효의 대중교화와 사상체계」, 박사학위논문(서울대학교 대학원, 1995); 「원효와 신라중대왕실의 관계」, 『원효사상-원효연구원 편저 논문집1』(신우당, 1998); 「원효와 분황사 관계의 사적 추이」, 『신라문화제학술논문집』 20집(경주사학회, 1999))과 김상현(「7세기 후반 신라불교의 정법치국론-원효와 경흥의 국왕론을 중심으로-」, 『신라문화』 제30집(동국대학교 신라문화연구소, 2007))의 논문, 전미희(「원효의 신분과 그의 활동」, 석사학위논문(서강대학교 대학원, 1987), 하정용(「원효의 骨品에 대하여」, 『원효학연구』 8(원효학연구원, 2003)의 논문이 있다. 각 논문의 구체적 내용에 대해서는 해당 부분에서 논의할 것이다. 이하에서 논문 인용은 남동신(1995) 방식으로 인용한다.

2 聖師元曉 俗姓薛氏 祖仍皮公 亦云赤大公 今赤大淵側有仍皮公廟 父談捺乃末 初示生于押梁郡南(今章山郡) 佛地村北栗谷娑羅樹下 村名佛地 或作發智村(俚云弗等乙村)……師旣出家 捨其宅爲寺 名初開 樹之旁置寺曰娑羅 師之行狀云是京師人 從祖考也 唐僧傳云 本下湘州之人;『三國遺事』「元曉不羈」

원효는 압량군(현재의 경산)에서 태어났다. 그리고 그의 아버지는 내말(곧 나마)의 벼슬을 가지고 있었다. 원효가 지방에서 태어났으니 지방 사람인가 아니면 본래 서울 사람인데 부모가 잠깐 지방에 와 있을 때 태어난 것인가? 어디 사람이냐 하는 것은 특히 골품제 사회인 신라에서 중요하다. 왜냐하면 서울사람과 지방 사람은 신분에서 차이가 나기 때문이다. 원효가 지방 사람이라면 그만큼 높은 신분일 수가 없는 것이다. 원효의 신분에 대해서는 이기백이 신라육두품에 대해서 연구하면서 원효는 설 씨이므로 다른 설 씨와 마찬가지로 육두품이라고 본 이후에 일반적으로 육두품이라는 것이 받아들여졌다.[3] 그러나 이후의 한 연구에서는 원효는 지방민이고 육두품이 아닌 오두품이라는 주장이 제기되었다.[4] 원효는 압량군에서 태어났고 거기에서 자랐으므로 지방민이라는 것이다. 그리고 지방민의 경우에는 육두품이 못 되고 오두품이 최고였다고 한다. 새로운 문제 제기이고 상당히 설득력 있는 주장이지만 결정적인 증거가 새로 제시된 것은 아니므로 이 주장이 옳다고 확실하게 말하기는 어렵다.[5] 원효가 육두품이었는지 또는 오두품이었는지는 확실하게 말할 수 없지만 오두품의 가능성이 있을 정도로 원효의 신분은 높지 않았던 것 같다. 적어도 진골 귀족 출신은 아닌 것으로 보인다.

그런데 원효의 출신 성분에 대하여 원효의 골품을 진골로 본 연구도 있다. 이 연구에서는 다음과 같은 몇 가지 근거로 원효의 진골 가능성을 제기하였다. 첫째, 설 씨가 모두 같은 신분이라고 보는 것은 안 되며 진골로 볼 수 있는 설 씨가 있다. 예를 들면 좌군주인 薛支의 경우가 그러하다. 둘째, 원효 집안은 대대로 왕경인이었는데 원효는 어떤 이유로 압량에서 태어났다. 셋째, 원효의 조부 잉피공은 왕실을 비롯한 최고 귀족만이 사용하는 공을 칭하고 있으며 廟까지 존재하고 있다. 따라서 원효 역시 진골 귀족일 가능성이 존재한다. 넷째 원효의 자인 설총은 추측된

---

3 이기백, 「신라육두품연구」, 『신라정치사회사연구』(일조각, 1974) 참조. 이기백은 설 씨 가문을 대표적인 육두품 가문의 하나로 보았다. 원효가 압량군에서 태어난 것에 대해서는 원효의 아버지가 왕경과 압량군에 아울러 거주지를 가지고 왕래하였다고 보았다. 즉 원효의 가문은 압독국 왕족의 후손인데 신라는 압독국이 항복한 뒤에 그 왕족을 왕경으로 데려다 육두품으로 편입시키고 習比部에 살게 함과 동시에 본국은 식읍으로 주었기에 원효 아버지는 양 쪽에 다 근거지가 있었다는 것이다.

4 전미희(1987) 참조. 전미희는 원효를 지방민으로 보고 오두품으로 추정하였다. 원효 아버지는 나마의 신분이었다. 나마는 신라의 16관등 중 11번째 관등인데 이것은 京位이다. 지방 사람인데 서울 벼슬을 갖고 있다면 이에 대해 해명이 필요하다. 여기에 대해서 그는 원효 아버지가 전공을 세워서 경위를 받은 것으로 추정하였다. 원효의 아들인 설총의 벼슬이 육두품만 오를 수 있는 높은 벼슬이 아니라 오두품도 오를 수 있는 높지 않은 벼슬이었던 것도 오두품설의 한 근거였다.

5 이종욱은 육두품으로 인정하고 있고(이종욱, 『신라골품제연구』(일조각,1999) p.382 참조), 김두진은 오두품설을 비판하면서 육두품임을 주장하고 있다.("원효의 집안은 가난한 설씨녀가 있었던 점 등으로 해서 오두품 출신으로 추정되기도 하지만 그것은 정곡을 잃었다. 원효가 요석궁의 과공주와 결혼할 수 있었음은 적어도 육두품 귀족이면서 학문적으로 뛰어났기 때문이다. 유학에 뛰어난 설총이나 설 씨로 알려진 원광의 활동 등은 당시 원효의 집안이 종교와 유학 등에서 학문적으로 뛰어난 인물을 배출하고 있었음을 알려준다."; (김두진, 「원효의 유심론적 원융사상」, 『한국학논총』 22집(국민대학교 한국학연구소, 1999), p.3) 하지만 김상현은 판단을 유보하고 있고(김상현(2000) pp.74-75 참조), 남동신도 원효가 압량군 출신인가 경주 출신인가 확정지어 말하기 어렵다고 말하고 있다.(남동신(1995) p.58 참조)

나마 이상의 진골 귀족이 전유했던 高秩로 적합한 관등까지 승진했을 가능성이 있다. 다섯째 원효의 파계의 대상이 공주였으므로 원효 역시 진골 귀족일 가능성이 크다. 여섯째 원효는 왕실과 관련이 깊은 황룡사, 흥륜사 등에 주석한 바 있다.[6] 하지만 이 논문의 주장이 옳다고 하기는 어렵다. 그 이유를 몇 가지 살펴보도록 하자. 첫째의 근거인 左軍主 薛支의 골품이다. 좌군주라고 하여 바로 진골이라고 보기는 어렵다. 일반적으로 군주는 지증왕 이후에 최고의 외관이 되고 진골로 임명된다고 한다.[7] 그러나 설지는 벌휴왕(184-196) 때의 사람이다. 지증왕 이후의 군주는 진골이지만 그 이전의 군주에 대해서는 그렇게 말하기 어렵기 때문에 설지가 높은 신분이기는 하겠지만 진골이라고 확정하기는 어렵다. 그리고 설지의 설이 姓인지도 확실하게 말하기 어렵다. 벌휴왕 시기에 같이 등장하는 신하들이 모두 성이 따로 없는 이름이기 때문이다.[8] 둘째 원효가 왕경인인가 아니면 지방민인가의 문제도 논란의 여지가 있고, 또 설령 왕경인이라고 하더라도 원효가 진골인가 아닌가 하는 것은 또 다른 문제이다. 셋째 공이란 이름으로 지칭되는 사람들이 많은 경우 높은 귀족인 것은 사실이지만 그들이 모두 진골인 것은 아니다. 예를 들면 고허촌장 소벌공[9]은 진골이라 할 수 없을 것이다. 그리고 신라시대에 공이 존칭이 아니라 이름의 말자(末字)로 쓰이는 예도 제법 있다.[10] 넷째 설총이 높은 관직을 받았다는 것도 얼마나 높은 관직을 받았는지 확인이 안 된다. 다섯째는 공주와의 사이에서 설총을 낳았다는 기록을 근거로 원효가 공주와 같은 진골이었을 것이라는 주장인데 이것에 대해서는 뒤에 다시 자세히 논의할 것이지만 『삼국유사』의 기록의 신빙성이 의심스럽다는 지적을 할 수 있다. 여섯째 왕실과 관련이 깊은 사찰에 주석한 것이 신분과 관계가 있을 것이라고 주장하는데 이러한 사찰에 주석했다는 것이 원효가 진골이라는 증거가 될 수는 없을 것이다. 이들 사찰이 진골만이 주석할 수 있지는 않았을 것이며 원효는 이들 사찰 이외의 많은 사찰에도 흔적을 남기고 있기 때문이다. 이상의 여러 가지로 볼 때 원효가 진골이라는 주장은 성립하기 어려운 것으로 생각된다.

---

6 하정용(2003) 참조

7 신형식, 「新羅軍主考」, 『白山學報』 제19호(백산학회, 1975) pp.53-54 참조

8 伐休尼師今은 성이 석씨라고 기록되어 있지만 왕을 제외한 당시의 신하들의 이름은 성씨가 따로 기록되어 있지 않다. 좌우 군주인 仇道, 仇須兮와 阿湌을 삼은 國良, 一吉湌을 삼은 述明 모두 성이 따로 없다. 薛支만이 설이라는 성을 가지고 있었다고 보기는 어렵다. 설이 성이 아니라고 보는 것이 자연스러울 것이다.; 『三國史記』 卷二 「新羅本紀」 第二 「伐休尼師今」 참조

9 『三國史記』 卷第一 「新羅本紀」 第一 「赫居世居西干」 條 참조

10 <迎日 冷水里碑>에는 訾心公이라는 이름의 인물이 등장하고 <蔚珍 鳳坪碑>에도 牟珍斯利公이라는 사람이 나오며 <昌寧 眞興王拓境碑>에도 珍利□次公이라는 이름의 인물이 나온다. 여기에서의 공은 경칭이 아니라 이름의 끝 글자이다. 그리고 이들은 모두 높은 귀족이 아니다. (한국고대사연구회 편, 『譯註 韓國古代金石文』 제2권(가락국사적개발연구원, 1992), pp.6-12, p.15, p.60 참조.

III. 원효의 결혼과 왕실

이제 원효의 환속과 왕실과의 관련에 대해서 알아보자. 『삼국유사』에서는 원효의 결혼에 대하여 다음과 같이 전하고 있다.

> 그가 사방으로 다니며 수행한 시말과 널리 교화를 펼쳤던 크나큰 업적은 『당전』과 『행장』에 자세히 실려 있다. 여기서는 자세히 기록할 수 없고, 다만 『향전』에 실린 한두 가지 특이한 사적만을 쓴다. 성사는 일찍이 어느 날 상례에서 벗어나 거리에서 노래를 부르기를, "누가 자루 빠진 도끼를 허락하려는가? 나는 하늘을 받칠 기둥을 다듬고자 한다."고 하였다. 사람들이 모두 그 뜻을 알지 못했는데 이 때 태종이 그것을 듣고서 말하기를, "이 법사가 아마도 귀부인을 얻어 훌륭한 아들을 낳고 싶어 하는구나. 나라에 큰 현인이 있으면 그보다 더한 이로움이 없을 것이다."고 하였다.
>
> 그때 요석궁(지금의 학원이 이곳이다.)에 홀로 사는 공주가 있었다. 궁중의 관리를 시켜 원효를 찾아서 맞아들이게 하였다. 궁중의 관리가 칙명을 받들어 그를 찾으려고 하는데, 벌써 그는 남산에서 내려와 문천교(사천이나, 세간에서는 연천 또는 문천이라고 하고, 또 다리 이름은 유교라고 한다.)를 지나고 있어 만나게 되었다. 그는 일부러 물에 떨어져 옷을 적셨다. 관리는 법사를 궁으로 인도하여 옷을 벗어 말리게 하니, 이 때문에 묵게 되었다. 공주가 과연 태기가 있어 설총을 낳았다.
>
> 설총은 나면서부터 명민하여 경서와 역사서에 두루 통달하니 신라 십 현 중의 한 분이다. 우리말로써 중국과 외이의 각 지방 풍속과 물건 이름에 통달하고 육경 문학을 訓解하였으니, 지금까지 우리나라에서 경학을 공부하는 이들이 전수하여 끊이지 않는다. 원효가 이미 失戒하여 설총을 낳은 이후로는 속인의 옷으로 바꾸어 입고 스스로 소성거사라고 하였다.[11]

원효가 무열왕 때에 공주와 결혼하여 설총을 낳았다는 얘기이다. 그리고 결혼을 할 때에는 원효의 적극적인 의지와 무열왕의 호응으로 공주와의 결혼이 이루어진 것으로 묘사되고 있다. 그런데 이 이야기는 원효의 다른 전기에는 보이지 않고 『삼국유사』에만 전해져 온다. 이제까지의 연구에서는 『삼국유사』의 이 기록을 역사적 사실이라고 생각해 왔다. 물론 『삼국유사』의 원

---

11 其遊方始末 弘通茂跡 具載唐傳與行狀 不可具載唯鄉傳所記有一二段異事 師嘗一日風顚唱街云 誰許沒柯斧 我斫支天柱 人皆未喩 時太宗聞之曰 此師殆欲得貴婦 產賢子之謂爾 國有大賢 利莫大焉 時瑤石宮(今學院是也)有寡公主 勅宮吏覓曉引入 宮吏奉勅將求之 已自南山來過蚊川橋(沙川 俗云牟川 又蚊川 又橋名楡橋也)遇之 佯墮水中濕衣袴 吏引師於宮 褫衣曬晾 因留宿焉 公主果有娠 生薛聰 聰生而睿敏 博通經史 新羅十賢中一也 以方音通會華夷方俗物名 訓解六經文學 至今海東業明經者 傳受不絶 曉旣失戒生聰 已後易俗服 自號小姓居士 ;『三國遺事』「元曉不羈」

효 전기가 원효의 완전한 전기를 쓰고자 한 것은 아니고 빠진 것을 보충하려는 유사적인 성격을 가지며 대중들이 원하는 쪽으로 윤색이 진행된 대중적 원효상이라는 것을 유념하여야 한다는 지적[12]은 있지만 요석궁 공주와의 결혼을 말하는 이 기사 자체의 신빙성에 대해서 의심한 경우는 없었던 것 같다.[13] 그러나 공주와 결혼하였다는 이 기록은 역사적 사실로서 믿기가 어렵다. 그 문제에 대해 논의해 보도록 하자.

먼저 자료의 신빙성 문제를 들 수 있다. 이 공주와의 결혼 기록은 여타의 원효 전기에는 없고 오로지 『향전』을 옮겨 적은 『삼국유사』에만 전해져 온다. 우리가 현재 확인할 수 있는 가장 중요한 원효의 전기 자료는 우선 <서당화상비>(신라 애장왕 대(800-809년) 건립)가 있고 『송고승전』(988년)의 「황룡사원효」전과 『삼국유사』(1384년경 완성)의 「원효불기」가 있다. 이것이 가장 중요한 원효의 3대 전기 자료라 할 만하다. 그밖에 원효의 전기를 전하는 자료들이 있지만 그것들은 이 자료들에 토대를 둔 후대의 것이거나 부분적인 것들이다.[14] 그런데 가장 초기의 중요한 자료인 <서당화상비>에 공주와의 결혼 기록은 안 보이고[15] 『송고승전』에도 그런 기사는 없다. 원효의 전체 전기를 기록하고 있는 두 전기에 그러한 내용이 안 보이는 것은 이상하다. 그리고 이 내용은 『행장』에도 없었다고 보아야 한다. 왜냐하면 일연이 『당승전』[16]과 『행장』에 실려 있지 않은 사적만을 쓴다고 밝히고 이 결혼 관련 이야기를 쓰고 있기 때문이다. 원효가 공주와 결혼하였다면 원효의 일생에서 가장 중요한 사건의 하나일 것이다. 그런데 이에 대한 기록이 다른 기록들에서는 빠져 있어서 이것의 역사적 진실성이 의심된다. 『향전』이 정확하게 어떤 기록물인지 확실한 것은

---

12 남동신은 "<불기조>는 원효의 전기를 정식으로 복원하고자 한 것이 아니라 기왕의 승전류에서 놓친 부분을 습유하고자 한 '유사'라는 것이다. 아울러 일연이 원효와 동향인이며 주된 전거가 바로 향전이므로 습유의 내용 또한 동향의 대중들이 원하는 쪽으로 이미 윤색이 진행된 대중적 원효상이라는 점에 유념하여야 할 것이다."(남동신(1995) p.56)라고 말하고 있고, 김상현도 "기존의 전기류에 빠져 있는 특이한 몇 가지 행적을 보충하고자 했던 원효불기조는 그야말로 遺事的인 서술이라고 보는 것이 타당하다."(김상현(2000) p.70)고 하여 『삼국유사』「원효불기」조의 유사적 성격을 지적하고 있다.

13 남동신은 이 이야기가 너무 극적이어서 과연 사실일까 의심스러울 정도이지만 이를 부인할 적극적인 자료가 없고, 상대가 왕실이고 설총 또한 실존인물이므로 어느 정도는 사실을 반영하는 것으로 보인다고 하였다.(남동신(1995) p. 93 참조.) 그러나 상대가 왕실이고 설총이 실존인물이라면 왜 사실을 반영한다고 볼 수 있는지 의심스럽다. 오히려 상대가 왕실이고 설총이 실존 인물이므로 이야기를 극적으로 꾸며내기가 더 쉽다고 생각할 수도 있다. 또 다른 논문에서도 남동신은 '다른 무엇보다도 설총이 실존 인물이며, 그가 원효의 아들임이 관련자료 모두가 인정하고 있다는 점에서, 위의 설화는 사실을 반영한다고 볼 수 있겠다."고 말하고 있다.(남동신(1998), p.148) 하지만 실존 인물이라는 것이 설화의 사실성을 보장하지는 않는다. 원효와 그의 아들 설총의 존재를 알고 난 이후에 꾸며진 설화일 경우는 공주와의 결혼이 사실의 반영일 수가 없다.

14 원효의 전기 자료를 가장 널리 수집 정리하고 있는 것은 福士慈稔의 박사학위논문 「원효저술이 한·중·일 삼국불교에 미친 영향」(원광대학교대학원, 2001)이다. 부분적인 여러 전기 자료의 자세한 내용에 대해서는 이 논문을 참조할 것.

15 물론 <서당화상비>는 현재 전체가 전해져 오는 것은 아니므로 누락된 부분에 그런 기사가 있을 가능성이 전혀 없는 것은 아니다. 그러나 현재 남아 있는 부분을 근거로 추정해 볼 때는 그러한 내용이 들어 있을 것 같지 않다.

16 이는 물론 『송고승전』의 잘못일 것이다.

알 수 없다. 그러나 이는 정확한 역사적 사실을 기록한 책이라기보다는 상당히 설화적인 여러 이야기들이 기록되어 있는 책으로 보인다. 그대로 역사적 사실로 인정하기는 어려운 기록들이 많이 있는 것이 이 문헌의 성격으로 보아야 할 것이다. 자장의 경우가 참고가 된다. 『삼국유사』「자장정율」조에서는 "『향전』에는 이르기를, 자장이 당나라에 들어가자 당 태종이 무건전으로 받아들여 『화엄경』 강론하기를 청하자 하늘에서 감로를 내렸으므로 처음으로 국사로 삼았다고 했는데 이는 잘못된 것이다. 당전과 국사에는 모두 그런 글이 없다."[17]라고 말하고 있다. 역사적인 사실이라기보다는 설화적으로 각색된 이야기가 많이 실려 있음을 알 수 있다. 원효의 행적의 경우 별다른 비판 없이 『향전』의 글을 옮겨 실은 것은 자장의 경우와는 달리 이 이야기가 크게 의심스러운 이야기라고 판단하지 않았기 때문에 옮겨 적었다고 판단이 가능하다. 하지만 일연이 그렇게 판단하였다는 것이 이 이야기가 역사적 사실임을 보장하는 것은 아니다. 일연이 이 이야기를 기이한 일(異事)이라고 기록하고 있는 데서 알 수 있듯이 『향전』의 성격 자체가 상당히 설화적인 요소가 많은 기록이고, 일연이 이것을 채록한 이유도 확실한 역사적 사실이어서라기보다는 원효의 위대함을 나타내 주는 이야기라고 생각했기 때문이라고 볼 수 있기 때문이다.

다음으로 원효의 부인 즉 설총의 어머니가 공주였다는 사실은 『삼국사기』의 「설총」전에도 나타나지 않는다. 실제로 공주가 어머니였다는 것을 김부식이 알고 있었다면 그것을 기록하지 않은 것은 이해하기 어려운 일이다. 물론 『삼국사기』의 열전에서 어머니를 밝히는 경우는 그렇게 많지는 않다. 하지만 중요한 경우에는 밝히고 있음을 볼 수 있다. 김유신 열전에는 김유신의 아버지 김서현과 어머니 만명의 이야기가 실려 있다. 둘이 모두 진골 귀족이기는 하나 김서현은 가야 왕족의 후손이고 만명부인은 신라 왕실의 여성이어서 결혼이 이루어지는 데 우여곡절을 겪는다. 특이한 사항이어서 기록이 되고 있다고 보아야 할 것이다. 그렇다면 설총의 경우 아버지가 환속한 소성거사 원효라는 내용을 밝혔다면 그 어머니가 공주임을 밝히는 것은 자연스러운 일인 것으로 생각된다. 설총의 경우에는 어머니가 공주라는 것은 아주 자랑스럽고 중요한 일이며 특이한 일일 것이기 때문이다. 『삼국사기』에 기록이 없다는 것은 김부식은 그런 이야기를 몰랐거나 설화적으로 그런 얘기가 있음을 알았다 해도 믿을 수 없다고 생각하여 기록하지 않았던 것으로 판단된다.

곽승훈은 "원효가 요석공주와 관계하여 설총을 낳게 되는 실계에 대해서는 『원효향전』과 『삼국유사』에서만 적고 있음이 주목된다. 그렇지만 이 점은 그의 전기 서술에 있어 미담이 아니

---

17 鄕傳云 藏入唐 太宗迎至式乾殿 請講華嚴 天降甘露 開爲國師云者妄矣 唐傳與國史皆無文;『三國遺事』「慈藏定律」

라고도 볼 수 있기도 하여 제외시킬 수 있었다고 볼 수 있지 않을까 한다."라고 그 사건이 『향전』과 『유사』에만 있는 이유를 추정하였다.[18] 하지만 이 추정도 설득력이 별로 없어 보인다. 왜냐하면 미담이 아니라서 제외했다면 『향전』이나 『삼국유사』에서는 왜 싣고 있는지 그 이유를 말하기가 어렵기 때문이다. 미담이 아니어서 다른 전기에서 기록하지 않았다면 『향전』과 그것을 옮겨 쓴 『유사』는 미담으로 생각하였다는 것인가? 『향전』이 언제 이루어진 것인지 모르지만 이전에는 미담으로 생각하지 않았던 것이 새삼스럽게 미담으로 생각하게 된 것으로 보기는 어렵다. 그리고 원효가 거사 신분이었음을 말하는 것은 <서당화상비>에도 나타난다. "거사 형상으로 원효의 像을 만들었다"[19]고 해석할 수 있는 부분이 있고 "환속하여 거사가 되었다"[20]는 말을 하는 부분도 있으므로 공주와의 결혼을 미담이 아니라고 보아서 기록하지 않을 이유는 없다. 그리고 『송고승전』에도 "거사와 한 가지로 술집과 기생집을 출입하는 것이 보지 스님이 칼과 쇠지팡이를 차고 다니는 것과 같았다."[21]는 말이 있는 것으로 보아 공주와의 결혼 사건이 있다면 그것을 일부러 기록하지 않았을 것으로 생각되지는 않는다. 무애행의 하나로 해석할 수도 있기 때문이다.

다음으로 골품제라는 측면에서 판단해 보아도 이 결혼은 믿기 어려운 사건이다. 신라는 엄격한 골품제 사회였다. 그리고 결혼은 일반적으로 같은 골품 내에서만 이루어졌다고 한다. 이종욱은 "골품제하에서는 같은 신분의 사람들끼리 혼인을 하였다고 믿어진다."[22]고 말하고 있다. 그리고 특히 신라 왕실의 여자와 관련하여 왕실의 여자들은 아래의 골품과는 결혼하지 않은 것 같다는 이기동의 지적이 있다.[23] 또 「신라 육두품 연구」에서 이기백은 "왕족과 왕비족이 진골로 고정되어 있는 골품제하에서 육두품은 왕은 물론이고 왕비도 될 수가 없는 신분층이었다. 그뿐 아니라 아예 진골과의 결혼대상에서 제외된 신분층이었다."고 말하고 있다.[24] 엄격한 골품제 사회인 신라에서 낮은 신분의 사람이 공주와 결혼을 한다는 것은 있기 힘든 일이다. 공주는 태종의 딸이라면 진골 신분일 것이다. 그런데 원효는 육두품 내지는 오두품이다. 신분의 차가 너무 크다.

---

18 곽승훈, 「신라 애장왕대 『서당화상비』의 건립과 그 의의」, 『국사관논총』 74(국사편찬위원회, 1997) p.342

19 大師居士之形(<서당화상비>); 김상현(2000) p.29, p.34

20 還爲居士(<서당화상비>); 김상현(2000) p.29, p.41

21 同居士入酒肆倡家 若誌公持金刀鐵錫; 『宋高僧傳』 「唐新羅國黃龍寺元曉」 大正新修大藏經(이하 T로 약칭) 50권, p.730

22 이종욱(1999) p.373

23 이기동, 『신라골품제사회와 화랑도』(일조각, 1984) p.89 주석 참조

24 이기백(1974) p.36

둘 사이의 결혼은 설화의 세계에서나 있을 수 있는 일이지 실제 역사적 사건으로는 일어날 수 없는 일인 것으로 보인다. 그리고 설총과의 관련에서 생각해 보면 설총이 공주의 아들이었다면 그 벼슬이 너무 낮다. 설총의 벼슬이 무엇이었는가에 대해서는 『삼국사기』나 『삼국유사』에는 직접적인 언급은 없다. 하지만 <甘山寺阿彌陀如來造像記>에 나오는 "奈麻 聰"이 설총이라는 추정이 옳다면 설총의 관등은 나마였다.[25] 나마라는 벼슬은 17관등 중 11위에 해당하는 별로 높지 않은 벼슬이다. 설총의 관등은 확실하지 않고 추정할 수 있을 뿐이지만 일본에 사신으로 갔었던 설총의 아들인 설중업은 관등을 확실히 알 수 있는데 그의 관등은 대나마였다.[26] 대나마는 나마보다 하나 위인 10위에 해당하는 관등이다. 골품제 아래서 오두품은 10등급인 대나마까지 오를 수 있었고 육두품은 6등급인 아찬까지 오를 수 있었다. 설총이나 설중업이 육두품이었다면 자신이 오를 수 있는 등급보다 한참 낮은 등급에 머물렀다. 공주의 아들이나 손자라면 이런 일이 있기는 어려울 것 같다. 오두품 신분이라면 그 신분에서 오를 수 있는 거의 가장 높은 관등에까지 올랐으므로 왕실의 후원이 있었다고도 할 수 있다. 그러나 이 경우는 원효 가문과 왕실의 신분 차이가 너무 크다. 육두품이라 해도 결혼이 의심스러운데 오두품이라면 그 가능성은 더욱 희박하다고 보아야 할 것이다. 결론적으로 말해서 이 이야기는 원효의 고향에서 설화로 전해 오는 것이 기록된 것으로 보인다. 일연의 시대인 고려시대에 원효의 부인이 공주였다는 설화가 있었던 것이다. 부인이 보통 사람보다는 공주라고 하는 것이 위대한 사람에게 어울린다고 생각했던 것으로 보인다. 원효의 부인이 보통 사람이 아니라 공주이고 또 원효의 환속이 스스로의 의지에 의한 것이라는 것을 보여주는 설화로 얘기가 만들어진 것이 아닐까 싶다.

IV. 원효의 활동, 왕실과의 관계, 국왕관

원효가 국가나 왕실과 어떤 관련을 맺었는지를 알기 위해서는 그의 활동에 대해서 살펴볼 필요가 있다. 그의 전기 자료를 중심으로 그가 어떤 활동을 하였는지를 알아보도록 하자. 『송고승전』의 「원효」전에서는 원효의 활동을 다음과 같이 묘사하고 있다.

---

25 전미희(1987) p.7 참조

26 전미희(1987) pp.4-9 참조

얼마 안 되어서 말도 안 되는 소리를 지껄이고 거칠고 빗나간 행동을 하였으며, 거사와 한 가지로 술집과 기생집을 출입하는 것이, 보지 스님이 칼과 지팡이를 차고 다니는 것과 같았다. 혹은 소를 지어서 화엄경을 강하기도 하고, 혹은 거문고를 뜯으며 사당에서 노래하기도 하였다. 혹은 민가에서 자기도 하고, 혹은 산수간에 좌선하기도 하였다. 마음 내키는 대로 하니 도무지 일정함이 없었다.……애초에 원효의 행동에 항상됨이 없었고 중생 교화에 일정함이 없었다. 혹은 소반을 던져 대중을 구하기도 하고, 혹은 물을 뿜어 불을 끄기도 하고, 혹은 여러 곳에 모습을 나타내기도 하고 혹은 사방에 죽음을 알리기도 하였으니, 이 또한 盃渡나 保誌와 같은 부류가 아니겠는가. 그 성품이 두루하여 밝지 않은 것이 없었다.[27]

자유분방하게 걸림없는 행동을 하고 신이한 행적을 보인 것을 주로 다루고 있다. 이외에 백고좌회에 참가하지 못한 것과 『금강삼매경』을 강설한 일에 대한 기록이 『송고승전』의 「원효」전의 주된 내용이다. 『금강삼매경』을 강설하였다는 것을 제외하고는 왕실이나 국가와 관련된 활동을 했다는 기록은 눈에 띄지 않는다. 원효의 활동은 오히려 그와는 반대로 민중 속에서 활동한 것이 눈에 띈다. 승려로서 높은 지위를 차지했다거나 하는 것도 볼 수 없다. 임금이나 왕족에게 설법을 하였다거나 하는 것도 『금강삼매경』 강설을 제외하면 찾아볼 수 없다. 원효의 전체적인 모습은 이렇게 그려졌던 것이다.

다음으로 『삼국유사』를 통하여 원효의 활동을 알아보도록 하자. 『삼국유사』의 「원효불기」조에서는 원효의 출생과 결혼에 대한 이야기 외에 널리 대중교화를 한 이야기가 다음과 같이 기록되어 있다.

원효가 이미 계를 잃어 설총을 낳은 뒤로는 속인의 옷으로 바꾸어 입고 스스로 소성거사라고 하였다. 우연히 광대들이 놀리는 큰 박을 얻었는데 그 모양이 괴이하였다. 그 모양대로 도구를 만들어 『화엄경』의 '일체무애인은 한 길로 생사를 벗어난다.'는 문구를 따서 이름을 무애라고 하고 이에 노래를 지어 세상에 퍼뜨렸다. 일찍이 이것을 가지고 천촌만락에서 노래하고 춤추며 교화하고 음영하여 돌아오니 가난하고 무지몽매한 무리들까지도 모두 부처의 호를 알게 되었고, 모두 나무(南無)

27 無何發言狂悖示跡乖疏 同居士入酒肆倡家 若誌公持金刀鐵錫 或製疏以講雜華 或撫琴以樂祠宇 或閭閻寓宿 或山水坐禪 任意隨機都無定檢……初曉示跡 無恒化人不定 或擲盤而救衆 或噀水而撲焚 或數處現形 或六方告滅 亦盃渡誌公之倫歟 其於解性覽無不明矣; T50, p.730

를 칭하게 되었으니 원효의 법화가 컸던 것이다.[28]

『삼국유사』의 원효 전기에서도 주된 내용은 원효의 대중교화 활동이다. 대표적인 원효의 전기에서 주목하고 있는 원효의 모습은 이와 같이 대중 속에서 활동하는 원효의 모습이다. 높은 지위를 가진 인물이거나 깊은 산중에 은거하여 도만 닦는 수도자의 모습은 아니다. 현실에서 직접 활동하는 모습이다. 그밖에 원효의 활동에 대해 우리가 확인할 수 있는 자료는 『삼국유사』나 『송고승전』에 단편적으로 언급되는 원효의 활동에 대한 기사들이다. 그것들도 원효의 민중 속에서 활동을 보여주는 얘기들이 많다. 그리고 원효의 주위에는 이른바 가항불교라고 부를 수 있는 것을 실천하는 사람들이 많았다. 노비의 아들이었던 혜공이 그러하고 『금강삼매경』과의 관련에서 등장하는 대안성자가 그러하다. 대안은 왕궁에 들어가는 것도 거부하는 사람으로 묘사되어 있다. 그런 대안이 원효가 아니면 『금강삼매경』을 강설할 사람이 없다고 원효를 추천한다. 원효와 상당한 유대감을 갖고 있음을 알 수 있다. 아미타신앙과의 연관에서 등장하는 원효가 쟁관법을 가르쳐 주었다는 엄장[29]이나 원효와 함께 자기 어머니의 장사를 지내는 것으로 그려지는 사복[30]도 모두 민중 속에서 불교를 실천하는 사람들이다. 원효도 역시 이러한 대중불교의 실천자였던 것이다. 그렇다면 현실의 가장 중요한 측면인 정치와의 연관은 어떠했을까? 앞서 우리는 원효와 공주의 결혼 문제에 대해 살펴보았다. 『삼국유사』에 원효가 공주와 결혼했다는 기사가 나오지만 역사적 사실이라기보다는 후대에 만들어진 설화일 가능성이 높다는 것이 우리의 판단이었다. 그렇다면 원효는 왕실과 별 관련이 없었던 것인가? 그 문제에 대해 논의해 보도록 하자. 공주와의 결혼 외에 왕실과의 관련을 보여주는 일화로는 인왕경백고좌회에 초대받지 못했다는 이야기와 『금강삼매경』에 얽힌 이야기가 있다.[31] 먼저 백고좌회에 초대받지 못한 것에 대해서 『송고승전』「원효」전에서는 다음과 같이 말한다.

---

28 曉旣失戒生聰 已後易俗服 自號小姓居士 偶得優人舞弄大瓠 其狀瑰奇 因其形製爲道具 以華嚴經一切無导人 一道出生死 命名曰無导 仍作歌流于世 嘗持此 千村萬落且歌且舞 化詠而師 使桑樞瓮牖玃猴之輩 皆識佛陁之號 咸作南無之稱 曉之化大矣哉

29 『三國遺事』「廣德 嚴莊」 참조

30 『三國遺事』「蛇福不言」 참조

31 이 일화들은 『宋高僧傳』에 나오는 이야기들인데 설화적인 성격이 강해서 역사적 사실인지에 대해서는 확실히 말하기 어렵다. 다만 원효와 왕실과의 관계에 대해 어느 정도 사실을 반영하는 부분은 있다고 볼 수 있을 것 같다. 즉 그럴 듯한 얘기로는 받아들일 수 있을 것 같은데 가령 사실이라면 이런 분석이 가능하다는 정도로 말할 수 있을 것이다.

> 그때 국왕이 백좌인왕경대회를 개최하고자 널리 훌륭한 승려를 찾았다. 본주에서는 명망이 있으므로 원효를 천거하였으나 뭇 승려들이 그 사람됨을 미워하여 왕에게 참소하여 왕이 받아들이지 않았다.[32]

백고좌회에 본주에서는 천거한 것을 보면 당시의 신분은 승려였고 고향에서는 상당한 명망을 얻고 있었음을 알 수 있다. 그러나 뭇 승려들이 그 사람됨을 미워했다는 것을 보면 이때도 그 행동거지가 아마도 걸림이 없었고 왕 주위에 있던 승려들 사이에서는 호평을 받지 못하고 있었던 것으로 짐작할 수 있다. 어쨌든 왕은 여러 승려들의 의견을 받아들여서 그를 백고좌회에 초청하지 않았다. 그가 당시의 불교계에서 주류의 위치를 차지하지 못하고 있었고 왕과 원효의 관계도 밀접한 관계는 아니었었음을 알 수 있다. 그러나 『금강삼매경』을 강의하는 데 이르러서는 얘기가 달라진다. 『금강삼매경』과 원효의 관계에 대해서는 다음과 같은 이야기가 전해 온다.

> 원효가 이 경을 받은 것은 고향인 상주에서였다. 사자에게 이르기를, "이 경은 본각과 시각을 종지로 삼으니 나를 위하여 소가 끄는 수레를 준비해서 붓과 벼루를 두시오." 하였다. 처음부터 끝까지 수레에서 疏 5권을 지어 완성하였다. 왕이 날짜를 택하여 황룡사에서 강연하도록 했다. 그때 박복한 무리가 새로 지은 疏를 훔쳐갔다. 이 사실을 왕에게 알리고 3일을 연장하여 다시 3권을 지었으니 略疏라 한다. 왕과 신하와 신자와 승려들이 법당을 구름같이 에워싸자, 이에 원효가 열변을 토하는데 위의가 있고, 얽힌 것을 풀이하는데 법칙이 있으며, 찬양하여 손가락을 튕기고 소리는 허공을 울렸다. 원효가 다시 큰 소리로 말하기를, "지난 날 백 개의 서까래를 고를 때는 비록 참여하지 못하였지만, 오늘 아침에 대들보를 가로지름에 있어서는 오직 나만이 가능하구나!"라고 하였다. 이때 모든 명성 있는 승려들이 고개를 숙이고 부끄러워하며 가슴 깊이 참회했다.[33]

원효가 『금강삼매경』 주석서를 작성하고 그것을 왕과 대중 앞에서 강의하였다는 것이다. 그런데 이 경을 구하고 강의하게 된 최초의 목적은 왕비의 병을 낫게 하기 위한 것이었다 한다. 그것을 위하여 용궁에서 이 경을 구해 왔다는 것이다. 왕실에서 적극적으로 후원하여 『금강삼매

---

32 時國王置百座仁王經大會 遍搜碩德 本州以名望擧進之 諸德惡其爲人 譖王不納 ; T50, p.730

33 曉受斯經正在本生湘州也 謂使人曰 此經以本始二覺爲宗 爲我備角乘將案几 在兩角之間 置其筆硯 始終於牛車造疏成五卷 王請剋日於黃龍寺敷演 時有薄徒竊盜新疏 以事白王 延于三日 重錄成三卷 號爲略疏 洎乎王臣道俗雲擁法堂 曉乃宣吐有儀解紛可則 稱揚彈指聲沸于空 曉復昌言曰 昔日採百椽時雖不預會 今朝橫一棟處唯我獨能 時諸名德俯顔慚色伏膺懺悔焉;『宋高僧傳』(T50), p.730

경』이 구해지고 그 주석서가 찬술된 것이다. 그렇다면 이 『금강삼매경』 강론은 원효가 왕실과 관계를 맺는 계기가 된다고 볼 수 있다. "경의 성립과 논의 찬술은 중대 왕실의 후원 하에 원효가 불교계의 중심에 복귀하는 결정적인 계기로 작용하였다."[34]는 평가도 있다. 『금강삼매경』을 해설한 것이 역사적 사실이라면 원효와 왕실은 확실히 가까워졌을 것이다. 그리고 그에 따른 명성도 올라갔을 것이다. 그러나 이런 일이 있었다고 하여 왕실과 지속적인 관계를 맺었다고 보기는 어려울 것이다. 이후의 원효의 행적에서 왕실과의 관련에서 이루어진 것을 볼 수 없기 때문이다. 다만 훌륭한 법사로서 이름을 떨치게 했을 뿐이라고 볼 수 있을 것이다. 한 가지 더 생각해 볼 것은 『금강삼매경』을 강설할 당시의 원효의 신분은 무엇이었을까 하는 점이다. 『금강삼매경론』의 성립 연대를 확정하는 것은 쉽지 않은 일이지만 일반적으로 원효 초기의 작품은 아니고 후반기의 작품으로 본다.[35] 그렇다면 이미 환속하고 난 다음일 가능성이 많다. 그렇다면 거사의 신분이었는데 거사로서의 원효가 불교계의 영향력 있는 위치에 선다는 것은 쉬운 일이 아니었을 것이라고 생각할 수 있다. 따라서 원효가 불교계의 중심에 복귀했다는 것은 있기 어려운 일로 보인다. 그는 그 후에도 민중 속에서 자유롭게 불교를 전파해 나갔을 것이다. 왕실과는 긴밀한 관계를 맺지 않았을 것으로 판단된다.

앞에서 원효와 공주의 결혼에 대해 살펴보면서 우리는 그것을 믿기 어렵다고 보았다. 하지만 결혼을 사실로 보고 결혼을 통하여 원효와 왕실이 연합하였다고 해석하는 입장이 있다. 이를 어떻게 보아야 할 것인가? 남동신은 "중대 왕실은 민심획득의 일환으로 대중교화 활동을 하던 일군의 승려들을 포섭하고자 하였다. 특히 일반민들로부터 신망을 얻고 있던 원효를 포섭할 필요성을 느끼게 되었다."[36]라고 하였다. 그리고 원효와 중대 집권세력과의 관계를 확고하게 한 계기가 요석공주와의 결혼이라 해석한다.[37] 중대 왕실이 적극적으로 원효와 관련을 맺었다는 것이다. 그러나 앞서 얘기했듯이 원효와 공주는 신분의 차이가 큰 것으로 판단되는데 왕실에서 골품제를 어기면서까지 공주와 원효와의 결혼을 추진했다고는 보기 어렵다. 중대 왕실의 입장에서 원효를 포섭하고 그와 우호적인 관계를 맺는 것이 나쁜 것은 아닐 것이다. 그러나 그것이 기존의 불교세력과 결별하고 원효를 우대하는 방식이라면 그것은 추진하기 어렵다. 원효가 기존의 불교

34 남동신(1995) p.142

35 「금강삼매경론」에는 원효의 저술들이 많이 인용되는데 원효의 다른 저술에는 「금강삼매경론」이 전혀 인용되지 않는다는 것 등이 그 추정 근거이다.

36 남동신(1995) p.92

37 남동신(1995) p.93 참조

계에서 커다란 영향력을 갖고 있지 못하고 원효를 적극적으로 높이는 것을 기존의 불교세력은 환영하지 않았을 것이기 때문이다. 백고좌회에 초대받지 못한 것이 그러한 사태를 반영한다고 볼 수 있다. 그렇다면 왕실에서 적극적으로 원효와 공주와의 결혼을 추진할 동기를 찾는 것은 쉽지 않다. 그리고 원효가 중대 왕실을 위하여 활동한 것도 찾아보기 어렵다. 군대를 위해서 공을 세운 기록[38]은 한 가지 있으나 이것이 왕의 사위이기 때문에 가능했던 것은 아니다. 원효의 뛰어난 능력을 보여주는 일화일 뿐이다. 원효의 불교계에서의 활동이 왕실을 돕는다거나 하는 것을 보기는 어렵다. 그리고 사위가 되고 난 이후 높은 관직을 맡았다거나 대규모 사업의 책임자가 되었다거나 어떤 사업을 하는 데 큰 후원을 받았다거나 했다는 것도 찾기 어렵다. 또 원효가 먼저 왕실과 결합하고자 했다는 것도 이해하기 힘들다. 원효가 민중 속에서의 실천이 중요하다고 생각했다면 그것이 공주와의 결혼이라는 형태라면 곤란할 것 같다. 그보다는 좀 더 평범한 사람과의 결혼을 통해 대중 속으로 들어가야 불교 대중화라는 취지에 맞을 것으로 보인다.[39] 스스로 불교대중화를 하는 과정에서 불교 사업의 후원을 잘 받기 위해 공주와 결혼하려 했다고 해석할 수도 있을지 모르지만 그렇게 되면 원효의 걸림없는 자유분방한 측면을 설명할 수 없다. 원효의 불교대중화는 개인적인 차원이지 국가의 지원을 필요로 하는 조직적인 대규모 사업은 아니었다. 물론 원효가 대중 속에서 실천을 하는 것과 왕실과 우호적인 관계를 맺는 것이 양립불가능하다고 할 수는 없다. 굳이 대립적인 관계를 가질 필요는 없다. 그러나 왕궁에도 들어가길 거부하는 대안의 예에서도 볼 수 있듯이 왕실과는 거리를 두고자 하는 가항불교의 실천자들이 있었다. 원효도 가항불교의 실천자의 하나라고 할 때 왕실과의 관계를 일부러 적극적으로 가지려고 했다고는 보지 않는 것이 자연스럽다. 요컨대 왕실과 가까운 거리에서 높은 승직을 맡아서 그들의 자문에 응하거나 하지는 않았다고 보아야 할 것이다. 왕실과 가깝다는 것이 대중과 가깝다는 것과 굳이 대립적인 것이 아니라고 볼 수도 있지만 둘 중에 어느 쪽이냐 하고 보았을 때는 원효는 일반 민중의 중요성, 백성의 중요성을 더욱 더 강조한 사람이라고 보아야 할 것이다.

---

38 『三國遺事』「太宗春秋公」조에 원효가 蘇定方의 암호문을 해독하여 김유신의 신라군의 신속한 퇴각을 도왔다는 얘기가 실려 있다.; 唐帥蘇定方 紙畵鸞犢二物廻之 國人未解其意 使問於元曉法師 解之曰 速還其兵 謂畫犢畫鸞二切也 於是庾信廻軍

39 원효의 환속을 삼계교와 연관하여 민중 교화의 수단의 하나로 본 연구도 있다. 삼계교는 민중적인 불교로서 유명한데 바로 그러한 영향을 받은 것이 원효였다는 것이다. 이론적인 면에서 여래장불, 형상불이라는 용어, 보법의 실천으로서의 "普敬" 등의 예에서 그것을 확인할 수 있고 특히 자신을 버리고 민중 속으로 들어가서 모든 중생을 제도하려고 함에 삼계교와 원효, 일본의 行基 사이에 일맥상통하는 점이 있다고 한다. 그리고 원효가 환속해서 민중 속으로 들어가는 것에서 삼계교의 某禪師의 환속과 동일한 점을 발견할 수 있다고도 한다.(洪在成(洪在成(2002), 「三階教の影響-元曉と行基を考える-」, 『印度學佛教學研究』50-2(2002) pp.813-815 참조.) 원효의 민중불교적인 특색을 강조하는 것이라고 할 수 있다. 원효의 환속을 이렇게 해석한다면 공주와의 결혼은 믿기 어렵다고 하여야 할 것이다.

다음으로는 원효의 왕에 대한 견해에 대해 생각해 보도록 하자. 원효의 국왕관을 보살위왕설로 보는 견해가 있다. 즉 "화엄경의 국왕관이 보살위왕설이며, 원효가 가장 중시한 경전의 하나가 화엄경임을 고려해 볼 때, 원효의 국왕관 역시 보살위왕설이라 해도 무방하겠다."[40]는 주장이다. 하지만 이것은 추측이고 원효가 직접적으로 그렇게 말한 것은 아니다. 그렇게 짐작할 수도 있겠지만 원효의 직접적인 언급 속에서 원효의 국왕관을 찾는 것이 보다 확실하다. 원효의 왕에 대한 언급은 거의 찾아보기 어렵지만 몇 가지는 확인이 가능하다. 먼저 "왕은 백성의 의지처가 된다."[41]는 말을 하고 있다. 왕이 백성의 의지하는 바라면 이는 백성이 잘 기댈 수 있도록 백성을 위한 정치를 하여야 한다는 뜻이 포함된 것으로 해석할 수 있겠다. "세력이 큰 것이 임금(國主)과 같아서 왕이라 한다."[42]고 말하는 부분도 있는데 이는 상식적인 수준의 말이다. 세력이 가장 크고 권력이 가장 강한 것이 왕이기 때문이다. 그렇다면 왕은 전제적인 절대 권력을 지닌 존재인가 아니면 그렇지 않은가의 문제에 대해서는 다음과 같은 언급이 주목된다. 즉 원효는 "관정왕은 나라 가운데서 존귀한데 모든 유관한 일은 모두 대신에게 맡기고 국왕은 안락무사하다."[43]라거나 "왕과 신하가 한 나라를 공유한다."[44]라고 말하고 있는데 이는 정치에 있어서 왕 못지않게 신하의 중요성도 강조한 것으로 이해할 수 있을 것이다.[45] 왕이 절대적인 존재가 아니고 잘못을 하면 그 자리를 잃을 수도 있다는 언급도 있다. 『범망경』의 "(十重戒를) 범하는 자는 국왕의 자리를 잃고 전륜성왕의 자리를 잃으며 비구 비구니의 자리를 잃을 것이다."[46]라는 말을 "왕위를 잃는다는 것은 재가의 자리를 잃음을 밝힘이요 비구 비구니의 자리를 잃을 것이라고 하는 것은 출가의 자리를 잃음을 밝힌 것이다."[47]라고 해석하고 있다. 재가든 출가든 큰 잘못을 저지르면 그 자리를 잃을 수 있다는 것이다. 왕의 자리가 절대적인 것이 아니라 잘못을 하면 쫓겨날 수 있다고 본

40 남동신은 "화엄경의 국왕관이 菩薩爲王說이며, 원효가 가장 중시한 경전의 하나가 화엄경임을 고려해 볼 때, 원효의 국왕관 역시 보살위왕설이라 해도 무방하겠다."라고 말하고 있다.; 남동신(1998) p.179 참조

41 王爲諸民之所依; 『金剛三昧經論』(『한국불교전서』(이하 한불전)1, p.644a-b)

42 相隱勢大如似國主故名王也; 『金剛三昧經論』(한불전1, p.671c)

43 灌頂王國土中尊 諸有官事皆委大臣國王安樂無事; 『大慧度經宗要』(한불전1, p.483a)

44 王與臣共有一國; 『無量壽經宗要』(한불전1, p.556a)

45 진평왕 30년에 왕은 고구려를 정벌하려고 수나라에 걸사표를 쓰기를 원광에게 명하였는데, 원광은 다음과 같이 대답하였다: "자기가 살려고 남을 죽이는 것은 沙門의 행할 바가 아닙니다. (그러나) 貧道는 대왕의 토지에 살면서 대왕의 수초를 먹는데 어찌 감히 명령을 따르지 않겠습니까?"(『삼국사기』 권4 「신라본기」 진평왕 30년) 대왕의 토지에 살면서 대왕의 수초를 먹는다는 원광의 말은 원효의 "왕이 신하와 더불어 한 나라를 공유한다."는 말과는 다르다. 모두가 왕의 땅이라는 원광의 말은 유교 내지는 중국적 사고방식의 영향으로 생각하여야 할 것이다.

46 若有犯者……亦失國王位轉輪王位 亦失比丘比丘尼位; 『梵網經』(T24, p.1005a)

47 失王位者 明失在家位 失比丘及尼位者 明失出家位也; 『梵網經菩薩戒本私記』(한불전1, p.603c)

것으로 해석할 수 있다. 원효가 왕이 나라를 다스리는 일을 논함에 있어서 『출애왕경』에 많이 의거하였다는 일본의 願曉의 지적[48]에 따라 원효가 자신의 『금광명경소』에 인용한 『출애왕경』의 대왕의 십종과실론[49]을 살펴보고 그밖에 『출애왕경』의 내용에 따라 원효의 국왕관을 알아 본 연구가 있다. 이 연구에서는 "正法治國論"을 원효의 국왕론으로 보았다.[50] 정법치국론 또한 원효의 국왕관이라 할 수 있다. 전체적으로 왕은 백성을 위한 정치, 올바른 법에 의한 정치를 하여야 한다고 본 것이 원효의 입장이었다고 할 수 있다. 왕은 절대적인 존재가 아니고 잘못을 하면 그 자리를 잃을 수도 있다고 보았다. 절대 왕권을 무조건적으로 옹호하는 입장은 결코 아니었다.

V. 결 론

이제까지 원효가 국가나 왕실과 어떤 관련을 갖고 어떤 견해를 가지고 있었는지에 대해서 논의하였다. 기존의 논의에서는 원효는 민중불교의 실천자이면서 동시에 왕의 사위였다는 어떻게 보면 모순되는 기왕의 기록을 그대로 받아들인 위에서 원효의 사상이나 활동에 대해서 논의하여 왔다고 볼 수 있다. 본 연구에서는 원효가 공주와 결혼하여 설총을 낳았다는 것이 역사적인 사실인가의 문제에 대해 탐구하였다. 그 결과 신빙성이 의심스러운 후대에 만들어진 설화적인 이야기가 아닌가 하는 것으로 결론을 내렸다. 원효의 전기에는 그러한 내용이 없고 『향전』에만 전해져 오는데 『향전』의 기록의 성격으로 볼 때 역사적 사실을 전하는 기록이라기보다는 설화적인 성격의 이야기로 보았다. 그리고 원효의 신분을 진골 귀족이라고 보기 어렵다면 골품제 하에서 신분의 차이 때문에 공주와의 결혼은 있을 수 없는 일이라고 판단하였다. 따라서 원효는 왕실과 별로 관련이 없는 민중불교의 실천가였다고 보았다. 그리고 국왕론을 보면 원효는 왕은

---

48 王理國事 曉莊興則多依出愛王經; 願曉, 『金光明最勝王經玄樞』(T56, p.687c)

49 원효가 인용한 10종 과실은 다음과 같다: 대왕은 마땅히 알아야 한다. 과실에는 대개 열 가지가 있다. 만약 왕이 이와 같은 과실을 저지르면, 큰 창고가 있고, 많은 보좌관이 있으며, 많은 군사가 있다고 하더라도 우러러 귀의하지 않을 것이다. 1)種姓이 높지 않음이요, 2)自在함을 얻지 못함이요, 3)그 성품이 포악함이요, 4)날카롭게 분을 발함이요, 5)은혜가 호사하고 박함이요, 6)삿되고 아첨하는 말을 받아들임이요, 7)의지 없이 행하여 威儀를 닦지 않음이요, 8)착한 법을 돌아보지 아니함이요, 9)차별을 모르고 지은 은혜를 잊어버림이요, 10)한결같이 제멋대로 하며 방일하기만 함 등이 그것이다.(曉云 如佛爲愛王說經云 大王當知 過失者略有十種 若王成就如是過失 雖有大府庫有大輔佐 有大軍衆 然不可歸仰 一種姓不高 二不得自在 三立性暴惡 四猛利憤發 五思慧(恩惠)奢薄 六受邪佞言 七所作不志不修儀則 八不顧善法 九不知差別忘所作恩 十一向縱任專行放逸); 願曉, 『金光明最勝王經玄樞』(T56. p.689)

50 김상현(2007) 참조

백성의 의지하는 바이므로 백성을 위한 정치를 하여야 한다고 보았고 군주는 혼자 왕국을 소유하는 전제 군주도 아니고 잘못을 범하면 그 자리를 잃을 수도 있는 존재라고 보았다. 전체적으로 왕은 백성을 위한 정치, 올바른 법에 의한 정치를 하여야 한다고 본 것이 원효의 입장이었다고 할 수 있다.

제2장 신라의 불교대중화

원효와 거사불교를 중심으로

I. 서 론

이 논문은 신라의 불교 대중화에 대한 연구이다. 외래 종교인 불교가 신라에서 어떻게 대중화되고 민중들 사이에서 뿌리내리게 되는가를 살펴봄으로써 한국인의 정체성이 어떻게 형성되었는가를 파악해 보고자 한다. 다만 미타신앙 미륵신앙 등 대중적인 신앙의 문제는 이제까지 많은 논의가 있었으므로 다루지 않고 이제까지 논의가 많지 않았던 거사불교를 중심으로 해서 다루고자 한다. 신라의 불교 수용에 관해서는, "신라의 왕들은 중앙집권적인 귀족 국가의 건설에 깊은 관심을 가지고 있었고 그 목적을 달성하기 위해서 부족 사회의 원시적 전통을 제거하려 하였는데 샤머니즘이 그 원시적 전통을 대표하고 불교는 중앙집권적인 국가의 이데올로기로서 그것을 대체할 수 있었다"[1]고 보는 것이 일반적인 학설인 것으로 보인다. 그러나 불교는 단순히 중앙집권 국가의 이데올로기는 아니다. 왕권이나 중앙집권적 국가와의 관계라는 관점에서보다도 본래적인 종교의 관점에서 파악하는 것이 더 적절한 것으로 보인다. 정치와의 관련에서 어떻게 평가할 수 있는가의 문제와는 별도로 종교로서의 불교 그 자체의 성격을 잘 파악할 수 있어야 할 것이다.

신라에 불교가 전래되고 시간이 지남에 따라 불교가 대중화되어 왕족과 귀족뿐만 아니라 일반 민중까지도 불교를 믿게 된다. 불교의 대중화에는 많은 노력이 기울여졌고 많은 사람의 노력이 있었지만 귀족적인 계급의 신분이 높은 승려들에 의해서보다는 낮은 계급 출신의 사람들과 특히 승려라고 하기도 곤란한 거사 계급 사람들에 의해서 불교가 널리 대중화되기에 이른다. 居

1 李基白,「古代 韓國에서의 王權과 佛敎」,『新羅思想史硏究』(一潮閣, 1986), p.121.

士 그룹이 불교의 대중화에 큰 공헌을 하였던 것이다. 예를 들면 후반생을 거사로 산 원효는 불교의 대중화에 커다란 공헌을 하였다. 이와 같은 그룹의 사람들의 역할을 다시 한 번 조명하여야 할 필요가 있을 것으로 생각된다. 이들은 원효를 제외하고는 저술도 거의 남기지 않았지만 『삼국유사』 등에는 그러한 사람들에 관한 이야기가 상당수 전해온다.

II. 불교 대중화의 선구자들

불교가 전래되고 법흥왕 때에 공인되고 난 다음 원광과 자장을 필두로 많은 승려들이 적극적인 활동을 하여 널리 불교가 퍼져나가고 신라에서 주도적 사상으로 자리잡는다. 즉, "중고시대(법흥왕-진덕왕, 514-653) 불교는 시대의 요구에 적극적으로 부응하였고, 그럼으로써 신라 사회에 뿌리를 내릴 수 있었다. 이 과정에서 고승들은 불국토 사상을 제시하였고 또한 계율의 진작에 힘썼다. 자장은 이러한 사상적 과제를 완성시킨 인물이지만, 반면 서민대중의 사상적 요구에는 등한할 수밖에 없었다."[2] 이런 귀족불교 시대에도 서민 대중의 사상적 요구에 부응하여 직접 민중 속에서 실천하는 승려들이 나오게 된다. 귀족불교, 왕실불교에서 본격적으로 서민의 불교로 되고 하층민의 불교로까지 되는 데에는 이들의 역할이 컸다. 이들은 귀족 출신의 승려가 주류를 이루고 주도권을 행사하던 당시의 불교계에서 출신 계급 자체가 하층이어서 주도적인 영향력을 행사하지는 못했지만 스스로의 신분이 낮아서 오히려 서민 대중 사이에서 불교를 전파하는 것은 더욱 용이했다고도 할 수 있다. 이들의 활동에 의해 신라 불교는 본격적인 대중불교의 시대를 열 수 있었다고 할 수 있다. 대표적인 사람으로는 惠宿, 惠空, 大安 등을 들 수 있다. 차례로 알아보도록 하자.

1. 혜숙

惠宿과 惠空은 『三國遺事』에 「二惠同塵」[3]이라는 제목으로 나오듯이 직접 민중 속에서 불교의 이상을 실천하였던 사람들이었다. 먼저 혜숙에 대해 알아보자. 『삼국유사』의 기록에 의하면

2 신종원, 『新羅初期佛敎史硏究』(민족사, 1992), p.294.

3 二惠同塵은 두 명의 惠(惠宿, 惠空)가 티끌(세상)과 함께 한다는 뜻이다.

혜숙은 진평왕대(579-632)의 사람이다. 「二惠同塵」 중의 혜숙 관계 기록을 인용해 보도록 하자.

> 중 혜숙은 국선 호세랑의 낭도였으나 호세랑이 은퇴하자 그도 赤善村(安康縣에 있다)에 20여년이나 은거하였다. 그때 國仙으로 있던 구참공이 사냥을 하였다. 하루는 혜숙이 길에 나와 말고삐를 잡고 청하기를 "용렬한 이 중도 같이 따라가기를 원합니다."라고 하였다. …… 잠시 쉬면서 잡은 고기를 삶아먹는데 혜숙이 같이 먹으면서 조금도 싫어하는 기색이 없었다. …… 宿이 말하되 "처음에 내가 생각하기를 公은 仁人이라 능히 自己를 미루어 물건에까지 미치리라 하여 따라왔던 것이다. 지금 公이 좋아하는 바를 살펴보니 오직 살육을 탐하고 타를 해쳐서 자기를 기를 뿐이니 어찌 仁人君子의 하는 바리요 우리의 무리가 아니다"하고 옷을 떨치고 가버렸다. 公이 크게 부끄러워하여 그가 먹은 것을 보니 盤中의 고기가 조금도 없어지지 않았다. 公이 매우 이상히 여겨 조정에 돌아와 아뢰었다. 眞平王이 듣고 使者를 보내어 맞아오게 하니 宿이 (일부러) 여자의 침상에 누워 자는 것을 보이매 使者가 더럽게 여겨 돌아서 7,8리를 오다가 師를 도중에 만났다. 〔使者가〕 갔다 오는 곳을 물으니, 이르되 "城中 施主의 집에 七日齋를 하러 갔다가 끝마치고 온다"고 하였다. 使者가 그 말로써 上達하매 사람을 보내어 그 施主의 집을 조사해보니 그것이 또한 사실이었다. …… 安康縣 북에 惠宿寺가 있으니 곧 그가 살던 곳이라 하며 또 탑도 있었다.[4]

혜숙의 신분 계급을 확실히 알 수는 없지만 혜숙이 호세랑의 낭도였다는 사실에서 알 수 있듯이 그는 지배집단인 王京人이었다.[5] 그러나 혜숙은 왕경을 떠나서 안강현의 적선촌에 은거하고 있다. 당시의 골품제가 내포하고 있는 사회적 모순에 비판적이었다고 볼 수 있을 것이다. 그가 높은 귀족 신분의 인물이 아니었음은 이로부터 짐작할 수 있을 것이다. 그리고 그는 당시의 왕실에 대해서 비판적이었음은 진평왕이 사신을 시켜 맞아 오라 하는데도 일부러 여자와 함께 있는 모습을 보여 가지 않는다는 것에서 알 수 있다. 20년간 은거한다거나 사냥을 돕는다거나 사냥한 고기를 거리낌없이 먹는다거나(물론 이것은 짐짓 그런 것이라 하지만) 하는 등의 사실에서 볼 때 그는 정통적인 승려의 모습이라기보다는 특수한 승려 또는거사의 모습을 하고 있었을 것으로 생각된다. 20년 동안 은거하였다는 것은 승려로서 살았다기보다는 일반인의 모습으로 살았다고 보아야 할 것 같다. 그러나 구참공에게 말할 때 용렬한 중(庸僧)이라고 자신을 호칭하는 것

4 『三國遺事』 義解 第五 「二惠同塵」

5 李基白, 「新羅 淨土信仰의 起源」, 『新羅思想史研究』, p.135 참조.

을 볼 때에는 승려의 모습을 했을 것 같기도 하나 일반적인 승려의 모습이라고 보기는 어려울 것 같으며 일반적인 의미의 사찰에서 생활했을 것 같지도 않다. 惠宿寺가 그가 있던 절이라 하나 그의 이름을 그대로 따서 절의 명칭으로 하고 있는 것을 볼 때 일반적인 의미의 절이라기보다는 혜숙이 살던 집이 그대로 혜숙사라는 절로 된 것으로 보인다. 그리고 여기에서 말하는 惠宿寺는 『三國遺事』 感通 第五 「郁面婢念佛西昇」에 나오는 혜숙이 지었다는 미타사와 같은 절로 보이는데, 미타사라면 아미타불을 신앙하는 미타신앙에 입각한 절일 것이니[6] 혜숙이 미타신앙을 신봉하고 전파하고 있었음을 알 수 있다. 미타신앙은 아미타불의 서방 극락에 왕생할 것을 바라는 매우 대중적인 신앙이므로 혜숙의 서민 대중적인 태도와도 어울린다고 할 것이다. 결론적으로 다시 한 번 정리하면 혜숙은 높은 계급 출신인 것 같지는 않지만 그래도 王京人이었을 것으로 짐작되는데 그는 왕경을 떠나 시골에서 은거해 살면서 거사와 같은 삶의 태도를 갖고 있다. 그리고 그는 여러 가지 다양한 방식으로 불법을 전파하고 있어서 서민 대중 속 깊숙이 불교를 전파하는 데에 중요한 공헌을 한다. 그리고 그는 대중적인 신앙인 미타정토신앙을 널리 전파한 것으로 보인다. 아무튼 왕실과 귀족에 머무르던 불교를 대중화하고 서민대중 속으로 널리 퍼뜨린 것은 그이 공헌이 컸다. 그 자신이 높은 귀족 출신이 아니어서 당시의 불교계의 주류인 귀족 출신의 승려들과는 다른 부류에 속한 사람이었다. 불교가 서민대중에까지 전파되는 데는 이런 부류의 사람들이 중요한 공헌을 하는 것이다. 이런 사람이 나온다는 것은 다른 한편 어느 정도 불교가 퍼져나가고 있다는 반증이기도 하지만, 귀족 출신이 아닌 사람들 그리고 귀족적인 기존의 불교계에 반발하는 사람들에 의해 불교가 널리 대중화되는데 혜숙은 그런 사람들 중에서 선구적인 사람이었다.

2. 혜공과 대안

혜숙과 같은 시기의 혜공은 서민대중 속에서 직접 불법을 전파하였다. 그는 아주 낮은 신분의 출신이었으며 불법의 전파 방식도 상당히 파격적인 것이어서 당시의 귀족적인 불교 승려들과는 전혀 격을 달리한다. 『삼국유사』에서는 다음과 같이 그를 묘사하고 있다.

> 중 惠空은 天眞公 집에 고용살이하던 노파의 아들로 兒名은 憂助였다. ……靈異가 이미 나타났

6 上同, p.132 참조.

으므로 마침내 出家하여 이름을 바꾸어 惠空이라 하였다. 항상 작은 절에 거주하면서 늘 미친 것처럼 크게 취하여 삼태기를 지고 거리로 가무하며 다닌 까닭에 호를 부궤화상(負簣和尙)이라 하였다. (또) 그의 있는 절을 夫蓋寺라 하였으니 삼태기의 鄕言이다. …… 만년에는 恒沙寺(지금 迎日縣의 吾魚寺다. 속담에 恒沙人이 나왔다 하여 세상에서 恒沙洞이라 하였다 한다)에 가서 있었다. 그때 元曉가 諸經疏를 撰하고 있었는데 매양 師에게 가서 질의하고 혹은 서로 희롱하였다. 하루는 二公이 내에 가서 물고기를 잡아먹다가 돌 위에서 放便하고 公이 가리키며 희롱하기를 汝屎吾魚(너는 똥을 누었고 나는 고기를 누었다)라 하였으므로 吾魚寺라 하였다. …… 어느 때 구참공(瞿旵公)이 산에서 놀다가 惠空이 山路 中에 죽어 넘어져 그 시체가 부어 터지고 구더기가 났음을 보고 오랫동안 슬퍼하다가 성내에 돌아와 惠空이 시내에서 대취하여 가무하는 것을 보았다.……또 神印祖師 明朗이 金剛寺를 新創하고 낙성회를 베풀었을 때에 고승들이 다 모이었으되 오직 師만이 오지 않아 朗이 분향하고 정성껏 기도하였더니 조금 있다가 公이 왔다. 그때에 큰비가 내리었는데 그의 옷이 젖지 않았고 발에는 진흙이 묻지 않았다. 明朗에게 이르되 "은근히 부르기에 왔노라" 하였다. …… 일찍이 『肇論』을 보고 말하되 "이것은 내가 옛적에 撰한 것이라"하였으니 이것으로 僧肇의 後身임을 알겠다.[7]

혜공의 전기에서 우선 주목되는 것은 그의 출신 계급이다. 그는 천진공 집에 고용살이하던 노파의 아들로 태어났다. 노비까지는 아니라 해도 거의 노비에 가까운 신분이었던 것으로 보인다. 어릴 때부터 신령스러운 이적을 많이 행하였던 그는 출가하여 사문이 되어서는 이름을 혜공이라고 하였다. 그는 항상 조그만 절에 살고 행하는 태도는 항상 술에 취하여 등에 삼태기를 지고 거리에서 춤추고 노래불렀다. 계율을 엄격히 지키는 태도는 나타나고 있지 않다. 오히려 그런 것을 무시하고 있는 것이 이 사람의 태도이다. 기존의 귀족적인 불교 승려들의 태도와는 다르다고 보아야 할 것이다. 출신 성분도 다르고 계율에 대한 태도도 달랐다. 그리고 특이한 방식으로 일반 서민대중에게 불법을 전파하고 다녔다. 그를 부궤화상(삼태기를 지고 다니는 화상)이라 하고 그의 거처하는 절을 삼태기의 鄕言인 부개사라 하였다는 데서 알 수 있는 것은 앞서의 혜숙의 경우와 마찬가지로 그가 머물렀던 절이 일반적인 절이 아니라는 사실이다. 귀족 출신의 승려들이 출가하여 큰 절에서 생활하듯이 그렇게 한 것이 아니라 그저 작은 집에서 살며 불법을 전파하고 그래서 그 사는 집을 혜공 즉 부개의 집이라는 의미에서 부개사라 했던 것으로 보인다. 다음으로 원효와 밀접한 연관을 갖는 것으로 그려지고 있는 것도 원효와 마찬가지로 민중 속에서 실

---

7 『三國遺事』 義解 第五 「二惠同塵」

천한 사람이라는 것을 강조하고 있다고 보면 될 것이다. 그리고 물고기를 잡아먹는다는 데에서 재가의 일반 사람과 같은 행동거지를 보여주고 있음을 알 수 있다. 물론 "너는 똥을 누었지만 나는 고기를 누었다(汝屎吾魚)"고 말하면서 실제로는 고기를 잡아먹지 않았음을 말하고 있긴 하지만 일단은 같이 놀던 원효와 함께 고기를 잡아먹은 것이다. 이는 바로 재가의 거사의 삶의 모습으로 이해할 수도 있을 것이다. 그리고 명랑이 금강사를 세우고 낙성회를 베풀 때 고승들이 다 모였는데 혜공이 처음에는 오지 않은 것도 당시의 고승들에 대한 혜공의 반감을 표시하는 것이라고 해석해도 무리는 없을 것이다. 그밖에 원효가 항상 질문을 했다든지, 또는 『肇論』을 스스로의 작품이라 하여 僧肇의 후신임을 알 수 있다든지 하는 점에서 볼 때 하층 계급의 출신이라 해도 그 학문적 수준이 당대 최고 수준이었음을 알 수 있다. 단순히 신통력이 훌륭한 정도가 아니었다. 이 점도 확실히 기억해 두어야 할 것이다. 새롭게 성장하는 하층 계급 출신의 승려 중에서 학문적인 수준에서도 기존의 귀족 출신 승려들을 압도하는 사람이 나오기 시작하는 것이라고 해석할 수 있다. 다음으로 大安에 대해 알아보자. 대안에 관한 이야기는 『宋高僧傳』의 「원효전」에 『금강삼매경』이 세상에 모습을 보이는 것과 연관해서 나온다.

> (용왕이 흐트러진 상태의 『금강삼매경』을 사자에게 주고서 말하기를) "大安聖者가 순서를 매겨서 꿰매고 원효 법사를 청하여 疏를 지어 講釋한다면, 부인의 병은 틀림없이 나을 것이니, 雪山의 아가타 약이라도 약효가 이것만은 못하리라" 하였다. 용왕이 바다 위까지 배웅하여 마침내 배에 올라 귀국하였다. 그때 왕이 이 이야기를 듣고 기뻐하여 먼저 대안성자를 불러 편집하게 하였다. 대안은 헤아리기 어려운 사람이었다. 모습과 의복이 특이한데다 항상 장터에서 구리로 된 바리때를 두드리며 '大安' '大安'하고 소리쳤기 때문에 大安이라고 이름지은 것이다. 왕이 대안에게 명하자, 대안이 말하기를, "그냥 경만 가져오십시오. 왕궁에는 들어가고 싶지 않습니다"라고 하였다. 대안이 경을 받아 배열하여 8품을 이루니 모두 부처님의 뜻에 합치되었다. 대안이 이르기를, "속히 원효에게 맡겨서 강연토록 하시오. 다른 사람은 안 되오"라고 하였다.[8]

『금강삼매경』의 등장과 함께 나오는 대안은 다른 문헌에서는 전혀 언급되지 않아서 잘 알 수가 없는 인물이다. 이 글을 통해서 보이는 대안의 모습은 특이한 모습과 의복을 하고 장터에서 구리로 된 바리때를 두드리며 '대안' '대안' 하고 소리쳤다는 데에서 알 수 있듯이 민중 속에서

---

8 『宋高僧傳』 卷第四 「新羅黃龍寺元曉傳」, T 50. 730a-b.

불법을 전하는 사람의 모습이다. 기존의 귀족적인 승려의 모습이 아니라 민중 속에서 불법을 전파하는 새로운 민중불교의 실천자의 모습이다. 그가 당시의 왕실불교에 대해서 비판적이었다는 것은 왕궁에는 들어가지 않으려는 그의 태도에서도 알 수 있다. 민중 사이에서 불법을 전하는 모습은 앞의 혜공과 비슷하다. 그리고 『금강삼매경』을 배열하는 것에서 알 수 있듯이 불교에 대한 높은 지식을 갖고 있었다. 불법에 대하여 높은 지식을 갖고 있었지만 그것으로 해서 높은 신분상의 특권을 누리지는 않았다. 미천한 민중 사이에서 살면서 불법을 민중에게 전하였다. 용왕이 그를 聖者로 호칭하고 있는 것은 이미 그가 높은 명성을 지니고 있음을 알려준다. 민중적인 실천을 하는 승려가 이미 높은 존경을 받고 있던 시대라면 귀족적인 승려들의 모습에 대해 비판적인 기류가 상당히 있었고 이미 불교가 많은 정도 민중 속으로 들어가고 있었다고 해석할 수 있을 것이다. 대안과의 관련에서 한 가지 더 생각해 볼 것은 『금강삼매경』에 대한 것이다. 『금강삼매경』의 성격은 여러 가지로 규정할 수 있겠지만 우리가 여기에서 주목하는 것은 그것이 재가 신자의 중요성을 강조하고 있다는 사실이다. 출가해서 겉모습만 승려라고 해서 훌륭한 것은 아니고 불법을 올바로 실천한다면 속인이라 해도 승려가 공경하여야 한다는 내용이 『금강삼매경』에 나온다. 대안은 승려였는지 아니면 속인이었는지는 알 수 없지만 당시의 일반적인 승려의 모습은 아니었던 것 같다. 이런 기존의 불교에 반발하는 사람들이 원효와 연관을 갖고 나타나는 것도 흥미로운 일이다. 혜공, 대안 모두 원효와 관련을 갖는다. 원효로 대표되는 민중불교의 실천자 그룹이 있었다고 보아도 좋을 듯하다.[9]

III. 거사들의 활동-원효와 기타

불교가 대중화되는 데에 중요한 역할을 한 사람들은 이렇게 높은 귀족 출신이 아닌 사람들이었다. 이들은 기존의 귀족 출신들의 승려들의 행태와는 달리 직접 민중 속에 들어가 다양한 방법으로 불법을 전파했던 것이다. 엄격한 계율보다는 자유로운 행동에 의해서 그리고 다양한 신통력 등을 통해서 불법을 전파했다. 이런 승려들 이외에 또 재가의 거사들이 불교 대중화에는 중요

9 蛇福의 경우도 여기에 포함시킬 수 있을 것이다. 사복은 미천한 신분의 사람이고 12살이 되도록 일어나지도 못하고 말도 못하던 인물이었는데 원효보다도 도가 높았던 것으로 묘사되고 있다. 그리고 직접 華藏世界로 들어갔다고 한다. (『三國遺事』 義解 第五「蛇福不言」 참조.) 사복은 신라 十聖 중의 한 사람이기도 하다.(『三國遺事』 興法 第三「東京 興輪寺 金堂 十聖」 참조. 여기에서는 蛇巴로 나오지만 같은 이름이다.)

한 역할을 한다. 불교에 대해 깊은 지식을 지닌 덕 높은 거사들이 많이 나타나는 것은 불교의 저변이 그만큼 확대되었다는 반증이기도 하지만 바로 기존의 귀족적인 불교 교단에 비판적인 거사 집단의 출현이 진정한 불교의 대중화를 이룰 수 있게 해 주었다고 볼 수 있다.

『삼국유사』나 『삼국사기』에 나타나는 거사에 대한 기사 중에 시기가 가장 이른 것은 김유신과 교유하는 老居士의 이야기이다. 이는 선덕왕대의 이야기인데 因慧라는 승려가 노거사를 업신여기고 그 앞에서 신통력 자랑을 하다가 망신을 당하는 이야기이다.[10] 선덕왕 때에 이미 기존의 승려보다도 훨씬 뛰어난 재가의 거사가 있었다는 것이다. 그리고 거사의 차림새에 대해서는 『三國遺事』 紀異 第二 「文虎王 法敏」에 車得公 얘기를 보면 알 수 있다. 차득공이 검은 옷을 입고 비파를 메고 거사의 차림으로 서울을 떠나 이곳저곳을 다닌다는 말이 나온다. 재가의 신도이긴 하지만 보통사람과는 구별되는 승려와 같은 옷차림을 하고 있었던 것으로 보인다. 승려와의 차이는 머리를 길렀느냐 기르지 않았느냐에 있는 것 같다는 의견도 있다.[11] 그밖에 당대의 제일 가는 승려였던 자장을 문수보살이 나타나서 꾸짖는 이야기가 『삼국유사』에 나오는데 그 때 문수보살은 거사의 모습을 하고 나타난다. 즉 문수보살의 화신인 늙은 거사가 자장을 보러 왔는데 자장이 미처 알지 못하여 만나주지 않는다. 이에 "돌아가리라 돌아가리라 我相을 가진 자가 어찌 나를 볼 수 있겠느냐"하면서 獅子寶座를 타고 빛을 내며 가버린다는 내용의 얘기가 있다.[12] 그리고 시대가 약간 뒤인 신문왕대의 憬興에게도 다음과 같은 비슷한 얘기가 전해 온다.

> 하루는 장차 왕궁에 들어가려고 시종자가 먼저 동문 밖에서 준비하는데 안장과 말이 심히 좋고 신과 갓을 벌려 놓아 길가는 자가 피해 가게 되었다. 한 거사(사문이라고도 함)가 모습도 조촐하며 손에는 지팡이를 짚고 등에는 광주리를 지고 下馬臺 위에서 쉬는데 광주리 속을 보니 마른 물고기였다. 시종자들이 꾸짖으며 "네가 검은 옷을 입고 어찌 더러운 것을 지고 다니느냐?"라고 하니, 중이 이르되 "산 고기를 두 다리 사이에 끼고 다니는데 세 번이나 사고 판 마른 고기를 등에 진 것이 무엇이 흠이 되겠느냐?" 하며 말을 마치고 일어나서 갔다. 경흥이 문에 나오다 그 말을 듣고 사람을 시켜 따라가 보라 하니 남산 文殊寺의 문 밖에 이르러서, 광주리를 버리고 숨어버렸다. 지팡이는 문수보살의 상 앞에 있고 광주리의 고기는 소나무 껍질이었다. 사자가 돌아와 그대로 아뢰니 경흥이 듣고 탄식하되 "큰 성인이 오셔서 내가 짐승을 타는 것을 경계하심이라"하고 종신토록 다시는 타지

---

10 『三國遺事』 神呪第六 「密本摧邪」 참조.

11 김상현, 『역사로 읽는 원효』, p.115 참조.

12 『三國遺事』 義解 第五 「慈藏定律」 참조.

않았다.[13]

거사가 아니라 사문이라는 말도 있다는 주석도 있고 僧으로 그를 지칭하기도 하므로 불확실한 부분이 있기는 하다. 그러나 어쨌든 거사가 많이 있었고 거사는 검은 옷을 입고 있었음을 여기에서도 알 수 있다. 그리고 거사의 모습으로 경흥을 꾸짖는 이런 얘기는 앞의 자장의 일화와 함께 거사불교 쪽에서 귀족 불교를 비판하는 것을 상징하고 있다고 해석해도 무리는 없을 것으로 보인다.

『삼국사기』나 『삼국유사』에 보면 이외에도 거사가 여럿 등장하지만[14] 출가자 중에도 정식 출가자라고 보기는 곤란한 사람들에 대한 기록이 눈에 띈다. 기존의 불교계와는 달리 자유롭게 활동하는 많은 사람들이 있었다고 할 수 있을 것이다. 앞서 보았듯이 원효 주위 사람들 중에 승려라고는 하나 출가자라고 하기 곤란한 사람들이 상당수 있었다. 혜공, 혜숙 등이 그러하다. 그리고 『金剛三昧經』을 처음으로 정리했다고 하는 대안의 경우는 형색과 모습이 특이해서 승려라고 보기가 어려우며 원효보다도 도가 높은 사복도 승려라고는 할 수 없다.

원효와 동시대인 廣德 嚴莊의 예를 보아도 사문이라 하는데도 광덕은 처자를 데리고 살고 있고 엄장은 광덕이 죽은 다음 광덕의 처와 함께 살고 있어서 출가자인지 아닌지 확정짓기 곤란하다.[15] 원효보다 약간 후대인 聖德王代(702-737)의 일이긴 하지만 노힐부득 달달박박의 경우를 보아도 머리를 깎고 중이 된 다음에도 처자를 데리고 살고 산업을 경영한다. 물론 나중에는 세상을 버리고 깊은 골짜기에 들어가 수행을 하여 미륵불이 되고 무량수불이 되긴 하지만 중이 되고 나서도 처자와 살며 돈을 번다고 되어 있다.[16] 이들도 정식 승려라기보다는 거사 비슷한 신분이었을 것으로 생각할 수도 있다. 『三國遺事』[17]를 보면 흥륜사에 十聖으로 모셔진 사람은 我道, 猒髑,

---

13 『三國遺事』 感通 第七 「憬興遇聖」 참조.

14 三國遺事』 紀異 第二 「孝昭王代 竹旨郞」에 죽지령에서 길을 닦는 거사의 이야기가 나온다.이 거사가 죽어 죽지랑으로 태어났다는 것이다. 효소왕의 재위 연대는 692-702이다. 『三國遺事』 塔像 第四 「臺山 月精寺 五類聖衆」에는 다리 살을 베어 어머니를 공양한 信孝居士의 이야기가 나온다. 명확한 시대는 알 수 없고 慈藏보다 후대이고 梵日보다 전이다. 후에 출가했다고 한다. 『三國史記』 聖德王 14년조(715년)와 15년조(716년)에 居士 理曉를 불러 비를 빌게 하였다는 기록이 나온다. 『三國史記』 列傳 第八 聖覺조에는, "聖覺은 세상의 명예와 벼슬을 즐기지 아니하고 스스로 거사라 부르고 利縣의 法定寺에 머물러 있다가 뒤에 집으로 돌아와서 노모를 봉양하였는데 다리 살을 베어 먹이었다"는 기사가 나온다. 이는 惠恭王代(765-780)의 일이다.

15 『三國遺事』 感通 第七 「廣德 嚴莊」 참조. 엄장은 또 거사불교의 실천자인 원효와 관련이 있다. 그는 원효에게서 錚觀法을 배워 한 마음으로 관을 닦아서 서방 극락으로 승천하였다고 한다.

16 『三國遺事』 권3 「南白月二聖 努肹夫得 怛怛朴朴」 참조.

17 『三國遺事』 興法 第三 「東京興輪寺 金堂十聖」 참조.

惠宿, 安含, 義湘, 表訓, 蛇巴, 元曉, 惠空, 慈藏이다. 이 중에서 염촉과 사파는 속인으로 보아야 할 것이고 원효, 혜공, 혜숙 같은 사람은 거사 비슷한 신분이었던 것으로 생각할 수 있다. 거사의 영향력이 결코 적지 않았고 그들이 높은 학식과 덕망을 갖고 성인으로 존경받고 있었음을 알 수 있다.

거사 중에 가장 유명한 것은 역시 원효라 할 수 있다. 원효는 일찍이 출가하여 승려의 신분이었지만 요석궁의 과부 공주와 동숙하고 失戒하여 설총을 낳은 후 속인의 옷으로 갈아입고 스스로 小姓居士라고 이름지었다. 그는 후반생을 거사로서 살았던 것이다. 8세기 후반 경에는 일본에서까지도 원효 거사로 불려진 예가 있다.[18] 그리고 고선사에 거사 모습의 소상이 봉안되었으며 고려 때에는 소성거사의 진영이 있었다 한다.[19] 거사로서의 원효의 삶에 대해서 『삼국유사』에서는 다음과 같이 묘사하고 있다.

> 원효가 어느 날 거리에서 '누가 자루 없는 도끼를 내게 주겠는가? 나는 하늘을 떠받칠 기둥을 찍을 것이다' 라고 미친 사람처럼 노래를 불렀다. 사람들은 모두 그 뜻을 알지 못했다. 그 노래를 들은 태종이 '이 분이 귀부인을 얻어 어진 자식을 낳고자 하는구나. 나라에 큰 현인이 있으면 이보다 더 좋은 일이 없을 것이다' 라고 말하였다. 이 때 요석궁에 과부 공주가 있었으므로 궁의 관리에게 명하여 원효를 찾아서 궁으로 인도해 들이라 하니, 관리들이 명을 받들어 찾으려 하는데 원효는 이미 남산에서 내려와 문천교를 지나다가 만나서 일부러 물에 떨어져 의복이 젖었다. 관리가 원효를 요석궁으로 이끌어 옷을 갈아입고 말리게 하였다. 그로 인하여 유숙했는데 공주가 과연 임신하여 설총을 낳았다. …… 원효가 이미 파계하여 설총을 낳은 뒤로는 속인의 옷으로 갈아입고 스스로 小姓居士라 했다. 우연히 광대가 춤출 때 쓰는 커다란 박을 얻었는데 모양이 괴기하므로 그 모양대로 도구를 만들고 『화엄경』의 '일체에 걸림없는 사람은 한길로 생사를 벗어난다' 라는 구절을 따다 無㝵라고 이름짓고 그로 노래를 만들어 세상에 유포시켰다. 일찍이 이것을 가지고 수많은 촌락을 돌아다니며 노래하고 춤추며 교화하고 돌아다녔으며, 가난한 사람 원숭이 같은 무리들이 모두 불타의 이름을 알게 하고 모두 나무(南無)를 칭하게 하였으니 원효의 교화가 크다.[20]

18 『三國史記』 列傳 第六 薛聰條 참조.

19 김상현, 『역사로 읽는 원효』(고려원, 1994), p.115 참조.

20 『三國遺事』 義解 第五 「元曉不羈」

거사로서의 삶을 스스로 선택하여 파계한 것으로 묘사하고 있고 파계의 대상은 공주였다 한다. 그러나 『삼국사기』에서는 설총의 전기 가운데에서 설총의 아버지가 원효라고 한 다음, "원효는 처음에 중이 되어 佛書에 해박하였으나 다시 본래로 돌아와서 스스로 小姓居士라고 이름지었다"[21]라고 간단히 언급하고 있고 설총의 어머니가 요석공주라는 것은 말하고 있지 않다. 『宋高僧傳』의 원효 전기에서도 원효의 부인 또는 설총의 어머니가 요석공주라는 것은 언급하고 있지 않으며 「高仙寺誓幢和上碑」에서도 그런 언급은 발견할 수 없다. 설총의 어머니가 공주라는 것은 후대에 덧붙여진 전설일지도 모른다. 일연도 鄕傳에 기록되어 있는 기이한 일이라고 말하고 있다. 어쨌든 원효는 거사로서 재가자의 삶을 살면서 널리 하층민들을 교화하고 다녔다. 무애(無㝵)라는 이름의 박을 들고 다니며 교화를 하였다 한다. 원효와 관련된 많은 설화와 전설이 있는 것은 그만큼 원효가 대중들에게 친근하다는 증거일 것이다. 원효가 신통력을 보이고 널리 중생을 교화한 행적에 대해서 『송고승전』에서는 다음과 같이 전하고 있다.

> 말도 안 되는 소리를 지껄이고 거칠고 어그러진 행동을 하였으며 거사와 한가지로 술집과 기생집을 출입하는 것이 保誌스님이 칼과 쇠지팡이를 지니고 다니는 것과 같았다. 혹은 주석서를 지어 화엄경을 강설하기도 하고, 혹은 비파를 뜯으며 사당에서 노래하기도 하였다. 혹은 민가에서 자기도 하고 혹은 산수간에서 좌선하기도 하였다. 마음 내키는 대로 하니 도무지 일정함이 없었다. …… 애초에 원효의 행동이 항상됨이 없었고 중생 교화에 일정함이 없었다. 혹은 소반을 던져 대중을 구하기도 하고, 혹은 물을 뿜어 불을 끄기도 하고, 혹은 여러 곳에 모습을 나타내기도 하고, 혹은 사방에 죽음을 알리기도 하였으니, 이 또한 盃渡나 保誌와 같은 부류가 아니겠는가? 그 성품이 두루하여 밝지 않음이 없었다.[22]

이와 같이 원효는 다양한 방법으로 중생들을 교화하였다. 술집과 기생집을 드나들기도 하고 경전을 가르치기도 하고 좌선을 하기도 하였다. 특히 신통력을 지닌 존재로 그려지고 있는 것도 눈에 띄는 대목이다. 아무튼 원효는 당시의 귀족적인 승려들이 하는 방식과는 전혀 다르게 행동하였고 하층 계급 사람들에게 불법을 전하였다. 원효를 중심으로 한 이런 사람들 즉 낮은 계급 출신의 승려 또는 재가의 거사들의 활약으로 불교는 대중화되어 갔다. 『삼국유사』의 표현대로

21 『三國史記』 列傳 第六 薛聰條.

22 『宋高僧傳』 卷第四 「新羅黃龍寺元曉傳」, T50. 730a-b.

가난한 사람 원숭이 같이 천한 무리들도 불교를 알게 되었던 것이다.

원효는 이렇듯 거사불교, 민중불교의 입장이었으므로 당시의 귀족불교, 형식적인 계율만을 강조하는 불교에 대하여 대단히 비판적이었다. 특히 계율의 문제에서 원효의 비판은 날카롭다. 당시의 형식적인 계율을 지키는 것만을 능사로 하는 것을 비판하고 보살계를 강조하는 원효는 계의 근본정신으로 돌아가야 한다고 주장한다. 대중과 함께 하는 계여야 한다는 것이 원효의 주장이다. 원효는 다음과 같이 말한다.

> 바른 戒에 앉았다 함(바른 계를 지키는 獅子食虫)은 만일 어느 한 무리가 성품이 본래 천박한데 세상의 풍속이 완만한 시기에 홀로 그 몸을 바르게 하여 몸가짐에 잘못은 없다. 이에 문득 자신은 높이고 남을 업신여기는 마음을 일으킨다. 그래서 배우기는 급하나 계율은 완만히 익히는 무리를 업신여기고 헐뜯는 것을 일컫는다. 이 사람은 그 작은 善은 온전히 했지만 커다란 계는 훼손한 것이니 복이 禍로 되는 것이 이보다 더 심한 것이 없다.[23]

형식적인 계율만을 지켜서 그것으로 남을 업신여긴다면 오히려 계의 근본정신을 훼손한다는 것이 원효의 주장이다. 그러나 아무리 그래도 계율을 지키는 것이 어찌하여 죄가 된다는 것인가? 만일 어떤 무리가 안으로 얽힘이 없어서 다른 사람이 하든지 않든지 관계없이 오직 자기의 마음을 잘 살펴서 홀로 바른 계를 지킨다면 이런 보살을 어찌 범하는 것이 있다고 하겠는가 하는 질문에 대해서는 다음과 같이 대답한다.

> 만일 홀로 청정하다 하여 세상 사람으로 하여금 여러 다른 승려들은 福田이 되지 못한다 하고 이로움과 존경을 자신에게만 돌아오게 한다면 자기 마음만 제도하는 聲聞의 戒는 되겠지만 보살의 廣大心戒는 어긴 결과가 된다. 따라서 이와 같은 성문의 無常 등의 관은 비록 얕은 도리에 비추어 볼 때는 잘못된 것이 아니지만 법신에 견주어서는 곧 뒤집힌 것이니 이 가운데 바르고 어긋남이 이와 같음을 또한 알아야 할 것이다. 그런데 만일 자기 홀로 청정한 것으로 말미암아 모든 세상 사람으로 하여금, 믿지 않던 이에게 믿음을 자라나게 해서 모든 승려들을 평등하게 공양하게 한다면 이런 사람은 참으로 범함이 아닐 뿐 아니라 드디어는 많은 복을 짓게 된다. 그러나 홀로 청정한 사람으로서 물든 대중 속에 섞여 있으면서 청정한 것으로써 물든 대중을 억누르지 아니하고 또한 중생

---

23 元曉, 『菩薩戒本持犯要記』, 한불전1. 582a.

들로 하여금 공경하는 마음이 나게 한다면, 이는 마치 머리에 해와 달을 이고 다니는 것 같아서 구태여 어둠을 없애려고 할 것도 없다. 스스로 기틀을 아는 큰 성인이 아니고서는 그렇게 하기 힘들다.[24]

홀로 계율을 지킨다고 하여 대중을 무시하거나 하지 않고 대중과 함께 하는 것이 가장 중요하다는 것이다. 계율을 지키는 것이 중요하지만 대중과 함께 하지 않는다면 큰 의미를 갖지 못한다는 것이 원효의 주장이다. 홀로 청정하여 세상 사람들을 올바른 믿음으로 인도할 수 있다면 가치 있는 일이지만 그것은 대중 속에서 직접 행함만은 못하다. 당시의 상황에 대한 비판임과 동시에 대중 속에서의 실천을 강조하고 있는 것이다. 홀로 청정하면서도 물든 대중 속에 있으면서 물든 대중을 억누르지 않고 대중과 함께 하는 것이 가장 훌륭하다는 것이니 여기에서 대중적인 실천을 중시하는 그의 태도를 잘 알 수 있다.

IV. 거사불교와 『금강삼매경』

거사들에 의해 불교가 널리 대중화되고 하층 계급에까지 퍼져나가며 거사들은 당시의 귀족적인 불교에 비판적이었음은 이미 보아온 바와 같다. 그런데 원효의 시대에 신라에 처음으로 나타나서 신라 사람에 의해 만들어진 僞經으로 보이는 『금강삼매경』에서도 그러한 사상이 나타나고 있다. 『금강삼매경』의 성립에 관한 문제와 거사 불교적인 주장 내용을 살펴보도록 하자. 원효는 『금강삼매경』과 밀접한 관련이 있다. 원효의 『금강삼매경론』은 『금강삼매경』에 대한 최초의 주석서이며 『금강삼매경』의 출현과 함께 이루어진다. 그리고 『송고승전』의 원효 전기는 『금강삼매경』의 출현에 얽힌 얘기가 가장 중요한 부분을 이룬다.[25] 그런데 『금강삼매경』의 성립에 대

---

24 상동, 582a-b.

25 『金剛三昧經』이 나오게 되는 과정에 대해서는 앞의 大安에 관한 일화를 보면 알 수 있다. 그리고 『송고승전』에 나오는 다음의 이야기는 원효가 대안이 정리한 『금강삼매경』에 대한 주석서를 짓고 『金剛三昧經』을 강의한다는 것이다. 그런데 그가 강의하면서, '지난 날 백 개의 서까래를 고를 때는 비록 끼이지 못하였지만, 이제 대들보 하나를 놓는데 나 혼자만 할 수 있구나' 라며 기염을 토하자 참석하였던 名德들이 모두 얼굴을 숙이며 부끄러워하였다 한다. 이는 나라에서 百高座仁王經大會를 할 때 고향에서는 그를 추천했지만 뭇 승려들이 그의 사람됨을 미워하여 왕에게 받아들이지 말라고 참소하여 백고좌대회에 참여할 수 없었던 것을 이르는 말이다. 원효가 당시의 주류인 왕실불교 귀족불교에 속하지 않았던 것을 이것을 통해서도 알 수 있다. 또 『금강삼매경』이 주류의 입장에서 이론이 전개된 경전이라기보다는 원효 등의 비주류의 입장에 선 경전이라고 해석할 수도 있을 것이다.

한 근대적인 문헌 연구 결과 僞經임이 밝혀졌다.[26] 인도에서 찬술된 것이 아니라 한문으로 찬술되었다는 것이다. 그러나 구체적으로 작자가 누구인가에 대해서는 그후에도 여러 학설이 나왔다.[27] 버스웰(Buswell)은 신라 최초의 선승인 法郎이 제작자라 하였고[28], 柳田聖山은 원효라 하였으며[29], 木村宣彰은 원효 주변의 사람들에 의해 만들어졌다고 추정하였으며[30], 김영태는 신라의 大安이나 惠空이 집성하였다고 하였다.[31] 그리고 한태식(普光)은 大安이라고 보았으며[32], 石井公成은 속인을 중시하는 사람들 그룹에서 생겨났다고[33] 하는 등 다양한 주장들이 있다. 이처럼 여러 학설이 나와 있지만 결정적인 학설은 아직 없는 것 같다. 그러나 한국에서 찬술되었다는 이론이 점점 설득력이 있는 것은 사실이다. 필자는 『금강삼매경』의 성립에 대하여 원효가 직접 만든 것은 아니지만 원효 주위의 출가자라고 하기 곤란한 거사 비슷한 신분을 가진 사람 그룹에서 생겨난 것이라고 추정했었다.[34] 『금강삼매경』이 신라에서 성립되었다면 거사의 중요성을 강조하는 경전까지 제작되는 것을 볼 때 거사의 활동과 영향력이 컸음을 짐작할 수 있다. 『금강삼매경』의 또 다른 특징 하나는 모든 경전의 핵심을 포섭하고 있다고 자부하며 스스로 『攝大乘經』이라고도 부른다는 점이다. 다양한 불교 사상의 통일을 도모하고 있는 것이 이 경전이다. 유교 윤리를 대표로 하는 전통 윤리와의 융합의 필요성이 중국에서 여러 경전들을 만들게 했다면 신라에서 제작된 경전에서 사상의 통일과 재가 신도의 중요성을 강조했다는 것은 흥미로운 일이다. 이제 신라의 거사불교 그룹과 밀접한 연관을 가진 『금강삼매경』의 내용 중에서 거사불교와 관련

---

26 水野弘元은 1955년에 이 경전이 649-667년경에 성립했다고 최초로 주장하며 僞經임을 밝혔다. 이 경전에는 末那, 明呪의 이름 등 玄奘의 新譯 용어가 등장하는데 이 용어들은 『唯識三十頌』(648년 번역)과 『般若心經』(649년 번역)에 나오는 용어이므로 그 보다 이전일 수는 없고, 원효의 주석과 함께 이 경전이 나타나므로 원효 50세 경까지 성립했다고 보아서 이렇게 주장했다. 그 저자에 대해서는 당나라 초기 무렵 당시의 종종의 불교학설에 통한 자가 그러한 불교의 諸學說을 망라해서 지은 僞經이라고 한다. 원효 자신을 작자로 볼 수 있는가 하는 문제는 그의 주석에 의해 보는 한에는 그는 달마의 二入四行說을 전혀 몰랐던 것 같고 또 이 경의 9식설이 眞諦의 9식설의 원천이라고 말하고 있는 점 등에서 그는 이 경의 僞作에는 관계가 없고 또 위경이라는 것도 몰랐고 의심하지도 않았던 것 같다고 보고 있다. (水野弘元, 「菩提達摩の二入四行說と金剛三昧經」(『印度學佛教學研究』 通卷 第六號, 1955) 참조).

27 최유진, 「『金剛三昧經論』에 나타난 원효의 一心」, 『人文論叢』 11집(경남대학교 인문과학연구소, 1998), pp.136-138 참조.

28 Robert Evans Buswell, Jr., The Korean Origin of the Vajrasamadhi-Sutra: A Case Study in Determining the Dating, Provenance, and Authorship of a Buddhist Apocryphal Scripture, University Microfilms International,(Ann Arbor, Michigan, 1985) 참조.

29 柳田聖山, 「金剛三昧經 の研究」,『白蓮佛敎論集』 3 (白蓮佛教文化財團, 1993) 참조.

30 木村宣彰, 「金剛三昧經の眞僞問題」, 『佛教史學研究』 第十八卷二號,(1976.3) 참조.

31 김영태, 「신라에서 이룩된 金剛三昧經-그 성립사적 검토-」, 『佛教學報』 제25집(1988) 참조.

32 韓泰植, 「韓半島で作られた疑僞經について」, 『印度學佛教學研究』 45-1(日本印度學佛教學會, 1996. 12) 참조.

33 石井公成, 「『金剛三昧經』の成立事情」, 『印度學佛教學研究』 46-2(1998. 3) 참조.

34 최유진, 「『金剛三昧經論』에 나타난 원효의 一心」, pp.138-141 참조.

되는 부분을 살펴보도록 하자.[35] 『금강삼매경』의 「入實際品」에서는 出家, 在家와 연관된 다음과 같은 문답이 나온다.

(부처가 말한다.) "보살아 이와 같은 사람은 두 개의 상에 있지 아니하니, 출가치 않았다 할지라도 재가에 머물고 있는 것이 아니다. 비록 법복이 없고 바라제목차계를 다 갖추어 지니고 있지 않는다 할지라도 또 포살에 들지 않는다 할지라도 능히 자기 마음으로 무위하게 自恣하여 聖果를 획득한다. 二乘에 머무르지 않고 보살도에 들며 뒤에 菩薩地를 다 채우게 될 때에 佛菩提를 이루게 된다." 대력보살이 말하였다. "불가사의합니다. 이와 같은 사람은 출가가 아니면서도 출가 아닌 것도 아니니, 왜냐하면 열반의 집에 들어 여래의 옷을 입고 보리의 자리에 앉은 때문이니 이러한 사람은 사문들까지도 응당 존경하고 공양하여야 할 것입니다." 부처가 말하였다. "그렇다. 왜냐하면 열반의 집에 들어 마음에 三界를 일으키며 여래의 옷을 입고 法空한 곳에 들어가 보리의 자리에 앉고 正覺 一地에 올라간다. 이와 같은 사람은 마음으로 二我를 초월했거늘 어찌 사문이 존경하고 공양하지 않겠는가?"……대력보살이 말하였다. "이와 같은 사람은 마땅히 계를 지니지 않을 것이니 저 사문을 공경하고 우러러보는 일이 없겠습니다." 부처가 말하였다. "남을 위해 계율을 설한다는 것이 선하지 못하고 교만한 까닭이며 바다의 파랑이 일기 때문이다. 그러나 저 사람의 마음자리는 팔식의 바다가 잔잔해지고 구식이 맑게 흘러 바람이 능히 이를 움직이지 못하며 파랑이 일지 않는 그러한 마음자리이다. 계율의 자성 등이 공이라 이를 고수하여 지님은 미혹이요, 전도이다. 그와 같은 사람에게는 제칠식과 제육식이 일어나지 않으며, 모든 분별 망상이 사라져 조용하며, 三佛을 떠나지 않고, 보리심을 발하여, 삼무상 가운데에 마음 따라 깊이 들어가서 삼보를 깊이 존경하고 위의를 잃지 않는다. 그러하니 저 사문을 공경하지 않음이 없다. 보살아, 저 어진 이는 세간의 動·不動의 법에 머무르지 않으며 三空聚에 들어가 三有에 대한 생각을 없앤다."[36]

출가하지 않은 재가의 속인이라도 도가 높다면 응당 사문도 존경하고 공양하여야 한다는 것

---

35 비록 『금강삼매경』이 신라에서 성립된 것이 아니라 하더라도 원효 등의 거사불교 내지는 민중불교 그룹과 밀접한 연관을 갖는 것은 사실이므로 이 경전의 사상에서 그들의 사상을 엿볼 수 있을 것이다. 즉 원효는 『금강삼매경』에 대한 최초의 주석서를 썼고 『금강삼매경』은 원효의 주석서와 함께 알려진다. 그리고 『금강삼매경』에 대한 원효의 주석서인 『금강삼매경론』은 원효의 저술 중 핵심적인 것으로 간주되는데 이 저술을 통해 우리는 원효가 얼마나 『금강삼매경』을 중시하고 있는가를 알 수 있다. 또 『금강삼매경』의 출현과 관련하여 등장하는 인물인 大安도 당시 신라의 귀족불교를 비판하고 민중불교적인 실천을 하고 있는 사람으로 묘사되고 있다.

36 『金剛三昧經』「入實際品」, T9. 370b.

이다. 출가의 중요성을 강조하는 일반적인 경전과는 다른 입장이다. 재가 신도의 중요성을 말하는 경전이 많이 있는데 이 경전도 재가 신도인 거사도 바람직하게 생각하고 있는 것이다. 재가나 출가에 구애받지 않고 도가 높다면 출가의 사문도 속인을 응당 존경하고 봉양해야 한다는 주장을 하고 있는 이 경전의 내용에서 출가와 재가를 구분하지 않고 어떤 면에서는 속인을 이상으로 삼고 있음을 알 수 있다. 출가의 상에 매달리면 안 된다는 것이다. 계율의 자성이 空하므로 이를 고수하여 지님은 미혹이다. 그러므로 계를 지니지 않는다. 계를 지니지 않으니 사문을 존경하지 않는가 하면 그것은 그렇지 않다. 오히려 분별 망상이 없으므로 삼보를 공경하니 사문을 공경하지 않음이 없다는 것이다. 형식적인 계율을 지키는 것을 중요하게 생각하는 것에 대한 강한 비판이 숨어 있고 또한 출가 지상주의에 대해 비판하며 속인을 중시하고 있기도 하다.

그 다음에 이 『금강삼매경』에서 가장 핵심적인 부분은 「如來藏品」으로 보아도 큰 무리는 없을 것으로 생각되는데 이 「여래장품」에서 질문자로 등장하는 것이 속인인 梵行長者이다. 이것도 이 경전이 속인의 중요성을 강조하고 있는 것을 보여준다 하겠다. 원효는 그의 『金剛三昧經論』에서 범행장자를 등장시킨 이유를, "이 물음을 던진 사람 즉 범행장자라고 하는 사람은 속인의 모양을 하고 있지만, 마음이 한 맛에 머물러 있고 이 한 맛으로 모든 맛을 다 포괄하고 있는 사람이다. 모든 맛 즉 더럽고 먼지 묻고 속된 모든 것을 다 거쳤다고는 할지라도, 한 맛인 梵淨行을 잃지 않고 있는 자이다. 이와 같은 의미를 나타내려고 하므로 그 사람으로 하여금 물음을 발하게 하는 것이다."[37] 라고 설명하였다. 뛰어난 속인이 있음을 보여주어 출가 여부가 중요한 것이 아니며 출가지상주의는 안 된다는 것을 말하여 속인의 중요성을 말하고 있다. 이와 같이 『금강삼매경』은 거사불교에 이념적 근거를 제시해주고 있다고 말할 수 있을 것이다.

V. 결론

신라에서 불교가 공인된 이래 많은 사람들의 노력에 의해 불교가 점점 퍼지게 된다. 초기에 중요한 역할을 하는 승려들은 귀족 출신이 많았고 불교의 적극적인 후원자 내지는 신봉자도 왕실과 귀족 계급이라고 할 수 있다. 그런데 시대가 지남에 따라 불교는 하층민에까지도 퍼져나가고 신라인의 종교로 되었다. 거의 모든 사람들이 불교를 자신의 종교로 받아들이게 되는 것이다.

---

37 『金剛三昧經論』 如來藏品 第七, 한불전1. 659b.

이렇게 불교가 대중화되는 것은 여러 사람의 노력에 의한 것이지만 특히 귀족 출신이 아닌 승려들의 활동이 두드러지게 눈에 띈다.[38] 대표적으로 들 수 있는 사람이 혜숙, 혜공, 대안 등인데 이들은 기존의 귀족 승려들과 전혀 다르게 직접 민중 속에서 불법을 전하였다. 그리고 행동도 기존의 귀족 승려와는 다르게 파격적인 경우가 많았고 민중에게 가까이 가기 위해서 다양한 도구와 방법을 사용하였다.

이들 선구적인 사람들의 활동에 뒤이어 거사들의 활동이 눈에 띈다. 거사 중에 가장 대표적인 사람은 원효라 할 수 있다. 원효는 처음에는 승려였으나 나중에 파계하여 설총을 낳은 후에는 환속하여 거사로서의 삶을 살았다. 그는 민중 속에서 직접 활동하고 다양한 방법과 걸림 없는 삶의 태도로 불교를 널리 전파하였다. 원효에 의해 불교는 신라에서 널리 대중화되게 된다. 거사의 모습을 하고 불법을 널리 전파하고 실천하는 사람은 원효뿐 아니라 많이 있었다. 이 사람들이 신라의 불교 대중화에 중요한 역할을 한다.

원효와 밀접한 관련이 있고 신라에서 제작된 것으로 추정되는 『금강삼매경』은 거사 내지는 재가 신도의 중요성을 강조하는 부분이 눈에 띄는 점에서도 중요한 경전이다. 활발한 거사들의 활동에 의한 불교의 대중화와 그것을 이념적으로 뒷받침하는 경전이 신라에서 나타나는 것 등은 신라 불교에서의 거사의 중요성을 말해준다고 할 것이다.

---

38 慈藏은 진골 귀족 출신이지만 불교의 대중화에 노력하여 그 시대에 이미 상당한 정도로 대중화가 진척되어 있었다. 『三國遺事』「慈藏定律」條에서는 “이 때를 당하여 나라 안 사람으로서 戒를 받고 佛法을 받든 이가 열 집에 여덟, 아홉은 되었다.” 라고 말하고 있다. 그러나 역시 본격적인 대중화는 그런 귀족 출신의 활동에 의해서가 아니라 낮은 계급 출신의 승려 또는 재가의 거사의 활동에 의해서 달성된다.

제3장 원효의 거사불교

I. 서론

원효(617-686)는 우리나라의 가장 뛰어난 불교사상가 중의 하나로 잘 알려져 있다. 그의 생애와 사상에 대해서는 비교적 많은 연구가 이루어져서 많은 부분이 밝혀졌다. 하지만 아직도 그의 생애에서 불명확한 부분이 남아 있고 불교사상가로서의 원효를 재가의 거사라는 측면에서 보다는 출가 승려라는 측면에서 보는 경향이 있다. 원효의 사상이나 활동이 그의 신분이 거사였다는 것과 밀접한 관련이 있는데 거사로서의 원효가 부각되지 않고 있는 문제가 있는 것이다. 본 연구에서는 거사로서의 원효를 부각시키면서 그의 생애에 대해 연구해 보고자 한다.

불교사상가로서의 원효는 여러 가지 면에서 주류와는 거리가 있는 처지였다. 먼저 그는 경주 출신이 아니고 지방인 경산 출신이었다. 그리고 높은 귀족 출신이 아니었다. 게다가 그는 당시의 영향력 있는 사람들이 선택하는 과정인 유학도 선택하지 않았다. 유학파도 아니었던 것이다. 이런 여러 가지는 그를 주류가 되기 어렵게 한 조건이었다. 그런데 거기에 또 하나 불리한 조건은 환속을 했다는 사실이다. 그는 불교계의 주류인 출가자 집단에도 속하지 않았던 것이다. 하지만 그런 불리한 처지에서도 가장 뛰어난 성취를 보여 주었고 민중 속에서 민중과 함께 하는 불교를 건설하였다. 그는 불교가 민중들의 종교가 되는 데에 크게 기여하였던 것이다.

II. 원효의 출가와 수행

원효는 현재의 경산인 압량군의 불지촌에서 태어났다. 신라의 서울인 경주가 아니라 지방인 경산에서 태어난 것이다. 신분제 사회인 신라에서 어디 출신이냐 하는 것은 중요한 의미를 갖는다. 지방 출신이라면 높은 귀족이 아니기 때문이다. 원효가문이 본래 지방 출신인지 아닌지는 확실하게 말하기는 어렵다. 하지만 그는 지방에서 태어났고 초기에는 지방에서 활동하였다. 높은 귀족은 아니었음을 알 수 있다.[1]

『삼국유사』의 원효 전기에 의하면 원효의 소명(小名)은 서당(誓幢)이라 한다.[2] 이 서당에 대하여 신라의 군대의 명칭에 서당이 있음을 근거로 원효가 군대와 관계가 있는 것으로 해석한 이론들이 있었으나 그것은 아님이 밝혀졌다.[3] 소명이 서당이지만 그 이름이 어른이 되어서 바뀌지 않았다면 소명이 그대로 그 사람의 이름이다. 특히 원효는 어렸을 때에 출가하였으므로 소명이 그대로 세속에서의 이름이기도 하다. 따라서 서당화상이라는 호칭은 세속에서의 이름으로 부른 것인데 거사의 형상으로 원효의 상을 만들었다는 <서당화상비>의 내용과 연결시켜서 생각해 볼 수도 있다. 서당화상은 거사로서의 원효를 서당이라는 세속에서의 이름으로 부른 것이다. 원효란 이름은 법명이므로 승려로서의 이름이다. 따라서 거사의 이름으로는 쓰지 않고 서당으로 거사 이름으로 삼았다 해도 이상할 것은 없다. 다만 원효거사라고 호칭할 때도 있다.[4] 이 경우는 원효가 대표적인 이름으로 통용된 것이라 할 수 있다. 거사 시절에 저술한 것이 확실한 저작도 원효의 작품이라고 전해 오고 있고 소성거사 또는 서당화상 저작이라는 기록은 없는 것 같다.

이후 원효는 출가하여 승려가 된다. 그러면 원효의 출가 시기는 언제인가? 『송고승전』의 기록에 의하면 "관채지년(丱鬉之年)에 기꺼이 출가했다"[5]고 말하고 있다. 관채지년은 어린 나이 또는 15살 무렵인데 어린 시절이든 그보다 좀 더 지난 15살 무렵이든 상당히 이른 시기에 출가한 것은 사실이다. 출가의 동기에 대해서 원효의 신분을 6두품으로 보고 그 신분과 관련하여 이해하려는 견해도 있다. 불교 안에서 골품제도의 신분적 차별을 초월하는 길을 찾고자 했다는 것이

---

1 『三國遺事』에 따르면 행장에는 서울 사람이라고 되어 있는데 이는 선조를 따라서 그렇게 한 것이고 『唐僧傳』(『송고승전』의 잘못)에는 하상주인(下湘州人)으로 되어 있다고 하였다.(『三國遺事』 卷4, 「元曉不羈」)

2 小名은 誓幢이고 第名은 新幢이라 하였다. 제명에 대하여 宅號라는 설도 있고 조금 더 큰 다음의 이름이라는 설도 있다. 확실하게 말하기는 어렵다.(이범홍, 「元曉行狀新考」, 『마산대학논문집』 4집, 마산대학, 1982) 참조.)

3 김영태, 「元曉의 小名 誓幢에 대하여」, 『한국불교학』 5(한국불교학회, 1980) 참조.

4 『삼국사기』 설총전에 보면 일본의 재상이 원효를 원효거사라 칭한다.(『三國史記』 卷46 列傳6)

5 "丱鬉之年 惠然出家"(『宋高僧傳』 「黃龍寺元曉傳」(T50.730a) 丱鬉之年이 언제인가는 사람에 따라 조금 다르게 본다. 丱은 총각머리이고 鬉는 상투이다. 丱으로 본다면 어린 나이지만 鬉는 상투이므로 상투 트는 나이가 된다. 따라서 해석에 여러 견해가 생긴다. 일반적으로 어린 나이(총각머리(남동신, 『원효』(도서출판 새누리, 1999), p.276); 양쪽으로 머리를 올려 묶는 나이(김영태, 「전기와 설화를 통한 원효 연구」 『불교학보』 17(동국대학교 불교문화연구소, 1980), p.12)로 보지만 15세(김상현, 『역사로 읽는 원효』(고려원, 1994), pp.28-29; 김상현(「송고승전의 원효전 서술」, 『원효연구』(민족사, 2000), p.59; 장휘옥, 「원효의 전기-재검토-」, 『동국사상』 21(동국대학교 불교대학, 1988), p.12)로 보는 견해도 있다.

다.[6] 하지만 출가동기를 신분과 관련지어 이해하려는 방법에 대해 비판적인 시각이 있고[7] 필자가 보기에도 출가의 동기를 그에서 찾는 것은 옳지 않아 보인다. 원효의 출가 동기는 확실하게 말하기는 어렵지만 자신의 저술이 참고가 된다. 원효는 『발심수행장』[8]에서 다음과 같이 말한다.

> 사람이 누가 산에 가서 수도하고 싶지 않겠냐마는 나아가지 못하는 것은 애욕에 묶여서이다.……높은 산과 높은 바위굴은 지혜 있는 사람의 살 곳이요 푸른 솔 깊은 골짜기는 수행자의 살 곳이다. 배고프면 나무 과실을 먹어 주린 창자를 위로하고 목마르면 흐르는 물을 마셔 목마른 정을 식힌다. 맛있는 것을 먹고 사랑하고 길러도 이 몸은 반드시 무너지며 부드러운 것을 입고 지켜도 목숨은 반드시 끝이 있다. ……홀연히 백년이 되니 어찌 배우니 않을 것이며 일생이 얼마나 된다고 수행하지 않고 방일하는가? 마음속의 애욕을 떠남을 사문이라 하고 세속을 그리워하지 않는 것을 곧 출가라 한다.……비록 재주와 지혜가 있어도 마을에 거처하는 사람에 대해서는 모든 부처가 이 사람에 대해서 슬프고 걱정하는 마음을 내고 비록 도행이 없다 해도 산에서 거주하는 자에게는 여러 성인들이 이 사람에 대해서 환희하는 마음을 낸다.……해는 계속 바뀌어 잠깐 새에 죽음의 문에 이른다. ……급하지 아니한가, 급하지 아니한가.[9]

애욕에 묶여 있기 때문에 산에 가서 수도하기 쉽지 않지만 마음속의 애욕을 버리고 세속을 그리워하지 않는 것이 진정한 출가 사문이라 주장한다. 죽음도 잠깐인 것이 우리 인생이다. 열심히 수행하여 도를 이루어야 한다는 것이 원효의 생각이다. 재주와 지혜가 없더라도 출가하면 성인은 그를 사랑한다. 세속에서의 삶은 수행이 어렵기 때문에 출가하여 도를 닦아야 하고 그런 사람을 성인은 사랑한다는 것이다. 출가하여 도를 닦음은 궁극적인 깨달음을 위한 것이다. 원효는 그것을 위하여 출가를 하였던 것이다. 이 『발심수행장』에서 자리이타는 새의 양 날개와 같다고 말하기는 하지만 아무래도 강조점은 수행에 가 있는 것으로 판단할 수 있다. 후반부에 강조되는

---

6 이기백, 「신라육두품연구」, 『신라정치사회사연구』(일조각, 1974), p.57 참조.

7 김상현, 「삼국유사 원효기록의 검토」, 『원효연구』(민족사, 2000), p.75 참조.

8 『發心修行章』이 원효의 작품인가에 대해서는 약간의 의문이 있다. 하지만 아니라는 결정적인 증거가 없으므로 원효의 저술로 인정하고 논의를 진행한다. 그리고 『발심수행장』이 원효의 작품이라면 초기의 작품으로 추정된다.(최유진, 「원효의 계율관」, 『불교연구』 38(한국불교연구원, 2013) 참조.)

9 人誰不欲 歸山修道 而爲不進 愛欲所纏……高岳峨巖 智人所居 碧松深谷 行者所棲 飢餐木果 慰其飢腸 渴飮流水 息其渴情 喫甘愛養 此身定壞 著柔守護 命必有終……忽至百年 云何不學 一生幾何 不修於逸 離心中愛 是名沙門 不戀世俗 是名出家……雖有才智 居邑家者 諸佛是人 生悲憂心 設無道行 住山室者 衆聖是人 生歡喜心……年年移移 暫到死門……莫速急乎 莫速急乎(한불전1, 841a-b)

중생 제도나 자비는 아직 중심 주제는 아니다. 죽음으로 대표되는 인간의 괴로움 그것을 극복하고자 하는 것이 출가의 중요한 동기라고 파악할 수 있을 것 같다.

출가한 후 스승은 누구였고 어떤 방식으로 수행했는가는 확실하지 않다. 『삼국유사』의 원효의 전기에 따르면 "태어나면서부터 영이(穎異)하여 스승을 따라 배우지 않았다"[10]고 한다. 『송고승전』은 "스승을 따라 수행을 함에 항상된 곳이 없었다"[11]고 전한다. 확실한 스승을 말하기 어렵다는 것이다. 그러나 여러 기록들을 보면 원효가 배운 스승들이 나온다. 낭지, 보덕, 혜공 등이 원효의 스승이었다. 그밖에 사복, 대안도 원효와 교유했던 도가 높은 사람이었다.

III. 원효의 깨달음과 환속

원효는 국내에서 이와 같이 여러 스승 밑에서 수행하다가 중국 유학을 결심하게 된다. 유학을 가고자 한 동기에 대해서는 확실하게 밝혀지지는 않았지만 『송고승전』에 의하면 현장 삼장 자은의 문하를 사모하여 의상과 함께 당나라로 가려 하였다고 한다. 현장의 신불교가 신라에 알려지고 원효는 그것을 배우고자 한 것이었음을 알 수 있다. 현장은 645년에 중국에 돌아오므로 원효가 당나라 유학을 기도한 것은 645년 이후라 할 것이다. 원효의 유학 시도와 깨달음에 대한 이야기는 몇 종류의 사료가 있다. 먼저 『송고승전』「원효전」의 기사에서는 "일찍이 의상법사와 당나라에 들어가고자 했다. 현장삼장 자은의 문하를 사모해서였다. 인연이 이미 어긋나자 마음을 쉬고 노닐었다."[12]고 하였고 『송고승전』「의상전」에 원효의 유학과 깨달음에 관한 기록이 있으며 『삼국유사』의 「전후소장사리」와 「의상전교」에도 그에 관한 기록이 있다. 이 기록을 종합하면 원효의 유학 시도는 두 번 있었다. 요동을 통해서 가고자 한 것(의상전교, 전후소장사리)과 당주 경계에서의 시도이다. 그리고 이 두 번째 시도에서 깨달음을 얻었다. 남동신[13]에 의하면 원효의 깨달음은 650년에 일어난 일이라 한다. 일반적으로는 두 번의 시도 중 두 번째 시도에서 깨달은 것으로 생각을 해 왔다. 육로를 통해 가려다가 실패하고 해로로 가려고 했던 때에 일어난 사건이고 그 때에 의상은 바로 중국으로 간 것으로 생각해서 의상이 중국에 유학 간 661년의 일로 생각

---

10 生而穎異 學不從師(『三國遺事』 卷4)

11 隨師禀業 遊處無恒(『宋高僧傳』 卷4 「唐新羅國黃龍寺元曉傳」)(T50.730a)

12 嘗與湘法師入唐 慕奘三藏慈恩之門 厥緣旣差息心遊往.(『宋高僧傳』 권4, T50.730a)

13 남동신(1999), pp.79-91 참조.

하는 것이 일반적이었다. 그러나 의상이 중국에 갔다는 기사에는 원효와 함께 출발했다는 기록이 없으므로 혼자 간 것이라는 것이다. 그러므로 원효의 깨달음은 함께 가려고 했을 때의 일이고 그것은 650년에 육로를 통한 유학 실패 후 바로 연속해서 일어난 일로 추정할 수 있다는 것이다. 결국 의상은 세 번째 시도에서 중국 유학을 성공했다는 말이 된다. 이 주장은 원효가 두 번째 유학 시도 때 깨달은 것이 옳다고 해도 그것이 의상의 입당 연대와 같다고 볼 수 없다는 것을 확인하였다는 점에 의미가 있다. 하지만 그것이 첫 유학 시도와 같은 해에 이루어진 일이라고 확정할 수는 없다. 그것은 650년(육로를 통해 유학을 시도한 해)과 661년(의상이 출국한 해) 사이의 어느 때일 것이다. 『송고승전』「의상전」에서 전하는 원효의 깨달음의 시기가 의상이 약관(弱冠)에 유학을 가려 했을 때라 하므로 650년에서 멀지 않은 때로 볼 수 있을 것이다. 통설대로 661년이라면 의상의 나이 37세이므로 약관이라고 할 수는 없기 때문이다. 650년이라면 26세이므로 약관이라고 할 수 있을 것이다.[14]

원효의 깨달음에 대해서는 대략 두 종류의 전승이 있다. 『종경록』, 『임간록』의 해골 물 전승이고 『송고승전』의 귀신 전승이다. 해골 물을 모르고 마셨을 때는 맛있게 먹었지만 알고 나서 다 토하고 모든 것이 마음의 장난이라는 것을 깨달았다는 것이 해골 물 전승이다. 이는 『종경록』[15], 『임간록』[16] 등에 전해 오는 것인데 일반적으로 더 많이 알려져 있는 것 같다. 아마도 극적인 요소가 강하기 때문일 것이다. 귀신 전승은 원효가 잠자리가 없어서 땅막에서 잤는데 알고 보니 그 곳이 무덤이었다. 무덤인 줄 모르고 잤을 때는 편히 잤는데 무덤인 줄 알고 나서는 귀신 때문에 잠을 잘 수가 없었다. 이에 모든 것이 마음의 장난임을 깨달았다는 것이 귀신 전승이다. 『송고승전』의 「의상전」[17]에 전해 오는 이야기이다. 어느 것이 더 원형인지 또는 사실을 전하는 것인지는 말할 수 없다. 두 종류의 전승이 있음을 말할 수 있을 뿐이다.[18] 어떤 전승에서든 깨달음의 내용은 마음에 관한 깨달음이다. 모든 것이 마음에 달려 있다는 것을 깨달았다는 것이다. 마음 밖에 따로 법이 없으니 무엇을 달리 밖에서 구하느냐는 것이 원효의 깨달음이었다. 그는 당나라 유학

---

14 원효의 깨달음이라는 사건 자체가 설화적인 요소가 있으므로 객관적 사실로 확정하기는 쉬운 일은 아니다. 하지만 유학의 시도는 확실히 있었고 어떤 계기가 있어서 유학을 가지 않은 것은 사실일 것이다. 앞서 보았듯이 『송고승전』 원효전에서는 '인연이 이미 어긋났다'(厥緣旣差)는 표현으로 그 사실을 전하고 있다.(『宋高僧傳』 권4, T50.730a)

15 『宗鏡錄』 권11(T48. 477a)

16 『林間錄』 卷上(『卍續藏』 148책 590a)

17 T50.729a.

18 김영태는 「전기와 설화를 통한 원효 연구」(『불교학보』17, 1980)에서 『宋高僧傳』의 귀신 전승이 역사적 근거가 있고 『林間錄』(1107년)의 해골 물 전승은 역사적으로 취할 바가 못 된다고 주장하였지만 이는 『송고승전』(988년) 이전의 기록인 『宗鏡錄』(961년)에 이미 해골 물 전승이 있음을 확인하지 못하였기 때문에 나온 주장이라 할 수 있다.

을 포기하고 국내에서 활동한다.

원효의 환속에 대해서 『송고승전』에서는 언급하지 않고 있고 <서당화상비>에서는 "돌아와 거사가 되었다"(還爲居士)는 문장이 있다. 그리고 거사상을 만들었다는 구절도 있다. <서당화상비>가 세워질 때에 원효는 승려로서 존경되었다기보다는 거사로서 인식되었던 것이다. 그러나 환속의 계기 등에 대해서는 별다른 언급은 없다. 환속에 대해서는 공주와의 결혼 사실을 기록한 『삼국유사』의 기록이 있다. 그 기록에 의하면 원효는 적극적으로 결혼을 추진하여 공주와의 사이에서 설총을 낳은 것으로 되어 있다. 하지만 이는 실제의 역사적 사실로 믿기는 어렵다는 견해는 이미 밝힌 바 있다.[19] 『삼국유사』의 기록이 향전에 기초하고 있는데 향전의 기록을 역사적 사실로 받아들이기 어렵다는 것이 첫 번째 이유이다. 역사적인 사실이라기보다는 설화적인 얘기들을 많이 전하고 있는 것이 향전이기 때문이다. 역사적 사실을 전하는 『삼국사기』의 설총 관련 기록이나 <서당화상비>, 『송고승전』의 원효 전기 등의 다른 기록에서는 발견할 수 없는 것이 공주와의 결혼 얘기이다. 그리고 일연의 말에 의하면 『원효행장』에도 그 내용은 없었다. 골품제 사회인 신라에서 진골 귀족이 아닌 원효가 공주와 결혼한다는 것은 불가능한 일이었으리라는 것이 두 번째 이유이다. 진골 귀족은 진골만을 결혼 대상으로 하기 때문이다.

원효의 부인이 공주였다는 사실은 인정하기 어렵다 하더라도 원효가 환속하여 설총을 낳았고 거사로서 활동한 것은 분명한 사실이다. 하지만 원효가 언제 환속하였는지 확정하기는 쉽지 않은 일이다. 원효의 환속 시기를 생각해 본다면 먼저 깨달음의 시기를 기준으로 할 수 있다. 원효는 깨달음 이후에 환속했다고 보아야 한다. 유학을 시도하다 깨달음을 얻었을 때는 승려 신분이었기 때문이다. 그런데 깨달음의 시기는 앞서 논의한 것이 옳다면 650년에서 661년 사이이다. 그러므로 환속의 시기를 650년 이전까지 올려 잡을 수는 없다. 그리고 『삼국사기』에 의하면 설총이 신문왕 때(681-692) 높은 관직에 임명되므로[20] 나이로 보았을 때 설총은 최소한 문무왕 즉위(661년) 이전에 출생했다고 보는 것이 자연스러울 것이다. 661년 이후라고 생각하기는 어렵다. 신문왕 때에 이미 설총의 나이가 어느 정도는 되어야 하기 때문이다. 결국 아마도 650년(진덕여왕 4년)에서 660년(무열왕 8년) 사이에 원효가 환속하여 설총을 낳았다고 할 수 있을 것이다.[21]

---

19 최유진(2009) 참조.

20 『三國史記』 列傳 제6.

IV. 거사로서의 원효의 활동

원효는 환속하여 많은 활동을 한다. 환속하기 이전은 어떤 면에서는 환속 이후의 활동을 준비하는 과정이었다고 해도 과언이 아닐 정도이다. 많은 저술을 하였고 중생 속에서 거침없는 활동을 한다. 이 모든 것이 환속한 이후의 일로 볼 수 있다. 그런 의미에서 원효의 불교는 거사불교라고 할 수 있을 것이다. 먼저 저술에 대하여 살펴보자. 원효가 저술 가운데서 인용한 경론 및 스스로의 저술이 인용된 내용에 따라서 그 저술의 선후를 알아볼 수 있다.[22] 특히 신역 경론의 인용 관계로 그의 저술 연대를 추측해 볼 수 있다. 짧은 저술 몇 가지[23]를 제외하면 대부분의 현존 저술에서 신역 경론을 인용하고 있다. 신역 경론은 현장이 645년에 당나라로 돌아온 이후에 번역된 경론들이므로 원효가 저술 활동을 하는 것은 그 이후라고 볼 수 있을 것이다. 『기신론별기』와 『이장의』 등의 작품이 비교적 초기의 작품이고 주저인 『대승기신론소』는 그 이후의 작품이다. 저술 중에 유일하게 저술 연도가 밝혀져 있는 것은 『판비량론』인데 이것은 671년의 작품이다. 『금강삼매경론』, 『열반경종요』 등은 비교적 후기의 작품으로 『판비량론』 보다 뒤의 저술로 인정할 수 있다 한다.[24] 확실하게 말하기는 어렵지만 초기의 몇 작품을 제외하고는 모두 환속한 이후의 저술이다. 특히 후기의 저술이라 할 수 있는 『금강삼매경론』 『열반경종요』 등은 확실히 거사시절의 저술이다. 원효의 불교를 거사불교라는 면에서 바라보는 것이 중요하다는 것은 이런 점에서도 알 수 있다.

원효의 불교가 거사불교라면 출가에 강조점을 두기보다는 거사의 위치를 중요하게 생각하여서 출가와 재가에 차별이 없어야 함을 강조하였을 것이다. 원효가 거사불교의 이념적 기반을 제공하는 것으로 보아 중시한 경전은 무엇이었을까? 대승경전 가운데 재가자가 주인공으로 등장

---

21 믿기 어려운 설화적인 이야기지만 『삼국유사』의 원효의 결혼 이야기도 그 배경이 되는 시대는 무열왕 때로 되어 있다. 그런데 원효의 손자 설중업이 일본에 사신으로 간 것이 780년이다. 50세에 갔다고 하면 730년생이어야 한다. 설총이 650-660년 사이의 출생이라면 설총이 70-80세에 낳은 자식이라는 얘기가 된다. 나이 차가 너무 많이 난다. (그래서 伊吹敦은 설총의 출생 연대를 670년 이전으로 올리기는 힘들다고 하였다.(伊吹敦(2006), p.132)) 780년의 일은 <서당화상비>와 『삼국사기』에 나오고 일본의 역사서 『續日本紀』에도 기록되어 있는 이야기이므로 신빙성이 있다고 보아야 할 것이다. 그리고 『삼국사기』의 설총 열전에 의하면 설총은 신문왕 대에 높은 벼슬을 하였다. 그렇다면 설총의 출생 연대도 더 후대로 보기는 곤란하다. 두 가지를 다 만족시키려면 원효에게 또 다른 아들이 있었다고 볼 수는 없을까? 설중업은 원효의 손자라고 했지 설총의 아들이라고 하지는 않았기 때문에 그렇게 볼 수도 있을 것 같다.

22 福士慈稔(2001), 남동신(1999), 伊吹敦, 「元曉の著作の成立時期について」, 『東洋學論叢』 31(東洋大學 文學部, 2006), 石井公成, 『華嚴思想の研究』(春秋社, 1996) 등의 연구가 특히 참고가 된다.

23 『發心修行章』, 『大乘六情懺悔』 등.

24 伊吹敦(2006), pp.58-62 참조.

하는 경전은 『승만경』 『유마경』 등이 유명하다. 거사로서의 원효는 당연히 이런 경전들을 중시했을 것이다. 현존하지는 않지만 『승만경』과 『유마경』에 관한 저술을 한 것을 알 수 있다.[25] 원효가 『기신론』을 중시하면서 여래장의 중요성을 강조했다는 것은 이미 잘 알려진 사실이다. 『승만경』은 여래장의 중요성을 강조하는 경전이므로 원효가 중시한 경전이기도 하였다. 주인공이 재가자이기는 하나 여성인데 반하여 『유마경』은 바로 거사가 주인공인 경전이다. 원효가 더욱 중시했을 가능성이 있다. 원효 거사불교의 이념적 바탕이 되는 경전으로 『유마경』에 관심을 보이는 연구들이 있다.[26] 유마거사의 활동과 닮은 것이 많은 것이 원효의 활동이었기 때문이다. 사상적인 측면보다 거사로서의 유마의 활동이 원효의 활동과 비슷한 것이 더욱 중요하다. 원효는 사상적으로 볼 때 『기신론』이나 화엄을 강조하는 경향이므로 『유마경』의 사상을 자신의 사상의 핵심으로 삼아 전면적으로 강조하지는 않았을 것이기 때문이다. 실제로 『유마경』에 표현된 유마의 행적과 『송고승전』에 표현된 원효의 행적은 비슷한 것이 있다. 『유마경』에서는 유마거사의 행적에 대하여 다음과 같이 묘사한다.

> 도박이나 주사위 노름을 하는 곳에도 모습을 드러냈지만 오로지 노름에 빠진 이들을 효과적으로 제도하기 위해서였다. 이교도들로부터 온갖 시비를 받았지만 결코 부처님의 가르침을 여의지 않으리라 맹세하였다. 세속적인 주문이나 지식은 물론이요 출세간적인 주문이나 논서에도 해박했지만 오직 불법이 주는 기쁨만을 누리리라 다짐했으며, 어느 모임에 나가서도 그 가운데 제일 웃어른으로 존경받았다. 세간에 어울려 살기 위해 백발의 노인에서부터 한창 젊은이에 이르기까지 널리 교유하였지만 그 언행은 법에 한 치도 어긋나지 않았다. 세속적인 직무에도 종사했지만 결코 이익이나 향락을 얻기 위함이 아니었다. 중생을 두루 인도하기 위해서는 삼거리든 사거리든 장소를 가리지 않았으며 중생을 수호하기 위해 정치에도 뛰어들었다. 소승에 대한 관심을 떨치고 대승으로 사람들을 이끌기 위해서 법을 설하거나 담론하는 장소에 어김없이 나타났으며 무지한 아이들의 교육을 위해서는 모든 학교를 찾아다녔다. 애욕의 허망함을 보여주고자 음침한 창녀촌도 마다하지 않았으며, 바른 심기의 소중함을 깨우쳐주기 위해서 어떤 술집도 피하지 않았다. …… 대신 중의 대신으로 존경받았으며……왕 중의 왕으로 존경받았다.……최고의 내관으로 존경받기도 하였다.[27]

---

25 『韓國佛敎撰述文獻總錄』에 의하면 『勝鬘經疏』, 『維摩經宗要』, 『維摩經疏』 등이 있다.(『한국불교찬술문헌총록』, pp.20-24 참조)

26 전미희(1987), 남동신(1999) 등 참조.

27 박용길 역, 『유마경』(민족사, 1993), pp.37-38

모든 것에 걸림이 없어서 더럽고 험한 세상 어느 곳이라도 찾아가 함께 했다는 것이다. 노름도 하고 술도 마시고 기생집에도 갔다는 것이다. 하지만 이는 중생 제도를 위한 것이고 그가 거기에 물든 것은 아니었다. 원효의 행적도 이와 비슷하게 묘사된다. 『송고승전』「황룡사 원효전」에서는 "얼마 아니 되어, 말을 미친 듯이 하고 상식에 어긋나는 행위를 보였는데, 거사와 같이 술집이나 기생집에도 드나들었다."[28]라고 말하고 있다.

『유마경』 보다 더욱 중요한 경전은 『금강삼매경』이다. 실질적으로 원효의 재가불교의 이념적 기반이 되었던 경전은 『금강삼매경』이라고 할 수 있다. 원효 사상의 가장 중요한 기반인 일심과 화쟁과 더불어 거사불교의 요소가 풍부하게 갖추어져 있는 것이 『금강삼매경』이다. 『금강삼매경』은 어디에서 만들어졌는지 아직 해결이 안 되었지만 신라 성립설이 상당히 설득력이 있다.[29] 어쨌든 원효와 밀접한 관련을 갖는 경전이다. 『송고승전』의 원효 전기는 거의 대부분이 『금강삼매경』과 원효의 관계에 대한 이야기이다. 『금강삼매경』에는 많은 사람들이 등장하지만 출가자보다도 재가자가 더욱 중요한 위치를 차지한다.[30] 이 경에서는 출가와 재가에 걸림이 없어야 함을 주장한다. 『금강삼매경』에서는 다음과 같이 말한다.

> 대력보살이 말하였다. "불가사의합니다. 이와 같은 사람은 출가한 것이 아니지만 출가하지 않은 것도 아닙니다. 왜냐하면 열반의 집에 들어가 여래의 옷을 입고 보리의 자리에 앉으니, 이와 같은 사람은 사문이라도 마땅히 존경하여 공양해야 할 것입니다." 부처님이 말하였다. "그렇다. 왜냐하면 열반의 집에 들어갔으나 마음이 삼계에서 일어나고, 여래의 옷을 입고서 법공의 처소에 들어갔으며, 보리의 자리에 앉아 정각의 여일한 경지에 올랐기 때문이다. 이와 같은 사람은 마음이 두 가지의 我를 벗어났으니, 어찌 하물며 사문이라고 해서 존경하여 공경하지 않겠느냐?"[31]

출가하지 않은 재가자의 신분이지만 뛰어난 사람은 마땅히 공양 받을 만하다. 중요한 것은 출가했느냐 안 했느냐가 아니다. 재가자라도 뛰어난 사람은 사문이라도 존경하여야 마땅하다는

---

28 "無何發言狂悖 示跡乖疎 同居士入酒肆倡家"(『송고승전』권4 T50. 749상)

29 이에 대해서는 이미 견해를 밝힌 바 있다. (최유진, 「『금강삼매경론』에 나타난 원효의 일심」, 『인문논총』 제11집(경남대학교 인문과학연구소, 1998) 참조.)

30 서품은 아가타 비구, 무상법품은 해탈보살, 무생행품은 심왕보살, 본각리품은 무주보살, 입실제품은 대력보살과 사리자, 진성공품은 사리불, 여래장품은 범행장자, 총지품은 지장보살이 부처의 대화상대로 등장한다. 출가 승려보다는 보살들이고 가장 중요하다고 할 수 있는 여래장품에서는 재가자인 범행장자가 대화상대로 등장한다. 이것만 보아도 재가자의 중요성을 말하고 있음을 알 수 있다.

것이다. 재가자를 중시함을 알 수 있다. 원효는 이 부분을 다음과 같이 해설한다.

> 두 번째 공양을 얻는 뛰어난 이익을 설명한 것이니, 세 가지 뛰어난 공덕을 얻어 복전이 될 수 있어서 모든 도인과 속인이 마땅히 공양해야 할 것이다. 글에 세 가지가 있으니, 먼저 보살이 복전임을 설명하였고, 다음에 이승은 보지 못함을 나타내었으며, 뒤에 보살은 볼 수 있음을 나타내었다.[32]

공양을 얻는 것은 뛰어난 공덕을 얻었기 때문이다. 그런데 이 사람이 재가자의 신분이다. 출가자 중심에서 벗어나서 재가자의 중요성 재가자라도 뛰어난 복전이 될 수 있음을 강조한다고 해석할 수 있을 것이다.

『금강삼매경』에서 가장 중요한 부분은 아마도 여래장품이라고 할 수 있는데 이 여래장품의 주인공은 범행 장자이다. 이에 대하여 원효는 다음과 같이 해설한다.

> 이 가운데 묻는 사람의 이름을 '범행'이라고 하였으니, 이 사람의 외형은 비록 세속의 위의를 하고 있으나, 마음은 일미에 머물러서 일미로써 일체의 맛을 포섭하고 있다. 비록 여러 가지 맛을 가진 더러운 세속을 거쳐 왔으나 일미의 청정한 행위를 잃지 않았으니, 이 중에서 이러한 뜻을 나타내었다. 그러므로 그로 하여금 질문을 하게 한 것이다.[33]

그리고 『금강삼매경』은 재가의 중요성, 출가와 재가에 걸림 없음을 다음과 같이 말한다. 『금강삼매경』 자체가 재가자의 중요성, 또는 출가 중심주의에서 벗어나야 함을 주장하고 있음은 다음과 같은 구절에서 알 수 있다.

> 이 경을 받아 지니게 되면 이 사람의 마음에는 얻고 잃음이 없고, 항상 범행을 닦으며, 희론에

---

31 大力菩薩言 不可思議 如是之人 非出家 非不出家 何以故 入涅槃宅 着如來衣 坐菩提座 如是之人 乃至沙門 宜應敬養 佛言如是 何以故 入涅槃宅 心起越三界 着如來衣 入法空處 坐菩提座 登正覺一地 如是之人 心超二我 何況沙門而不敬養(『金剛三昧經』「入實際品」 한불전1. 647b)

32 第二得供勝利 得三勝德 堪作福田 一切道俗 所應供故 就文有三 先明菩薩福田 次顯二乘不見 後顯菩薩能見(한불전1. 647b)

33 此中問者 名梵行者 是人形雖俗儀 心住一味 以是一味 攝一切味 雖涉諸味之穢塵俗 不失一味之梵淨行 此中 顯如是義 所以令其發問(『金剛三昧經論』「如來藏品」 한불전1. 659b)

> 있어서도 항상 깨끗한 마음을 즐기고, 마을에 들어가서도 항상 선정에 있으며, 재가에 처하더라도 삼유에 집착하지 않는다.[34]

경전의 이 말에 대하여 원효는 다음과 같이 해설하고 있다.

> 첫째 '마음에 얻고 잃음이 없다'고 한 것은 다른 사람의 장단점을 보지 않기 때문이고, 둘째 '항상 범행을 닦는다'고 한 것은 안으로 상을 떠난 청정한 행실을 닦기 때문이며, 셋째 '항상 고요한 마음을 즐긴다'고 한 것은 움직임에 있으면서도 움직이지 않기 때문이고, 넷째 '마음이 항상 선정에 있다'고 한 것은 산란함에 들어가서도 산란하지 않기 때문이며, 다섯째 '삼유에 집착하지 않는다'고 한 것은 염오한 데 거처하면서도 물들지 않기 때문이다.[35]

『금강삼매경』은 이와 같이 출가 중심주의에서 벗어나고 있고 재가의 중요성을 강조하고 있는 경전이다. 원효의 사상의 정수가 이 경전을 해설한 『금강삼매경론』에 있음은 주지의 사실이다. 일심과 화쟁, 재가자로서의 중생 제도가 원효 사상의 핵심이라면 그 모든 것이 이 저서 안에 녹아 있다고 평가할 수 있다.

다음으로는 구체적인 원효의 활동에 대해서 알아보도록 하자. 환속 이후 거사로서의 원효의 활동에 대해서 『삼국유사』에서는 다음과 같이 전하고 있다.

> 원효가 이미 계를 잃고 설총은 낳은 이후로는 속인의 옷으로 갈아입고 스스로 소성거사라 하였다. 우연히 광대들이 놀리는 큰 박을 얻었는데 그 모양이 괴이하였다. 그 모양대로 도구를 만들어 『화엄경』의 '일체 無碍人은 한 길로 생사를 벗어난다'는 문구로 이름을 무애라고 하고 이에 노래를 지어 세상에 퍼뜨렸다. 일찍이 이것을 가지고 천촌만락에서 노래하고 춤추며 교화하고 음영하여 돌아오니 가난하고 무지몽매한 무리들까지도 모두 부처의 호를 알게 되었고 모두 나무(南無)를 칭

---

34 受持是經者 是人心無得失 常修梵行 若於戱論 常樂淨心 入於聚落 心常在定 若處居家 不着三有(『金剛三昧經』 流通分 한불전1. 676a)

35 一心無得失者 不觀他人之長短故 二常修梵行者 內修離相之淨行故 三常樂淨心者 在動不動故 四心常 在定者 入散不散故 五不著三有者居染不染故(『金剛三昧經論』下 「流通分」 한불전1. 676a)

하게 되었으니 원효의 법화가 컸던 것이다.[36]

노래와 춤으로 직접 민중 속에 들어가 교화하는 원효의 모습이 잘 묘사되어 있다. 바로 거사로서의 원효의 종교적 실천이었던 것이다. 원효는 환속하여 거사의 신분이 된 이후에 민중 속에 들어가 실천하여 가난하고 무지한 사람들까지도 불교를 알게 하였다는 것이다. 원효의 민중 속에서의 실천은 승려로서가 아니라 거사 신분으로 행했다는 데에 승려로서 활동한 다른 불교사상가들과는 다른 특색이 있다. 원효의 불교 대중화 활동은 이렇듯 거사였을 때의 활동이었다. 이러한 활동이 삼계교와도 관련이 있을지도 모른다는 추정을 하기도 하고,[37] 원효 말년의 작품인 『열반경종요』나 『금강삼매경론』에 삼계교의 영향이 보인다는 지적도 있다.[38]

『삼국유사』에는 원효 전기 이외의 기사에서도 원효 관련 기록이 있다. 광덕 엄장의 왕생 이야기도 그 중의 하나이다. 그 부분에서는 문무왕대의 엄장이라는 사람이 원효에게서 쟁관법을 배워 수행해서 왕생극락하였다고 한다. 원효가 미타정토신앙과 관련하여 독특한 관법으로 사람들을 지도하였음을 알 수 있다. 이 때에 원효의 신분은 무엇이었을까? 원효의 깨달음과 환속이 의상 입당 이전에 이루어진다면 문무왕 때는 원효의 신분이 거사였다고 할 수 있다. 거사의 신분으로 불교 대중화를 위해 노력하는 원효의 모습을 확인할 수 있다. 광덕 엄장의 설화에서 눈여겨볼 것은 광덕 엄장의 신분이다. 일연은 광덕 엄장을 사문이라 부르고 있는데 광덕은 분황사 서쪽 마을에 숨어 살면서 신 삼는 것을 생업으로 삼아 처자를 데리고 살았고 엄장은 남악에 암자를 짓고 살면서 크게 씨 뿌려 힘들여 경작하였다 한다. 승려라고는 하지만 둘 다 직접 생업에 종사하고 있고 광덕은 처자까지 있다. 거사와 승려의 구분이 아주 명확한 것은 아니었을 수도 있다. 원효는 실계한 이후에는 속인의 옷으로 갈아입고 스스로 거사라고 하였다. 하지만 그 거주지는 절일 경우도 많았다. 행명사에서 671년에 『판비량론』을 저술하였고[39] 죽은 것은 혈사에서였다.[40] 이때의 신분은 거사였다고 보아야 할 것이다. 거사인데 거처가 절이었던 것이다. 주로 불교 관계 일을 하고 거처도 많은 경우 사찰이었지만 승려는 아닌 거사의 신분이었다. 그렇다면 거사도 절

---

36 曉既失戒生聰 已後易俗服 自號小姓居士 偶得優人舞弄大瓠 其狀瑰奇 因其形製爲道具 以華嚴經一切無㝵人 一道出生死 命名曰無㝵 仍作歌流于世 嘗持此 千村萬落且歌且舞 化詠而歸 使桑樞瓮牖玃猴之輩 皆識佛陁之號 咸作南無之稱 曉之化大矣哉(『三國遺事』권4 「元曉不羈」)

37 洪在成(2002) 참조.

38 伊吹敦(2006) 참조.

39 『判比量論』의 跋文(“咸亨二年歲在辛未七月十六日 住行名寺 著筆租訖”(한불전1. 817a)) 참조.

40 <서당화상비>에서 확인할 수 있다.

에 머무를 수 있었다고 보아야 할 것인가 문제이다. 개인 사찰이나 작은 절은 거사도 머물 수 있었겠지만 정식 사찰은 머무르기 힘들었던 것 아닌가 짐작할 뿐이다. 원효가 출가한 후 자기 집을 초개사로 하고 나무 옆에 또 절을 만들어 사라사로 했다는 『삼국유사』의 기록을 보면 살던 집이 그대로 사찰이 되기도 한 것 같다. 그 경우는 거기에 머무를 수 있었을 것이다. 일찍이 분황사에 머무를 때 『화엄경소』를 저술하였다고 전해 오는데 그 때의 신분은 확실하지 않다. 분황사는 출가 승려만이 머물 수 있는 사찰이었다고 한다면 그 때의 신분은 승려였을 수도 있다.

『송고승전』에는 원효가 『금강삼매경』을 강설하는 이야기가 전하여 온다. 이때의 원효의 신분은 거사였을 것이다. 거사이지만 중요한 불교 행사의 주인공이 된다. 하지만 그 이전의 백고좌회에는 초청 받지 못한다. 본주에서 추천했으나 초청 받지 못했다고 하는 것으로 보아 그 때는 승려 신분이었을 것이다. 그러나 초청 받지 못하는 이유가 주위에서 참소하여 그렇다고 하는데 아마도 자유분방한 원효의 태도가 그 원인이었을 것이다. 환속 이전에도 상당히 자유로운 행동을 했었다고 짐작할 수 있다.

원효는 불교 이외의 활동도 한 것 같다. <서당화상비>에 의하면 원효가 나라를 위해 많은 일을 한 것처럼 기록되어 있다. 그리고 『삼국유사』에 의하면 전쟁 때 공을 세운 이야기도 있다.

> 군사를 일으켜 당군과 합세하고자 김유신이 연기와 병천 두 사람을 먼저 보내어 그 합세할 기일을 물었다. 당나라 장수 소정방이 송아지와 난새를 그려 보냈다. 나라 사람들이 그 뜻을 해독하지 못하여 사람을 시켜 원효법사에게 물었다. 원효는 그것을 해독하여 말하기를, "군사를 속히 귀환시키라는 뜻이다. 화독화란(畵犢畵鸞)의 반절음을 이른 것이다"라고 했다. 이에 김유신이 군사를 돌이켜 패강을 건너려 할 때 명령을 내렸다. "뒤에 건너는 자는 목을 벨 것이다." 군사가 앞을 다투어 반쯤 건넜을 때, 고구려병이 공격해 와 미처 건너지 못한 자들을 죽였다. 다음날 김유신은 고구려병을 도리어 추격하여 수만 명을 사로잡거나 죽였다.[41]

원효가 중요한 암호 문서를 해독하여 군대에 도움을 주었다는 것이다. 이것은 662년의 일이라 한다. 아마도 원효가 거사 신분이었을 때의 일로 보아야 할 것이다. 실제로 있었던 일이라고 보기 어려운 면이 있는 것도 사실이지만 원효가 군대 방면에도 뛰어나고 큰 공을 세울 수 있었다

41 庾信先遣然起兵川等人 問其會期 唐帥蘇定方 紙畫鸞犢二物廻之 國人未解其意 使問於元曉法師 解之曰 速還其兵 謂畫犢畫鸞二切也 於是庾信廻軍 欲渡浿江 令曰 後渡者斬之 軍士爭先半渡 句麗兵來掠 殺其未渡者 翌日信返追句麗兵 捕殺數萬級 (『三國遺事』 卷1 「太宗春秋公」)

고 인식했다는 것이 중요하다. 원효의 뛰어남이 단순히 불교에만 그치지 않는다는 생각이다. 거사 원효는 뛰어난 불교사상가이지만 다른 한편으로 국가를 위한 활동도 하였다고 보고 있는 것이다. 원효의 거사불교를 확대해서 이해할 수 있는 단초가 될 수 있다.

V. 결론

신라에서 불교가 공인된 이래 많은 사람들의 노력에 의해서 불교가 점점 퍼지게 된다. 초기에 신라 불교에서 중요한 역할을 하는 승려들은 귀족 출신이 많았고 불교의 적극적인 후원자 내지는 신봉자도 왕실과 귀족 계급이었다. 시대가 지남에 따라 불교는 하층민에까지도 퍼져나가고 신라인의 종교로 되었다. 이렇게 불교가 대중화되는 것은 여러 사람의 노력에 의한 것이지만 특히 귀족 출신이 아닌 승려들의 활동이 두드러진다. 대표적으로 혜숙 혜공 대안 등을 들 수 있다. 이들의 활동에 뒤이어 거사들의 활동도 눈에 띈다. 거사 중에 대표적인 사람이 원효이다.

원효는 우리나라 불교사상가 중에서 가장 많이 연구된 인물 중의 하나이다. 남긴 저술도 많고 그 행적도 많은 사람들의 존경과 찬탄을 받을 만했기 때문일 것이다. 그러나 그가 승려가 아니라 거사의 신분이었음은 상대적으로 강조가 되지 않는 것 같다. 불교의 대중화라는 측면에서 바라보아도 또는 민중불교라는 측면에서 보아도 원효의 그런 측면은 강조되어야 할 것이다. 최근에는 삼계교와의 관련도 논의가 되면서 원효의 민중성이 강조되고 있기도 하다. 원효는 여러 가지 면에서 비주류였고 그러한 것이 그이 사상이나 행적이 민중과 가깝게 다가가도록 하였다고 볼 수 있다. 원효는 높은 귀족이 아니었고 서라벌 출신이 아닌 지방 출신이었으며 당나라 유학생 출신도 아니었고 게다가 나중에는 환속하여 승려도 아니었다. 그는 이렇게 여러 가지 면에서 비주류의 위치에 있었다. 그런 그가 가장 영향력 있는 인물이 될 수 있었던 요인으로는 먼저 그 뛰어난 학식에 의한 다양한 저술활동을 들어야 할 것이다. 그의 많은 저술은 거의 다 거사 시절에 이루어진 것으로 보인다. 승려 원효의 저술이 아닌 소성거사의 저술인 것이다. 이 점은 종래에 강조가 덜 되었던 것으로 보인다. 거사로서의 원효의 활동에서 또 한 가지 중요한 것은 민중들 사이에서의 적극적인 실천이다. 소성거사 원효는 민중들 사이에서 적극적인 실천을 하였다. 구체적으로는 쟁관법 등에 의한 미타신앙의 전파, 노래와 춤에 의한 민중의 교화, 신통력에 의한 민중 교화 등을 말할 수 있다. 어느 것이나 민중 속에서의 실천에 강조점을 두어야 할 것이고 출가 승려가 아닌 재가자인 거사로서의 활동임을 염두에 두어야 할 것이다. 그리고 원효의 신분에서 중요한 것은 그를 왕의 사위로 보기는 어렵다는 점이다. 원효의 부인이 요석공주라 하여 원효의 왕실과의 관련성을 말하지만 이는 『삼국유사』에서만 향전을 인용하여 전하고 있는 것이므로 믿기 어렵다. 그는 지방 출신이었고 그의 아들인 설총이나 손자인 설중업도 높은 신분이 아니었다. 이것을 보면 그가 높은 귀족 신분이 아니었음을 알 수 있다. 원효의 부인이 요석공주라는 것은 역사적 사실이라기보다는 후대에 만들어진 설화일 가능성이 많다. 스스로 낮은 자리에서 민중 속에서 살아간 것이 소성거사 원효였던 것이다. 거사로서의 원효는 민중 사이에 들어가서 불교를 전파하였다. 그를 민중불교의 실천자라고 부를 수 있을 것이다. 그리고 출가자가 아닌 재가의 거사이면서도 뛰어난 성취를 보여주어 기존의 출가자 중심의 불교를 넘어설 수 있는 가능성을 보여주고 있는 것이 소성거사 원효이기도 하다. 원효 거사불교의 이념적 기반은 『금강삼매경』에서 찾을 수 있다. 『금강삼매경론』은 그런 점에서도 가장 중요한 원효의 저술이라고 할 수 있을 것이다.

| 제2부 |

일심

제1장 원효-일심의 철학과 화쟁[1]

불교의 궁극적인 목적은 괴로움에서 벗어나서 행복과 자유를 실현하는 것이다. 그러한 자유와 행복을 나 혼자가 아니라 모두 함께 실현하고자 하는 것이 특히 대승불교에서 추구하는 바일 것이다. 불교의 근본적인 이론이라고 할 수 있는 연기의 이론에 의하면 이 세상 모든 것은 상호의존적으로 이루어져 있고 원인과 조건에 의해서 생겨난다. 우리의 괴로움도 원인과 조건이 있다. 이제 괴로움을 없애서 행복과 자유를 실현하고자 한다면 괴로움의 원인을 제거하면 된다. 괴로움의 원인은 무엇인가? 가장 큰 것이 탐욕과 어리석음이라고 본다. 그렇다면 어떻게 탐욕과 어리석음을 없앨 것인가가 가장 큰 문제이다. 그런데 이 탐욕과 어리석음은 무엇인가? 그것은 결국 마음의 문제라는 것이 대승불교의 많은 학파의 주장이다. 그리하여 마음이야말로 가장 중요한 주제가 되는 것이다. 원효도 이와 같은 입장에서 출발한다. 마음을 가장 중요한 문제로 생각하였다. 마음의 깨달음을 얻어 일심의 근원에 돌아가는 것을 가장 중요한 일로 생각하였던 것이다.

원효는 617년(신라 진평왕 39년)에 지금의 경산에서 태어났다. 그는 진골 귀족 출신은 아니고 좀 더 낮은 신분인 육두품 또는 오두품 출신이다. 그는 일찍이 출가하여 수도에 전념하다가 중국으로의 유학을 결심하게 된다. 두 번에 걸친 시도에서 첫 시도는 실패로 끝나고 두 번째 시도 때 모든 것이 마음의 장난이라는 것을 크게 깨달았다 한다. 그는 그 길로 유학을 그만두고 국내에서만 활동하였다. 원효의 생애에서 또 한 가지 커다란 사건은 파계를 하여 자식을 낳은 일이다. 그는 그 후 소성거사라고 이름을 바꾸고 거사로서 살았다. 평생을 다방면에 걸쳐 저술을 하고 또

---

1 이 글은 다음과 같은 필자의 기존의 글들을 바탕으로 하여 이루어진 것이다. 최유진, 『원효사상연구-화쟁을 중심으로』(경남대학교 출판부); 허남진 외 편역, 『한국철학자료집:불교편 1 삼국과 통일신라의 불교사상』(서울대학교 출판부) 중의 원효 부분; 한국방송통신대학교 교양교육원 편, 『동서양고전』(한국방송통신대학교출판부) 중의 「원효의 대승기신론소」 부분.

한편으로는 다양한 방법으로 민중교화에 힘쓰던 원효는 686년에 70세의 나이로 타계하였다.

당시는 삼국이 대립하고 있어서 전쟁이 끊임없이 이어지던 시기였다. 신라는 약소국의 지위에서 벗어나 고구려 백제와 대등한 세력으로 성장하여 서로 경쟁하면서 더욱 국력을 키워가던 시기였다. 외국 문화의 수입에도 적극적이어서 직접 중국과 교류하면서 많은 승려들이 중국 유학길에 오르고 다수의 유학파 승려들이 활동하던 시기이기도 하였다. 신라의 불교 이해 수준도 상당히 높았다고 판단된다. 당시에 중국에서 발달된 여러 불교 이론들이 유학 승려들에 의해서 바로 연구 소개되었다고 할 수 있기 때문이다. 마음의 문제에 대해서도 많은 연구 성과들이 곧 소개 연구되고 있는 상황이었다. 마음은 불교에서 가장 중요한 주제 중의 하나이지만 마음을 특히 중요시하는 이론의 선구는 원시불교의 마음이 모든 것의 근본이 된다는 이론이다. 여기에서부터 불교의 마음 이론은 다양하게 전개된다. 특히 대승불교에 이르면 『반야경』『화엄경』 등에 유심(唯心)사상이 나타나고, 『해심밀경』이나 『유가론』『섭대승론』을 중심으로 하여 모든 것이 의식뿐이라는 유식 이론도 나타나게 된다. 중국의 경우 다양한 불교이론들이 소개 연구되었지만 특히 마음에 관한 유식의 이론은 세 단계에 걸쳐서 소개되었다고 말한다. 지론종(地論宗)과 섭론종(攝論宗) 법상종(法相宗)의 세 종파가 그것이다. 원효 당시에는 지론종과 섭론종은 이미 소개가 되어 있었지만 현장에 의해 소개되고 현장의 제자인 규기에 의해 종파로 형성되는 법상종은 당시의 새로운 종파였다. 지론종과 섭론종은 구역(舊譯)에 의한 종파이고 법상종은 현장의 새로운 번역에 의한 종파였다. 신역과 구역 사이에 마음에 대한 이해가 서로 엇갈리고 있던 시기였다.

원효는 이러한 시대 분위기에서 불교 사상을 연구하고 마음에 대하여 탐구를 하여 이론적으로 그 본질과 현상을 밝히고자 노력을 하였다. 그 작업을 좀 더 확실하게 하기 위하여 좀 더 넓은 곳에서 공부하고자 하였다. 『송고승전』(贊寧(919-1002) 988년 완성)의 원효 전기에 의하면 현장 문하에서 공부하려고 유학을 결심했다고 한다. 그리하여 유학길을 나섰는데 중간에 어떤 계기로 깨달음을 얻게 된다. 그것을 『송고승전』「의상전」에서는 다음과 같이 전하고 있다.

> 약관의 나이에 당나라에 교종이 성한다는 말을 듣고 원효 법사와 함께 서쪽으로 유학할 뜻을 품었다. 본국의 해문(海門) 당주(唐州)의 경계에 이르러 큰 배를 구하여 바다를 건너려 하였다. 그런데 갑자기 중도에 궂은비를 만나게 되었다. 결국 길가의 작은 토굴 사이에 몸을 숨겨서 바람과 비를 피하였다. 그런데 다음날 아침에 서로 보니 고분(古墳)의 해골 옆이었다. 하늘에서는 아직도 계속 비가 오고 땅은 진창이어서 조금도 나아가기 어려워서 머무르고 나아가지 못하여 또 연벽(埏甓; 무덤 속 통로에 깔려 있는 벽돌) 위에 머무르게 되었다. 밤이 아직 깊지 않았는데 갑자기 귀신이 나타나 괴

이한 짓을 한다. 원효가 탄식해 말하기를, "전에 잘 때는 작은 토굴이라 생각하여 편안하였는데 오늘밤에는 머물렀더니 귀신들에 의해 빌미가 많구나. 곧 알겠다. 마음이 생겨나므로 종종의 법이 생기고 마음이 멸하므로 작은 토굴과 무덤이 둘이 아니다. 또 삼계(三界)는 오직 마음(唯心)이고 만법(萬法)은 오직 의식(唯識)이다. 마음 밖에 법이 없는데 어찌 따로 구하겠는가? 나는 당나라에 가지 않겠다."라고 하였다. 그리고 그만두고서 짐을 챙겨 돌아갔다. 의상은 홀로 길을 가면서 죽어도 물러서지 않겠다고 맹세했다.

유학을 가려고 가는 도중에 궂은비를 만나서 하룻밤 잠을 잤는데 작은 토굴인 줄 알고 잠을 잤을 때는 편안히 잤는데 알고 보니 무덤이었고, 무덤인 줄 알고 나니 잠을 제대로 잘 수 없었다는 사실에서 모든 것이 마음의 장난이라는 깨달음을 얻었다는 것이다. 『송고승전』보다 이전의 저작인 『종경록(宗鏡錄)』(연수(延壽)(904-975)의 저술)에서는 시체 썩은 물을 먹었다고 하는 더욱 극적인 사건을 계기로 깨달았다고 하여 다음과 같이 전하고 있다.

옛날 해동의 원효 법사와 의상 법사 두 분이 같이 당나라로 스승을 찾아오다가 밤이 되었는데 묵을 데가 없어 무덤 안에서 지내게 되었다. 그 원효 법사는 목이 마르므로 물이 먹고 싶던 차에 마침 자리 곁에서 하나의 괸 물을 발견하였으므로 손으로 떠 마셨더니 아주 맛이 좋았다. 다음 날 보았더니 이것은 원래 시체 썩은 물이었다. 당장 그 때에 속이 메스꺼우면서 토해 버리다가 환히 크게 깨치며 말하였다. "내가 듣건대 부처가 말하기를, '삼계(三界)가 마음일 뿐이요, 만(萬法) 식(識)일 뿐이다.'고 하였다. 그러므로 맛좋고 메스꺼움은 나에게 있고 실로 물에 있지 않음을 알겠구나"라고 말하고 마침내 옛 살던 동산으로 돌아가서 지극한 가르침을 널리 폈다.

일반적으로 민간에 널리 알려진 것은 『종경록』의 이 기사처럼 해골 물을 마시고 모든 것이 마음이라는 깨달음을 얻었다는 것이다. 후대에 널리 알려진 저술인 『임간록(林間錄)』(혜홍(慧洪)(1070-1128) 1107년 작)에서도 해골 물을 마시고 깨달음을 얻은 것으로 다음과 같이 기록되어 있다.

唐代의 원효 스님은 해동 사람이다. 처음 바다를 건너 중국에 와서 명산의 도인을 찾아 황량한 산길을 홀로 걷다가 밤이 깊어 무덤 사이에서 자게 되었다. 이때 몹시 목이 말라 굴속에서 손으로 물을 떠 마셨는데 매우 달고 시원하였다. 그러나 새벽녘에 일어나 보니 그것은 다름 아닌 해골 속에 고인 물이었다. 몹시 메스꺼워 토해 버리려고 하다가 문득 크게 깨닫고 탄식하며 말하였다. "마음이

나면 온갖 법이 생기고, 마음이 사라지면 해골이 여래와 둘이 아니다. 부처님께서 '삼계가 오직 마음이라' 하셨는데 어찌 나를 속이는 말이겠는가?" 그리하여 스님은 바로 해동으로 돌아가 「화엄경소」를 써서 크게 밝혔다.

무덤 속에서의 귀신 체험에 연유했든 아니면 해골 물을 먹은 것에 연유했든 원효가 삼계유심의 도리를 깨달아 중국 유학을 그만 둔 것으로 묘사하고 있다. 원효가 스스로의 깨달음의 경험을 자신의 저술에서 밝히고 있는 것은 없고 이 이야기들은 설화적인 전승이므로 확실하게 말하기는 어렵지만 어쨌든 원효에게 있어서 마음은 가장 중요한 문제였다는 것은 인정해도 좋을 것이다. 원효의 여러 저술에서도 그것은 확인할 수 있다.

『대승기신론』과 원효의 일심

원효는 불교의 많은 분야에 대해서 폭넓게 연구하여 많은 저술을 남겼다. 현존하는 것은 20여종이지만 100종 가까운 저술을 한 것으로 알려지고 있다. 고려시대 의천의 『신편제종교장총록』에 의하면 44부 82권이 원효의 저술이지만 조명기의 『신라 불교의 이념과 역사』에서는 98종류의 책 제목을 열거하고 있고 동국대학교 불교문화연구소 편의 『한국불교찬술문헌총록』에서는 86종류의 저술 목록을 열거하고 있다. 현존하는 주된 저서는 『대승기신론소(大乘起信論疏)』 『대승기신론별기(大乘起信論別記)』 『금강삼매경론(金剛三昧經論)』 『이장의(二障義)』 『열반종요(涅槃宗要)』 『십문화쟁론(十門和諍論)』 『보살계본지범요기(菩薩戒本持犯要記)』 등이 있다.

원효의 모든 저술들이 마음과 직간접으로 연결되어 있다고 하겠지만 역시 가장 직접적으로 관계가 있는 것은 유식철학 계통의 저술들과 『대승기신론』과 여래장사상 계통에 관한 저술들인 『대승기신론소』 『별기』 『이장의』 『금강삼매경론』 등이라 할 수 있다. 그 중에서도 특히 『대승기신론』 관련 저술이 중요하다. 일심을 중심으로 하는 원효 사상의 가장 중요한 근거가 『기신론』이기 때문이다.

이제 원효가 『기신론』을 어떻게 평가하고 있는가 하는 문제부터 검토해 보도록 하자. 원효는 그의 사상의 중요한 근거를 『기신론』에 두고 있으므로 원효가 『기신론』을 어떻게 평가하고 있는가 하는 문제는 원효의 전체 사상을 파악하는 데에도 중요하기 때문이다. 원효의 『기신론』에 대한 평가는 우선 『기신론소』와 『대승기신론별기』를 통해서 알 수 있다. 원효는 『기신론소』의 종체문(宗體文)에서 "열면 무량무변(無量無邊)의 뜻을 근본으로 하고 합치면 一心을 핵심으로 한다." 라고 말하여 이 논은 일심을 근본으로 하면서도 무량무변의 뜻을 다 갖추고 있는 것으로 파악하고 있다. 그의 사상의 핵심으로 일반적으로 평가되는 일심과 화쟁(和諍)이 그의 『기신론』 평가에서 나타나고 있음을 알게 해준다. 『기신론소』 『별기』에서 원효는 일심의 중요성을 특히 강조하고 있다. 원효의 철학에서 일심은 궁극적 목적지이며 만물의 근거로서 가장 중요하다고 볼 수 있는데 그 일심의 기본이 되는 논리가 『기신론소』 『별기』에서 발견되는 것이다. 원효 사상의 중요한 특색이라고 할 수 있는 화쟁과의 연관에서 말한다면 쟁론의 화해가 이루어지고 있고 모든 경전의 사상을 망라하는 것으로 보아 이 논을 높이 취급하였다.

구체적으로 원효가 이 논을 어떻게 해석하고 있느냐 하는 문제에 대해서는 중관과 유식의 종합으로 보았다는 의견과 유식적인 입장에서의 해석이라고 보는 입장, 여래장사상에 입각해 있다는 견해, 『기신론소』 『별기』의 일심 해석을 화엄적 관점에서 보아야 한다는 주장 등으로 나누어 볼 수 있겠다. 먼저 원효가 『기신론』을 중관과 유식의 종합으로 보았다고 하는 견해의 가장 강력한 근거는 『대승기신론별기』에서의 중관 계통은 부정만 하고 유식 계통은 긍정만 하는데 『기신론』은 긍정 부정이 자재하여 모든 논쟁을 화해시킬 수 있다는 요지의 말이다. 그러나 중관 유식보다 『기신론』의 사상을 더욱 훌륭한 것으로 취급한 것은 사실이라 해도 『기신론』을 중관 유식의 종합으로 보았다고 하기에는 무리가 따르고 중관 유식을 낮게 평가하는 『별기』에서의 원효의 말도 그의 결정적인 입장이라고 보기는 곤란하다. 원효는 중관과 유식에 대해 많은 저술들을 하고 있으며 그 경전들을 높이 평가하고 있다. 화쟁적인 원효의 입장에서 보아도 중관 유식을 낮게 평가하는 『별기』의 말이 결정적이라고 보기는 곤란하다. 『기신론』의 특성을 드러내기 위한 말 정도로 이해해도 좋을 것이다. 그리고 여래장사상으로 『대승기신론소』『별기』의 원효의 입장을 파악하는 것에 대해서는 후대에 여래장사상을 유식과는 독립된 별개의 것으로 취급하는 견해의 영향을 받은 관점이라는 지적이 있다. 그러나 여래장연기종이라 하여 법장이 「기신론」을 파악하고 있고 그것이 문제가 있다 해도 원효가 여래장을 중시하는 것이 달라지는 것은 아니라고 본다. 원효는 바로 여래장연기종이라고 보고 있는 것은 아니고 따라서 원효 입장과 법장의 입장이 같은 것은 아니기 때문이다. 원효의 여래장 중시를 법장이 영향 받았다고 보아야 할 것이다. 또 원효는 기신론사상과 유식사상을 굳이 독립시키려하지는 않았기 때문에 유식적인 입장에서 『기신론』을 해석한 것이 원효라는 의견은 기신과 유식 둘 사이의 차이가 너무 부각되지 않는 문제가 있다. 바로 한편으로는 『기신론』을 중관, 유식보다도 한 단계 높은 것으로 보는 것이 원효의 입장이기도 하기 때문에 실천적인 입장에서 여래장을 중시하는 원효의 입장이 간과되는 경향이 있는 것이다. 『기신론소』 『별기』의 원효의 일심 해석을 여래장 일심이 아닌 화엄 일심으로 보아야 한다는 주장은 원효의 기신론의 일심 해석은 다른 학자들의 일심 해석과는 달리 절대적 진심으로 파악하고 있다 한다. 따라서 단순한 가능성 정도가 아니라는 것이고 그런 의미에서 화엄적 일심이라고 주장한다. 그러나 이는 화엄교가의 해석에 따라서 『대승기신론』의 일심이 화엄의 일심보다 수준이 낮은 것으로 보는 것을 당연하다고 생각하는 문제점이 있다. 원효는 『대승기신론』의 일심을 화엄의 일심보다 낮은 차원의 것으로 생각하였다고 볼 수 없다. 오히려 두 경전에서 말하는 것을 같다고 보고 있는 것으로 보인다. 그렇다면 원효의 일심을 화엄 일심으로 평가해서는 곤란하다. 화엄과 『기신론』을 아우르는 것이 원효의 일심이라 하겠다.

원효가 어떻게 이 논을 파악하고 있느냐 하는 문제에 대한 이런 여러 입장들이 한편으로는 어느 정도의 설득력을 갖지만 어떤 면에서는 부족한 점도 있다. 원효 자신의 저술 속에 이런 여러 해석에 대해 근거를 찾을 수 있기 때문에 나름대로의 근거를 가지지만 어떤 것이 더욱 원효의 근본 입장에 가까운 것인가 하는 것은 논의가 필요하다. 원효의 『기신론』에 대한 입장은 원효의 전체 사상과의 연관에서 보아야 할 것이고 결국 전체를 아우르는 입장이 원효의 입장과 가장 가까운 것이라고 할 수 있을 것이다. 그러면 원효는 『기신론』에서 무엇을 중시하였는가? 원효가 『기신론』의 사상 중 가장 중시한 것은 이 논의 통합적이고 화쟁적 성격이며 이 논의 일심이문(一心二門) 사상이 그의 모든 사상의 근본이 된다. 원효는 또 수행에 있어서도 『대승기신론』의 이문(二門)이 불교의 근본적 수행이라 할 수 있는 지(止)와 관(觀)을 닦는 이론적 기초라고 보고 있고 이 지와 관이 함께 갖추어지지 않으면 깨달음의 길에 들어갈 수 없다고 말한다. 이처럼 이론과 수행 모두에 있어서 근본이 되는 것을 『대승기신론』에서 찾았다. 그만큼 『기신론』은 원효 사상에서 중요하다. 원효는 『기신론』이라는 저술이 갖는 화쟁적 성격에 주목하여 당시의 다양한 쟁론을 화해시키려 했고 그 근본 원리를 이 논의 일심이문 사상에서 찾았던 것이다. 결론적으로 말하자면 원효는 그의 사상의 핵심이라 할 수 있는 일심과 화쟁의 중요한 근거를 『기신론』에서 찾았고 따라서 이 경전을 중시하였던 것이다. 원효의 사상은 그 근본을 일심에 두고 있다. 그는 일심의 근거에서 모든 것을 파악하였고 궁극적인 목적도 일심의 원천으로 돌아가는 것으로 삼았다. 그런데 원효의 일심은 『기신론』에 그 주요한 근거를 두고 있다. 원효의 일심은 여래장사상을 강조하는 논서라고 하는 『기신론』에 주요 근거를 두며, 원효에 있어서는 일심이 곧 여래장을 의미하는 경우도 많다. 특히 원효는 실천적인 면을 강조하는 사상가였으므로 여래장을 중시하였다. 그러나 원효의 일심은 단순한 '깨달음의 가능성'이라는 정도를 뛰어넘어 모든 것의 근본이 된다는 점에서 단순한 여래장사상과는 차이가 있다. 따라서 여래장사상의 연장선 위에서 원효의 일심을 파악하는 것이 원효의 실천을 중시하는 입장을 잘 드러낼 수 있지만 원효사상을 단지 여래장사상에만 한정시킬 수는 없다. 그는 불교의 가르침은 깨달음을 위한 것이라는 점을 깊이 인식하고 있었다. 따라서 불교의 근본진리를 깨닫게 해서 일심의 근원으로 되돌아가게 해주는 가르침이라면 모두 다 중요하게 생각하였다. 특정한 종류의 경전만이 유일하게 옳은 것이라고는 주장하지 않았다. 그는 종파적 편견에서보다는 깨달음의 도구로서의 상대적인 유용성을 위해 여러 경전에서 인용하곤 하였다. 일심의 원천으로 돌아가고자 하는 뚜렷한 목적의식을 갖고 일심을 기본으로 해서 이론을 전개하되, 구체적으로는 현실적으로 다양하게 나타나는 이론들을 조화시켜 나가는 것이 원효의 특징이라 할 수 있을 것이다. 바로 이러한 점을 『기신론』에 대한 원효의 평가를 볼 때에도 명심하여야 할 것이다. 원효의 기본 입장이 무엇이냐 했을 때는 역시 여러 경전의 가치를 인정하는 것이라고 보아야 할 것이다. 따라서 그러한 입장에서 본다면 『기신론』만을 절대시하는 것은 옳지 않다. 그리고 그런 차원에서 본다면 『기신론』이 중관 유식을 종합하여 중관 유식의 한계를 넘어서는 경전이라고 원효가 판단하였다거나 여래장사상으로 보아야 한다거나 유식적인 입장에서 보아야 한다거나 하는 등등의 논의들은 그것만을 고집해서는 곤란하고 좀 더 넓게 보아야 할 것이다. 『기신론』의 저자도 『기신론』 인연분에서 "이 논은 여래가 설법한 광대하고 심오한 법의 가없는 의미를 총체적으로 포섭하려 하였기 때문에 마땅히 이 논서를 설하였다"고 말하고 있다. 원효는 『대승기신론소』의 대의문에서 다음과 같이 말한다.

> 서술한 바는 넓지만 간략히 말할 수 있으니 일심에서 이문을 열어서『능가경』의 넓은 가르침을 포괄하며, 물든 형상에 청정한 본성을 보여서 『승만경』의 그윽한 뜻을 두루 종합하였다. 심지어 『열반경』의 일미의 종지와 『법화경의 둘이 아닌 종취와 『금광명경』 『대승동성경』의 삼신의 지극한 과보와 『화엄경』 『영락경」의 네 단계의 깊은 인행(因行)과 『대품반야경』 『대방등대집경』의 넓고 큰 지극한 도와 『일장경』 『월장경』의 비밀스런 현묘한 법문 등 이들 경전의 핵심을 하나로 꿰고 있는 것은 이 논서 뿐이다. 그러므로 아래 문장에서 이르되, "여래의 넓고 크고 깊은 법의 가없는 뜻을 총섭하고자 하므로 마땅히 이 논을 설한다"라고 한 것이다.

이와 같이 그는 『기신론』이 단순히 중관과 유식을 종합한 정도나 여래장사상 정도가 아니라 모든 경전의 가르침을 포괄하며 불교의 궁극적인 뜻을 드러내고 있다고 보고 있다. 그것을 위에서 언급한 『기신론』의 말 즉 "여래의 넓고 크고 깊은 법의 가없는 뜻을 총섭하고자 하므로 마땅히 이 논을 설한다"고 한 말을 인용하면서 논증하고 있다.

원효의 마음에 대한 견해

원효는 구체적으로 마음에 대하여 어떤 문제의식을 갖고 있었고 왜 마음을 탐구하였는가? 모든 것이 다 마음에 의해서 나오는 것이므로 그 마음을 깨달으면 불교에서 말하는 이상적인 경지인 열반의 경지에 도달할 수 있기 때문이라고 말할 수 있다. 원효의 저술들과 그의 실천이 모두 마음의 깨달음을 얻고 그 깨달음을 현실에서 직접 실천한 것이라 할 수 있겠다. 원효가 일심을 강조하는 것도 실천을 중요하게 생각해서이다. 일심이 바로 우리가 돌아가야 할 자리, 곧 목표라고 말할 수 있기 때문에 일심을 강조하는 것이다. 불교에서 말하는 목적이 고苦로부터의 해방이라고 말할 수 있다면 원효의 목적지도 바로 고가 없는 자유자재한 인간 본연의 자리인 일심인 것이다. 현실의 인간은 어리석음에 가로막혀 동요되고 그 본연의 자리에서 벗어나 있는데 그것을 일심의 원천으로 돌리는 것이 그의 목적이었다. 따라서 일심의 중요성은 새삼 강조할 필요도 없는 것이라 하겠다. 원효는 일심에 대해 『금강삼매경론』에서 다음과 같이 말하고 있다.

> 무릇 일심의 원천은 유(有)와 무(無)를 떠나 홀로 맑으며, 삼공(三空; 我空, 法空, 俱空)의 바다는 진(眞)과 속(俗)을 융화하여 고요하다. 고요하므로 둘을 융화하였으나 하나가 아니고, 홀로 맑으므로 양극을 떠났으나 중간도 아니다. 중간도 아니나 극단도 떠났으므로 유가 아닌 법이 마냥 없는 것만도 아니며, 무(無)가 아닌 상(相)이 마냥 있는 것만도 아니다. 하나가 아니나 둘을 융화하였으므로 진(眞)이 아닌 세상사(事)가 새삼 세속(俗)이 된 것도 아니며, 세속이 아닌 이치(理)가 새삼 진(眞)이 되는 것도 아니다. 둘을 융화하였으나 하나도 아니므로 진실이냐 세속이냐 하는 본성(性)이 존립하지 않는 바 없으며 더럽고 깨끗한 모습이 갖추어지지 않는 바가 없다. 극단을 떠나되 중간이 아니므로 유무(有無)의 법이 마련되지 않는 바가 없으며 시비(是非)의 뜻이 미치지 않는 바 없다. 그러므로 파(破)함이 없으되 파하지 않음이 없고, 세움이 없으되 세우지 않는 바가 없다. 가히 이치 없음의 지극한 이치요 그렇지 않음의 지극한 그러함이다.

절대적으로 청정하고 고요한 것이 마음의 본래의 모습이라는 것을 원효는 강조하고 있다. 그리고 그것은 진실인가 세속인가, 또는 깨끗한가 더러운가 하는 상대적 차별을 떠나 있다고 한다. 그리고 "일심의 성품은 모든 극단을 떠난다. 극단을 떠나므로 해당되는 바가 없다. 그런데 해당되는 바가 없다면 해당되는 것의 상대인 해당되지 않는 것도 없다."(『열반종요(涅槃宗要)』) 왜냐하면 모든 것은 상대적으로 성립하기 때문이다. 이와 같이 원효는 상대적인 차별을 떠난 곳에 일심이 있음을 주장한다. 상대적 차별을 떠난다는 말은 바로 차별적인 것에 집착하지 말라는 말로 이해할 수 있다.

다음으로 일심은 모든 법(法) 즉 모든 존재의 근거이다. 곧 현상세계의 질서나 모든 것이 이 일심을 떠나서는 생각될 수 없다는 것이다. 모든 나타나는 것은 일심의 견지에서 포괄될 수 있고 설명될 수 있다고 한다. "마치 세계가 끝없이 넓지만 허공 밖을 벗어나지 않는 것과 같아서 모든 경계가 한없이 많지만 다 일심 안에 들어간다."(『무량수경종요(無量壽經宗要)』) 일심은 그의 전 사상의 바탕을 이루고 있다. 일심은 모든 것의 근거이며 평등무차별하다. 따라서 일심의 근거에서 보자면 모든 것은 근원적인 점에서 평등무차별하다. 현실의 모습은 실제적으로는 다양하게 전개된다고 하더라도 상충됨이 없이 각각이 그대로 살려진다. 일심은 본래의 참된 모습인 진여(眞如)와 변화하는 현상인 생멸(生滅)의 둘로 나누어 고찰이 가능하지만 둘이 다를 바가 없다. 일심의 견지에서 보면 생멸이 진여이고 진여가 생멸이다. 따라서 생멸하는 현상 즉 다양한 여러 이론들이 바로 진여와 다를 바가 없어서 그 자체로서 살려질 수 있게 된다. 진여와 생멸의 밑바닥에 일심이 있으므로 이것이 가능함은 물론이다. 이에 대해 원효는 다음과 같이 말한다.

> "진(眞)과 속(俗)이 둘이 아니면서 하나를 지키는 것이 아니니 둘이 아니므로 곧 일심이요, 하나를 지키지 않으므로 전체가 둘이 되는 것이다.……생(生)이 곧 적멸(寂滅)이면서 적멸을 지키지 않는 것이요, 멸이 곧 생이 되면서 생에 머무는 것이 아니니 생과 멸이 둘이 아니요, 움직이고 고요한 것이 다를 것이 없는 것이다. 이런 것을 일심법(一心法)이라 한다. 비록 그 실상은 둘이 아니지만 하나를 지키지 않는지라 모든 체가 연(緣)을 따라 생동(生動)하는가 하면, 모든 체가 연을 따라 적멸한다. 이러한 도리로 말미암아 생이 곧 적멸이요, 적멸이 곧 생이어서 막힘이 없고 걸림이 없으며 하나가 아니면서 다름이 아닌 것이다."(『금강삼매경론』)

그는 불교의 모든 사상들에 특유한 역사적 의미와 가치를 인정하면서도, 그 모든 것을 회통하는 일심의 정화에 최고의 가치를 부여하면서 중생의 제도에 중점을 두고 일심사상을 실현해 나갔다.

궁극적인 일심의 성격은 이러하다면 구체적으로 우리의 마음은 어떠한가? 원효는 구체적 마음의 문제에 대해서는 기존의 유식철학의 여러 이론들을 흡수하고 새로운 유식도 연구한 위에 기신론 사상 등을 융화시켜 독자적인 유식사상의 체계를 형성하였다고 말할 수 있다. 마음을 설명하기 위해서 기존의 여러 이론들을 받아들이고 새로운 이론도 흡수한 위에 그것들의 조화를 시도하였던 것이다. 그리고 구체적으로 번뇌의 문제에 대해서는 치밀한 작업을 통해 번뇌의 이론을 종합한다. 그것이 그의 『이장의(二障義)』이다. 『이장의』에서 여래장 기신론 사상체계와 유가유식(瑜伽唯識) 사상체계를 화해시키는 것을 구체적으로 볼 수 있다. 마음을 중시하는 원효의 입장에서는 당연한 일일 수 있지만 그의 마음에 대한 탐구가 선적인 실천에 있는 것이라기보다는 엄밀한 이론적 근거 위에 서 있음을 한편으로 알게 해 주는 것이기도 하다. 그는 이 저술에서 현료문(顯了門)과 은밀문(隱密門)의 이문으로 나누어서 번뇌에 대한 이론을 전개한다. 현료문에 유식계통의 경론에서 말하는 번뇌장(煩惱障)과 소지장(所知障)을 배치하고 은밀문에는 기신론 계통의 번뇌론을 번뇌애(煩惱碍)와 지애(智碍)로 다룬다. 번뇌애의 체는 『대승기신론』에서 말하는 육종염심(六種染心)이 해당되고 지애의 체는 근본무명(根本無明)이 해당된다. 그리고 현료문의 이장이 은밀문의 번뇌애에 해당한다고 본다. 결국 『이장의』는 사상적으로 기신론계의 입장을 그 중심에 두고 유식계의 입장을 수용함으로써 성립된 것이라고 말할 수 있다. 이렇게 종합적으로 보는 것이 원효의 특징이다.

일심과 화쟁

원효의 일심은 또 한편으로는 원효의 사상적 특색이라고 할 수 있는 화쟁의 근거이기도 하다. 일심의 근거에서 화쟁이 가능한 것이다. 원효는 『열반종요(涅槃宗要)』에서 일미(一味)의 도에 대해 다음과 같이 말하고 있다.

> 지금 이 경(『열반경』)을 설할 때는 바로 한 교화가 끝나는 날(부처가 열반하는 날)이었으며 마침내 모든 부처의 큰 뜻은 나타내 보이려는 데에 뜻이 있었다. 즉 성도(成道)한 뒤로부터 근기(根機)를 따라 말한 모든 가르침을 총괄하여 일미(一味)의 도를 보여주기 위함이었다. 그것은 널리 이제 둘이 없는 성품에 돌아가는 것으로서 시방삼세(十方三世)의 모든 부처가 다 같은 것이며 그 뜻은 둘도 없고 차별도 없는 것이다.

여기에서 원효는 모든 가르침이 궁극적으로는 차별이 없다는 것을 분명히 하고 있다. 궁극적인 경지는 무이무별(無二無別)이라는 것이다. 따라서 궁극적인 경지에서 본다면 여러 다양한 가르침이 하나로 총괄될 수 있게 된다. 그것이 바로 화쟁의 가능 근거라 할 수 있다. 그리고 모든 것이 일미로 돌아간다 함은 다른 말로 표현하면 일심의 원천으로 돌아간다고 할 수 있다. 일심이 화쟁의 가능 근거가 됨은 다음과 같은 말에서도 다시 한 번 확인될 수 있다.

> 여래가 설한 바 일체의 교법은 일각미(一覺味)에 돌아가게 하지 않음이 없다.(『금강삼매경론』)

모든 것이 일심지원(一心之源)(一覺味)으로 돌아가니 결국 평등무차별하다. 따라서 다툴 이유가 없다. 그런데 그것을 모르기 때문에 다툼이 생긴다고 볼 수가 있다. "일체의 법은 오직 이 일심뿐"이건만 망념(妄念)에 따라서 차별이 있게 되고, 본래의 일심에 따라 보지 못하므로 다툼이 일어난다. 일심의 경지에서 본다면 그런 다툼은 쓸데없고 어리석은 짓이다. 따라서 일심의 경지에서 본다면 평등무차별하므로 그런 의미에서 화쟁의 가능 근거를 일심이라고 할 수 있다.

화쟁의 입장에서 중요한 것은 지공(至公)의 입장에서 모든 차별이 용납된다는 면으로 볼 수 있겠다. 그러나 차별이 용납된다는 것은 평등무차별의 일미(一味)를 떠나서는 성립할 수가 없다. 따라서 일심의 경지에서는 일미평등(一味平等)이면서도 모든 차별이 용납된다는 그의 일심사상을 그의 화쟁의 가능근거로 볼 수 있다. 이는 『기신론소』의 다음과 같은 말을 보면 더욱 확실하다.

> 열면 무량무변(無量無邊)한 뜻이 대종(大宗)으로 되고, 합하면 이문일심(二門一心)의 법(法)이 그 요체로 되어 있다. 그 이문(二門) 속에 만 가지 뜻이 다 포용되어 조금도 혼란됨이 없으며 무변(無邊)한 뜻이 일심과 하나가 되어 혼융된다. 이런 까닭에 개합(開合)이 자재(自在)하고 입파(立破)가 걸림이 없다. 연다고 번거로운 것이 아니고, 합친다고 좁아지는 것도 아니다. 그리하여 입(立)하되 얻음이 없고 파(破)하되 잃음이 없다.

개합(開合)이 자재하여 무애(無碍)할 수가 있다는 것이다. 또 무량무변(無量無邊)의 의(義)가 이문일심지법(二門一心之法)과 서로 걸림이 없다는 것이 원효의 주장이다. 열 때 나타난 무량무변한 뜻이, 합칠 때 나타난 이문일심 속에 완전히 포용되어 조금도 혼란함이 없이 융합되어 있다는 것이다. 그런데 사람들은 이것을 알지 못하고 자꾸 다투지만 이러한 이치를 안다면 다툼이 없어질 것이다. 원래 진리의 입장에서 본다면 개합이 자재하여 무애하다는 것을 알면 될 것이다. 또 화쟁을 행하려면 그것이 왜 그런가를, 즉 어떻게 개합이 자재하여 무애한가를 설명하여야 할 것이다. 결국 전체적으로 본다면 화쟁이라는 것은 부처의 바른 뜻을 알게 하는 것이 된다. 따라서 부처의 올바른 뜻을 전달하고자 하는 원효의 전 사상이 화쟁과 연결되어 있다고 볼 수 있다. 따라서 결국 화쟁의 가능 근거는 부처의 올바른 진리이다. 그러면 부처의 올바른 진리를 원효는 무엇이라고 생각했는가? 원효 사상 전체가 그것에 대한 해답이라고 볼 수 있지만 원효는 일심사상의 근거 위에서 자신의 사상을 세웠으므로 결국 화쟁의 가능 근거는 그의 일심에서 찾을 수 있다.

원효의 일심은 모든 것의 근거이고 상대적 차별을 떠난다. 그리고 집착 없는 상태가 바로 일심의 상태이다. 우리의 본래의 근원은 모든 다툼이 없는 상태이므로 현재 아무리 다투고 있다 하더라도 궁극적으로 화해된 상태에 갈 수 있다. 현재 다투고 있는 것은 일심에 대해 제대로 깨닫지 못하기 때문이지만 일심에 대해 깨닫는다면 다투지 않을 것이다. 따라서 일심의 근거에서 화쟁이 가능하고 또 한편으로는 화쟁이 궁극적으로 노리는 바는 일심으로 되돌아감이라고도 할 수 있다.

무애의 실천과 정토사상

원효는 마음에 대해서 이론적으로 밝히기 위해서 노력했을 뿐만 아니라 마음의 진리를 깨닫고 그것을 현실에서 직접 걸림 없이 실천하였다. 원효는 민중 속으로 파고들어 어려운 불교 이론을 민중들이 쉽게 받아들일 수 있도록 노래를 지어 전파하는 등 불교의 대중화를 위해 여러 가지로 노력하였다. 그에 의해서 불교는 널리 대중화될 기틀을 마련하였다. 『삼국유사』 원효 전기의 제목이 원효불기(元曉不羈)인 것은 자유롭게 실천하는 원효의 모습을 형용한 것이다. 원효의 대중적 활동에 대하여 『삼국유사』에서는 다음과 같이 묘사하고 있다.

> 원효가 이미 계를 잃어 설총을 낳은 후로는 속인의 옷으로 바꿔 입고 스스로 소성거사(小姓居士)라 하였다. 우연히 광대들이 춤추며 노는 큰 박을 얻었는데, 그 모양이 기괴하였다. 그 모양대로 한 도구를 만들어 이름을 『화엄경』의 "일체에 걸림이 없는 사람은 한결같이 생사(生死)를 벗어난다"란 문구를 따서 무애(無碍)라 이름을 짓고 계속하여 노래를 지어 세상에 퍼뜨리었다. 일찍이 이를 가지고 수많은 촌락을 돌아다니며 노래하고 춤추며 교화하고 읊다가 돌아왔으므로 가난하고 무지몽매한 무리들까지도 모두 부처의 이름을 알게 되고 누구나 나무(南無)를 할 줄 알게 되었으니 원효의 교화가 참으로 크다.

원효는 거사의 신분으로 불교를 민중 속에서 전파하는 데 적극적이었다는 것을 이것을 통해 알 수 있다. 노래와 춤을 통해 불교를 대중화하는 데 큰 공헌을 하였음도 알 수 있다. 원효는 이와 같이 불교의 대중화를 위해 노력하였고 실제로 가난하고 못 배운 사람들도 불교에 대해 어느 정도 알게 된 것은 원효의 공이 크다고 말하고 있다. 이 민중 속에서의 걸림없는 활동은 마음의 깨달음을 통해서 자유를 획득했기에 가능하다. 바로 자유로운 마음의 실천이라고 볼 수 있을 것이다. 『송고승전』에서는 다음과 같이 말하고 있다.

> 그 인연이 이미 어그러지자 마음이 가는 대로 가서 노닐었다. 얼마 지나지 않아 미친 듯하고 어그러진 말을 하고 거칠고 빗나간 행동을 하였다. 거사와 한가지로 술집과 기생집을 출입하는 것이 보지(保誌; 송나라 양나라 때에 신통한 일을 많이 나타내고 예언을 한 중국의 승려)가 칼과 쇠 지팡이를 차고 다니는 것과 같았다. 혹은 소(疏)를 지어서 『화엄경』을 강의하기도 하고, 혹은 거문고를 뜯으며 사당에서 노래하기도 하였다. 혹은 민가에서 자기도 하고, 혹은 산수(山水) 간에서 좌선하기도 하였다. 마음 내키는 대로 하니 도무지 일정함이 없었다.

원효의 자유로운 실천을 잘 묘사하고 있다. 행동거지에 걸림이 없었고 민중 속에서 실천을 하였다. 술집과 기생집도 드나들고 노래도 하지만 또 한편으로는 경전의 주석서도 쓰고 좌선도 하였다. 자유롭게 실천하여 어떤 정해진 것이 없었던 것이 원효였다고 한다. 민중 속에서 걸림없이 실천을 하는 원효의 모습을 잘 묘사하고 있다.

원효 사상에서 중요한 한 가지는 대중적인 신앙이라 할 수 있는 정토사상이다. 원효는 정토사상에 관하여 많은 저술도 하고 실제로 널리 전파하기도 하였다. 그런데 정토사상을 해석함에 있어서도 마음의 중요성을 말한다. 그는 『무량수경종요』와 『아미타경소』에서 "예토(穢土)와 정국(淨國)이 본래 일심"이라고 하여 정토도 궁극적으로는 마음의 문제임을 말한다.

결론

원효가 마음을 중요하게 생각한 이유는 불교의 이상인 괴로움이 없는 경지에 도달한다고 할 때 그것이 결국은 마음의 문제이기 때문이라고 할 수 있다. 마음을 잘 깨달음으로써 우리는 이상적인 경지에 도달할 수 있는 것이다. 원효가 마음의 사상가임은 특히 그가 마음의 깨달음을 얻었다고 전해 오는 설화를 통해서도 확인할 수 있다. 원효의 여러 전기에 의하면 원효는 중국으로 유학을 가는 도중에 무덤에서 잠을 자다가 사건을 겪고 깨달음을 얻게 되었다고 한다. 해골 물을 먹고 깨달음을 얻었다는 전승과 귀신이 동티를 내는 것을 보고 깨달음을 얻었다는 전승이 있지만 어느 것이든 모든 것이 다 마음이라는 것을 깨달았다고 전해 온다.

원효의 마음에 대한 이론의 근거는 주로 『대승기신론』에 두고 있다. 그런데 원효가 『대승기신론』의 핵심 사상을 어떻게 평가하고 있는가 하는 것에 대해서는 다양한 주장들이 있다. 여러 주장들이 있지만 원효가 『대승기신론』을 중시한 것이 옳고 그가 한 종파나 한 경전의 중요성만을 주장하지 않았다면 여래장이나 유식 또는 화엄 등의 한 가지 사상으로 환원시킬 수 없다. 좀 더 넓은 시야에서 종합적으로 판단하여야 할 것이다. 그러할 때 모든 것을 아우르는 『기신론』의 일심을 원효 사상의 핵심으로 볼 수 있을 것이다. 그리고 그 일심은 『화엄경』 등의 다른 경전에서 말하는 일심과 다를 것이 없다.

구체적으로 일심의 성격을 보면 일심은 모든 것의 근거이며 평등무차별하다. 그리고 그것은 화쟁의 근거이기도 하다. 그리고 마음의 실제적인 면에 대한 이론적 탐구를 진행하여 번뇌에 대해 정리하였다. 원효는 『이장의』에서 기신론계와 유식계의 이론을 종합하여 번뇌론을 정리하고 있다. 마음의 깨달음을 얻은 후 현실에서의 걸림 없는 실천이 또한 원효의 중요한 특징이다. 그는 정토사상 등을 통하여 현실에서 불교대중화에 노력하고 무애의 실천을 하였다. 마음의 실상에 대해 탐구하고 그것에 대해 깨달음을 얻고 그것을 현실에서 직접 실천한 것이 원효였다. 마음은 원효 사상의 핵심이다.

제2장 『금강삼매경론』에 나타난 원효의 一心

I. 서론

본 연구의 목적은 원효의 一心을 그의 대표적 저작인 『金剛三昧經論』을 통해서 살펴보는 것이다. 원효는 불교의 거의 모든 분야에 걸쳐서 연구하여 방대한 양의 저술을 남겼고 직접 민중 속에서 종교적 실천을 하였다. 그러한 연구와 교화의 바탕을 이루고 있는 그의 근본 사상은 무엇인가 할 때에 그것은 일심이라고 할 수가 있다. 원효는 일심의 근거에서 모든 것을 파악하려 하였고 불교의 최종적인 목적도 일심의 원천으로 돌아가는 것이라 하였던 것이다. 따라서 원효의 일심에 대해서 해명한다면 그의 전 사상의 근본을 해명할 수 있을 것이다. 원효의 전 저술이 일심에 대한 논의라고 볼 수 있지만 『大乘起信論疏』 『別記』와 『금강삼매경론』에서 그의 일심사상을 전체적으로 알아볼 수 있다. 특히 『금강삼매경론』에서는 구체적으로 어떻게 일심의 원천으로 돌아갈 것인가를 말하고 있으므로 이 저술을 중심으로 해서 그의 일심을 살펴봄으로써 원효의 일심의 구체적 내용을 찾을 수 있을 것이라고 생각한다.

원효는 『금강삼매경론』의 서두에서 "일심의 근원은 有無란 상대적 개념을 떠나 있어 홀로 맑고 깨끗하다"[1]고 말하면서 『금강삼매경』의 주제가 일심임을 명확히 하였다. 『금강삼매경론』은 『대승기신론소』 『별기』와 더불어 그의 일심의 파악에 가장 중요한 자료인 것이다. 『금강삼매경론』은 일찍부터 논이라고 명명된 것에서도 알 수 있듯이 원효의 가장 뛰어난 저술 중의 하나로 인정되어 왔고 특히 원효 사상의 실천 원리가 이것에 있다고 하여 그의 일심과 여래장을 파악하는 데는 이 논서가 중요시되었다. 원효 사상의 핵심을 파악하기 위해 이 저술에 주목했던 것이다.

본 논고에서는 먼저 『금강삼매경』의 성립에 대해 논의한 후에 『금강삼매경론」에 나타나는

---

1 夫一心之源 離有無而獨淨(『金剛三昧經論』 卷上, 한불전1. 604b)(아래에서는 『金剛三昧經論』의 경우는 쪽수만 표시한다.)

원효의 일심의 근본 성격, 그리고 일심과 여래장과의 관계, 일심과 암마라식의 관계, 일심에 돌아가는 방법 등을 논의하고자 한다. 『금강삼매경론』에 나타나는 원효의 일심에 대한 견해를 살펴봄으로써 우리는 원효의 사상의 근본이 과연 일심인지 그리고 그 일심은 어떤 성격을 갖고 있는지를 알 수 있을 것이다. 일심이 어떻게 그 외의 원효의 사상과 연관되는가도 알 수 있을 것이고 원효의 사상을 체계적으로 파악하는 데에도 도움이 될 수 있을 것이다.

II. 『금강삼매경』의 성립- 원효와 『금강삼매경』

원효는 『금강삼매경』과 밀접한 관련이 있다. 원효의 『금강삼매경론』은 『금강삼매경』에 대한 최초의 주석서이고 『송고승전』의 원효의 전기는 『금강삼매경』에 얽힌 얘기가 가장 중요한 부분을 이룬다. 『금강삼매경』은 어떤 경전인가에 대해서 먼저 알아보도록 하자.

『금강삼매경』은 僞經으로 알려져 있다. 인도에서 찬술된 것이 아니라 한문으로 찬술되었다는 것이다. 『금강삼매경』에 대한 기존의 설은 다음과 같이 정리할 수 있다.

1)水野弘元: 649(유식삼십송과 반야심경이 번역된 해는 648년 또는 649년)-667(원효 50세경)에 성립. 당나라 초기 무렵 당시의 종종의 불교학설에 통한 자가 그러한 불교의 諸學說을 망라해서 지은 僞經이라고 한다. 원효 자신을 작자로 볼 수 있는가 하는 문제는 그의 주석에 의해 보는 한에는 그는 달마의 二入四行說을 전혀 몰랐던 것 같고 또 이 경의 9식설이 眞諦의 9식설의 원천이라고 말하고 있는 점 등에서 그는 이 경의 僞作에는 관계가 없고 또 위경이라는 것도 몰랐고 의심하지도 않았던 것 같다고 보고 있다.[2]

2)Buswell: 이 경의 작자의 자격으로 세 가지 취한다. 그 세 가지 조건이란 (1)이 경의 근본 사상은 여래장 사상이므로 특히 『능가경』과 『기신론』 등에 정통한 자, (2)이 경의 입실제품에 보이는 '二入論'이나 '守一入如來藏' 사상으로부터 초기 中國禪敎 및 東山系法門에 정통한 자, (3)『宋高僧傳』의 연기 설화 등으로부터 한국인일 것이다. 이 세 조건 만족하는 자는 法郎이라고 주장한다. 즉 중국에서 4조 道信의 선을 받고 귀국한 법랑이 선의 교의를 전파하기 위해 『금강삼매경』을 지었다는 것이다. 그리고 원효는 말년에 최후의 작품으로 이 경에 대한 주석서인 『금강삼

2 水野弘元, 「菩提達摩の二入四行說と金剛三昧經」 (『印度學佛敎學硏究』 通卷 第六號, 1955) 참조.

매경론』을 지었다고 주장하였다.[3]

3)柳田聖山: 원효가 『금강삼매경론』을 먼저 짓고 大安이 『금강삼매경』으로 정리했다고 보고 있으며 『금강삼매경』에 의해 이입사행설이 이루어진 것으로 보고 있다. 이론 내용으로 볼 때 二入에서 二入四行으로 각관(覺觀)에서 벽관(壁觀)으로 발전한 것으로 보아야 한다고 주장하고, 전체 사상 내용도 여래장 十地經 계통의 사상에 경도되어 있던 신라 불교계에서 당시의 性相分判의 움직임에 제동을 걸기 위해 제작해 낸 경전이라고 주장하였다.[4]

4)木村宣彰: 용궁에서 얻은 흩어진 경전을 대안이 정리하여 경으로 만들고 원효가 그 주석서를 썼다는 설화와 이 경이 다양한 교리를 모두 불설로 회통시키려 하는 점에 주의하여 이 경전은 신라 불교계의 어떤 요구에 의해 대안과 원효 주변의 사람들에 의해 만들어졌다고 추정함.[5]

5)김영태: 출경설화나 諸經錄의 所傳 및 經說 자체를 통해 『금강삼매경』이 신라에서 성립된 것이라 주장. 집성자로는 경 집성의 끝마무리를 대안이 했으므로 대안을 집성자의 범주에 넣을 수 있고 그 외에 惠空을 생각해 볼 수 있다고 하였다. 법랑 집성설에 대해서는 비판적이다. 봉암사지증대사비에는 법랑이 도신(580-651)의 법을 받고 귀국한 것으로 되어 있으나 그 자료는 다분히 전설적이고 神行(704-779)의 비에 의한다면 활동시기에 무리가 많다고 하였다. 즉 신행이 법랑의 법을 받고(법을 받은 시기를 733년경으로 추정) 입당했다고 하는데 『금강삼매경』의 성립은 법을 전한 연대보다 6,70년 이전이므로 연대에 무리가 있고 또 원효 당시에 신라 불교계에서 활동한 흔적이 없다고 주장하였다.[6]

6)한태식(普光): 柳田聖山의 설을 진일보한 것이라 평가하고 경의 작자는 大安이고 그가 원효에게 주석서 찬술을 의뢰해서 『금강삼매경론』이 만들어진 것이라고 보고 있다.[7]

7)石井公成: 이제까지 여러 설이 나왔지만 水野弘元과 木村宣彰의 설은 문헌에 근거를 둔 추측이었지만 그후의 설들은 상상의 영역을 벗어나지 못하고 있어 받아들이기 어렵고 다만 원전 자체를 연구해 보면 이 경의 작자는 居士를 이상으로 하고 있거나 무슨 사정으로 거사를 예찬할 필요가 있었을 것이라고 말하면서, 모든 경전의 핵심을 포섭하고 있다고 자부하며 스스로 『攝大

---

3 Robert Evans Buswell, Jr., The Korean Origin of the Vajrasamadhi-Sutra: A Case Study in Determining the Dating, Provenance, and Authorship of a Buddhist Apocryphal Scripture, University Microfilms International,(Ann Arbor, Michigan, 1985) 참조.

4 柳田聖山, 「金剛三昧經 の研究」,『白蓮佛敎論集』 3 (백련불교문화재단, 1993) 참조.

5 木村宣彰, 「金剛三昧經の眞僞問題」(『佛敎史學研究』 第十八卷 二號, 1976.3) 참조.

6 김영태, 「신라에서 이룩된 金剛三昧經-그 성립사적 검토-」(『불교학보』 제25집, 1988) 참조.

7 韓泰植, 「韓半島で作られた疑僞經について」, 『印度學佛敎學研究』 45-1(日本印度學佛敎學會,1996.12) 참조.

乘經』이라고도 부르는 『금강삼매경』은 東山法門 직계의 僞經은 아니라고 결론내리고 있다.[8]

이상과 같은 여러 학설이 나와 있지만 결정적인 학설은 아직 없는 것 같다. 한국에서 찬술되었다는 이론이 점점 설득력이 있어 가는 것은 사실인 것 같으나 작자가 누구인가는 아직 정설이 없다. 경전의 성격상 그것을 확실히 밝혀낸다는 것은 아마도 힘든 일일지도 모른다. 그러나 이 경전을 원효 자신이 직접 제작했다고는 할 수 없을 것이다. 그 이유는 다음과 같다.[9]

1. 우선 『금강삼매경』의 이입설과 보리달마의 이입사행설이 밀접한 연관이 있다는 것을 인정하고 하는 논의에서는 원효 제작설은 설득력이 없다.[10] 원효가 『금강삼매경론』을 저술한 것이 그의 비교적 말년이고 중국에 『금강삼매경』이 알려지는 것은 원효의 논과 함께이므로 『續高僧傳』에 기록된 보리달마의 이입사행설은 늦어도 도선이 『속고승전』을 완성하는 해인 645년 이전이어야 하는데 그렇다면 645년 보다 상당히 이전에 원효가 『금강삼매경론』을 저술하였다는 말이 되나 그것은 가능하지 않을 것으로 생각되기 때문이다.

2. 원효가 『금강삼매경』을 썼다면 좀더 체계적으로 『대승기신론』의 이론과 연결시킬 수 있었을 것이다. 둘 사이를 연결시키기는 하지만 그렇게 체계적인 것은 아니다. 약간 무리가 있는 것도 보인다.[11]

3. 水野弘元도 지적하고 있듯이[12] 원효가 이 경의 9식설이 진제의 9식설의 원천이라고 말하고 있는 점 등에서도 그는 이 경의 위작에는 관계가 없고 또 위경이라는 것도 몰랐고 의심하지도 않았던 것 같다.

그렇다면 이 경전은 어디에서 성립되었는가? 중국에서 성립했다면 그리고 달마의 이입사행설과 『금강삼매경』이 확실한 관련이 있다면 적어도 『속고승전』에 달마의 이입사행설이 기록될 당시에 거기에 관심을 기울이는 사람이 있었을 것이고 그것에 대한 기록이 나올 것이다. 어쨌든

---

8 石井公成, 「『金剛三昧經』の成立事情」, 『印度學佛教學研究』 46-2(1998.3) 참조.

9 柳田聖山은 「『金剛三昧經』の研究」에서 원효가 『금강삼매경』의 저자라고 주장하였다. 이에 대해 필자는 이미 원효가 저자라고 보기에는 문제가 많다는 견해를 밝힌 바 있다.(「"金剛三昧經の研究"에 대한 논평」, 『백련불교논집』 3(백련불교문화재단, 1993), pp.488-492 참조) 따라서 거기에서 논의한 문제에 대해서는 자세히 언급하지 않겠다.

10 필자의 입장에서 볼 때는 둘 사이에 밀접한 연관이 있다고 보아서는 제작자 문제가 풀리지 않는다고 생각한다.(이 문제에 대해서는 다음 단락에서 상론할 것이다.) 그러나 어쨌든 어느 하나가 다른 하나에 영향을 주었다고 가정한다면 원효가 제작자일 수는 없다는 것이다.

11 본각과 시각을 설명하는 경우나 일심이문의 구조를 적용하는 면 등에서 좀더 체계적으로 할 수 있었으리라 생각된다. 정순일도 원효의 『금강삼매경론』에 유사한 명칭이나 내용을 지닌 관법이 수없이 등장하는데 그 내용이 일관성있게 일치하고 있지는 않다고 말하고 있는데(「원효의 일미관행 연구」, 『여산유병덕박사화갑기념 한국종교사상사』(원광대학교종교문제연구소, 1990), p.372 참조) 이 경우에도 원효가 경의 작자라면 그런 불일치는 없었을 것이다.

12 水野弘元, 앞의 논문 참조.

상당히 유사하기 때문이다. 따라서 도선은 『금강삼매경』을 몰랐다고 보아야 하고 원효 이전에는 중국에는 알려져 있지 않았다고 보아야 한다. 따라서 한국 성립설이 설득력을 갖는다. 『송고승전』의 기록도 그것을 뒷받침한다.

한국에서 성립된 것이라면 보리달마의 이입사행설이 『금강삼매경』의 영향 아래 성립되었다는 것은 성립하기 어렵다. 道宣 당시까지 알려져 있지 않았다면 영향을 받을 수가 없을테니까 그렇게 판단이 가능하다. 그렇다면 이입사행론의 영향을 『금강삼매경』이 받았거나 관계없이 따로 성립하였거나 둘 중의 하나이다. 먼저 영향을 받았을 가능성에 대해서 살펴보면, 이 경의 제작자가 그 문헌을 보았거나 직접 이입사행설을 주장하는 사람들 그룹에 속해 있어야 가능할 것이다. 그런데 이입사행설은 『속고승전』이 완성되는 645년에는 알려지고 있으므로 그 문헌을 볼 수 있는 가능성은 있다. 즉 『금강삼매경』의 성립이 현장의 신역 이후라고 본다면 그것은 가능한 일이다. 그러나 이입사행설은 禪의 이론으로 알려지므로 그것을 『금강삼매경』에서 채용했다면 禪의 이론으로 나타나야 할 것인데 최초의 주석자인 원효도 보리달마의 이입사행설에 대해서는 알고 있지 못했던 것으로 판단된다. 그렇다면 한국에서 선의 이론에 상당히 밝은 사람이 아니라면 이입사행설에 대해 알고 있었다고 보기는 어렵고 따라서 선과 관계없는 사람이 이입사행설을 알아서 그것을 경의 제작에 이용했다고 보기는 곤란하다고 할 수 있을 것이다. 다음의 가능성은 직접 그 그룹에 속해 있던 사람의 작품이라는 것인데[13], 거기에 해당하는 사람이 한국에 과연 있었을까 하는 것이 우선 문제이다. 설령 있었다고 하더라도 선종 계통의 사람의 저술로 볼 때는 또 하나의 커다란 문제가 생긴다. 『금강삼매경』에 선적인 이론이 나오는 것은 사실이라 하더라도 오로지 禪的인 입장으로 보기에는 곤란하다는 것이 그것이다. 이 경전은 石井의 지적대로[14] 스스로를 『섭대승경』이라고 부를 정도로 모든 대승의 이론을 종합하려는 그런 자세를 취하고 있고 여러 이론들의 화해를 추구하고 있다. 이것은 선의 입장과는 다른 것으로 보아야 할 것이다. 따라서 직접 선의 이론을 배운 사람이 이 경전을 제작하였다는 것도 받아들이기 어렵다.

다음의 가능성은 따로따로 이야기된 것을 후대에 달마의 이입사행설과 비슷한 것이 『금강삼매경』에 있는 것을 발견한 선종에서 후대에 그 관련성을 지나치게 강조한 것은 아닐까 하고 추측할 수도 있다. 『금강삼매경』이 동산법문의 선종 계통의 사람에 의해 만들어진 것은 아니라고 본다면 그런 가능성은 크다고 할 수 있다. 선과의 연관보다 다른 여러 종류의 사상이 함께 들

---

13 이것이 Buswell의 관점으로 보이는데 그럴 가능성이 있는 사람은 굳이 찾자면 法郞이라는 것이 그의 결론이었다. Buswell은 그밖에 守一의 이론도 동산선문에서 주장하는 선의 이론을 『금강삼매경』에서 받아들인 것이라 한다.

14 石井公成, 「『金剛三昧經』の成立事情」 참조.

어 있는 것이 『금강삼매경』이므로 그렇게 주장할 수 있을 것으로 보인다. 특히 최초의 주석자인 원효가 보리달마의 이입사행설에 대해 알고 있지 못하는 것으로 보이는 것도 그것을 시사해 주는 것이라고 생각할 수 있다. 二入의 이론을 해석하는 데 있어서 선종의 이론의 흔적은 찾기 어렵다. 다른 내용도 마찬가지이다. 한국에서 성립되고 그것이 선종과 밀접한 연관을 갖는다면 원효가 그렇게 선적인 입장에 대해 언급하지 않는 것은 이해하기 어려운 일이다. 특히 여러 이론들 사이이 회통을 가장 중요하게 생각하는 것이 원효의 입장이라는 것을 생각해 볼 때 그럴 가능성은 더욱 커진다고 말할 수 있을 것이다.

이시이는 『금강삼매경』의 제작자를 속인을 중시하는 사람들 그룹에서 생겨났다고 말하고 있다.[15] 이것이 원효의 주위에 있던 출가자라고 하기 곤란한 거사 신분 비슷한 사람들을 경전 제작자라고 볼 수 있는 유력한 근거 가운데 하나로 말할 수 있을 것이다. 또 여래장품의 질문자로 등장하는 것은 범행장자이다. 俗人의 모습을 하고 있는 것이다. 이 경의 제작자 문제와 관련하여 이것도 한 가지 지적할 만한 대목이 아닐까 싶다. 이 경의 여러 품 중에서 아마도 가장 중요한 편이 이 편인 것 같은데 여기에 속인을 등장시키는 것이다. 입실제품(『韓國佛教全書』 1, 648중)에서도 출가하지 않은 사람이라도 올바른 觀을 행한 사람이라면 사문들도 마땅히 공경하여야 한다는 기사가 있다. 원효는 거사의 모습이었을 것으로 생각된다. 파계하고 나서는 스스로를 거사라고 칭하였던 것이다.[16] 원효가 백고좌회에 추천받지 못한 것도 정식 승려라고 인정하기 곤란하기 때문에 그랬던 것이라고 생각할 수 있을 것이다. 원효가 계율서에서 겉으로만 계율을 지키는 사람들을 비난하는 강도가 높은 것도 스스로가 출가승의 위상을 확실히 차지하고 있지 못하기 때문이 아닐까 생각된다. 원효 주위 사람들 중에도 출가자라고 하기 곤란한 사람들이 상당수 있었다. 혜공, 혜숙, 사복 등이 그러하다. 그리고 『금강삼매경』을 처음으로 정리했다고 하는 대안의 경우도 그러하다.

원효와 동시대인 광덕 엄장의 예를 보아도 사문이라 하는데도 광덕은 처자를 데리고 살고 있고 엄장은 광덕이 죽은 다음 광덕의 처와 함께 살고 있어서 출가자인지 아닌지 확정짓기 곤란하다.[17] 원효보다 약간 후대이긴 하지만 노힐부득 달달박박의 경우를 보아도 머리를 깎고 중이 된 다음에도 처자를 데리고 살고 산업을 경영한다. 물론 나중에는 세상을 버리고 깊은 골짜기에 들

---

15 石井公成, 앞의 논문 참조.

16 『三國遺事』「元曉不羈」 및 김상현, 『역사로 보는 원효』(고려원, 1994), pp.115-116 참조.

17 『三國遺事』 권5 「廣德 嚴莊」 참조.

어가 수행을 하여 미륵불이 되고 무량수불이 되긴 하지만 중이 되고 나서도 처자와 살며 돈을 번다고 되어 있다.[18] 이들도 정식 승려라기보다는 거사 비슷한 신분이었을 것으로 생각된다.

『三國遺事』「東京興輪寺 金堂十聖」 條를 보면 흥륜사에 十聖으로 모셔진 사람은 我道, 猒髑, 惠宿, 安含, 義湘, 表訓, 蛇巴, 元曉, 惠空, 慈藏인데 이 중에서도 사파, 원효, 혜공, 혜숙 같은 사람은 거사 비슷한 신분이었던 것으로 생각할 수 있다. 거사의 영향력이 결코 적지 않았고 그들이 높은 학식과 덕망을 갖고 있었음을 알 수 있다. 그렇다면 이들 그룹이 경전을 제작할 수 있는 능력이 있다고 볼 수 있으므로 이들 중 누군가에 의해 경전이 제작되었다고 하더라도 이상하지 않을 것이다. 그런데 원효의 경우는 많은 저술을 하고 있지만 다른 사람들은 저술을 했다는 기록은 나타나고 있지 않다. 그러나 오히려 평소에 저술을 하지 않던 사람이 경전을 제작하는 것이 더 자연스럽다고 생각할 수 있다. 경전에 주석을 붙이고 있던 사람보다도 그런 것은 별 필요 없고 부처의 진리를 직접 체득 실천하여야 한다고 주장하던 사람이 부처의 진리의 핵심을 말할 수 있다고 스스로 생각하고 또 그것을 실천에 옮겨 직접 경전을 제작하여 부처의 진리를 전하려고 할 수 있을 것이기 때문이다.

이제까지의 논의를 요약하여 『금강삼매경』의 성립에 대하여 추정을 해 보자면 이 경전은 한국에서 원효 주위의 출가자라고 하기 곤란한 거사 비슷한 신분을 가진 사람 그룹에서 생겨난 것이라고 할 수 있을 것이다. 동산선문과는 직접적인 관계는 없는 것으로 추정된다. 따라서 보리달마의 이입사행론과 이 경의 이입설은 서로 직접적인 연관 관계를 말하기는 어려울 것으로 보인다. 우연히 비슷한 주장이 함께 있게 되었는데 그것을 선종 계통에서 보리달마의 이입사행설이 『금강삼매경』에서 나온 것으로 생각하여 이 경의 중요성을 강조하면서 둘이 밀접한 연관을 갖는 것으로 해석된 것으로 보인다.

III. 일심의 근본 성격

원효에 의하면 일심의 문제가 가장 중요한 주제이다. 그는 『금강삼매경』을 파악하는 데 있어서도 그 점을 확실히 하고 있다. 먼저 원효는 경의 대의를 말하는 부분에서, "대저 일심의 원천은

---

18 『三國遺事』 권3 「南白月二聖 努肹夫得 怛怛朴朴」 참조.

유와 무를 떠나 홀로 깨끗하고 三空(我空, 法空, 俱空)의 바다는 眞과 俗을 융합하여 湛然하다."[19] 고 하여 일심의 문제가 이 경의 핵심임을 명확히 하고 있다. 또 다음과 같이도 말하고 있다.

"(經의 要는 一味觀行이고 宗은 十重法門인데 십중법문 중의) 제일문은 무엇인가? 일심의 가운데에 일념이 움직여 一實(제일 가득 찬 것, 실질적인 것)에 順하여(따라, 거스르지 않아) 一行(제일의 행, 한결같은 행)을 닦고 一乘에 들어가 一道에 머무르며 一覺(으뜸의 각)을 써서 한결같은 맛을 깨닫는다. ……그러나 이 뒤의 구문은 모두 일문에 들어가고 일문에는 아홉이 있어 一觀에서 벗어나지 않는다. 열어도 하나에서 더 늘어나는 것이 아니고 합해도 열 가지에서 주는 것이 아니다. 늘지도 줄지도 않는 것이 그 宗要가 된다."[20]

원효는 경의 핵심(要)이 일미관행이고 宗이 십중법문이라고 말한 다음 그 첫번째 문에 대한 설명을 이와 같이 일심이라고 말하고 있다. 그리고 그 일심의 문제가 나머지 9문을 포괄한다고 말하고 있다. 어쨌든 일심의 문제가 가장 핵심적인 문제인 것이다. 그리고 관의 대상이 되는 법도 일심법이라 한다.[21] 또 일법계는 이른바 일심이다.[22] 역시 근본적인 주제가 되는 것이 일심임을 말하고 있다. 그러면 일심은 어떤 것인가? 일심의 체에 대해 원효는 다음과 같이 말한다.

"이 일심의 체에는 간추려 다섯 가지 뜻이 있다. 첫째 소취차별(所取差別)의 상을 멀리 떠나 있다. 둘째, 능취분별(能取分別)의 집착에서 벗어나 있다. 셋째, 삼세제(三世際)에 두루 미쳐 평등하지 않은 바가 없다. 넷째, 허공계와 같이 두루 미치지 않는 바가 없고 다섯째로는 있다 없다, 같다 다르다 하는 등의 극단에 떨어져 있지 않은 것이다."[23]

그리고 일심은 一切染淨의 諸法의 의지하는 바가 되어 제법의 근본이고 공덕과 染法을 갖추

---

19 夫一心之源 離有無而獨淨 三空之海 融眞俗而湛然(604b)

20 一門云何 一心中 一念動 順一實 修一行 入一乘 住一道 用一覺 覺一味 然此後九門 皆入一門 一門有九 不出一觀 所以開不增一 合不減十 不增不減 爲其宗要也(605a)

21 所觀法 一心法故(609b)

22 一法界者 所謂一心(639c)

23 此一心體 略有五相 何等爲五 一者 遠離所取差別之相 二者 解脫能取分別之執 三者 遍三世際無所不等 四者 等虛空界無所不遍 五者 不墮有無一異等邊(616a-b)

지 않음이 없다.[24] 또 일심은 染淨의 의지가 될 뿐만 아니라 動과 靜에 통하며[25] 일심은 모든 법의 가운데에 있다.[26] 실천과 연관해서 말하면 이 일심은 궁극적인 목적지이다. 경의 可度衆生 皆說一味를 해석하는 원효의 다음의 말을 보면 그것을 알 수 있다.

"可度衆生(가히 제도할 만한 중생)이라는 것은 여래가 교화하는 바 일체의 중생은 일심의 유전이 아닌 바 없기 때문이고 皆說一味(모두 일미를 설한다)는 여래가 설하는 바 일체의 교법은 一覺味에 들게 하지 않음이 없다는 것이다. 일체 중생은 본래 일각이지만 다만 무명으로 말미암아 꿈 따라 유전하나 모두 여래의 일미의 설에 따라 일심의 원천에 돌아가지 않음이 없고 심원에 돌아갔을 때 얻을 바가 없다. 그러므로 일미라 한다."[27]

일심의 원천에 돌아가는 것이 궁극의 목적이라고 말하고 있는 것이다. 다른 말로는 완전한 깨달음의 경지가 일심의 원천에 돌아간 것이라고 할 수 있다.

"이 四智(大圓鏡智, 平等性智, 妙觀察智, 成所作智)를 얻으면 바로 妙覺의 자리이다. 그래서 불지의 지위에 들어간다고 말한다. 이 때는 이미 일심의 원천에 돌아갔으므로 八識의 여러 물결이 다시 일어나지 않으므로 이 지혜의 경지에 들어가면 識이 생겨나지 않는다."[28]

"이와 같은 四智는 일심과 같아서 모두 두루하지 않음이 없다. 따라서 弘智라 한다. 이와 같은 일각은 곧 法身이다."[29]

이 일심은 또한 5공덕이 있는데 일심의 체의 다섯 가지와 상응한다. 하나하나의 공덕이 所取의 相을 떠나고 能取의 執을 벗어나며 三世際에 두루 미쳐 있고 허공계와 같으며 모든 극단을 떠

---

24 如是一心通爲一切染淨諸法之所依止故故 卽是諸法根本 本來靜門 恒沙功德 無所不備 故言 備一切法 隨緣動門 恒沙染法 無所不具 故言具一切法(615c)

25 一心 通於動靜 爲染淨依(616a)

26 一心亦爾 分析諸相 不得心性 而實不無諸法中心 修道求之 一心顯故(671c)

27 可度衆生者 如來所化一切衆生 莫非一心之流轉故 皆說一味者 如來所說一切敎法 無不令入 一覺味故 欲明一切衆生 本來一覺 但由無明 隨夢流轉 皆從如來一味之說 無不終歸一心之源 歸心源時 皆無所得 故言一味 (610a)

28 得是四智 正是妙覺之位 故言是入佛智地 是時旣歸一心之源 八識諸浪 不更起動故 入智地者 諸識不生也 (633b)

29 如是四智 同一心量 皆無不周 故名弘智 如是一覺 卽是法身 (633c)

나 있고 思量의 경계가 아니며 언어의 길을 넘어서 있다.[30] 그리고 무량공덕이 곧 일심이다.[31] 일심은 또한 相과 性을 떠나고 무량공덕이 모이는 바이다.[32]

일심이 궁극적 근거이고 목적지이지만 구체적인 이 현상 세계 내지는 迷妄의 세계와는 어떻게 연결시켜서 설명할 수 있는가? 그것을 원효는 『기신론』의 一心二門의 틀로 해석한다. 원효는 경 전체를 설명하며 다음과 같이 말한다.

> "(正說分에서 無相法品에 들어가기 전에 전체 六品을 설명하는 부분)(또 이 육품은 역시 또 다른 뜻이 있으니) 말하자면 初品(무상법품)은 관하는 바의 법을 보여주는데 법은 一心如來藏體이다. 제이품은 능히 觀하는 行을 밝히는데 행은 六行의 無分別觀이다. 第三 本覺利品은 일심 중의 생멸문을 드러내고 第四 입실제품은 일심 중의 진여문을 드러낸다. 第五 眞性空品은 眞俗을 모두 버리면서도 二諦를 무너뜨리지 않는다. 第六 如來藏品은 여러 문을 두루 거두어들여서 한 가지로 일미를 보인다."[33]

원효는 『금강삼매경』 전체를 이와 같이 일심이문의 틀로 이해하고 있다. 보는 바의 법을 일심여래장체로 능관의 행을 육행무분별관으로 보고 일심 중의 생멸문과 진여문을 드러내 보인 다음 진속을 모두 버리나 二諦를 버리지는 않고, 모든 문을 받아 들여 한 가지로 일미임을 보인다고 해설하고 있는데 이는 결국 일심이문의 구조라 말할 수 있을 것이다. 직접 일심법에 이종문이 있다[34]고 말하고 있기도 하고 一諦義를 설명하면서 다음과 같이 말한다.

> "一諦義라고 한 것은 이른바 일심이니, 일심법에 의하여 二種의 門이 있고 이문의 의지하는 바가 오직 一實(하나의 실질)이므로 一諦라고 이름 붙인 것이다. 一味道라는 것은 오직 一乘이기 때문

---

30 超心行處 過言語道 過恒沙等本有功德 亦有五義 與體相應 一者 一一功德 離所取相故 非法身所離 與第一相相應 如經言不離故 二者 一一功德 脫能取執故 非法身所脫 與第二相相應 如經不脫故 三者 此一一德 遍三世際 縱無前後際斷 與第三相相應 故言不斷 四者 此一一德 等虛空界 橫無彼此處異 與第四相相應 故言不異 五者 一一功德 皆離諸邊 非思量境 絶言語路 與第五相相應 如經言不思議故 諸功德法 有此五義 與體無別 融通一味(616b)

31 無量功德 卽是一心(618b-c)

32 一心如是 離相離性 卽是無量功德之聚(670c)

33 初品 示所觀之法 法謂一心如來藏體 第二品 明能觀之行 行謂六行 無分別觀 第三本覺利品 顯一心中之生滅門 第四入實際品 顯一心中之眞如門 第五眞性空品 雙遣眞俗 不壞二諦 第六如來藏品 遍收諸門 同示一味 (609a)

34 一心法中 有二種門(645c)

이다."[35]

일심이문의 구조로 설명하고 있는 것이다. 다음의 말은 더욱 확실하게 그것을 알게 해 준다.

> "일심이문의 안에 일체의 불법이 포섭되지 않음이 없다....眞俗은 둘이 없으나 하나를 지키지는 않는다. 둘이 없으므로 곧 일심이고 하나를 지키지 않으므로 體를 들어 둘이 된다. 이와 같은 것을 일심이문이라 한다."[36]

IV. 일심과 여래장

원효는 일심과 본각과 여래장 개념을 하나로 연결해 사용함으로써 여래장의 중요성을 강조하고 있다.[37] 이제 여래장에 대한 원효의 견해를 살펴보도록 하자.

원효는 "眞俗이 無二하여 一實(하나같이 참된)의 법이 모든 부처의 돌아가는 곳이니 이를 여래장이라 한다.... 무량의 법 및 일체의 행이 여래장 가운데 돌아가지 않음이 없다."[38]고 하여 여래장이야말로 돌아갈 궁극적인 목적지라고 말하고 있다. 일심의 원천이라는 말과 크게 다르지 않은 의미로 보아도 될 것이다. 원효는 또 "諸佛如來가 여기에 간직되어 있고 보살도 이 가운데 따라 들어간다. 이것을 이름하여 여래장에 들어간다고 한다."[39]고 말하고 있다. 그리고 無量門이 여래장에 들어간다.[40] 이 여래장은 일미이다. 원효는 如來藏一味의 원천[41]이라는 용어를 사용하고 있다. 또 원효는 일심본각여래장이라는 말을 함께 사용하면서 일심이 본각이고 여래장이라는 뜻을 나타낸다. 一覺了義를 풀이하면서 일심본각여래장의 뜻이며 이보다 더한 법은 영원히 없기

---

35 一諦義者 所謂一心 依一心法 有二種門 二門所依 唯是一實 故名一諦 一味道者 唯一乘故 (608b)

36 一心二門之內 一切佛法 無所不攝 ....眞俗無二 而不守一 由無二故 卽是一心 不守一故 擧體爲二 如是名爲一心二門(658c)

37 이는 원효가 「기신론」을 유식적으로 파악하고 있다고 주장하는 박태원도 지적하고 있는 바이 다.(박태원, 「대승기신론사상평가에 관한 연구」, p.94 주석 132) 참조.)

38 眞俗無二 一實之法 諸佛所歸 名如來藏....無量法 及一切行 莫不歸入如來藏中(659a-b)

39 諸佛如來 於焉而藏 一切菩薩 於中隨入 如是名爲 入如來藏(604c)

40 無量門 入如來藏(608c)

41 如來藏一味之源(608c)

때문이라고 말하고 있다.[42] 그리고 계속해서 다음과 같이 말한다.

> "佛智所入實法相이라는 것은 一心本覺如來藏法을 바로 가리킨다. 『능가경』에서 말하듯이 "적멸은 일심을 이름하고 일심은 여래장을 말한다."고 한 것과 같다. 이제 이 글에서 實法相이라고 말하는 것은 적멸의 뜻이고 일각료의라는 것은 일심여래장의 뜻이다. 『法華論』에서 말하기를 "제불여래는 저 법의 究竟實相을 능히 안다."고 하였다. 실상이라고 말하는 것은 如來藏法身의 체가 변하지 않는다는 뜻에서이다. 이제 이 경에서 말하는 一覺은 一切諸法이 오직 일심이고 일체 중생이 이 하나의 본각이므로 이런 뜻에서 일각이라고 한 것이다."[43]

일심과 본각과 여래장을 연결시켜서 거의 같은 의미로 사용하고 있다. 물론 『능가경』의 적멸과 일심과 여래장의 개념을 조금은 구분하여 실법상을 적멸로 일각료의를 일심여래장으로 해석하고는 있지만 바로 『법화론』을 인용하여 법의 究竟實相을 말하면서 그 실상을 여래장법신의 체가 변하지 않는다는 뜻으로 해석한다. 객관적인 세상의 실상이라는 의미보다는 여래장법신이라는 말을 사용함으로써 일심의 이문 중에서 생멸문에 한정되어 있던 것으로 이해되던 여래장이 궁극적으로 법신과 하나로 취급되는 것이다. 그리고 원효는 始覺이 본각여래장성과 다르지 않다 하고 여래장성이 숨겨져 있어 不動하다고 한다.[44] 그리고 부처는 本覺如來藏性을 보고 本覺如來藏理는 무량공덕을 다 갖추고 있으며[45] "이와 같은 淨法의 무량공덕은 곧 일심이니 다시 念하는 바가 없으므로 이런 까닭에 만족되므로 法身如來之藏이라 부른다."[46] 그리고 일체중생이 본래 본각이므로 如來藏佛이라고 부르고[47] 여래장의 바다에 들어간다는 것을 본각의 깊고 넓은 뜻에 들어간다는 것으로 해석하여[48] 본각과 여래장을 같은 의미로 쓰고 있다.

여래장에 들어감은 결국 완전한 경지에 들어감이다. 원효는 다음과 같이 말한다.

---

42 一覺了義者 一心本覺如來藏義 過是永無餘深法故(610a)

43 佛智所入實法相者 直是一心本覺如來藏法 如楞伽經言 寂滅者名爲一心 一心者名如來藏 今 此文言實法相者 是寂滅義 一覺了義者 卽是一心 如來藏義 法華論云 諸佛如來 能知彼法 究 竟實相 言實相者 謂如來藏法身之體不變義故 今此經言一覺者 一切諸法 唯是一心 一切衆生 是一本覺 由是義故 名爲一覺 (610a)

44 始覺 不異本覺如來藏性 ... 如來藏性 隱藏不動(615a-b)

45 觀本性相者 佛觀本覺如來藏性故 理自滿足者 所觀本覺如來藏理 具足無量性功德故(618a)

46 如是淨法無量功德 卽是一心 更無所念 是故滿足 名爲法身如來之藏(618b)

47 如來藏佛者 一切衆生本來本覺故(649a)

48 入如來藏海者 入於本覺深廣義故(666c)

"皆獲本利入決定性(모두 본리를 획득하여 결정성에 들어간다)은 六度를 비로소 닦기 시작하면 모두 본각과 동일하고 본각이 드러나면 本利行을 이루기 때문에 여래장에 들어가 본성이 본래 적정하고 시작도 없고 끝도 없고 다시 전전함이 없기 때문이다."[49]

V. 일심과 암마라식

『금강삼매경론』에서 검토해야 할 또 하나의 문제는 제구아말라식에 대한 문제이다. 제9식은 원래 섭론학파에서 아알라랴식을 여래장과 구별하여 아알라야식을 妄識으로 규정하고 따로 참마음인 아말라식을 세운 것이다. 원효는 『대승기신론소』『별기』 등 이 논 이외의 저서에서는 제구식에 대해서 말하지 않는다. 그러나 이 논에서 경의 내용에 따라서 아말라식을 인정하고 있는 것이다. 그렇다면 원효는 바로 섭론학파의 학설을 그대로 자신의 것으로 하고 있는가 하면 그것은 그렇지 않은 것으로 보인다. 『기신론』을 해설하는 데는 9식을 등장시키지 않기 때문이다. 박태원은 "원효는 구유식과 신유식을 모두 소화하였으며 저술에서도 양 설의 입장을 아울러 활용하고 있다. 그 결과 그는 眞諦三藏의 제구아마라식설을 취하여, 일심의 본원에 도달하면 바로 제구식의 明淨에 들어간다고 설한다.(한불1- 630하, 635하, 657상) 따라서 아리야식의 識體에 해당하는 것이 바로 제구아마라식이라고 할 수 있는데 이 점은 둔륜의 말(新羅曉法師云 自性淸淨心 名爲阿摩羅 與第八賴耶識 體同義別 (遁倫, 『瑜伽論記』, 『韓國佛敎全書』 2-410중)에서도 알 수 있다. 이렇게 볼 때 원효가 아리야식에 대한 기신론설과 유식설을 회통시키는 사상적 배경은 유식 특히 구유식설이라고 할 수 있게 된다. 원효는 구유식의 제구식설에 의거한 識體無二에 입각하여 기신론과 유식의 아리야식을 회통시키고 있는 것이다. 다시 말해 기신론을 유식적 관점에서 파악하고 있다고도 할 수 있다."[50]라고 말하여 아말라식을 말하고 있는 것이 기신론을 유식적 관점에서 파악하고 있는 증거라고 보고 있다. 그러나 『기신론소』『별기』 등 기신론 관계 저술에서는 제9식이 등장하지 않으므로 이렇게 말하기는 곤란할 것으로 보인다.

원효는 제9식에 대하여, 경의 "어떤 이익을 굴려서 중생의 모든 情과 識을 돌려 唵摩羅에 들

---

49 皆獲本利入決定性者 六度始修 皆同本覺 本覺顯 成本利行故 入如來藏 性本寂靜 無始無終無改轉故(621c)

50 박태원, 「『대승기신론』 사상을 평가하는 원효의 관점」, 『석산한종만박사화갑기념 한국사상사』 (원광대학교출판국, 1991), p.238.

게 합니까?"[51]라는 말을 논에서 "一切情識"은 곧 8식이고 암마라는 제9식이다. 진제삼장의 9식의 뜻은 이 글에 의해서 나온 것이니 저 장에서 설한 바와 같다."[52]라고 설명하고 있다.

여기에서 원효는 眞諦(499-569)의 구식설이 『금강삼매경』에 의한다고 확실히 말하고 있다. 스스로가 이 경을 만든 것이라면 이렇게까지 말하기는 어렵지 않을까 생각된다. 진제의 第九아마라식의 설은 『決定藏論』에 근거하였다고 한다.[53] 근거가 논이므로 경전의 도움을 받는다면 그것은 말할 나위 없이 바람직한 것일 것이다. 그러나 『금강삼매경』이 현장의 신역의 용어를 쓰고 있는 점을 볼 때 650년경 이후의 제작이라고 본다면 眞諦가 『금강삼매경』에 의해 구식설을 세웠다는 것은 있을 수 없다. 원측은 오히려 『해심밀경소』 권3에서 진제가 『결정장론』에 의하여 구식을 세웠다고 말한다. 『금강삼매경』에 의해 구식을 세웠다기 보다는 『결정장론』에 의했다는 것을 다수가 인정하고 있는 것으로 보인다. 그러나 원효는 제9식설을 받아들이면서 그것을 眞諦의 이론이며 『금강삼매경』이라는 경전적인 권위에 의해 뒷받침된다고 보고 있는 것이다.

암마라식은 원효에 의하면 本覺과 다른 말이 아니다. 그리고 그 경지에서는 모든 식이 생겨나지 않는다. 그것은 원효의 다음과 같은 말에서 알 수 있다.

> "본각은 바로 암마라식이다. "得本覺"이라는 것은 "入"의 뜻을 풀이한 것이다. 본각에 들어갈 때에 저 모든 八識이 본래 寂滅함을 깨닫는다. 究竟을 깨닫는 까닭에 모든 식이 생기지 않으므로 "諸識寂滅無生"이라고 말한 것이다."[54]

그리고 암마라식은 이상적인 경지이므로 心源에 돌아간 것이며 두 극단을 떠난 것이며,[55] 無垢이고 본래 청정하다.[56] 또 원효에 의하면 구식은 일심의 원천이고 궁극적인 경지인 妙覺의 경지이다. 팔식에서는 아직 心源을 다하지 못한 것으로 본다. 다음의 말은 그것을 우리에게 알게

---

51 以何利轉 而轉衆生 一切情識 入唵摩羅.(630c)

52 一切情識 卽是八識 唵摩羅者 是第九識 眞諦三藏 九識之義 依是文起 如彼章說(630c)

53 勞思光, 『中國哲學史 漢唐編』, pp.255以下, 329以下 참조.

54 本覺正是唵摩羅識 得本覺者 是釋入義 入本覺時 覺諸八識 本來寂滅 覺究竟故 諸識不生 故言諸識寂滅無生(630c)

55 "입암마라"라는 것은 일심의 체가 이변을 떠나기 때문이고 이 심원에 돌아가므로 입이라 한다. 이와 같이 무주여야 바야흐로 해탈을 획득한다. 그러므로 열반에 머무르면 결박에서 벗어나지 못한다.(入唵摩羅者 一心之體 離二邊故 歸此心源 故名爲入 如是無住 方得解脫 住涅槃不離縛也) (634c-635a)

56 암마라는 이곳에서는 무구라 한다. 본각은 본래 청정해서 본성이 고쳐지고 굴리는 게 없다.(唵摩羅者 此云無垢 本覺本淨性無改轉 似彼金錢性無改故)(635c)

해 준다.

> “等覺位 전에는 아직 생멸이 있어서 心源을 다하지 못하였으므로 팔식에 있다. 이제 묘각에 도달하여 생멸을 영원히 떠나고 궁극적으로 본각일심의 원천으로 돌아갔으므로 제구식 중의 밝고 깨끗함에 들어간다.”[57]

그러면 원효는 새로운 유식에 대해서 어떻게 생각하고 있는가? 원효가 신구유식을 모두 받아들였다고는 하지만 『금강삼매경론』에서 9식설을 고수하고 있는 것을 보면 신유식보다는 구유식의 입장에 가까웠음을 알 수 있다. 그리고 『기신론』의 이론에 대한 이해를 함에 있어서 유식설을 적극 활용한다고 하지만 『成唯識論』의 이론은 활용하고 있지 않다.[58] 법상유식과 원효와는 아무래도 상당한 거리가 있는 것이 아닐까? 일반적인 역사적인 평가에서도 기신론은 性宗, 法相唯識은 相宗이라고 하고 있는 데에서도 알 수 있듯이 원효는 상종인 유식학자라기보다는 성종인 『기신론』에 傾倒되어 있었던 것은 아닐까? 원효가 어떻게 새로운 유식과 조화를 이루려 했는가는 좀더 면밀히 검토해야 할 것이다. 또 하나 지적할 것은 『判比量論』에서 원효는 玄奘에 대해 비판적이라는 주장도 있다는 점이다.[59]

VI. 일심에 돌아가는 방법

원효는 『금강삼매경』의 내용을 “이 경의 宗要는 열고 합함이 있는데 합해서 말하면 一味觀行이 要가 되고 열어서 說하면 十重法門이 宗이 된다”[60]고 말하면서 일미관행을 이 경의 핵심으로

---

57 前等覺位 猶有生滅 未盡心源 故在八識 今到妙覺 永離生滅 窮歸本覺一心之源 故入第九識中明淨(657a)

58 石井公成은, “『海東疏』는 『成唯識論』을 인용하고 있는 『判比量論』의 조금 전, 즉 50세 전후에 저술되었다고 생각할 수 있다. 제7식의 성격을 처음으로 유식설에 관련시켜 정밀한 논의를 전개하는 『성유식론』을 알고 있었다면 『해동소』가 다른 경론의 설과의 회통을 시도하지 않았을 리가 없다. 『성유식론』을 소의로 하는 원측과 慈恩의 주저를 원효가 보았다 하더라도 그것은 『해동소』의 성립 이후이고 원효의 주요한 저작이 상당히 씌어진 다음일 것이다.”(「新羅佛教における『大乘起信論』の意義」, 平川彰 編, 『如來藏と大乘起信論』(春秋社, 1990), p.553)고 말하고 있다. (『성유식론』은 659년에 번역되었고 『판비량론』은 671년에 저술됨) 『기신론소』에서 본격적으로 신구유식의 종합 내지는 화해를 시도하고 있다고 해석하기는 어렵다고 보는 입장을 지지해주는 견해라 할 수 있다.

59 신현숙, 『원효의 인식과 논리』 참조.

60 此經宗要 有開有合 合而言之 一味觀行爲要 開而說之 十重法門爲宗(604c)

파악하고 있다. 그리고 여섯 품이 다 그러한 관행을 나타내는 것으로 파악하고 있다. 이 경의 내용을 실천을 통해 일심의 원천으로 돌아가는 것으로 파악하고 있는 것이다. 그렇게 본다면 일심의 원천에 돌아가는 방법은 이 경 전체의 내용이 그것이다 할 수 있을 것이다. 원효는 실천을 중시한 철학자로서 이 경 전체를 관행이라는 시각으로 정리하고 있는 것이다. 원효의 기본적인 관심은 관행의 실천을 통하여 일심의 원천으로 돌아가는 것이라고 말할 수 있을 것이다. 원효의 일미관행에 대해서는 기존의 연구가 밝혀놓았으므로[61] 여기에서 자세히 논의하는 것은 생략하기로 한다.

다음으로 일미관행의 입장과 더불어 『금강삼매경』의 사상은 본각이 핵심적인 사상 중에 하나이다. 그것을 원효는 本覺과 始覺이라는 관점에서 해설한다. 『宋高僧傳』을 보면 검해(鈐海) 용왕이 『금강삼매경』의 요지를 二覺이 圓通하여 보살행을 보이는 것이라 말하고 있고 원효도 이 경전은 本覺 始覺의 二覺을 종으로 한다고 말한 것으로 기록되어 있다.[62] 그리고 『三國遺事』에도 원효가 소의 양 뿔(兩角) 위에 붓과 벼루를 놓고 『삼매경소』를 찬술하여서 角乘이라고 하였는데 또한 本覺과 始覺의 二覺의 미묘한 뜻을 나타낸 것이라 하여 『금강삼매경』의 핵심을 본각과 시각의 二覺으로 파악하고 있다.[63] 이렇듯 본각과 시각의 문제는 핵심적인 주제이다. 원효는 『금강삼매경』의 본각을 『기신론』의 사상을 원용하여 본각과 시각의 二覺의 문제로 설명한다. 여기서도 『기신론』이 원효 사상의 바탕이 되고 있는 것을 확인할 수 있다. 「본각리품」이 심생멸문을 「입실제품」이 심진여문을 나타낸다고 원효가 해설하고 있다는 것은 앞서도 보았다. 원효는 일심본각여래장이라 하여 본각과 여래장을 또 같은 의미로도 사용하면서 본각 시각의 문제를 여래장이라는 개념으로 포괄하려 하고 있는 것으로 보인다. 이런 점에서 『금강삼매경』의 사상을 여래장의 관점에서 설명하고 있다고 보아도 무방할 것 같다.

VII. 결론

본 논고에서는 『금강삼매경론』에 나타난 원효의 일심에 대해서 탐구하였다. 그런데 『금강삼

---

61 고익진, 「원효사상의 실천원리」, 『숭산박길진박사 화갑기념 한국불교사상사』(원불교사상연구원, 1975) 및 정순일, 「원효의 일미관행 연구」, 『여산유병덕박사화갑기념 한국종교사상사』(원광대학교종교문제연구소, 1990) 참조.

62 『宋高僧傳』 卷四, T50.730a-b 참조.

63 『三國遺事』 卷四, 「元曉不羈」 참조.

매경』의 성립이 원효와 밀접한 연관을 갖고 있으므로 먼저 이 경전의 성립에 대해서 검토하였다. 그 결과 이 경전은 東山系의 선종과는 직접적인 연결을 말하기가 곤란하다는 추정을 하였고 보리달마의 二入四行說과 이 경전의 二入說도 서로 직접적인 영향 관계는 없는 것으로 추정하였다. 그리고 그 제작지는 한국이 유력하며 제작자로서는 원효와 신분이 비슷한 거사 그룹에서 만들어진 것이 아닐까 추정하였다. 단 원효가 직접 제작했다고는 보기 어렵다는 추정을 하였다.

원효는 일심을 가장 중요하게 여겨서 일심이야말로 모든 것의 근원이며 평등무차별하고 모든 더러운 것에서 떠나 있으며 무한한 공덕을 지닌 것으로 생각하였다. 따라서 원효에 있어서 궁극적인 목적은 일심의 원천에로 되돌아감이었다. 그리하여 그는 인간 누구에게나 순수한 깨달음의 본성을 가지고 있다는 것을 강조한다. 그리하여 일심이 깨달음의 본성이고 가능 근거인 여래장과 연결이 되는데 원효는 『금강삼매경론』에서 일심을 중심으로 하는 『대승기신론소』의 사상을 더욱 발전시켜 기본적으로는 『기신론』의 一心二門의 사상을 기반으로 하여 여래장의 중요성을 더욱 강조하면서 자신의 이론을 전개해 나간다.

『금강삼매경』에서는 여래장과 본각이 중요한 사상인데 원효는 이 점을 더욱 강조하여 여래장을 一心本覺如來藏으로 표현하는 등 『기신론소』 『별기』에서의 여래장에 대한 사상보다 더욱 적극적으로 여래장에 중요성을 부여하며 자신의 이론을 전개한다. 그리고 『금강삼매경』의 본각을 『기신론』을 원용하여 시각과 본각의 구조로 파악하여 자신의 실천적 입장을 더욱 강화시켜 나간다. 그리고 원효는 『금강삼매경』의 사상을 一味觀行으로 그 핵심을 파악하는데 이것도 그의 실천을 중시하는 사상이 잘 드러나는 것이라 할 수 있을 것이다.

제3장 『금강삼매경론』의 心識說

一心二門·如來藏·本覺을 중심으로

I. 서론

『금강삼매경론』은 원효가 『금강삼매경』에 대해서 주석한 저술이다. 『금강삼매경론』은 『대승기신론소』와 더불어 원효의 대표작으로 알려져 왔고 상당히 많은 연구가 이루어져 왔다. 하지만 아직도 밝혀지지 않은 것이 많고 의견 일치를 보지 못한 것도 많다. 우선 『금강삼매경론』의 주석 대상인 『금강삼매경』 자체가 그 성립 사정이나 성격이 확실하지 않다. 인도에서 찬술된 것은 아니고 중국이나 한국에서 찬술된 경전인데 그 성립에 대해서는 여러 가지 학설이 있다. 현대에 들어서서 가장 먼저 이 경에 대해서 주목한 것은 水野弘元인데 그는 이 경의 二入說을 보리달마의 二入四行說과 비교하면서 이 경이 보리달마의 이입사행설을 받아들이면서 만들어진 위경이라고 결론을 내렸다. 그 이후 여러 가지 논의가 이 경을 둘러싸고 이루어졌다.[1] 이 경의 성립에 대해서 확실한 것은 말하기 어렵지만 여러 가지를 볼 때 신라에서 출가자가 아닌 속인에 의해 찬술된 경전으로 보인다.[2]

원효는 이 경전의 성립과도 밀접한 연관을 가지고 있다. 『송고승전』의 원효의 전기는 『금강삼매경』의 성립과 원효의 주석과 관련된 얘기가 가장 중요한 부분을 이루고 『금강삼매경론』으로 명명된 원효의 저술은 『금강삼매경』에 대한 최초의 주석서이다. 원효는 『금강삼매경론』에서 다양한 불교 이론들을 화해시켜서 이해하고 있다. 특히 실천적이고 화쟁적인 성격이 돋보인다. 원효 사상이 실천을 강조하고 화해를 강조하는 것이 중요한 특성이라면 이 경론에서 그러한 성

---

1 『금강삼매경』의 성립에 대한 여러 논의에 대해서는 남동신, 「신라 중대불교의 성립에 관한 연구-『금강삼매경』과 『금강삼매경론』의 분석을 중심으로-」(『한국문화』 21, 서울대 한국문화연구소, 1998) 및 최유진, 「금강삼매경론에 나타난 원효의 일심사상」(『인문논총』 제11집, 경남대학교 인문과학연구소, 1998) 참조.

2 여기에 대해서는 최유진, 「금강삼매경론에 나타난 원효의 일심사상」 참조.

격을 확실히 알 수 있다. 본 연구에서는 『금강삼매경』 자체의 성격과 『금강삼매경』에 대한 원효의 평가에 대해서 알아본 다음 『금강삼매경론』의 심식설을 일심이문·본각·여래장을 중심으로 살펴보고자 한다.

II. 『금강삼매경』의 성격과 『경』에 대한 원효의 평가

『금강삼매경론』의 심식설을 알아보기에 앞서 『금강삼매경』의 성격에 대해 현대에 어떻게 논의하고 있는지를 알아보고 『경』에 대한 원효의 평가에 대해 알아보도록 하자. 『금강삼매경』에 대한 객관적 이해의 바탕 위에서 원효의 『금강삼매경론』의 사상을 이해하는 것이 원효의 입장을 더욱 드러나게 할 수 있을 것이며, 『금강삼매경』에 대한 원효의 평가가 원효의 전체적인 입장을 알 수 있게 해주기 때문이다. 『금강삼매경』에 대해 현대에 최초로 관심을 가졌던 水野弘元은 『금강삼매경』의 내용을 개관하면서 “남북조 말경까지의 중국에서 문제되고 있던 불교사상이 거의 모두 망라되고 있고 실제로 이 경 자신의 언급에서도 본경이 제경의 요지를 모은 攝大乘經이고 이 경만으로 대승의 諸經說의 전모를 알 수 있도록 의도한 것이라는 것을 알 수 있다.”고 말하고 있다.[3] 이와 같이 다양한 내용이 들어 있는 것이 이 경전의 내용이므로 이 경전에 대한 평가는 다양하다. 먼저 여래장사상의 입장에서 이 경전을 평가하는 입장이 있다. 원효도 여래장의 중요성을 강조하지만 여래장사상을 언급하는 사람들은 이 경전이 중국불교의 여래장사상에서 중요하다고 본다.[4] 앞서 언급한 水野弘元도 달마의 이입사행설과의 밀접한 관련에 관심을 가져서 선에 관한 것이 이 경전의 중요한 내용으로 보았지만 그렇게 파악을 한 사람들도 많다. 柳田聖山은 『금강삼매경』을 돈오사상의 텍스트로 보았고[5] 김병환도 선과의 연관에서 「금강삼매경」의 중요성을 강조하였으며[6] 버스웰(Buswell)도 선의 텍스트로 파악하였다.[7] 이와는 달리 남동신은 『금강삼매경』과 『금강삼매경론』의 사상적 지향은 다르다고 하면서, “반야공관사상을 주장하는 일파가 자파의 학설을 중심으로 구역불교의 주요 사상을 끌어들이고 여기에 佛說의 권위를 부여해

---

3 水野弘元, 「菩提達磨の二入四行說と金剛三昧經」, 『駒澤大學硏究紀要』 通卷十三號(駒澤大學, 1955), p.41 참조.

4 Koshiro Tamaki, The Development of the Thoughts of Tathagatagarbha from India to China, Journal of Indian and Buddhist Studies (印度學佛敎學硏究), vol. 9, no. 1, p.386 및 高崎直道, 『如來藏思想の形成』(春秋社, 1974), p.774 참조.

5 柳田聖山, 「金剛三昧經の硏究-中國佛敎における頓悟思想のテキスト-」, 『白蓮佛敎論集』 3(백련불교문화재단, 1993) 참조.

서 만들어낸 경전이 바로 『금강삼매경』이었다."[8]고 주장하고 있다. 박태원은 이에 대해 반대하면서 『금강삼매경』과 『금강삼매경론』은 동일한 사상 지향을 가지며 동일한 사상 지향은 세 가지로 대별된다고 한다. 첫째는 중관과 유식사상의 화쟁적 종합을 지향하는 것이고, 둘째는 大乘禪 사상의 천명이며, 셋째는 眞俗不二의 대중불교 지향이라 한다.[9] 또 신규탁은 『금강삼매경』 사상이 초기 선불교의 二入 사상이나 동산법문과는 관련이 없고 수행강요서가 생산되는 과정에서 생성되었다고 주장하였다.[10]

이와 같이 다양한 평가가 이 경에 대해서 이루어지고 있지만 전체적으로 이 경의 성격에 대해서 말하려면 경 자체의 내용을 전체적으로 보고 판단을 하여야 할 것이다. 먼저 이 경의 성격에 대해서는 유통분의 경의 명칭에 대한 부분에서 잘 설명하고 있다.

> 부처가 말하였다. "선남자야, 이 경의 이름은 思議할 수 없으니, 과거의 모든 부처가 보호하고 기억하는 것이며, 여래의 일체지의 바다에 들어갈 수 있는 것이다. 만일 어떤 중생이 이 경을 지닌다면 곧 일체의 경에 대해서 바랄 바가 없으니, 이 경전의 법은 여러 법을 총괄하여 지니고 있고, 모든 경의 요체를 포섭하고 있으며, 이 모든 경전의 법은 법의 모든 종지를 다 연결한 것이다. 이 경의 이름을 '攝大乘經'이라고 하고 또 '金剛三昧'라 하며, 또 '無量義宗'이라 한다. 만일 어떤 사람이 이 경전을 받아 지닌다면 곧 百千의 모든 부처를 받아 지닌다고 해야 하니, 이와 같은 공덕은 비유하자면 마치 허공이 한계가 없어서 불가사의한 것과 같다. 내가 위촉하는 것은 오직 이 경전일 뿐이다."[11]

이 경은 여래의 지혜의 바다에 들어가게 하고 이 경을 지닌 자는 이 경만 있으면 되지 이외에

---

6 김병환, 「원효의 금강삼매경론 연구-관행을 중심으로-」, 박사학위논문, (동국대학교 대학원, 1997) 참조.

7 Robert Evans Buswell, Jr., The Korean Origin of the Vajrasamadhi-Sutra: A Case Study in Determining the Dating, Provenance, and Authorship of a Buddhist Apocryphal Scripture, University of California, Berkeley Ph.D. Dissertation, 1985(University Microfilms International, Ann Arbor, Michigan, 1985) 참조.

8 남동신, 「신라 중대불교의 성립에 관한 연구-『금강삼매경』과 『금강삼매경론』의 분석을 중심으로-」(『한국문화』 21, 서울대 한국문화연구소, 1998), p.130.

9 박태원, 「金剛三昧經」·「金剛三昧經論」과 원효사상(1), 『元曉學硏究』 제5집(원효학연구원, 2000), p.362 참조.

10 신규탁, 「『금강삼매경』의 학파 소속성에 관한 시론」, 『원효학연구』 제9집(원효학연구원, 2004), p. 113 참조.

11 佛言 善男子 是經名者 不可思議 過去諸佛之所護念 能入如來一切智海 若有衆生 持是經者 卽於一切經中無所希求 是經典法 摠持衆法 攝諸經要 是諸經法 法之繫宗 是經名者 名攝大乘經 又名金剛三昧 又名無量義宗 若有人受持是經典者 卽名受持百千諸佛 如是功德 譬如虛空 無有邊際不可思議 我所囑累 唯是經典. (『金剛三昧經論』 「流通分」 한불전 1 . 675b-c.)

다시 바랄 것이 없다 한다. 모든 경의 요체를 포섭하고 있고 모든 경의 종지를 다 연결하고 그것을 드러낸다고 한다. 실천적인 면을 드러내는 "금강삼매경", 모든 것을 포괄한다는 "攝大乘經", 많은 경의 종지를 드러낸다는 "무량의종"의 세 이름이 이 경의 핵심을 잘 보여준다고 하겠다. 결국 실천적인 면을 강조하고, 모든 것의 핵심을 포괄하고, 또 그것들을 그대로 살려 드러내고자 하는 것이 이 경이다. 이 경의 특성은 이와 같지만 한 가지 지적해야 할 중요한 점 하나는 속인의 중요성을 강조하는 것이 이 경이라는 점이다. 이 경의 여러 품 중에서도 가장 중요한 편이 「여래장품」인데 이 「여래장품」의 질문자는 梵行長者이다. 俗人의 모습을 하고 있는 것이다. 다른 경전과는 다른 이 경의 특색이다. 그리고 「입실제품」[12]에서도 출가하지 않은 사람이라도 올바른 觀을 행한 사람이라면 사문들도 마땅히 그를 공경하여야 한다는 기사가 있다. 이와 같이 속인의 중요성을 강조하는 것이 이 경이다. 따라서 경전의 성립을 속인과 관련시킬 수 있다는 의견도 있다.[13]

이 경의 내용에 대해서 이렇게 다양한 평가가 내려지고 있다면 원효의 주석 자체는 어느 정도 경의 원의를 반영한다고 보아야 할 것인가가 또 문제가 되겠다. 이제까지의 연구는 원효의 『금강삼매경론』에 대한 연구에 치중하여 『금강삼매경』과 『금강삼매경론』의 사상적 차이에 대해서는 별로 주목을 하지 않고 원효의 해석이야말로 당연히 맞는 해석으로 간주하는 경향이 있었음은 사실이다. 원효 해석의 옳고 그름을 떠나 경 자체의 사상과 원효의 사상과는 구별하여 따로 연구가 되어야 할 것이다.[14]

이제 원효가 『금강삼매경』을 어떻게 평가하고 있는지를 알아보도록 하자. 원효는 『금강삼매경』의 大意를 다음과 같이 말하고 있다.

> 일심의 원천은 유무를 떠나서 홀로 청정하며 三空의 바다는 眞과 俗을 융합하여 깊고 고요하다. …… 이와 같이 깨뜨림이 없되 깨뜨리지 않음이 없으며, 세움이 없되 세우지 않음이 없으니, 이야말로 이치가 없는 지극한 이치요, 그렇지 않으면서 크게 그러한 것이라고 할 수 있다. 이것이 이 경의

12 한불전1. 648b.

13 石井公成, 「『金剛三昧經』の成立事情」, 『印度學佛敎學硏究』 46-2(1998. 3) 및 최유진, 「『금강삼매경론』에 나타난 원효의 일심사상」, 『인문논총』 제11집(경남대학교 인문과학연구소, 1998) 참조.

14 그 점에서 『금강삼매경』과 『금강삼매경론』의 사상을 구분한 남동신의 연구는 의미가 있다. 하지만 그 연구에는 동의할 수 없는 부분이 있다. 우선 『금강삼매경』을 반야공관사상으로 보는 것이 문제이고 『금강삼매경론』을 신·구역불교의 화해라는 관점에서만 해석하는 것도 문제이다. 앞서 말했듯이 박태원은 남동신의 연구의 문제점을 지적하고 『금강삼매경』과 『금강삼매경론』은 동일한 사상적 지향을 갖는다고 주장한다.(박태원, 「金剛三昧經」·「金剛三昧經論」과 원효사상(1), 『元曉學硏究』 제5집(원효학연구원, 2000) 참조.)

> 대의다. …… 깨뜨리지 않는 것이 없기 때문에 '금강삼매'라 이름하고, 세우지 않는 것이 없기 때문에 '攝大乘經'이라 이름하며, 모든 뜻의 종지가 이 둘을 벗어나지 않기 때문에 '無量義宗'이라고도 한다.[15]

일심과 삼공이 이 경이 나타내고자 하는 바라면 그것을 긍정과 부정을 자재로 하면서 드러내고 있는 것이 이 경이라고 평가하고 있다고 말할 수 있다. 앞서 나왔던 경의 세 이름(金剛三昧, 攝大乘, 無量義宗)이 바로 이 경의 성격을 가장 잘 드러내고 있다고 원효는 판단하고 있다. 다음으로 경의 종지에 대해서는 다음과 같이 말한다.

> 이 경의 종요에는 전개한 것과 종합한 것이 있으니, 종합하여 말한다면 일미의 관행이 요체가 되며, 전개하여 말한다면 열 가지 법문이 종지가 된다. 관행이라는 것은, 관은 횡으로 논하는 것으로서 境과 智에 통하고, 행은 종으로 바라본 것으로서 因과 果에 걸쳐 있다. …… 전개해서 설명하면 열 가지 법문이 종지가 된다고 한 것은 일문으로부터 점차 십문에까지 이르는 것을 말한다. …… 그런데 이 뒤의 아홉 문은 모두 일문에 포함되고, 일문에 아홉 문이 있으니, 일미의 관행을 벗어나지 않는다. 그러므로 전개하여도 하나에서 더 늘어나지 않고, 종합하여도 열에서 더 줄어들지 않으니, 늘어나지도 않고 줄어들지도 않는 것이 이 경의 종요다.[16]

일미관행이 이 경의 요체이고 십중법문이 종지라 한다. 십중법문은 다양하게 설명한다는 의미로 받아들일 수 있으므로 결국 핵심은 일미관행으로 보면 되겠다. 다음으로 원효는 『금강삼매경』 전체의 구성을 어떻게 설명하고 있는가? 『금강삼매경』은 1)序品 2)無相法品 3)無生行品 4)本覺利品 5)入實際品 6)眞性空品 7)如來藏品 8)摠持品의 8품으로 구성되어 있다. 원효는 이 중에서 본론에 해당하는 정설분 6품의 상호관계를 다양한 방식으로 설명하고 있다. 먼저 六品을 六門으로 구분하여 다음과 같이 말한다.

---

15 夫一心之源 離有無而獨淨 三空之海 融眞俗而湛然 …… 爾乃無破而無不破 無立而無不立 可謂無理之至理 不然之大然矣 是謂斯經之大意也 …… 無所不破 故名金剛三昧 無所不立 故名攝大乘經 一切義宗 無出是二 是故亦名無量義宗.(『金剛三昧經論』 한불전1. 604b)

16 此經宗要 有開有合 合而言之 一味觀行爲要 開而說之 十重法門爲宗 言觀行者 觀是橫論 通於境智 行是竪望 亙其因果……開說十門 爲其宗者 謂從一門 增至十門……然此後九門 皆入一門 一門有九 不出一觀 所以開不增一 合不減十 不增不減 爲其宗要也(『金剛三昧經論』 卷上, 한불전1. 604c-605a)

각각 나타내는 것은 곧 여섯 부분이 된다. …… 이러한 여섯 문에 관행이 두루 다한다. …… 이미 마음의 근원에 돌아가면 곧 작위함이 없으며, 작위함이 없기 때문에 이루어지지 않음이 없다. 그러므로 六門을 설명함으로써 대승을 포섭한 것이다. 또 이 육품은 역시 또 다른 뜻이 있다. …… 이러한 두 가지의 六門으로 대승의 뜻을 포섭하여 두루 다하였다.[17]

『금강삼매경』을 두 가지의 六門으로 나누어서 설명하고 있는데, 六門으로 대승의 뜻을 두루 다하였다는 말이 중요하다. 『금강삼매경』은 이렇듯 대승의 뜻을 남김없이 드러낸 경전이라는 것이 원효의 평가이다. 二重의 여섯 가지 문으로 대승의 뜻을 남김없이 설명할 수 있다는 것이다. 또한 이 육품을 종합하여 三門으로 나누어서 두 가지로 설명하기도 하고 二門으로 나누어 두 가지로 설명하기도 한다. 각각의 것은 모두 대승의 뜻을 두루 다한다. 더 나아가면 六品이 다만 일미일 뿐이라고도 설명한다. 그리고 결론적으로 다음과 같이 말한다.

이와 같이 얻을 것이 없는 일미가 바로 이 경의 종요다. 그러나 얻을 것이 없기 때문에 얻지 못하는 것이 없으니, 그러므로 모든 문이 전개되지 않음이 없기 때문에 한량없는 뜻을 짓는 종지가 되는 것이다. 비록 일미지만 여섯 가지 문을 전개하기 때문에 여섯 가지 부분에 의하여 글을 나누어 해석하였다.[18]

일미를 육문으로 나누어 설명한 것이 『금강삼매경』이라고 결론 내릴 수 있을 것이다. 결론적으로 원효의 『금강삼매경』에 대한 평가를 정리하면 원효는 일미관행을 『금강삼매경』의 요체로 십중법문을 이 경의 종지로 파악을 한다. 그리고 이 경전은 깨뜨리지 않는 것이 없고, 세우지 않는 것이 없으며, 모든 뜻의 종지가 이 둘을 벗어나지 않는다고 본다. 긍정과 부정을 걸림 없이 하면서 모든 것을 포괄하는 경전으로 파악을 하는 것이다.[19]

---

17 別顯之中 卽爲六分 …… 如是六門 觀行周盡. …… 旣歸心源 卽無所爲 無所爲故 無所不爲 故說六門 以攝大乘 又此六品 亦有異意 ……以此二重六門 攝大乘義周盡.(『金剛三昧經論』 卷上, 한불전1. 608c-609a)

18 如是無所得之一味 正爲此經之宗之要 但以無所得故 無所不得 所以諸門 無所不開故 作無量義之宗也 雖是一味 而開六門故 依六分科文而釋(『金剛三昧經論』 卷上, 한불전1. 609a-b)

19 이 부분은 『금강삼매경』 자체의 『금강삼매경』에 대한 평가와 약간의 차이가 있다. 앞서 유통분의 『경』의 명칭 부분에서 언급한 것처럼 '금강삼매'라는 명칭은 『경』에서는 실천적인 의미로 파악을 한다. 즉 여래의 一切智의 바다에 들게 하므로 '금강삼매'라고 한다고 그 명칭을 파악하는 데 반해서 원효는 모든 집착을 부수는 것으로 '금강삼매'를 보고 있다.

III. 一心二門

원효는 『금강삼매경론』의 大意의 첫 부분에서 "일심의 근원은 有無란 상대적 개념을 떠나 있어 홀로 맑고 깨끗하고 삼공의 바다는 진과 속을 융합하여 湛然하다."[20]고 하여 『금강삼매경』의 주제를 일심으로 본다. 하지만 『금강삼매경』에는 일심이라는 말은 거의 나오지 않는다. "일심의 여여함을 지킨다(守一心如)"[21]는 말이 한 번 나올 뿐이다. 일심을 직접적인 주제로 하여 논의를 전개하지 않는 『금강삼매경』을 일심을 중심으로 설명하고 있는 데에서 일심을 강조하는 원효의 입장을 확인할 수 있다.[22] 원효는 경 전체를 설명하며 다음과 같이도 말한다.

> 또 이 육품은 역시 또 다른 뜻이 있으니 말하자면 初品은 관하는 바의 법을 보여주는데 법은 一心如來藏體이다. 제이품은 능히 觀하는 行을 밝히는데 행은 六行의 無分別觀이다. 第三 本覺利品은 일심 중의 생멸문을 드러내고 第四 입실제품은 일심 중의 진여문을 드러낸다. 第五 眞性空品은 眞俗을 모두 버리면서도 二諦를 무너뜨리지 않는다. 第六 如來藏品은 여러 문을 두루 거두어들여서 한 가지로 일미를 보인다.[23]

원효의 이 설명은 기본적으로 일심이문의 틀이다. 초품에서 말하는 보는 바의 법을 一心如來藏體로, 能觀의 행을 六行無分別觀으로 보고 있고, 본각리품은 일심 중의 생멸문, 입실제품은 진여문을 드러내는 것으로 해석한다. 그리고 다음 진성공품은 진속을 모두 버리나 二諦를 무너뜨리지는 않고, 여래장품은 모든 문을 받아들여 한 가지로 일미임을 보인다고 해설하고 있는데 이는 결국 일심이문의 구조라 말할 수 있을 것이다. 원효는 육품을 설명하는 데 다른 뜻(異意)이 있다고 하면서 이렇게 6품의 관계를 설명한다. 일심의 생멸문, 일심의 진여문은 『대승기신론』의 일심이문의 틀과 바로 연결이 되는데 『금강삼매경』 본문의 내용으로 보아서는 이렇게 설명할 수 있는 필연적인 이유 같은 것은 찾기 힘들다. 바로 그 점을 염두에 두고 이렇게 해석을 할 수도

---

20 夫一心之源 離有無而獨淨 三空之海 融眞俗而湛然(『金剛三昧經論』 卷上, 한불전1. 604b)

21 「入實際品」, 한불전1. 645c

22 『금강삼매경론』의 일심의 근본 성격에 대해서는 최유진, 「금강삼매경론에 나타난 원효의 일심사상」 참조.

23 初品 示所觀之法 法謂一心如來藏體 第二品 明能觀之行 行謂六行 無分別觀 第三本覺利品 顯一心中之生滅門 第四入實際品 顯一心中之眞如門 第五眞性空品 雙遣眞俗 不壞二諦 第六如 來藏品 遍收諸門 同示一味 (한불전1. 609a)

있다는 의미에서 "異意"라는 표현을 쓴 것으로 보인다.[24] 원효는 또 다음과 같이 일심이문에 모든 것이 포괄된다고 말한다.

> 일심이문의 안에 일체의 불법이 포섭되지 않음이 없다. …… 眞俗은 둘이 없으나 하나를 지키지는 않는다. 둘이 없으므로 곧 일심이고 하나를 지키지 않으므로 體를 들어 둘이 된다. 이와 같은 것을 일심이문이라 한다.[25]

일체의 불법이 일심이문에 포섭된다는 것이니 일심이문의 틀로 불법의 모든 것을 설명할 수 있음을 말하고 있다. 一諦義(한 진리의 뜻)를 설명하면서도 일심이문의 법을 말하고 있다.

> "一諦義라고 한 것은 이른바 일심이니, 일심법에 의하여 二種의 門이 있고 이문의 의지하는 바가 오직 一實이므로 一諦라고 이름 붙인 것이다. 一味道라는 것은 오직 一乘이기 때문이다."[26]

一諦義가 바로 일심이다. 그런데 일심은 이문이 있다. 이렇게 일심이문의 구조로 설명하고 있는 것이다. 일심이문이 『금강삼매경』 전체를 설명하는 원리로 작용할 뿐 아니라 佛法을 설명하는 기본 원리로 되어 있음을 알 수 있다. 일심이문은 주지하다시피 『기신론』의 이론이다. 원효는 『기신론』의 이론으로 『금강삼매경』을 해설하고 있는 것이다. 원효의 『금강삼매경론』과 『기신론』이 밀접한 연관을 갖는다는 것은 일찍부터 지적되어 왔거니와[27] 그것을 여기에서도 확인할 수 있다. 여기에 한 가지 더 지적할 것은 원효가 『기신론』을 『금강삼매경』의 해설이라고 말하고 있는 부분도 있다는 사실이다. 즉 원효는 『금강삼매경론』 「입실제품」에서 다음과 같이 말하고 있다.

---

24 김병환은 異意를 원효의 견해가 아닌 大安의 견해로 추측을 하고 있으나(금강삼매경론 연구, p. 30 참고) 굳이 원효의 견해가 아니라고 볼 이유는 없을 것 같다. 원효는 『대승기신론』의 일심이문을 대단히 중시하고 있고 「입실제품」을 해설하면서도 바로 "앞의 품은 心生滅門을 밝힌 것이고 이제 이 품은 心眞如門을 나타낸 것이다."(한불전1. 637c)라고 하여 자신의 견해로 말하고 있기 때문이다.

25 一心二門之內 一切佛法 無所不攝……眞俗無二而不守一 由無二故 卽是一心 不守一故 擧 體爲二 如是名爲一心二門(한불전1. 658c)

26 一諦義者 所謂一心 依一心法 有二種門 二門所依 唯是一實 故名一諦 一味道者 唯一乘 故 (한불전1. 608b)

27 이기영 역, 『금강삼매경론』, 대양서적, p.21; 고익진, 「원효사상의 실천원리」, 『숭산 박길진박사 화갑기념 한국불교사상사』, pp.225-255.

> 생각해 보건대 이 가운데 '마음의 자성을 보아 마음이 상주한다.'고 한 것은 바로 이 경의 '마음이 항상 편안하고 태연하다.'고 한 구절을 해석한 것이다.[28]

'마음의 자성을 보아 마음이 상주한다.'고 하는 구절은 『기신론』[29]을 원효가 인용한 것이다. 그런데 이 구절이 『금강삼매경』을 해설한 것이라고 말하고 있는 것이다. 『기신론』이 『금강삼매경』의 해설이라는 것은 다른 곳에서도 말하고 있다.

> 생각해 보건대, '실제로 시각의 차이가 없다.'고 한 것은 경 가운데 '본각의 이익이다.'라고 한 구절을 풀이한 것이고, '네 가지 상이 동시에 있어서 모두 자립함이 없어서 본래 평등하다.'고 한 것은 경 가운데 '그 이익은 움직임이 없다.'고 한 것을 풀이한 것이다.[30]

'실제로 시각의 차이가 없게 되니 네 가지 상이 동시에 있어서 모두 자립함이 없어서 본래 평등하다.'는 구절도 『기신론』[31]을 인용한 것이다. 이 구절도 또한 『금강삼매경』을 해설하고 있는 것이라 한다. 『대승기신론』의 특정 구절을 『금강삼매경』을 해석한 것으로 파악을 한다. 『금강삼매경』과 『기신론』이 직접적인 관계가 있다고 말하는 것이고 『금강삼매경』을 『기신론』의 근거 경전으로 보고 있다는 말이 된다. 원효는 『대승기신론소』[32]와 『대승기신론별기』[33]에서 經本이라는 말로 『능가경』을 지칭한다. 따라서 『기신론』의 근거 경전을 『능가경』으로 보고 있다고 볼 수 있는데 이제 『금강삼매경론』에서의 이 말은 원효가 『금강삼매경』을 『능가경』 못지않게 『기신론』과 밀접한 관계가 있는 경전으로 보고 있음을 알게 해준다.[34]

---

28 案云 此中 得見心性心卽常住 卽釋此經心常安泰之句)(「本覺利品」 한불전1. 636c)

29 T32. 576b.

30 案云 實無始覺之異者 是釋經中 卽本覺利之句 四相俱時而有 皆無自立 本來平等者 是釋經中 利無有動(「本覺利品」 한불전1. 637a)

31 T32. 576c.

32 한불전1. 704c, 720a.

33 한불전1. 679a, 688c, 695c.

34 『기신론』의 근거가 되는 경전을 『楞伽經』으로 본 것은 慧遠이 처음이라고 한다. 혜원은 『능가경』을 經本이라고 표현한다.(慧遠, 『大乘起信論義疏』, T44. 181c, 182a, 185a, 186c, 194b 참조) 원효는 혜원의 뒤를 이어받아 이런 견해를 가진 것으로 볼 수 있다. 그런데 원효는 여기에서 한 발 더 나아가 『기신론』은 『금강삼매경』을 해설하고 있다고 하여 『기신론』의 근거 경전에 『금강삼매경』을 추가한 것이다.

IV. 如來藏

원효는 所觀法을 일심여래장체라는 말로 표현하여 여래장과 일심을 거의 같은 의미로 사용하고 있다. 이제 여래장에 대한 원효의 견해를 살펴보도록 하자. 여래장에 대해서 『금강삼매경』에서는 "無生의 마음은 마음에 출입이 없어서 본각·여래장이니, 자성이 고요하여 움직이지 않는 것이다."[35]라고 말하고 있다. 이것을 원효는 다음과 같이 해설한다.

> 머무름이 없게 될 때, 일어남이 없는 마음은 그 마음이 항상 적멸하여 觀에서 나옴이 없고, 본래 일어나지 않음을 통달하여 또한 애초에 들어감도 없는 것이니, 그러므로 '마음에 출입이 없다'고 한 것이다. 이처럼 마음을 관찰하면 이미 출입이 없어 곧 이것이 본각·여래장의 마음이니, 이것은 시각이 곧 본각과 같음을 밝힌 것이다. 이 일어남이 없는 마음은 이미 본각·여래장으로서 본래 자성이 고요하여 다시는 움직이지 아니하니, 어떻게 들어가고 나감과 일어나고 쉼이 있을 수 있겠는가?[36]

무생의 마음이 바로 본각·여래장이고 이것은 또한 始覺이 본각·여래장이라는 것을 밝힌 것이라고 해설하고 있다. 『금강삼매경』에서는 다음과 같이 여래장에 대한 문답이 이어진다.

> 해탈보살이 부처님께 아뢰었다. "존자시여! 무엇을 일러 여래장의 자성은 고요하여 움직이지 않는다고 하는 것입니까?" 부처님께서 말씀하셨다. "여래장이라는 것은 생멸하는 사려의 상이며, 理를 감추어 나타내지 않는 것이 여래장이니, 자성이 공적하여 움직이지 않는다."[37]

원효는 이 부분에 대해 해설을 하면서 자신의 여래장에 대한 견해를 밝히고 있다. 원효는 여래장의 뜻을 三門과 二門으로 설명하고 있는데 三門은 『不增不減經』과 『佛性論』의 세 가지 여래장이고 二門은 『勝鬘經』에 나타난 두 가지 여래장이다. 무엇이 세 가지인가? 『금강삼매경론』에

35 無生之心 心無出入 本如來藏 性寂不動(『金剛三昧經』, 한불전1. 614c)

36 得無住時 無生之心 心常寂滅 無有出觀 達本無起 亦非始入 以之故 言心無出入 如是觀心 旣無出入 卽是本覺如來藏心 是明始覺卽同本覺 此無生心 旣是本藏 本來性寂 不復起動 云何得有入出起息(『金剛三昧經論』 卷上, 한불전1. 615a)

37 解脫菩薩 而白佛言 尊者 云何如來藏 性寂不動 佛言 如來藏者 生滅慮知相 隱理不顯 是如來藏 性寂不動(『金剛三昧經』, 한불전1. 615a. 616c-617a)

서는 다음과 같이 말한다.

이른바 세 가지는 『부증불감경』에서 다음과 같이 말한 것과 같다. “중생계 가운데에 세 가지 법을 보이니 모두 진실하고 여여하며, 다르지도 않고 차이나지도 않는다. 무엇을 세 가지 법이라고 하는가? 첫 번째는 여래장의 본제에 상응하는 체와 청정한 법이다. …… 두 번째는 여래장이 본제에 상응하지 않는 체와 번뇌에 묶인 청정하지 않은 법이다. …… 세 번째는 여래장의 미래제에 평등하고 불변하며 유에 이르는 법이니 곧 일체 모든 법의 근본으로서 일체의 법을 갖추고 있고 일체의 법을 구유하고 있어서, 세간법 중에서 떠나지도 않고 벗어나지도 아니한다.” 생각건대, 이것은 세 가지 여래장의 문을 나타낸 것이니 어떤 것이 세 가지인가? 첫째는 能攝如來藏으로서, 자성에 머무르고 있을 때 과자의 여래공덕을 포섭하고 있으니, 여래를 포섭한다는 점에서 여래장이라고 한 것이다. 둘째는 所攝如來藏으로서, 번뇌에 결박된 청정하지 못한 법이 모두 다 如來智 안에 있어 모두 여래에 의해 포섭됨을 말하니, 여래에 의해 포섭되기 때문에 여래장이라 한 것이다. 셋째는 隱覆如來藏으로서 법신여래가 번뇌에 덮여 있음을 말하니, 여래가 스스로 숨어있다는 점에서 여래장이라고 한 것이다. 진제 삼장은 이와 같이 설명하였다.[38]

원효는 이와 같이 여래장을 세 종류로 설명하고 있음을 보인다. 그러면 『부증불감경』의 세 종류의 여래장과 『불성론』의 여래장 사이의 관계는 어떻게 되는가? 원효는 『부증불감경』의 첫 번째 여래장은 『불성론』의 능섭여래장에 해당하고 『부증불감경』의 두 번째 여래장은 『불성론』의 소섭여래장에 해당하며 『부증불감경』의 세 번째 여래장은 『불성론』은 隱覆如來藏에 해당한다고 한다. 그리고 또 원효는 여래장을 전체적으로 일심의 틀에서 설명한다. 즉 『부증불감경』의 여래장의 三門을 一心의 動靜과 연결시켜 다음과 같이 말한다.

이 세 번째 문은 일심이 움직임과 고요함에 통하여 염오와 청정의 의지가 됨을 전체적으로 밝힌 것이고, 두 번째 문은 유동의 문이 염법의 소의가 됨을 따로 밝힌 것이며, 첫번째 문은 고요한 문이

38 所言三者 如不增不減經言 衆生界中 示三種法 皆眞實如 不異不差 何謂三法 一者 如來藏本際相應體 及淸淨法 …… 二者 如來藏本際 不相應體及煩惱纏不淸淨法 …… 三者 如來藏 未來際平等恒及有法 卽是一切諸法根本 備一切法具一切法 於世法中 不離不脫 案云 是顯三種如來藏門 何等爲三 一者 能攝如來藏 住自性時 能攝 果地如來功德能攝如來名如來藏故 二者 所攝如來藏 謂煩惱纏不淸淨法 一切皆在如來智內 皆爲如來之所攝持 如來所攝 名如來藏三者 隱覆如來藏 謂法身如來 煩惱所覆 如來自隱 名如來藏 眞諦三藏 作如是說(한불전1. 615b)

정법의 소의가 됨을 따로 밝혔다.[39]

일심의 고요한 문과 움직이는 문으로서 청정과 염오를 설명하고 있다. 일심과 거기에 따르는 두 가지 문의 범주로 설명하고 있음을 알 수 있다. 本來靜門과 隨緣動門이라는 이문이 그것이다. 이것을 바로 생멸문과 진여문에 배치시키기는 어렵더라도 두 가지 범주로 나누어서 설명하고 있는 것은 크게 보아 같은 틀이라고 볼 수 있을 것이다. 다음에 二門은 『승만경』의 空如來藏과 不空如來藏이다. 원효는 『승만경』을 인용하여 공여래장과 불공여래장에 대하여 설명한 다음 그것을 『부증불감경』의 세 가지 여래장과 결부시키고 있다. 즉 불공여래장은 『부증불감경』에서 말한 첫 번째 여래장에 해당하고 공여래장은 『부증불감경』에서 말한 두 번째 여래장에 해당한다. 그것은 또 일심의 고요한 문과 움직이는 문에 해당한다고 볼 수 있다. 이와 같이 원효는 『기신론』의 일심의 틀로 여래장을 해석하고 있다.

원효는 또 如來藏一味의 원천[40]이라는 용어를 사용하고 있다. 궁극적인 목적지인 일심의 원천과 같은 의미로 볼 수 있다. 이와 같이 여래장은 돌아갈 궁극적인 목적지이다. 원효는 "眞俗이 둘이 없는 一實의 법이 모든 부처의 돌아가는 곳이니 이를 여래장이라 한다.……무량의 법 및 일체의 행이 여래장 가운데 돌아가지 않음이 없다."[41]고 말하고 있다. 모든 것이 돌아가는 궁극적인 목적지를 여래장으로 보고 있는 것이다. 여래장의 의미가 확대되고 있음을 알 수 있다. 단순한 가능성이나 본성이 아니라 궁극적인 어떤 것을 가리키는 말로서 여래장 개념이 사용되고 있다.

V. 本覺과 始覺

본각은 깨달음의 본체라는 의미라 할 수 있는데 본각을 말하는 경전으로는 『대승기신론』이 가장 중요하다고 할 수 있다. 그런데 『금상삼매경』에서도 본각은 중요한 사상으로 등장한다. 覺에 대한 원효의 논의를 살펴보도록 하자. 원효는 먼저 一覺了義(일각의 완전한 뜻)를 풀이하면서

---

39 此第三門 摠明一心 通於動靜 爲染淨依 第二門者 別顯動門 染法所依 第一門者 別顯靜門 淨法所依(한불전1. 616a)

40 如來藏一味之源(한불전1. 608c)

41 眞俗無二 一實之法 諸佛所歸 名如來藏....無量法 及一切行 莫不歸入如來藏中(한불전1. 659a-b)

一心本覺如來藏의 뜻이며 이보다 더한 법은 영원히 없기 때문이라고 말하고 있다.[42] 그리고 계속해서 다음과 같이 말한다.

> '부처의 지혜로 들어간 진실한 법상'이라는 것은 一心本覺如來藏法을 바로 가리킨다. 『楞伽經』에서 말하듯이 "적멸은 일심을 이름하고 일심은 여래장을 말한다."고 한 것과 같다. 이제 이 글에서 實法相이라고 말하는 것은 적멸의 뜻이고 일각료의라는 것은 일심여래장의 뜻이다. 『法華論』에서 말하기를 "제불여래는 저 법의 究竟實相을 능히 안다."고 하였다. 실상이라고 말하는 것은 如來藏法身의 체가 변하지 않는다는 뜻에서이다. 이제 이 경에서 말하는 一覺은 一切諸法이 오직 일심이고 일체 중생이 이 하나의 본각이므로 이런 뜻에서 일각이라고 한 것이다.[43]

이와 같이 일심과 본각과 여래장을 연결시켜서 거의 같은 의미로 사용하고 있다. 궁극적인 일심, 본각을 가리켜서 일각이라는 말로 나타낸다고 풀이한다. 그런데 이 일각은 본각과 시각의 두 뜻이 있다. 원효는 본각과 시각에 대해서 다음과 같이 말한다.

> 비로소 능취를 떠난다는 것은 시각의 뜻이고, 본래 능취를 떠난 공적한 마음은 본각의 뜻이다. 뜻은 비록 두 가지가 있으나, 그 둘이 합해져서 일각을 이루니, 똑같이 능취와 소취를 떠나고, 새 것과 옛 것을 떠나기 때문이다. 이것은 『기신론』에서 "시각은 곧 본각과 같다"고 한 것과 같으니, 이 각은 생멸·시종 등의 상을 영구히 떠난 것으로서 처음 초지로부터 불지에 이르기까지 다만 부분과 원만의 차이가 있을 뿐임을 알아야 할 것이다.[44]

본각과 시각은 이와 같이 비로소 能取(취하는 주체)를 떠나는 것이 시각이고 본래의 공적한 것이 본각이다. 그러나 궁극적으로는 다름이 없다는 것이 원효의 주장이다. 그러나 물론 부분과 원만의 차이는 있다. 본각과 시각의 차이를 좀 더 명확히 설명하여 다음과 같이 말한다.

---

42 一覺了義者 一心本覺如來藏義 過是永無餘深法故(한불전1. 610a)

43 佛智所入實法相者 直是一心本覺如來藏法 如楞伽經言 寂滅者名爲一心 一心者名如來藏 今此文言實法相者 是寂滅義 一覺了義者 卽是一心如來藏義 法華論云 諸佛如來 能知彼法 究竟實相 言實相者 謂如來藏法身之體不變義故 今此經言一覺者 一切諸法 唯是一心 一切衆生 是一本覺 由是義故 名爲一覺 (한불전1. 610a)

44 始離能取 是始覺義 本離空心 是本覺義 義雖有二 混成一覺 同離能所 離新舊故 如論說言 以始覺者 卽同本覺 當知此覺 永離生滅始終等相 始從初地 乃至佛地 但有分滿不同而已(한불전1. 611c)

> 또한 이 일각에는 본각과 시각의 뜻이 있으니, 본각은 드러내어 이룬다는 뜻이 있기 때문에 참되게 닦는다는 말이 또한 도리가 있으며, 시각은 닦아서 이룬다는 뜻이 있기 때문에 새로 닦는다는 말이 또한 도리가 있다.[45]

이와 같이 닦는다는 두 개념 즉 眞修(참되게 닦는다)와 新修(새로 닦는다)로 본각과 시각에 대응시킬 수도 있다. 『대승기신론』에서는 본각과 시각 외에 불각도 중요한 개념이다. 『금강삼매경』에서 말하는 수행의 과정을 본각, 시각, 불각의 개념으로 다음과 같이 설명한다.

> 처음에 '오법의 맑음에 들어가면 마음에 곧 허망함이 없게 된다.'고 한 것은 마음의 근원에 돌아갈 때에 곧 망념의 불각이 없어지기 때문이다. 두 번째 '만일 허망함이 없게 되면 곧 여래가 자각한 성인의 지혜의 경지에 들어간다.'고 한 것은 불각이 다할 때에 곧 시각의 원만한 지혜의 경지에 들어가기 때문이니, 이것은 불각에 대하여 시각의 원만함을 나타낸 것이다. 세 번째 '지혜의 경지에 들어가게 되면 일체가 본래부터 일어나지 않는 것임을 알 것이니, 본래 일어나지 않음을 알면 허망한 생각이 없어지게 된다.'고 한 것은 시각이 원만할 때에 불각의 네 가지 상의 움직이는 생각이 본래 일어나지 않는 것임을 알 수 있어서 곧 본래 망상이 없음을 알기 때문이니, 이것은 시각이 본각과 다르지 않음을 나타낸 것이다.[46]

『금강삼매경』의 수행의 단계를 이렇게 『대승기신론』의 불각, 시각, 본각 개념으로 설명하고 있다. 시각과 본각은 이렇게 설명할 수 있지만 그러나 완전히 같은 것은 아니다. 따라서 원효는 시각이 본각과 다르지 않지만 또 시각이 오로지 본각이기만 한 것도 아니라고 말하고 있다.[47] 본각은 『금강삼매경』에서 중요한 주제이기는 하지만 그것을 명시적으로 始覺이나 不覺과 연결시켜서 설명하고 있는 부분은 없다. 그런데 원효는 논에서 본각을 명확하게 시각과 연결시켜서 설명하고 있다. 본각은 물론 『기신론』이 가장 중요한 근거이어서 『기신론』을 동원하여 본각을 설명하는 것은 당연하다고 볼 수도 있지만 본각이 등장하지 않는 수행의 단계를 설명할 때에도

---

45 又此一覺 有本始義 以有本覺顯成義故 眞修之說 亦有道理 以有始覺修成義故 新修之談 亦有道理(한불전1. 612a)

46 入五法淨心卽無妄者 歸心源時 卽無妄念之不覺故 第二言 若無有妄卽入如來自覺聖智之地者 不覺盡時 卽入始覺圓智之地故 是對不覺 顯始覺滿也 第三入智地者 善知一切從本 不生 知本不生卽無妄想者 始覺滿時 能知不覺 四相動念 本來不生卽知本來無妄想故 是顯始覺不異本覺也(한불전1. 618c-619a)

47 한불전1. 619b 참조.

『기신론』의 覺의 개념으로 설명을 시도하고 있어서 『기신론』을 중시하는 원효의 입장을 또 다시 확인할 수 있다. 본각과 시각의 문제에서 한 가지 더 지적할 것은 『송고승전』[48]이나 『삼국유사』[49] 등의 사서류에서 『금강삼매경』의 핵심사상을 본각과 시각의 이각으로 보고 있다는 사실이다. 『금강삼매경』에서 본각과 시각이 중요함은 일찍부터 지적되어 왔음을 알 수 있다.

VI. 암마라식

『금강삼매경』의 독특한 점 하나는 아말라식(암마라식)을 인정하고 있는 점이다. 아말라식은 본래 섭론학파의 개조인 眞諦가 알라야식 보다 근원에 순수한 마음이 있어야 한다고 하여 제8식 위에 세운 것이다. 순수하고 깨끗한 것이라 하여 無垢識으로 부른다. 현장의 신유식에서는 제9식인 아말라식을 인정하지 않는다. 그런데 이 제9식의 사상이 이 경에 나오는 것이다. 일반적으로 제9식의 사상은 진제가 『決定藏論』에 의거하여 세웠다고 말하는데[50] 이 경전에 암마라식이 나오는 것이다. 원효는 『금강삼매경』의 "어떤 이익을 굴려서 중생의 모든 情과 識을 돌려 唵摩羅에 들게 합니까?"[51]라는 말을 해설하면서 다음과 같이 말한다.

> 一切情識은 곧 8식이고 암마라는 제9식이다. 진제삼장의 9식의 뜻은 이 글에 의해서 나온 것이니 저 장에서 설한 바와 같다.[52]

여기에서 원효는 眞諦의 구식설이 『금강삼매경』에 의한다고 확실히 말하고 있다. 그러나 『금강삼매경』은 현장의 신역의 용어가 사용되고 있는 점 등을 볼 때 650년경 이후의 제작이라고 한다. 그렇다면 眞諦가 『금강삼매경』에 의해 구식설을 세웠다는 것은 있을 수 없다. 그러나 원효는

---

48 『송고승전』에서는 용왕이 사신에게 『금강삼매경』을 '이각이 원통하고 보살행을 보여준다(二覺圓通示菩薩行)'고 말하고 있고 원효도 주석을 부탁하러 경전을 가져온 使人에게 말하기를 '이 경은 본각과 시각의 이각을 宗으로 삼는다.(此經以本始二覺爲宗)'고 말하고 있다.(『大正藏』 55. 730a-b)

49 『三國遺事』「元曉不羈」"또한 용왕의 권유로 路上에서 詔書를 받아 『삼매경소』를 지었는데, 붓과 벼루를 소의 두 뿔 위에 놓았으므로 角乘이라 했다. 이것은 또한 本始二覺이 숨어있는 뜻을 나타낸 것이다."(亦因海龍之誘, 承詔於路上, 撰三昧經疏, 置筆硯於牛之兩角上, 因謂之角乘, 亦表本始二覺之微旨也.)

50 원측은 『解深密經疏』 권3(한불전1. 217b-c)에서 眞諦가 『決定藏論』에 의하여 구식을 세웠다고 말한다.

51 以何利轉 而轉衆生 一切情識 入唵摩羅.(한불전1. 630c)

52 一切情識 卽是八識 唵摩羅者 是第九識 眞諦三藏 九識之義 依是文起 如彼章說(한불전1. 630c)

제9식설을 받아들이면서 그것의 경전적 근거로 『금강삼매경』을 들고 있다. 『금강삼매경』을 위경이라고 의심하지 않고 그대로 인정하고 있음을 알 수 있다.

암마라식은 원효에 의하면 本覺과 다른 말이 아니다. 그리고 그 경지에서는 모든 식이 생겨나지 않는다. 원효는 다음과 같이 말한다.

> 본각은 바로 암마라식이다. "得本覺"이라는 것은 "入"의 뜻을 풀이한 것이다. 본각에 들어갈 때에 저 모든 八識이 본래 寂滅함을 깨닫는다. 究竟을 깨닫는 까닭에 모든 식이 생기지 않으므로 "諸識寂滅無生"이라고 말한 것이다.[53]

그리고 암마라식은 이상적인 경지이므로 心源에 돌아간 것이며 두 극단을 떠난 것이며,[54] 無垢이고 본래 청정하다.[55] 또 원효에 의하면 구식은 일심의 원천이고 궁극적인 경지인 妙覺의 경지이다. 팔식에서는 아직 心源을 다하지 못한 것으로 본다. 다음의 말은 그것을 우리에게 알게 해 준다.

> 等覺位 전에는 아직 생멸이 있어서 心源을 다하지 못하였으므로 팔식에 있다. 이제 묘각에 도달하여 생멸을 영원히 떠나고 궁극적으로 본각일심의 원천으로 돌아갔으므로 제구식 중의 밝고 깨끗함에 들어간다.[56]

이외에도 원효는 구식설을 당연히 인정하는 위에서 논의를 진행한다. 다음의 말들은 그것을 알게 해 준다.

> 六行이 만족할 때 아홉 가지 식이 전변하거나 현현하니, 無垢識을 현현시켜 청정한 법계를 삼고, 나머지 팔식을 전변시켜 四智를 이룬다.[57]

---

53 本覺正是唵摩羅識 得本覺者 是釋入義 入本覺時 覺諸八識 本來寂滅 覺究竟故 諸識不生 故言諸識寂滅無生(한불전1. 630c)

54 入唵摩羅者 一心之體 離二邊故 歸此心源 故名爲入 如是無住 方得解脫 住涅槃 不離縛也 (한불전1. 634c-635a)

55 唵摩羅者 此云無垢 本覺本淨 性無改轉 似彼金錢性無改故(한불전1. 635c)

56 前等覺位 猶有生滅 未盡心源 故在八識 今到妙覺 永離生滅 窮歸本覺一心之源 故入第九識中明淨(한불전1. 657a)

57 六行滿時 九識轉顯 顯無垢識 爲淨法界 轉餘八識 而成四智(한불전1. 604c)

팔식의 바다가 맑아지고 구식의 흐름이 깨끗해진다.[58]

구식설을 당연히 인정한 위에서 이와 같이 논의를 진행하고 있다. 그러면 원효는 새로운 유식에 대해서 어떻게 생각하고 있는가? 원효는 『금강삼매경론』에서는 구유식의 9식설을 고수하고 있다. 『금강삼매경』이 구식설을 말하고 있으므로 구식설을 말하는 것은 당연하다고도 할 수 있지만 원효가 신유식에 더욱 기울어져 있었더라면 여러 가지 방식으로 신유식의 입장을 부각시키기 위해 노력하였을 텐데 그런 것은 보이지 않는다. 따라서 신유식에 가까웠다고 보기는 어렵고 『금강삼매경론』의 경우를 보면 구유식의 입장에 가까웠다고 볼 수 있겠다.

VII. 결 론

본 논고에서는 『금강삼매경론』에 나타난 원효의 심식설에 대해서 탐구하였다. 그런데 『금강삼매경』의 성격을 확실히 하는 것이 원효의 견해를 명확히 아는 데 도움이 되므로 『금강삼매경』의 성격과 이 경에 대한 원효의 평가에 대해서 먼저 알아보았다. 『금강삼매경』에 대해서는 다양한 평가가 있지만 다양한 이론들을 종합하려는 것이 이 경전의 중요한 목적이라는 것과 실천에 관심을 갖는다는 것, 속인의 중요성을 강조한다는 것 등을 이 경의 특징으로 지적할 수 있다. 그리고 원효는 이 경의 핵심을 일미관행으로 잡아서 실천적인 면에 관심을 기울이고 있고 모든 다양한 가르침들을 종합하려는 경전이라는 평가를 하고 있다.

원효에게 있어 일심은 가장 중요한 것이다. 일심은 모든 것의 근본이 되고 궁극적인 목적지이며 완전한 깨달음의 경지이다. 그런데 일심은 이문으로 되어 있다. 일심이문의 사상은 물론 『기신론』의 사상이다. 원효는 『기신론』의 일심이문의 틀로 『금강삼매경』을 이해한다. 『금강삼매경』의 본각도 『기신론』의 시각, 본각의 이론에 의해서 설명하고 있다. 이와 같이 『기신론』과의 밀접한 연관에서 『금강삼매경』을 이해하고 있는 것이 원효의 중요한 특징이다. 『기신론』의 근거가 되는 경전을 『금강삼매경』으로 보고 있기도 하다. 그리고 여래장에 대한 원효의 견해를 보면 여래장은 궁극적인 목적지이다. 여래장은 일심, 본각과 같은 의미로 사용된다. 다음으로 『금강삼매경』에서 중요한 것 하나는 제구식인 암마라식을 말하고 있는 것이다. 원효는 『금강삼매경』의

---

58 八識海澄 九識流淨(한불전1. 605a)

입장에 따라서 암마라식을 인정하면서 논의를 진행한다. 암마라식은 일심의 원천이고 本覺, 妙覺과 같은 것으로 인정된다. 암마라식을 인정하는 것은 구유식의 입장이므로 『금강삼매경론』에서의 원효의 입장은 일단 신유식보다는 구유식에 가까웠다고 평가할 수 있을 것이다. 전체적으로 보아 『금강삼매경론』에 보이는 원효의 견해는 실천과 화해를 강조하는 것이라고 할 수 있을 것이다. 심식설의 입장에서도 일심, 본각, 여래장을 동일시하는 등 조화로운 해석을 중시하고 있는 것으로 보인다.

| 제3부 |

화쟁

제1장 화쟁·회통의 사전적 의미

I. 화쟁(和諍)

1. 화쟁의 개념 풀이 및 용례

화쟁(和諍)의 말뜻은 원래는 다툼의 화해이다. 이론적인 다툼의 화해라기보다는 일상적인 다툼의 화해라는 의미로 볼 수 있다. 즉 쟁송의 화해이다. 원효 이후에는 쟁론의 화해, 즉 서로 다른 주장을 하는 여러 이론들을 화해시킨다는 의미로 쓰인다.

먼저 쟁송의 화해라는 의미로 사용된 경전에 나타나는 용례들을 먼저 살펴보도록 하자. "화쟁송(和諍訟)" 또는 "화쟁"이라고 하는 말은 한역경론에 적지 않은 예가 있다. 먼저 "화쟁송(和諍訟)"의 용례를 찾아보도록 하자. 먼저 "조화쟁송(調和諍訟)"이라는 표현이 있다. 『보살본생만론(菩薩本生鬘論)』[1]에서 나오는 표현인데 쟁송을 조화시킨다는 의미이다. "낙화쟁송(樂和諍訟)"이라는 말은 즐겁게 쟁송을 화해시킨다는 의미로 이해할 수 있는데 반야경 계통의 경전[2]에서 등장하는 표현이다. 다음으로는 "선화쟁송(善和諍訟)"이라는 표현이 있다. 쟁송을 잘 화해시킨다는 의미이다. 『대승대집지장십륜경(大乘大集地藏十輪經)』[3]에서 이러한 용례를 발견할 수 있고 그밖에도 지의(智顗, 538-597)의 『방등삼매행법(方等三昧行法)』[4]에도 용례가 있고, 『천태보살계소(天台菩薩戒疏)』[5]와 연수(延壽, 904-975)의 『만선동귀집(萬善同歸集)』[6]에도 용례가 있으며 『유가사지론(瑜伽師地

---

1 『菩薩本生鬘論』卷8 (T3. 355a).

2 (1)'不好乖違樂和諍訟', 『大般若波羅蜜多經』卷562 (T7. 902b) (2)'不好乖違樂和諍訟'(『大般若波羅蜜多經』卷549 (T7. 828a) (3)'樂和諍訟不樂譏謗' 『佛說佛母出生三法藏般若波羅蜜多經』卷16 (T8. 643a).

3 『大乘大集地藏十輪經』卷8 (T13. 765a).

4 『方等三昧行法』卷1 (T46. 944b).

論)』[7]에도 같은 용례가 있다. 그리고 『유마경(維摩經)』[8]에도 같은 용례가 있다. 『유마경』의 이 구절은 여러 논서에 인용되고 있다.[9] 그밖에도 "화쟁송(和諍訟; 쟁송을 화해시킨다)"이란 말이 사용되는 용례는 많이 있다.[10] 법장(法藏, 643-712)의 『화엄경탐현기(華嚴經探玄記)』에는 "경화쟁송(慶和諍訟; 다툼을 화합함을 기뻐한다)"이라는 표현이 나오고[11] 규기(窺基, 632-682)의 『반야바라밀다심경유찬(般若波羅蜜多心經幽贊)』에는 "선화쟁두(善和諍鬥; 다툼을 잘 화해시킨다)"라는 말이 나온다.[12]

"화쟁"이라는 단어가 직접 나타나는 용례도 많이 있다. 먼저 "지성화쟁(至誠和諍; 지극한 정성으로 화쟁한다)"이라는 용례가 있고[13] "능선화쟁(能善和諍; 능히 잘 화쟁한다)"이라는 표현도 있다.[14] "방편으로 잘 화쟁한다(方便善和諍)"는 표현도 있다.[15] 『유가사지론』에서는 "화호괴리쟁송(和好乖離諍訟)"(서로 어긋난 다툼을 화해시킨다)는 표현이 나오는데[16] 이것이 『보살계본』에서는 "화쟁"이란 용어로 간략화 되어 나타난다.[17] 같은 것이 『보살지지경(菩薩地持經)』에도 나온다.[18] 그밖에도 "화쟁"이라는 용어로 다툼을 화해시킨다는 의미로 사용하는 많은 용례를 확인할 수 있다.[19] 『화엄

---

5 (1) '善和諍訟慈救為懷' 『天台菩薩戒疏』卷2 (T40. 591c). (2) '善和諍說訟菩薩所宜' 『天台菩薩戒疏』卷2 (T40. 593a) (3) '善和諍訟' 『天台菩薩戒疏』卷2 (T40. 593c) (참고: 『천태보살계소(天台菩薩戒疏)』는 지의(智顗)의 『보살계의소(菩薩戒義疏)』를 777년에 명광(明曠)이 刪補한 것이다.)

6 『萬善同歸集』卷2 (T48. 981b).

7 『瑜伽師地論』卷35 (T30. 479b).

8 『維摩詰所說經』卷1 T14. 538b). 그밖에 유마경주석서에 이 부분이 나오는 것은 당연한 일이다. (1) 『注維摩詰經』卷1 (T38. 336c) (2)『說無垢稱經疏』卷4 (T38. 1026b) (3)『維摩義記』卷2 (T38. 437b) (4)『維摩經義疏』卷2 (T38. 929c) (5)『維摩經略疏』卷2 (T38. 593c) (6)'不離和諍不兩舌也' 『淨名經集解關中疏』卷1 (T85. 449c).

9 (1)'善和諍訟 言必饒益'(『起信論疏筆削記』卷18 (T44. 396a) (2)'善和諍訟 言必饒益', 『西方合論』卷3 (T47. 397c) (3)'善和諍訟 言必饒益', 『法苑珠林』卷15 (T53. 398c). (4)'善和諍訟 言必饒益', 『天請問經疏』卷1 (T85. 563b) (5) 『略諸經論念佛法門往生淨土集卷上』卷1 (T85. 1239a).

10 (1)'令和諍訟', 『瑜伽論記』卷31 (T42. 669b) (2)'和諍訟成孝義', 『永明智覺禪師唯心訣』卷1 (T48. 997a).

11 『華嚴經探玄記』卷17 (T35. 435c).

12 『般若波羅蜜多心經幽贊』卷2 (T33. 534c).

13 『佛說超日明三昧經』卷1 (T15. 537a).

14 『佛說施燈功德經』卷1(T16. 806c).

15 『分別業報略經』卷1 (T17. 449b).

16 『瑜伽師地論』卷41 (T30. 519c).

17 『菩薩戒本』卷1 (T24. 1109b).

18 『菩薩地持經』卷5 (T30. 916a).

19 (1)'為和諍等', 『梵網經菩薩戒本疏』卷3 (T40. 625c) (2)'若諫喻和諍得加多少', 『四分律刪繁補闕行事鈔』卷1, (T40. 14a) (3)'事和無諍統理平等', 『四分律行事鈔資持記』卷5 (T40. 236b) (4)'量僧和諍可舉即舉', 『四分律行事鈔資持記』卷5 (T40. 248a) (5)'四分夏中和諍開直去不須受日', 『四分律行事鈔資持記』卷1 (T40. 172c).

경』에는 "화쟁"이라는 이름의 신도 등장한다.[20]

『십송률(十誦律)』에서는 멸쟁과 화쟁이 함께 나온다.[21] 다툼을 어떻게 없앨 것인가가 멸쟁법인데 일반적으로 7멸쟁을 말한다. 다툼을 소멸시키고 화해시킨다는 의미에서 멸쟁과의 관련에서 화쟁이 말해지고 있는 것이다. 화쟁에서 멸쟁으로 가는 것이다. 멸쟁이 목적이고 화쟁은 멸쟁으로 가는 과정이라고 해석할 수 있다. 『보살계의소(菩薩戒義疏)』에서도 멸쟁과의 관련에서 화쟁을 말하고 있다.[22]

다음으로 화쟁 또는 화쟁송이라는 말이 쟁송의 화해라는 좋은 의미가 아니라 쟁송을 하는 데에 함께 어울린다는 좋지 않은 의미로도 사용된다. 『아비달마대비바사론』[23]에서도 "화쟁송(和諍訟)"이라는 용어가 나오는데 여기에서는 부정적인 의미로 사용되었다. 즉 아라한을 퇴보하게 만드는 다섯 가지 중의 하나로 "화쟁송"을 들고 있는데 이는 다툼을 화해시킨다기보다는 다툼에 어울린다는 뜻으로 해석이 가능하다. 다툼에 끼어들어 이러쿵저러쿵한다는 의미로 볼 수 있는 것이다. 이 계통에 속하는 경전들의 사용법도 다수 있다.[24]

화쟁이 일반적인 다툼의 화해 정도의 의미가 아니라 이론적인 다툼인 쟁론의 화해라는 의미로 사용된 용례도 상당수 찾아볼 수 있다. 경전에서보다는 후대의 주석서류에서 용례를 많이 찾아볼 수 있다. 화쟁의 대표적 인물이라고 할 수 있는 원효에게서 화쟁의 용어는 『열반종요』에서 "화쟁문"이라는 소제목으로 먼저 나타나고 구체적인 본문 내용에서는 "명화상쟁론(明和相諍論; 서로 쟁론하는 것을 화해함을 밝힘)"이라는 말로 나타난다.[25] 원효는 화쟁을 주제로 한 책 『십문화쟁론(十門和諍論)』을 저술하기도 하였다. 이와 같이 일반적인 다툼이라기보다는 이론적인 다툼인 쟁론의 화해를 "화쟁"이란 용어로 지칭하고 있다. 같은 용례를 담연(湛然, 711-782)의 『법화현의

---

20 『大方廣佛華嚴經』卷1(60화엄) (T9. 396b).

21 『十誦律』卷49 (T23. 361b).

22 『菩薩戒義疏』卷2 (T40. 577b).

23 『阿毘達磨大毘婆沙論』卷1 (T27. 3c).(다섯 가지 인연 때문에 시해탈의 아라한이 물러나게 되니 첫째는 사업을 경영하는 것이고 둘째는 쓸모없는 희론을 즐기는 것이며, 셋째는 다툼(諍訟)에 어울리는 것이고, 넷째는 멀리 다니기를 좋아하는 것이며, 다섯째는 오래도록 병을 앓는 것이다.)

24 (1) 如是不修習修地退。是病業誦和諍遠行觀故退(『三法度論』卷2 T25. 21a) (2) 退緣有五 一謂僧事 二和諍 三謂遠行 四多病 五樂誦經(『成唯識論了義燈』卷6 T43.729a) (3)窺基의 『阿彌陀經疏』에서도 『阿毘達磨大毘婆沙論』의 이 부분을 인용하고 있다: 婆沙云 一長病 二遠行 三常誦習經業 四常營事務 五恒和諍訟(『阿彌陀經疏』卷1 T37. 324c) (4)그밖에 다음의 정토계 논서들에서도 이 부분을 인용하고 있다. 1)所謂長病遠行和諍僧事習誦等五退具(『釋淨土群疑論』卷4 T47. 55c) 2)謂遠行多病 樂誦經典 樂和諍訟 樂營僧事(『西方要決釋疑通規』卷1 T47. 107b) 3)一長病 二遠行 三誦經 四營事 五和諍 此之五種 唯人中有 天等中無(『淨土論』卷1 T47. 87a)

25 (1) 一顯相門 二立意門 三差別門 四和諍門, 『涅槃宗要』 한불1. 533a) (2)次第四明和相諍論, 『涅槃宗要』 (한불1. 536a).

석첨(法華玄義釋籤)』[26]에서도 볼 수 있고 연수(延壽, 904-975)의 『종경록(宗鏡錄)』에서는 "화쟁론(和諍論; 쟁론을 화해시킨다)"이라는 표현이 나온다.[27]

2. 원효와 화쟁

이제까지 많은 불교사전이 나왔지만 화쟁을 독립된 항목으로 취급한 것은 한 가지 사전밖에 없는 것으로 확인된다.[28] 그 사전에서는 화쟁을 다음과 같이 설명한다. 즉, "광의로는 한국불교에 있어서 신라의 원효 이후 전통적으로 계승되어 연면히 계속되어온 화회·회통의 사상을 가리켜 "화쟁"이라고 하고 협의로는 원효의 사상적 근본을 구성하는 화회·회통의 논리체계를 말한다. 일반적으로 "화쟁사상"이라고 하는 경우는 후자를 가리킨다." 이와 같이 화쟁은 한국에서 특히 많이 사용된 용어이고 원효와 밀접한 관련을 갖고 있고 원효와의 관련에서 많이 알려졌다. 그러나 화쟁이 원효와 밀접한 관계를 갖는 것은 사실이라고 해도 원효만이 화쟁을 말하는 것은 아니다. 화쟁의 말뜻 자체가 쟁론의 화해이고 불교에서는 특히 쟁론의 화해 내지는 초월을 강조하기 때문이다. 하지만 어쨌든 화쟁이라는 말이 대중적으로 널리 알려지고 많이 쓰이게 된 것은 원효를 통해서이다. 7세기에 신라에서 활약하였던 원효의 사상적 특색이 바로 화쟁인 것이다. 그런데 원효에 와서는 화쟁이 단순한 다툼의 화해라기보다는 다양한 여러 이론들 사이의 화해를 의미하게 된다. 화쟁의 논쟁을 화해시켜 올바른 진리의 획득을 가능하게 해 주는 화해의 논리체계를 가리킨다. 화쟁이라는 말을 많이 사용하지 않더라도 원효의 사상 체계 전체를 화쟁으로 볼 수 있다. 구체적 용례는 원효에 있어서는 『열반종요』에서 화쟁문을 세우고 있으며[29] 원효의 대표작 중의 하나가 『십문화쟁론』이다. 이 『십문화쟁론』은 일찍부터 원효의 주된 저서로 알려지고 있었던 것으로 보인다. 우리가 알 수 있는 가장 빠른 전기 자료인 고선사 서당화상비(高仙寺 誓幢和上碑)에 『십문화쟁론』에 대한 기록이 나온다. 즉 "융통하여 서술하고는 그 이름을 「십문화쟁론」이라 하였다. 무리들이 칭찬하지 않는 사람이 없어, 모두 이르기를 '좋다'라고 하였다."[30]라고 한 것이 그것이다.

---

26 『法華玄義釋籤』卷12 (T33. 899a).

27 『宗鏡錄』卷9 (T48. 463b).

28 早島鏡正 監修·高崎直道 編, 『佛教·インド思想辭典』(春秋社, 1987), p.497 참조.

29 『涅槃宗要』 (한불전1. 533a).

30 『朝鮮金石總覽』上 (조선총독부, 1919), p.42.

화쟁이 원효에서 가장 중요한 사상이라고 널리 평가되는 것은 고려에 와서이다. 고려사에 보면 숙종 때에 원효에게 화정국사(和靜國師)의 호를 추증한다는 기사를 볼 수 있다.[31] 화정(和靜)이란 말은 온화하고 고요함[32] 또는 화평하고 고요하다고 해석되는데 그 용례는 『장자(莊子)』와 『세설신어(世說新語)』에서 찾아볼 수 있다.[33] 그러나 원효의 시호가 화정으로 나오지 않고 화쟁으로 나오는 곳도 상당수 있다. 즉 『동문선(東文選)』 50의 김부식의 시에는 화쟁국사로 나오고[34] 또 『동국여지승람(東國輿地勝覽)』[35]에서도 분황사의 원효의 비를 화쟁국사비라고 호칭하고 있으며 『대동금석서(大東金石書)』에서도 분황비 또는 분황사화쟁국사비라고 하고 있다.[36] 따라서 화정국사의 화정은 화쟁의 잘못이라고 말하는 사람도 있다.[37] 그러나 반드시 그렇다고 볼 수 있는 근거는 아무데서도 발견할 수 없다는 의견도 있다.[38] 화정국사가 맞는지 또는 화쟁국사가 맞는지는 확실히 알 수 없지만 화정국사가 맞다 하더라도 화정이 화쟁과 연관이 있는 이름인 것은 확실한 것 같다. 원효와 의상에게 함께 호를 내리고 있는데 의상에게 원교국사(圓敎國師)란 호를 원효에게 화정국사라는 호를 내리는 것은 원교와 화정이 각각의 사상을 대표한다고 보았기 때문이다. 따라서 화정이 원효의 사상을 대표한다고 보았다면 화쟁하는 원효의 사상을 묘사하여 화정이라 한 것으로 보아야 할 것이다. 화정과 화쟁이 혼용되었다고 생각할 수밖에 없다. 화정국사 대신에 화쟁국사라고 부르는 많은 예가 그것을 우리에게 알려준다. 어쨌든 원효에 있어 화쟁은 중요하

31 고려사 세가 11 / 숙종 6년(1101) 8월 계사(癸巳)에 조(詔)하기를, "원효(元曉)와 의상(義相)은 동방의 성인(聖人)인데 비기(碑記)와 시호(諡號)가 없어 그 덕(德)이 드러나지 않는지라 짐(朕)이 이를 매우 애석하게 여기노라. 원효(元曉)에게는 대성(大聖) 화정국사(和靜國師)를, 의상(義相)에게는 대성(大聖) 원교국사(圓敎國師)를 추증하고 유사(有司)는 그 거주하던 곳에 나아가 비석(碑石)을 세워 덕(德)을 기록(紀錄)하여 영원히 전하게 하라."고 하였다.

32 和靜 : 諸橋轍次, 『大漢和辭典』(大修館書店, 1956) 2책, p.977. "온화하고 고요한 것."

33 和靜 : 단국대학교 동양학연구소 『漢韓大辭典』(단국대학교출판부, 2000) 3책 p.76, "화평하고 고요함." 『莊子』「繕性」"陰陽和靜, 鬼神不擾, 四時得節"(음양은 조화되어 조용하고 귀신은 함부로 움직이지 않으며 사 계절은 순조로웠다.)/ 『世說新語』「政事」"山遐去東陽, 王長史就簡文索東陽云, 承藉猛政, 故可以和靜致治."(산하가 동양태수를 그만두자, 왕장사가 간문제에게 나아가 동양태수직을 구하면서 이르길 '맹정(가혹한 정치)의 뒤를 이어서는 화정(화평하고 고요함)으로 다스려야 합니다.'라고 하였다.)

34 동문선 제50권 찬(贊)에 김부식의 「화쟁국사영찬(和諍國師影贊)」(『東文選』 제3책(민족문화간행회, 1994), 116쪽)이 있다. 김부식은 원효에게 호를 내린 지 얼마 되지 않은 시기의 사람인데(김부식(1075-1151)의 나이 27세 때(1101) 화정국사란 호가 내려진다.) 그가 화쟁국사라고 부르고 있다. 화정이 화쟁의 잘못이 아니라면 김부식이 화정을 화쟁의 의미로 이해하고 있다고 보아야 할 것이다.

35 『신증동국여지승람』 제21권 경상도(慶尙道) 경주부(慶州府) 분황사(芬皇寺) : 부의 동쪽 5리에 있다. 선덕왕 3년에 세웠다. 고려의 평장사(平章事) 한문준(韓文俊)이 찬술한 화쟁국사비(和諍國師碑)가 있는데, 오금석(烏金石)이다. 『고전국역총서 신증동국여지승람』 3책(서울: 재단법인 민족문화추진회, 1984), pp.227-228.

36 李俁 편, 『大東金石書』, 『한국금석문전서』 제1권(서울: 아세아문화사, 1976), 135-137면; 「大東金石目」, p.43 참조.

37 이종익, 「원효의 근본사상 연구」,(동방사상개인논문집 제1집, 동방사상연구원, 1977), p.12.

38 이범홍, 「元曉行狀新考」, 『마산대논문집』 제4집(마산대, 1982), p.302 참조.

고 화쟁이 원효를 대표하는 이름이 된 것이다.

원효의 화쟁을 쟁론의 화해라고 볼 것이 아니라 이론 사이의 소통의 의미로 보아야 한다는 주장이 있다.[39] 쟁론을 화해시킨다는 개념보다는 다양한 주장을 서로 통하게 해주는 것이 원효의 화쟁이라는 주장이다. 물론 원효는 다양한 이론을 화해 소통시키려고 노력했으므로 일리 있는 주장이다. 그러나 이는 쟁론의 화해라는 화쟁의 기본적인 의미를 무시하고 있는 해석이다. 그리고 화쟁은 긍정적인 방면이라고 할 수 있는 이론 사이의 소통뿐 아니라 자기 견해에 대한 집착을 버릴 것을 강조하는 부정의 측면도 있음을 잊고 있는 주장이라고 할 수 있다. 그리고 "원효사상을 화쟁사상이라고 하는 것이 정설과 같이 되어 있지만 원효의 현존 저술 중에는 화쟁의 용례가 하나뿐이며, 용례로서는 화회하고 소통하는 의미의 "會通"이 다수 보인다."고 지적하고 원효사상이 화쟁사상으로 파악되는 요인은 의천과 의천의 원효 인식을 받들어 시호된 화쟁국사란 호의 존재에 있는 것으로 생각된다고 주장하는 논문도 있다.[40] 이 또한 의미 있는 지적이지만 화쟁이 원효를 대표하게 된 것은 그만한 이유가 있어서 그렇게 되었다고 보아야 할 것이다. 원효의 저술 전체가 원효의 화쟁적인 특징을 보여주며 일찍부터 『십문화쟁론』이 원효의 대표적인 저술로 간주되었던 것이다.

원효의 화쟁에 관한 대표적인 저술이 『십문화쟁론』이다. 『십문화쟁론』은 1937년 해인사의 대장경 속에서 일부가 발견되었다. 발견된 것은 9장, 10장, 15장, 16장의 4면과 2/3 이상이 파손된 31장이다. 남아있는 9·10장은 공(空)과 유(有)를 화해시키고 있고 15·16장은 불성의 유무를 화해시키고 있으며 31장은 인법이집(人法異執)에 대한 화해이다. 『십문화쟁론』이 이와 같이 일부밖에 남아있지 않아 그 10문이 정확하게 어떤 것인지는 알 수 없으나, 현존하는 『십문화쟁론』의 부분과 그 밖의 저술을 통해 추정하기도 하였다. 그러나 현존하는 원효의 저술은 원효 전체 저술의 1/5 정도밖에 되지 않으므로 거기에 의존하여 화쟁(和諍)의 십문(十門)을 추정하는 것은 무리가 따르고 원효가 화쟁을 한 것이 꼭 열 가지 주제에만 한정되는 것도 아니므로 어떤 것이 열 가지 주제에 들어가는지 확정하는 것은 어렵다.

---

39 박재현, 「원효의 화쟁사상에 대한 재고」, 『불교평론』 2001년 가을(통권 8호), 2001

40 福士慈稔, 「원효와 화쟁」, 『원효학연구』 제9집(경주: 원효학연구원, 2004), pp.58-59 참조.

3. 원효 화쟁의 구체적 내용

쟁론을 화해시키는 화쟁은 원효의 사상 가운데에서 가장 특징적인 것이라고 할 수 있다. 여러 다양한 이론 사이의 다툼을 화해시켜서 붓다의 올바른 진리로 돌아가게 하는 것이 화쟁이니 백가(百家)의 이쟁(異諍)을 화해시켜 일미(一味)인 일심의 근원으로 돌아가게 함이다. 화쟁은 그의 저술에 일관되게 나타난다. 『열반종요』에서는 『열반경』을 "여러 경전의 부분을 통합해서 온갖 흐름을 일미로 돌아가게 하고 부처의 뜻의 지극히 공정함을 열어서 백가의 이쟁을 화해시킨다."[41]하여 화쟁의 경전으로 높이 평가하고 있다. 그리고 『기신론별기(起信論別記)』에서는 『기신론』을, "모든 논의 조종(祖宗)이고 군쟁(群諍)의 평주(評主)"[42]라 하고 있다. 원효가 『열반경』과 『기신론』을 훌륭한 경론이라고 본 중요한 이유는 그것이 화쟁의 경론이기 때문이다. 이런 몇몇 예만 보아도 그의 전 사상체계가 화쟁의 정신으로 일관되고 있다는 것은 짐작할 수 있다. 한 분야의 이론만을 주장하지 않고 모든 분야를 아우르며 그것들 각각에 중요성을 부여하여 조화시켜서 보고자 하는 것이 원효의 화쟁의 정신이다. 그의 다방면에 걸친 저술과 그 저술에 흐르는 화해의 정신이 그것을 우리에게 알려준다. 그는 불교의 가르침은 깨달음을 위한 것이라는 점을 깊이 인식하고 있었다. 따라서 불교의 근본진리를 깨닫게 해서 일심의 근원에로 되돌아가게 해주는 가르침이라면 모두 다 중요하게 생각하였다. 특정한 종류의 경전만이 유일하게 옳은 것이라고는 주장하지 않았다. 그는 종파적 편견에서보다는 깨달음의 도구로서의 상대적인 유용성을 위해 여러 경전에서 인용하곤 하였다. 일심의 원천에로 돌아가고자 하는 뚜렷한 목적의식을 갖고 일심을 기본으로 해서 이론을 전개하되, 구체적으로는 현실적으로 다양하게 나타나는 이론들을 조화시켜 나가는 것이 원효의 특징이라 할 수 있을 것이다. 많은 사람들이 우리나라 불교의 특징은 종파적인 것을 떠나 조화와 화해를 강조하는 데에 있다고 주장하여 왔는데 원효는 그런 전통의 선구자이다.

불교의 근본 성격 자체가 논쟁의 초월을 지향하고 있다는 것은 주지의 사실이다. 그런데도 원효의 사상적 특색을 특히 화쟁으로 규정하는 이유는 원효가 당시의 일반적인 사람들과는 달리 한 종파에만 매달리지 않고, 자신의 견해에 빠져서 다른 이론을 비난하는 것은 부처의 본래 뜻을 잃어버리는 것이라 하며 일심에 근거하여 다양한 이론들 사이의 다툼을 해소시키려 하였

41 『涅槃宗要』(한불전1. 524a).

42 『起信論別記』 (한불전1. 733b).

기 때문에 그 자신의 특색 있는 사상이기 때문이다. 그리고 원효의 화쟁은 초기 불교에서의 쟁론에 대한 태도와는 약간 차이를 보여주는데 논쟁의 초월을 말하면서 논쟁 자체의 무의미함을 강조하는 초기불교의 태도와는 조금 다른 것이 원효의 화쟁에는 있다. 즉 그는 다양한 여러 이론들이 그 자체로 가치가 있다는 입장을 보이는 것이다.

화쟁을 함에 있어서는 먼저 언어의 본성에 대해 정확히 이해하는 것이 필요하다. 언어에 대한 잘못된 이해로 말미암아 집착하고 논쟁하기 때문이다. 원효는 진리는 말을 끊는 것도 끊지 않는 것도 아니라 한다. 언어는 진리를 전달하기도 하지만 또 한편으로는 왜곡시키기도 한다는 뜻으로 해석할 수 있다. 결국 가르침의 말을 절대화하지 말고 집착을 버리고 받아들여야 한다는 것이 언어관에서 주장하는 바라고 할 수가 있다. 이런 언어에 대한 견해에서 출발한 원효의 화쟁의 방법으로는 첫째로 집착을 버리고 극단을 떠나게 하는 것을 들 수 있다. 둘째로는 긍정과 부정을 자유자재로 하면서 긍정과 부정 어느 것에도 집착하지 않도록 하는 것을 화쟁의 방법으로 말할 수 있다. 그리고 경전 내용에 대한 폭넓은 이해를 세 번째 화쟁의 방법으로 말할 수 있다.[43] 원효는 일심의 근거에서 언어에 대한 이해의 바탕 위에서 다양한 방법으로 논쟁의 화해를 시도하고 있다.

4. 원효의 화쟁과 현대

원효의 화쟁을 어떻게 해석하면 현대에 살릴 수 있을까? 종교다원주의와 연관하여 화쟁에 대해 논의해 보도록 하자. 먼저 원효의 화쟁이 노리는 바는 불교의 근본 진리 즉 일심에로 돌아감이었다. 그리고 그 대상이 되는 갈등 상황은 일단은 불교 내의 다양한 학설들이라고 할 수 있다.[44] 물론 원효가 구체적으로 화쟁의 대상으로 삼았던 것이 불교 내의 다양한 이론적 다툼이었다고 해도 그 정신은 현재의 다종교 상황에서 갈등의 해소와 바람직한 길을 모색하는 데 도움이 될 수 있을 것이다.

불교의 입장 자체가 논쟁의 초월을 지향하고 있고 가르침의 방편적 성격을 강조하여 부처의 가르침 자체도 절대화해서는 안 된다는 점을 강조하고 있다는 것은 주지의 사실이다. 그리하여 초기 불교의 이론 자체도 종교 간의 화해와 공존을 위한 이론 구성에 중요한 기여를 할 수 있을

---

43 최유진,『원효사상연구』(마산: 경남대학교출판부, 1998), pp.59-109 참조.

44 같은 책, pp.19-22 참조.

것이지만 원효의 화쟁은 거기에서 한 걸음 더 나아가 더욱 적극적인 기여를 할 수 있을 것으로 생각된다. 원효의 화쟁은 각각의 이론에 대한 집착을 버려야 함을 주장하지만 또 한편으로 집착함이 없다면 그 이론도 의미가 있다 하여 다양한 이론들에 나름대로의 긍정적 가치를 인정하면서 조화와 화해를 추구하고 있기 때문이다. 즉 초기 불교나 중관파의 입장에서는 논쟁의 초월이라는 면만을 강조하여 각 종교 전통의 다양한 이론들을 긍정적인 기여의 면보다는 부정적인 면에서 바라보게 되는 경향이 있게 되지만, 원효의 화쟁의 입장에서는 각각의 이론들이 그 자체에 매달리지 않는다면 가치가 있다 하여 각 종교 전통의 긍정적 가치를 확실하게 인정하고 나아갈 수 있다.

원효는 다양한 방법으로 화쟁을 추구해 왔는데 화쟁의 목적은 단순한 화해는 아니다. 궁극적인 이상의 실현이 화쟁의 목적이라고 할 수 있다. 쟁론을 화해해야 하는 이유는 쟁론하는 것 자체가 부처의 이상에서 멀어지는 것이고 궁극적인 이상 실현을 할 수 없게 하는 것이기 때문이었다. 그러므로 다양한 이론들이 부처의 이상의 실현을 위해 나아가고 있다면 그것들이 서로 다르다고 해도 다 가치가 인정이 된다. 다만 서로 다른 이론들이 자기만이 옳다고 싸우면 그 때는 문제가 되는 것이다. 종교 간의 갈등의 문제도 마찬가지 논리를 적용할 수 있다. 다양한 종교가 각자 종교적 이상의 실현을 위해 노력하고 있는 상황이므로 모두 가치가 인정이 된다. 물론 각각의 종교적 이상이 공통적으로 승인될 수 있는 것이냐는 문제는 남지만 그 종교적 이상을 절대화시키지 않는다면 인정할 수 있는 것이다. 쟁론도 자기의 이론만을 절대화하는 데에서 온다는 것을 기억하여야 할 것이다. 원효의 화쟁에서 가장 특징적인 것은 극단에 치우쳐 집착하지 않아야 하지만 그러나 부정 자체에도 집착해서는 안 된다는 긍정과 부정의 자재의 방법이다. 이 방법에서 우리는 자신의 종교 전통을 절대화하지 않으면서 자기 종교의 궁극적인 이상의 실현을 위해 적극적으로 노력하는 것을 배울 수 있고 타종교 전통에서 가르치는 종교적 진리나 이상에 대해서 열린 마음으로 받아들여 종교적 이상 실현의 폭을 확대시켜 나갈 수 있는 방법을 배울 수 있을 것이다.

다양한 종교가 공존하는 현대의 상황은 한편으로는 도전이지만 한편으로는 기회다. 종교들은 궁극적으로 지향하는 바가 있어서 나름대로 그것을 추구해 왔다. 다양한 방식으로 종교적 진리를 추구하고 실현해 온 것이다. 이제 각자 자신의 좁은 테두리에서 나와 인류 공통의 궁극적 이상의 실현이라는 문제에서 만났을 때 다양한 종교전통의 지혜가 여러 가지로 도움을 줄 수 있을 것이다. 나와는 다른 관점이 도움이 된다는 자세가 중요하고 공동의 문제를 향한 대화가 필요한 것이다. 다양한 종교가 평화롭게 공존하면서 각자 자기 나름대로 독창성을 갖고 종교적 이상의 실현을 위해 노력하고, 또 한편으로 공동의 궁극적 이상 실현을 위해 협력하는 것이 바람직한 종교다원주의의 양상일 것이다. 원효의 화쟁은 그러한 바람직한 종교다원주의의 근본 원리 구성에 많은 도움을 줄 수 있을 것이다.

II. 회통(會通)

1. 어원적 근거 및 개념 풀이

회통(會通)이라는 말은 본래는 『주역(周易)』「계사(繫辭)」에 나오는 말이다. 『주역』「계사」에서는 "성인은 역리로써 천하의 모든 움직임을 알고 그것이 모여 통하는 것[會通]을 살펴 그 예법을 실행한다."[45]라 하고 있다. 그 뜻은 사물과 하나가 되고 잘 통하는 것, 즉 사물의 다양한 변화 각각에 잘 적합하게 맞춰서 하나가 되고, 사태가 걸림 없이 진전하는 것이다.[46] 다음으로 융회관통(融會貫通; 자세히 이해하고 꿰뚫음 즉 잘 알고 있다는 뜻)한다는 의미에서의 회통으로도 사용된다. 그 예는 여러 곳에서 볼 수 있다.[47]

불교에서는 경전해석상의 술어로 사용되는데 회통의 뜻은 상이한 뜻을 소통하여 한 뜻으로 돌아가게 하는 것이다. 따라서 화회소통(和會疏通)이라는 뜻으로 해석할 수 있다. 부처의 가르침은 다양한 대상과 상황에 따라서 설해진 것이어서 모순처럼 보이는 교설도 많이 있다. 그러나 그것들은 근본적으로는 깊은 일관된 원리에 의해 뒷받침되고 있다고 하는 입장에서, 다양한 문장 표현 각각에 적합한 융통성 있는 통일적인 해석을 행하는 것을 "회통"이라고 한다. 다시 말하면 경전 상의 다양한 표현이 근본적으로는 같은 진리를 말하는 것인데 그것이 달리 표현되어 모순

---

45 『易』繫辭 上. "聖人有以見天下之動, 而觀其會通, 以行其典禮"(성인은 易으로 천하의 움직임을 보고, 그것이 하나로 모여 통하는 것을 살펴, 그 예법을 실행한다.)

46 대표적인 주석 몇 가지를 들면 다음과 같다. 『疏』(孔穎達) "觀看其物之會合變通" (그 사물의 회합변통을 본다.)/ 『周易本義』(朱熹) "會, 謂理之所聚而不可遺處. 通, 謂理之可行而無所礙處."(회는 리가 모여서 빠질 수 없는 곳을 이르고, 통은 리가 갈 수 있어서 걸림이 없는 곳을 이른다.)/ 『周易折中』(李光地) "胡氏炳文曰, 不會則於理有遺闕, 如之何可通, 不通則於理有窒礙, 如之何可行."(호병문이 말하기를, 會하지 못하면 리에 빠지는 것이 있으니 어찌 통하게 할 수 있을 것이며, 通하지 못하면 리에 막히고 걸림이 있을 것이니 어찌 행할 수 있겠는가라고 하였다.)

47 劉勰 『文心雕龍』 物色, "古來辭人, 異代接武, 莫不參伍以相變, 因革以爲功, 物色盡而情有餘者, 曉會通也."(고래로 문인들은 시대를 달리 하면서도 서로 接脈이 되고, 서로 섞여서 모습을 바뀌 전통의 계승과 변혁을 통하여 성과를 기두이 왔다. 풍경을 묘사하고서도 정서가 아직 남아도는 것, 이것이 융통무애의 창작법에 通曉한 수법이다.)

된 것처럼 보이므로 그것을 화해시켜 하나로 통하게 한다는 의미이다. 다른 말로는 화회(和會), 회석(會釋), 융회(融會) 혹은 단순히 회(會), 또는 통(通)이라고 한다. 다음으로 일반적인 사용법과 마찬가지로 불교에서도 자세히 이해하고 잘 안다는 의미로도 사용된다.

2. 역사적 용례 및 텍스트별 용례

1) 한역 경론의 용례

회통이라는 표현은 다양한 경전에서 발견된다. 여러 경전에서의 용례를 살펴보도록 하자. 먼저 『일자불정륜왕경(一字佛頂輪王經)』에서는 회통이 들어가는 보살의 이름이 등장한다. 회통삼정륜왕보살(會通三頂輪王菩薩)이 그것이다.[48] 『불공견색신변진언경(不空羂索神變眞言經)』은 불공견색심주(不空羂索心咒)와 불공견색관음(不空羂索觀音)에 관한 많은 의궤를 설하고 있는 경전인데 여기에도 회통의 용례가 많다. "능히 일체단인삼매야를 회통한다(能會通一切壇印三昧耶)"는 표현이 나온다.[49] 여기에서는 회통의 의미가 잘 안다는 의미로 보아야 할 것이다. 다음으로는 회통이 들어가는 삼매야(三昧耶)가 여럿 등장한다. 일체여래비밀회통심다라니진언단인삼매야(一切如來祕密會通心陀羅尼眞言壇印三昧耶)[50]와 일체여래종족회통일체대만나라인삼매야(一切如來種族會通一切大曼拏羅印三昧耶)·일체금강종족회통일체대만나라인삼매야(一切金剛種族會通一切大曼拏羅印三昧耶)[51]가 그것이다. 회통을 모여서 통한다는 의미로, 즉 서로 통하게 한다는 의미로 사용하는 용례도 볼 수 있다. 즉 "이 인삼매(印三昧)는 불공왕단인삼매야(不空王壇印三昧耶)·일체금강종족인삼매야(一切金剛種族印三昧耶)를 회통한다."는 표현과 "이 인삼매는 불공왕단인법(不空王壇印法)·일체도저인삼매야(一切度底印三昧耶)를 회통한다."는 표현을 볼 수 있다.[52] "이와 같은 인은 능히 일체여래종족일체단인삼매야(一切如來種族一切壇印三昧耶)를 회통한다."[53]는 용례도 있다.

다음으로는 『유가사지론(瑜伽師地論)』에 나오는 회통의 용례를 살펴보도록 하자. 『유가사지론』에는 여섯 종류의 방편선교(方便善巧)가 나오는데 그 중에 첫 번째가 수순회통방편선교(隨順

---

48 T19. 247b.

49 『不空羂索神變真言經』卷3 (T20. 244a).

50 『不空羂索神變真言經』卷21 (T20. 340a).

51 『不空羂索神變真言經』卷22 (T20. 346a).

52 "此印三昧會通不空王壇印三昧耶 一切金剛種族印三昧耶" "此印三昧會通不空王壇印法 一切度底印三昧耶" 『不空羂索神變真言經』卷23 (T20. 352c).

53 "如是之印能等成就會通一切如來種族一切壇印三昧耶" 『不空羂索神變真言經』卷30 (T20. 395b).

會通方便善巧; 따르면서 회통하는 방편으로 잘 교묘히 함)이다.[54] 그것은 "방편으로 잘 교묘히 하여, 이치 그대로 이와 같은 경 안의 여래의 비밀한 뜻으로서 매우 깊은 이치를 회통하여서는 여실(如實)하게 화회해서 그 유정을 포섭하"[55]는 것이라고 설명한다. 여기에서 회통의 의미는 경전의 말이 서로 다른 것을 모아서 통하게 한다는 의미이다. 다음으로 "말이 서로 어긋나는 문난에서는 의취를 드러내 보이어 따르면서 회통하며, 말이 서로 어긋나는 문난에서 의취를 드러내어 따르면서 회통함이 그러한 것처럼, 결정적이 아님을 드러내 보이는 문난에서나 마침내 현재 나타난 것이 아닌 문난에서도 역시 그러한 줄 알아야 한다."[56]는 용례가 있다. 여기에서도 회통은 말이 다른 것을 서로 통하게 한다는 뜻으로 사용되고 있다. 다음으로 『아비달마순정리론(阿毘達磨順正理論)』의 용례를 보도록 하자. 『아비달마순정리론』에서는 "유가사(瑜伽師)들이 …… 성교(聖教)를 회통한다."[57]는 표현이 나온다. 경전의 말이 다른 것을 서로 통하게 한다는 의미이다. 『금강선론(金剛仙論)』에도 "두 경전의 상위를 어떻게 회통할 것인가?"[58]라는 용례가 있다. 여기에서도 회통은 서로 통하게 한다는 의미로 사용되었다.

2) 중국 찬술문헌의 용례

중국에서 찬술된 문헌에서도 회통의 용례는 많다. 회통의 필요성이 그만큼 컸기 때문에 그에 대해 논하는 문헌들이 많다. 먼저 승조(僧肇, 383-414)의 『조론(肇論)』 『열반무명론(涅槃無名論)』에 "천지는 나와 동근(同根)이고 만물은 나와 일체(一體)이다. 나와 같은즉 다시 유무가 아니고 나와 다른즉 회통에 어긋난다."[59]는 말이 나온다. 서로 통한다는 정도의 의미로 사용되었다. 회통을 제목으로 하는 저술도 있다. 『회통론(會通論)』이라는 저술이 두 종류 등장한다. 하나는 담제(曇諦, 347-411)의 작품이고 또 하나는 혜의(慧義, 372-444)의 작품이다.[60] 둘 다 전해 오지는 않는다. 다음으로 『대반열반경집해(大般涅槃經集解)』는 509년에 양(梁)의 보량(寶亮)이 지었는데 『열반경』을 해설하면서 여러 학자들의 학설을 함께 모아 놓은 것이다. 여기에서는 회통의 용례가

---

54 『瑜伽師地論』卷45 (T30. 540c).

55 "方便善巧如理會通如是經中如來密意甚深義趣. 如實和會攝彼有情" 『瑜伽師地論』卷45 (T30. 541a).

56 "於語相違難 顯示意趣隨順會通. 如於語相違難顯示意趣隨順會通. 如是於不決定顯示難. 於究竟非現見難. 當知亦爾." 『瑜伽師地論』卷81 (T30. 754a).

57 "諸瑜伽師 …… 會通聖教." 『阿毘達磨順正理論』卷35 (T29. 541a).

58 "二經相違云何會通" 『金剛仙論』 卷1 (T25. 803b).

59 "天地與我同根. 萬物與我一體. 同我則非復有無. 異我則乖於會通." 『肇論』 권1 (T45. 159b-c).

60 『出三藏記集』 권12(T55. 83a); 『大唐內典錄』 (T55. 327a).

상당히 여러 곳에서 나타나는데 『열반경』 내의 다양한 이야기를 화해시키는 것이 주된 용법이다.[61] 승우(僧祐, 444-518)의 『출삼장기집(出三藏記集)』의 도안(道安) 전기에서 도안이 "문리를 회통하고 경의를 밝혔다."[62]고 서술하고 있다. 잘 알았다는 의미로 이해할 수 있을 것이다. 승우(僧祐)의 『출삼장기집(出三藏記集)(510-518년 성립)의 불타발타(佛馱跋陀)전에서는 "중화와 융적(戎狄)을 회통했다.(會通華戎)"[63]는 표현이 나오는데 이도 또한 중화와 융적 모두에 대해 다 잘 알았다는 의미로 이해할 수 있다. 이후의 불타발타라 전기에서는 비슷한 표현이 계속 나온다. 즉 법장(法藏; 643-712)의 작품인 『화엄경전기(華嚴經傳記)』의 불타발타라(佛馱跋陀羅) 조에서 불타발타라를 묘사하여 "방언을 회통하였다.(會通方言)"[64]고 표현하고 있다. 여기에서 회통의 의미도 잘 알았다는 의미로 이해할 수 있을 것이다. 지승(智昇)의 『개원석교록(開元釋敎錄)』(730년 작)에는 불타발타라를 설명하는 부분에 "중화와 융적을 회통했다.(會通華戎)"[65]는 표현이 나오고 원조(圓照)의 『정원신정석교목록(貞元新定釋敎目錄)』(800년 작)에서도 불타발타라(佛陀跋陀羅)를 설명하는 부분에서 "중화와 융적을 회통하였다.(會通華戎)"[66]라는 표현이 나온다. 진순유(陳舜兪)의 『여산기(廬山記)』(1072년 작)에서는 "화(華)와 범(梵)을 회통하였다.(會通華梵)"[67]라고 표현하고 있다. 모두 다 잘 알았다는 의미로 이해할 수 있다. 다음으로 『삼부율초(三部律抄)』는 516년 이전에 중국에서 성립되었는데 삼부율(『摩訶僧祇律』, 『十誦律』, 『四分律』)을 비교해서 각각의 상위점을 회통하고 있는 책이다. 따라서 삼부율의 경중 부동을 회통하는 것이 한 품으로 독립되어 있다.[68] 여기에 회통이라는 용어가 나온다. 지의(智顗, 538-597)의 『마하지관(摩訶止觀)』에도 용례가 있다. "성에 네 문

---

61 (1) "因會通以明常"(회통으로 常을 밝힌다.) 『大般涅槃經集解』卷4 (T37. 389a) (2) "會通古今"(고금을 회통한다.) 『大般涅槃經集解』卷6 (T37. 399a) (3) "會通兩教"(양교를 회통한다.)『大般涅槃經集解』 卷7 (T37. 407b) (4)"會通今昔四依儀"(4의가 무엇인가에 대한 今昔의 여러 이론을 회통한다.) 『大般涅槃經集解』卷16 (T37. 440b) (5) "第四略會通二教也"(제4는 간략하게 二敎를 회통하는 것이다.) 『大般涅槃經集解』卷28 (T37. 479c) (6) "會通今昔五盛陰苦義"(이는 소제목. 오음성고의에 대한 과거와 현재의 여러 이론을 회통.) 『大般涅槃經集解』卷30 (T37. 482a) (7) "前已略說. 今是廣說. 次會通"(앞에는 간략히 설하고 지금은 널리 설하고 다음으로 회통한다) 『大般涅槃經集解』 卷31 (T37. 484a) (8) "第三總會通"(제3은 모두 회통한다.) 『大般涅槃經集解』 卷32, (T37. 486b)(9)"會通二諦"(二諦를 회통한다) 『大般涅槃經集解』 卷46 (T37. 522a).

62 "文理會通經義克明" 『出三藏記集』 卷15 '道安法師傳'第二. (T55. 108a)

63 『出三藏記集』 卷14 (T55. 104a).

64 『華嚴經傳記』 卷1 (T51. 154c).

65 『開元釋教錄』 卷3 (T55. 506c).

66 『貞元新定釋教目錄』 卷5 (T55. 803c).

67 『廬山記』 卷3 (T51. 1041c).

68 T85. 681b.

이 있어도 회통하는 것과 같다.(如城有四門會通不異)"[69]라는 표현이 그것이다. 여기에서는 회통이 두루 통한다는 정도의 의미로 사용되었다. 같은 저자의 『사교의(四教義)』에도 "회통을 위해서이다(爲會通)"[70]라는 표현이 나온다. 서로 통하게 한다는 의미로 사용되었다.

길장(吉藏, 549-623)의 『삼론현의(三論玄義)』에도 회통의 용례가 있다. "회통이제(會通二諦)"[71]란 말이 그것이다. 담영(曇影)의 중론서(中論序)를 인용한 말인데 이제를 회통하는 것이 중론의 핵심이라는 것이다. 여기에서의 회통이라는 말은 말이 다른 것을 서로 통하게 한다는 의미라기보다는 이제의 도리를 잘 안다는 정도의 의미로 쓰여서 이제가 중론의 핵심임을 말하고 있는 것이다. 길장의 또 다른 저서 『대승현론(大乘玄論)』에도 용례가 있다. 『대승현론』 권3에 "각각 한 문장에 집착하여 경의 뜻을 회통하지 못하였다.(各執一文不得會通經意)"[72]라는 표현이 나오는데 여기에서 회통의 의미는 두루 통하게 하지 못하였다는 의미와 잘 알지 못하였다는 의미가 중첩되어 있는 것으로 파악할 수 있을 것이다. 이와 같이 회통의 의미가 중첩되어 사용되는 경우도 많다. 그리고 같은 저자의 『십이문론소(十二門論疏)』에도 회통의 용례가 있다. "논주가 경론의 옳고 그름을 회통했다.(論主會通經論是非)"[73]는 것이 그것이다. 여기에서는 경론의 여러 설들의 옳고 그름을 두루 통하게 했다는 의미로 사용되었다. 길장의 『유마경의소(維摩經義疏)』에는 "아나율은 비록 천안을 얻었다 해도 회통에는 통달하지 못하였다."[74]는 말이 나오는데 여기에서의 회통은 두루 안다는 뜻으로 이해하면 될 것이다. 『무외삼장선요(無畏三藏禪要)』에서는 "성교(聖教)를 회통했다."[75]는 표현이 나온다. 여기에서의 회통은 잘 안다 또는 통달했다는 의미이다.

비장방(費長房)의 『역대삼보기(歷代三寶紀)』(597년 작)에도 "운명을 회통하여 인과로 돌아가게 한다.(會通運命歸於因果)"[76]는 표현이 나온다. 이것은 서동경(徐同卿)의 『운명론(運命論)』을 설명하는 부분에 등장하는 말인데 운명과 인과가 다르지 않다는 것을 밝혔다는 의미이므로 서로 통하게 한다는 의미로 사용되었다고 할 수 있다. 관정(灌頂, 561-632)의 『대반열반경소(大般涅槃經疏)』

---

69 『摩訶止觀』 卷6 (T46. 74a).

70 『四教義』 卷4 (T46. 732b).

71 T45. 11c, "此論雖無理不窮. 無言不盡. 統其要歸. 會通二諦."(이 논(중론)은 비록 다하지 않는 이치가 없고 다하지 않는 말이 없지만 그 요지를 총괄하면 이제를 회통함에 돌아간다.)

72 T45. 39b.

73 『十二門論疏』 卷3 (T42. 194c).

74 "那律. 雖得天眼. 不達會通" 『維摩經義疏』 卷3 (T38. 936a).

75 "會通聖教" 『無畏三藏禪要』卷1 (T18. 944a).

76 『歷代三寶紀』 卷12 (T49. 107a).

에도 회통의 용례가 여럿 발견된다. 경전의 여러 말들의 상위를 서로 통하게 설명해주고 있는 것이 그 내용이다.[77] 순서에 따라 여러 가지를 설명한 다음에 회통의 항목이 들어가는 경우가 많다. 1030년에 자선(子璿; 965-1038)이 『대불정만행수능엄경(大佛頂萬行首楞嚴經)』을 주석한 책인 『수능엄의소주경(首楞嚴義疏注經)』에도 용례가 있다.[78] 7세기경 선도(善導; 613-681)의 작품인 『관무량수불경소(觀無量壽佛經疏)』에도 "별시의 뜻을 회통한다(會通別時之意)"[79], "이승의 종자가 나지 않는다는 뜻을 회통한다(會通二乘種不生之義)"[80]는 등의 용례가 있다. 여기에서도 회통은 여러 가지 다른 말들을 통하게 해준다는 의미로 사용되고 있다.

혜소(慧沼)의 『능현중변혜일론(能顯中邊慧日論)』에도 경전의 여러 다양한 뜻을 통하게 해준다는 의미로 회통이 사용된 용례가 있다.[81] 같은 저자의 『금광명최승왕경소(金光明最勝王經疏)』에도 "제1은 수순회통이다. 즉 여러 가르침의 상위를 회석하는 것이다."[82]라는 표현이 나온다. 가르침의 상위를 서로 통하게 해주는 것이 회통이라는 것이다. 여기에서 확인할 수 있는 것 하나는 회석(會釋)이 회통과 거의 같은 의미로 사용된다는 것이다. 지엄(智儼; 600-668)의 『화엄경수현기(華嚴經搜玄記)』에도 용례가 있다.[83] 다음으로 『관심론소(觀心論疏)』는 6세기말 지의(智顗, 538-597)가 제자들에게 유언으로 남긴 책인 『관심론』을 관정(灌頂; 561-632)이 7세기 전반에 주석한 것이다. 여기에 "인연생법 4구와 불생불멸 3관을 어떻게 회통하는가?"[84]라는 구절이 나온다. 둘의 의미를 통하게 한다는 의미로 회통이 사용되었다. 『변정론(辯正論)』은 법림(法琳, 572-640)의 작품인데 "오직 달관지사만이 바야흐로 능히 회통할 수 있다."[85]는 표현이 나온다. 잘 통하게 할 수 있다는 의미이다. 혜원(慧遠, 523-592)의 『대승기신론의소(大乘起信論義疏)』에는 "두 경전의 상위를 어떻

---

77 (1)"次會通"(다음으로 회통한다) 『大般涅槃經疏』卷15 (T38. 127b) (2)"三會通"(제3은 회통이다) 『大般涅槃經疏』卷18 (T38. 142c) (3)"三會通"(셋째 회통) 『大般涅槃經疏』卷14 (T38. 124c) (4)"次更會通"(다음으로는 다시 회통한다) 『大般涅槃經疏』卷24 (T38. 178c) (5)"第八會通"(제8 회통) 『大般涅槃經疏』 卷10 (T38. 99a) (6)"三會通所問"(셋째는 묻는 바를 회통한다) 『大般涅槃經疏』卷17 (T38. 141b) (7)"兩語相違 今須會通"(두 말의 상위를 이제 반드시 회통해야 한다) 『大般涅槃經疏』卷28 (T38. 198c).

78 (1)"三會通二"(셋째 둘을 회통한다) 『首楞嚴義疏注經』 卷4 (T39. 853a) (2) "三會通實理" (셋째 실리를 회통한다) 『首楞嚴義疏注經』 卷6 (T39. 868a) (3) "今此會通"(이제 이것을 회통한다) 『首楞嚴義疏注經』 卷7 (T39. 874b).

79 『觀無量壽佛經疏』 卷1 (T37. 247c).

80 위와 같음.

81 "佛自會通 散在諸經"(부처는 산재한 여러 경전을 스스로 회통한다.) 『能顯中邊慧日論』 卷1 (T45. 408c).

82 "一隨順會通.卽爲會釋諸教相違" 『金光明最勝王經疏』 卷4 (T39. 257a).

83 "會通有十義"(회통에 10가지 뜻이 있다.) 『華嚴經搜玄記』 卷1 (T35. 22b).

84 "因緣生法四句. 若爲會通不生不滅三觀耶." 『觀心論疏』 卷2 (T46. 595a).

85 "唯達觀之士方能會通" 『辯正論』 卷7 (T52. 542b).

게 회통할 것인가?"[86]라는 말이 나온다. 여기에서의 회통은 서로 통하게 한다는 의미이다. 도선(道宣, 596-667)의 『사분율산번보궐행사초(四分律刪繁補闕行事鈔)』에도 "이와 같이 서로 같은 밝은 거울을 회통한다."[87]는 표현이 나온다. 역시 서로 통하게 한다는 의미로 사용되었다. 이통현(李通玄, 635-730)의 『신화엄경론(新華嚴經論)』에도 용례가 있다. 먼저 "여래는 회통하여 모두 일시일제(一時一際)로 하였다."[88]는 표현이 있는데 여기에서 회통의 뜻은 모아서 통하게 하였다는 의미로 보면 될 것이다. 또 다른 용례는 "법을 나타낸 뜻을 회통한다."[89]는 말인데 여기에서도 회통은 서로 통하게 한다는 의미로 이해할 수 있다.

연수(延壽, 904-975)는 회통을 특히 강조한 사람인데 그의 저술인 『종경록(宗鏡錄)』에도 많은 용례가 있다. "어떻게 원융일지를 회통하는가?"[90], "회통의 나루이자 길"[91], "뭇 수량을 회통한다."[92], "어떻게 회통하는가?"[93], "어떻게 일심묘리를 회통하는가?"[94] "회통하여 모퉁이가 없으면"[95] 등의 용례가 있다. 모두 의미가 서로 잘 통하게 해준다는 의미이다. 종밀(宗密, 780-841) 또한 회통을 강조한 사람이다. 그의 저술인 『원인론(原人論)에는 "회통본말(會通本末)"[96]이라는 말이 있다. 본말의 두 가지를 회통한다고 하여 두 가지 이론을 회통시키고 있다. 이론적으로 서로 다른 것처럼 보이지만 결국은 하나로 돌아간다고 하여 서로 통하도록 하는 것이다. 『대방광원각수다라요의경약소(大方廣圓覺修多羅了義經略疏)』는 종밀이 자신의 『원각경대소(圓覺經大疏)』를 요약한 것인데 여기에도 "본말회통(本末會通)"[97]이라는 말이 나온다. 본과 말의 두 가지가 다 통하게 된다는 의미이다. 징관(澄觀, ?-839)의 『화엄경소(華嚴經疏)』에서도 "어떻게 회통하느냐?"[98]하는

---

86 "兩經相違云何會通"『大乘起信論義疏』卷3 (T44. 194b).

87 "如此會通相同明鏡"『四分律刪繁補闕行事鈔』卷7 (T40. 77a).

88 "如來會通總爲一時一際"『新華嚴經論』卷7 (T36. 763a).

89 "會通表法之意"『新華嚴經論』卷21 (T36. 865c)

90 "如何會通圓融一旨"『宗鏡錄』卷16 (T48. 499b).

91 "會通之津徑"『宗鏡錄』卷66 (T48. 788c).

92 "會通於群數"『宗鏡錄』卷99 (T48. 949a).

93 "如何會通"『宗鏡錄』卷89 (T48. 901c).

94 "如何會通一心妙理"『宗鏡錄』卷85 (T48. 884c).

95 "會通無隅者"『宗鏡錄』卷29 (T48. 586c).

96 『原人論』卷1 (T45. 710b).

97 『大方廣圓覺修多羅了義經略疏』卷2 (T39. 537c).

98 "如何會通"『大方廣佛華嚴經疏』卷33 (T35. 752a).

용례가 있고 “만일 회통한다면”[99]이라는 용례와 “회통에 의해서 화엄을 드러낸다.”[100]는 용례, 그리고 “경론의 상위는 어떻게 회통할 것인가?”[101]라는 용례가 있다. 문재(文才, 1241-1302)의 『조론신소(肇論新疏)』에도 “어떻게 회통하느냐?”[102]하는 표현이 나온다. 규기(窺基, 632-682)의 『설무구칭경소(說無垢稱經疏)』에는 “수순회통(隨順會通; 순리에 따라 회통한다)”[103]이라는 말이 나온다. “수순회통(隨順會通)”이라는 말은 혜소(慧沼, 651-714)의 『금광명최승왕경소(金光明最勝王經疏)』[104]에도 나온다. 모두 서로 통하게 한다는 의미이다. 『금강반야경(金剛般若經)』을 종밀(宗密; 780-841)이 주석하고 자선(子璿, 965-1038)이 정리 편집한 책인 『금강반야경소론찬요(金剛般若經疏論纂要)」에도 “진역(秦譯) 경본을 회통한다.”[105]는 표현이 나온다. 서로 통하게 한다는 의미로 사용되었다.

그밖에 선종 문헌에도 용례가 있다. 『무주조산원증선사어록(撫州曹山元證禪師語錄)』에서는 “도리 상 본분사(向上事)를 회통해야 한다.”[106]는 표현이 나온다. 여기에서의 회통은 통달한다는 의미로 사용되었다. 『경덕전등록(景德傳燈錄)』에도 “종지를 회통한다.”[107]는 표현이 나오는데 여기에서도 회통의 의미는 통달한다는 의미이다. 다음으로 회통은 사람 이름으로도 쓰였다. 회통이라는 이름을 가진 승려가 두 명 정도 눈에 띈다.[108]

3) 한국찬술문헌의 용례

한국찬술문헌에서도 많은 용례가 발견된다. 먼저 원측(圓測, 613-696)의 『인왕경소(仁王經疏)』에서는 “두 경의 상위를 어떻게 회통하는가?”[109]라는 말이 나온다. 경전 상의 다른 표현들을 서로 통하게 해준다는 의미로 회통이 사용되었다. 회통의 용례는 원효(元曉, 617-686)의 저술 중에서도 많이 발견된다. 조화와 화해를 강조하는 원효 사상의 특성상 당연한 일일 것이다. 먼저 『본업

---

99 “若會通者”『大方廣佛華嚴經疏』卷60 (T35. 957a).

100 “約諸會通顯華嚴”『大方廣佛華嚴經疏』卷9 (T35. 565c).

101 “經論相違云何會通”『大方廣佛華嚴經疏』卷36 (T35. 785b).

102 “如何會通”『肇論新疏』卷1 (T45. 206b).

103 『說無垢稱經疏』卷3 (T38. 1034a); “隨順會通”이라는 말은 원래는 『瑜伽師地論』에 나오는 말이다. 『瑜伽師地論』卷45 (T30. 540c).

104 『金光明最勝王經疏』卷2 (T39. 195b).

105 “會通秦譯經本”『金剛般若經疏論纂要』卷2 (T33. 169c).

106 “理須會通向上事”『撫州曹山元證禪師語錄』卷1 (T47. 530a).

107 “會通宗旨”『景德傳燈錄』卷25 (T51. 416c).

108 (1) “杭州招賢寺會通禪師”『景德傳燈錄』卷4 (T51. 223c) (2) “唐雍州豹林谷釋會通”『弘贊法華傳』卷5 (T51. 26b).

109 “二經相違 云何會通”『仁王經疏』卷中本 (한불전1. 71a).

경소(本業經疏)』에서 몇 개의 용례를 확인할 수 있다. "교리를 회통한다."[110], "제3 회통"[111], "일체의 어려운 문제가 회통되지 않음이 없다."[112] 등의 용례가 있다. 모두 다 서로 통하게 해준다는 의미이다. 『열반종요에서도 몇 가지 용례를 확인할 수 있다. 『열반종요』에서는 회통(會通)이 하나의 소제목으로 등장한다. 불성문 중의 제6이 회통문[113]이다. 회통이 그만큼 중요한 주제 중의 하나로 취급되고 있는 것이다. 다음으로는 "능히 이 문장을 회통할 수 없다."[114], "이러한 상위는 어떻게 회통하는가?"[115], "이러한 문장들은 어떻게 회통하는가?"[116] 등등의 용례가 있다. 모두 서로 통하게 한다는 의미로 사용되었다. 다음으로 『대승기신론별기』에서는 "이와 같은 상위는 어떻게 회통하는가?"[117]라는 표현이 나온다. 위의 『열반종요』와 같은 표현이다. 『기신론소』에는 "옛것과 새로운 것을 회통한다."[118]는 용례와 "권교(權敎)를 회통한다."[119]는 용례가 있고 『십문화쟁론』에는 "이치에 맞게 회통한다."[120]는 용례가 있다. 모두 서로 통하게 해준다는 의미로 사용되었다.

경흥(憬興)의 『삼미륵경소(三彌勒經疏)』에서는 "삼억으로 감히 회통한다."[121]는 말이 나온다. 경전의 서로 다른 말을 통하게 해준다는 의미로 회통이 사용되었다. 둔륜(遁倫)의 『유가론기(瑜伽論記)』에는 "어떻게 회통하는가?"[122]라는 말과 "회통을 밝힌다."[123]는 말이 나온다. 그리고 "아

---

110 "會通教理" 『本業經疏』 卷下 (한불전1. 511b).

111 "第三會通" 『本業經疏』 卷下 (한불전1. 511c).

112 "一切難問無不會通" 『本業經疏』 卷下(한불전1. 512c).

113 "六會通門" 『涅槃宗要』 (한불전1. 537c); "第六會通" 『涅槃宗要』 (한불전1. 543c)

114 "不能會通此文" 『涅槃宗要』 (한불전1. 532c).

115 "如是相違云何會通" 『涅槃宗要』(한불전1. 543c);"如是相違云何會通" 『涅槃宗要』 (한불전1. 544a)

116 "如是等文云何會通"『涅槃宗要』 (한불전1. 544b)

117 "如是相違云何會通" 『大乘起信論別記』 末 (한불전1. 691c)

118 "會通新古" 『起信論疏』 卷下 (한불전1. 715c)

119 "會通權敎" 『起信論疏』 卷下 (한불전1. 724c)

120 "如理會通" 『十門和諍論』 (한불전1. 838c)

121 "以三億敢會通者" 『三彌勒經疏』 (한불전2. 97b)

122 『瑜伽論記』 卷一下 (한불전2. 422a); "若爲會通" 『瑜伽論記』 卷十七上 (한불전3. 101a); "如何會通" 『瑜伽論記』 卷十八下 (한불전3. 162b).

123 "明會通" 『瑜伽論記』 卷十一上(한불전2. 760b) 이는 窺基의 『瑜伽師地論略纂』의 인용이다.(『瑜伽師地論略纂』 권12, T43. 154b).

래 회통 중에"[124]라는 말과 "수순회통(隨順會通; 따르면서 회통함)"[125], "이 문장을 회통한다."[126] 라는 등의 말이 나온다. 모두 통하게 한다는 의미이다. 태현(太賢)의 『범망경고적기(梵網經古迹記)』에도 "수순회통(隨順會通; 따르면서 회통함)"[127]이라는 말과 "회통하여 설한다."[128]는 용례가 있다. 같은 저자의 『성유식론학기(成唯識論學記)』에는 "어떻게 회통하는가?"[129]라는 표현이 몇 번 나온다. "이미 회통했다."[130]는 용례와 "그러므로 회통된다."[131]는 용례도 있다. 균여(均如, 923-973)의 『일승법계도원통기(一乘法界圖圓通記)』에서는 "어떻게 회통하는가?"[132]라는 표현이 나온다. 서로 다른 것을 통하게 해 준다는 의미이다. 같은 저자의 『석화엄교분기원통초(釋華嚴敎分記圓通抄)』에서는 "종(宗)을 열어 회통하는가?"[133], 또는 "이 오교(五敎)의 궤칙(軌則)에 의거하여 회통된다."[134] 라는 용례가 있다. 또 다른 주목할 만한 용례는 "이와 같이 양가의 쟁론이 회통된다."[135]는 표현이다. 논쟁을 화해시킨다는 의미로 회통이라는 용어를 사용하고 있다. 다음의 용례는 "경론의 성습(性習) 연기의 뜻을 회통한다."[136] 또는 "경론의 성습 전후의 뜻을 회통한다."[137]는 말이다. 경론의 다양한 이설들을 통하게 한다는 의미에서 사용되었다. 그리고 원효의 『열반종요』가 인용되어서 "회통문"[138]이라는 말이 보이고 "제설(諸說)을 회통한다."[139]는 말과 "어떻게 회통하는가?"[140]

---

124 "下會通中"『瑜伽論記』卷二十上 (한불전3, 221a).

125 『瑜伽論記』卷二十一下 (한불전3. 282a).

126 "會通此文"『瑜伽論記』卷二十四上 (한불전3. 357b)

127 『梵網經古迹記』卷四 (한불전3. 476c)

128 "會通而說"『梵網經古迹記』卷四 (한불전3, 476c)

129 "如何會通"『成唯識論學記』卷中本 (한불전3. 536b); "如何會通"『成唯識論學記』卷中本(한불전3. 574b); "如何會通"『成唯識論學記』卷中本 (한불전3. 575a).

130 "已會通"『成唯識論學記』卷中末 (한불전3. 596b)

131 "故會通也"『成唯識論學記』卷下本 (한불전3. 648c)

132 "云何會通"『一乘法界圖圓通記』卷下 (한불전4. 22a)

133 "開宗而會通耶"『釋華嚴敎分記圓通抄』卷一 (한불전4. 244c)

134 "准此五敎之軌而會通也"『釋華嚴敎分記圓通抄』卷一 (한불전4. 244c)

135 "如是會通兩家之諍"『釋華嚴敎分記圓通抄』卷三 (한불전4. 311c)

136 "會通經論性習緣起之義"『釋華嚴敎分記圓通抄』卷三 (한불전4. 314a)

137 "會通經論性習前後義"『釋華嚴敎分記圓通抄』卷三 (한불전4. 317b)

138 "六會通門"『釋華嚴敎分記圓通抄』卷三(한불전4. 324c)

139 "會通諸說"『釋華嚴敎分記圓通抄』卷三(한불전4. 325c)

140 "云何會通"『釋華嚴敎分記圓通抄』卷三(한불전4. 327b); "云何會通"『釋華嚴敎分記圓通抄』卷五 (한불전4. 388a).

라는 말이 보인다. 그리고 "회통하여 말하기를"[141]이라는 말과 "초교(初教)에 따라서 회통하는가?"[142]라는 말이 나온다. 모두 서로 통하게 한다는 의미로 사용되었다. 지눌(知訥, 1158-1210)의 『원돈성불론(圓頓成佛論)』에서는 "육상의(六相義)로 회통할 수 있다."[143]는 용례가 보인다. 서로 통하게 한다는 의미이다. 같은 저자의 『육조법보단경발(六祖法寶壇經跋)』에서는 "회통한 뜻"[144]이라는 표현이 나온다. 잘 알고 통달한 뜻이라는 의미로 사용되었다. 지눌의 또 다른 저술인 『화엄론절요(華嚴論節要)』에도 회통의 용례가 있다.[145] 그런데 『화엄론절요』는 이통현의 『신화엄경론』의 핵심을 간추린 것이므로 『화엄론절요』의 용례가 바로 이통현의 용례에 해당한다.[146] 혜심(慧諶, 1178-1234) 集·각운(覺雲, 고려 중기) 撰인 『선문염송염송설화회본(禪門拈頌拈頌說話會本)』에는 "종지(宗旨)에 회통한다."[147]는 표현이 나온다. 여기에서 회통은 통달한다는 의미로 사용되었다.

III. 화쟁과 회통

화쟁은 다툼의 화해이고 회통은 서로 통하게 하는 것이다. 회통과 화쟁은 같은 측면도 있으나 같은 개념은 아니다. 화쟁과 회통은 원효에 있어서는 구분해서 쓰고 있는 것으로 보인다. 그 대표적인 예가 『열반종요』에서의 논의이다. 『열반종요』는 대의 부분을 제외한 것이 본문인데 본문은 4부분 즉 인연(因緣), 교종(教宗), 경체(經體), 교적(教迹)으로 이루어져 있다. 이 중에 교종 부분이 가장 중요한 부분이라고 할 수 있는데 이 부분은 열반문(涅槃門)과 불성문(佛性門)으로 이루어져 있다. 열반문은 6부분 즉 명의문(名義門), 체상문(體相門), 통국문(通局門), 이멸문(二滅門), 삼사문(三事門), 사덕문(四德門)으로 되어 있는데 사덕문도 또한 네 부분, 즉 현상문(顯相門), 입의문(立意門), 차별문(差別門), 화쟁문(和諍門)으로 이루어져 있다. 쟁론을 화해시키는 화쟁이 한 부분으

141 "會通云"『釋華嚴敎分記圓通抄』卷三(한불전4. 328a)

142 "約初敎而會通耶"『釋華嚴敎分記圓通抄』卷三(한불전4. 328a)

143 "以六相義會通可見"『圓頓成佛論』(한불전4. 730b)

144 "會通之義"『六祖法寶壇經跋』(한불전4. 739b)

145 "如來會通 摠謂一時一際"(여래는 회통하여 모두 일시일제로 하였다.)『華嚴論節要』卷二(한불전4. 814c); ""會通表法之意"(법을 나타낸 뜻을 회통한다.)『華嚴論節要』卷三(한불전4. 846b)

146 앞의 중국찬술문헌의 용례에 이미 나왔다. "如來會通總為一時一際"『新華嚴經論』卷7(T36. 763a); "會通表法之意"『新華嚴經論』卷21 (T36. 865c).

147 "會通宗旨"『禪門拈頌拈頌說話會本』卷二十三 (한불전5. 703c)

로 들어가 있는 것이다. 결국은 열반의 사덕에 대한 여러 쟁론을 화해시키는 부분이 화쟁문이다. 구체적으로 그는 서로 다른 이론을 화해시키는 작업을 하는데 그곳에서는 서로 통한다는 의미로 화해시키기도 하지만 모두 잘못되었을 수도 있다고도 말한다. 긍정과 부정의 자재가 이루어지고 있는 것이다. 즉 보신(報身)의 상주와 무상을 주장하는 두 파의 주장에 대해 두 주장이 어느 것이 맞고 어느 것이 맞지 않는가에 대해 어떤 사람이 말하는 형식으로 다 맞기도 하고 다 맞지 않기도 한다고 대답한다. 그 이유는 만일 결정코 일변(一邊)만을 고집하면 모두 과실이 있고 만일 아무런 장애가 없이 말하면 모두 도리가 있기 때문이라 한다.[148] 또 열반이 공인가 아닌가 하는 문제에 대해서도 두 학설 모두에 대해서 긍정도 하고 부정도 한다.[149] 물론 두 학설 모두를 인정할 때도 있다. 그 경우는 경전의 근거가 있기 때문이고 서로 통하기 때문이라 한다.[150]

다음으로 불성문도 6부분, 즉 출체문(出體門), 인과문(因果門), 견성문(見性門), 유무문(有無門), 삼세문(三世門), 회통문(會通門)으로 이루어져 있다. 마지막이 회통문인데 이 부분은 문장이 다른 것을 회통(通)시키는 것과 뜻이 다른 것을 회통(會)시키는 것으로 이루어져 있다. 회라는 용어와 통이라는 용어를 각각 따로 사용하지만 결국은 둘 다 회통으로 이해할 수 있다. 문장이 다른 것을 통하게 하는 것은 그것을 앞뒤 문맥과 그 근본 의도에 따라 설명해서 서로 상위하지 않음을 밝혀서 통하게 해주는 작업이다. 뜻이 다른 것을 회통시키는 것은, 같은 종류의 뜻인데 다른 문구가 있는 것을 뜻을 가지고 한 종류로 모아서 여러 문장을 회통시키는 것이다.

후대에는 쟁론의 회통이라는 표현을 쓸 때도 있다. 즉 균여는 그의 저서에서 불성의 유무에 대한 쟁론을 화해하는 원효의 학설을 소개하면서 원효가 쟁론을 회통하였다는 표현을 한다.[151] 화쟁과 회통을 거의 같은 의미로 사용하는 것이다. 하지만 여기에서도 회통은 모두가 인정이 될 때 쓰는 표현이다.[152] 긍정적인 면에서 말할 때 회통인 것이다. 원효의 화쟁은 모두를 서로 인정하고 통하게 하는 것만은 아니다. 집착을 버리게 하기 위한 부정의 방법도 포함된다. 그래서 원효는 화쟁과 회통을 구분해서 사용하고 있으므로 일부 통하는 면이 있다고 하더라도 주의해서 사용하여야 할 것이다. 다음으로 화회와 회통의 의미에 대해 생각해 보면 화회가 화쟁과 회통의

---

148 한불전1. 537b.

149 한불전1. 529a-b.

150 한불전1. 525b.

151 "如是會通兩家之諍"(이와 같이 양가의 쟁론을 회통시켰다.) 均如, 『釋華嚴敎分記圓通抄』(한불전4. 311c).

152 "會通諸說 皆合眞理"(제설을 회통하여 모두 진리에 맞게 되었다.) 均如, 『釋華嚴敎分記圓通鈔』(한불전4. 325c).

종합이라는 견해도 있지만[153] 일반적으로는 화회와 회통은 거의 같은 의미이다.[154] 원효의 『십문화쟁론』에서는 "보살은 이를 위해서 이치에 맞게 회통하고 실질에 맞게 화회한다."[155]라는 표현이 나오는데 여기에서도 회통과 화회를 거의 같은 의미로 사용하고 있다.

---

153 김영태, 「『열반경종요』에 나타난 화회의 세계」, 예문동양사상연구원·고영섭 편저, 『한국의 사상가 10인-원효』(서울: 예문서원, 2002) p.315 참조.

154 대부분의 불교사전에서 그렇게 풀이하고 있다.
(1)회통(한국불교대사전편찬위원회 편, 『한국불교대사전』(서울: 보련각, 1982), 7권 p.351): 또는 和會라고 함. 화회는 피와 차가 相違하고 乖角되는 뜻을 소통하여 한 뜻으로 돌아가게 하는 것.
(2)會通(운허용하, 『불교사전』(서울: 동국역경원, 1984), p.971): 화회소통(和會疏通)의 뜻. 한 번 보기에 모순되는 듯한 여러 주장을 모아 통석(通釋)하는 것.
(3)會通(『佛光大辭典』(臺灣 高雄: 佛光出版社, 1988), p.5476) : 會合疏通의 뜻. 또 和會, 融會, 會釋이라고도 한다. 또는 會라고도 한다. 異說異義를 會和疏通시켜 그 모순을 조화시켜서 그 사이의 진정한 뜻을 드러냄.
(4)會通(『望月佛敎大辭典』 第一卷(東京: 世界聖典刊行協會, 1974) p.283) : 和會疏通의 뜻. 또 화회, 융회, 회석 혹은 단순히 會, 또는 通이라고도 말한다. 異義異說을 화회소통해서 그 모순을 조절하는 것을 말한다.

155 한불전1. 838c. 이는 원래는 『瑜伽師地論』에 나오는 말이다. "方便善巧如理會通如是經中如來密意甚深義趣. 如實和會攝彼有情"("방편으로 잘 교묘히 하여, 이치 그대로 이와 같은 경 안의 여래의 비밀한 뜻으로서 매우 깊은 이치를 회통하여서는 여실(如實)하게 화회해서 그 유정을 포섭한다.") 『瑜伽師地論』 권45, (T30. 541a).

제2장 元曉의 和諍에 대하여

I. 서론

원효의 사상에 대해서는 여러 가지로 논의되고 있지만 그의 중요한 사상적 특색이 화쟁에 있다는 것은 역사적으로도 인정되고 있고 현대의 많은 학자들도 동의하는 바이다.[1] 원효는 여러 다양한 불교 이론들 사이의 이론적 모순이나 실천상의 문제를 해결하려는 데에 가장 큰 관심을 갖고 있었다. 그것의 구체적인 나타남이 쟁론을 화해시키는 和諍이다. 화쟁을 통하여 여러 다양한 이론 사이의 다툼을 화해시켜서 붓다의 올바른 진리로 돌아가게 하고자 하였다. 이 화쟁은 원효를 가장 잘 특징지어주는 것이고 그의 전 사상에 일관되어 있다. 원효 사상에서 화쟁이 갖는 중요성은 새삼 강조할 필요가 없을 정도이다. 물론 그의 화쟁은 방법적 특색이므로 그 화쟁의 바탕에 있는 원효의 근본 입장이 무엇인가와 불교 이론적인 입장에서 볼 때 그의 사상의 핵심을 어디에 둘 것이냐의 문제는 아직도 논의가 진행 중이다. 필자는 그것을 결국 일심에서 찾아야 할 것으로 보지만[2] 그 문제에 대해서는 여기에서는 자세한 논의는 생략하고 원효의 화쟁에 대해 개괄하는 것으로 본고의 주제로 삼고자 한다.

II. 화쟁의 필요성과 그 대상

화쟁이 원효의 사상에서 중요한 위치를 차지하는 것은 주지의 사실이다. 그렇다면 그는 왜 화쟁의 필요성을 느끼고 그것을 강조하였는가? 화쟁이 필요한 이유에 대하여 원효는 誓幢和上

---

1 최유진, 『원효사상연구-화쟁을 중심으로-』(경남대학교출판부, 1998), 서론 및 결론 부분 참조.

2 최유진, 위의 책, 제3장 화쟁과 일심 참조.

碑에 인용된 『十門和諍論』의 서두에서 다음과 같이 말하고 있다.

"부처가 세상에 있었을 때에는 부처의 圓音에 힘입어(중생들이 한결같이 이해했으나) ……쓸데없는 이론들이 구름 일어나듯 하여 혹은 말하기를 나는 옳고 남들은 그르다 하며, 혹은 말하기를 나는 그러하나 남들은 그렇지 않다고 주장하여 드디어 하천과 강을 이룬다. …… 有를 싫어하고 空을 좋아함은 나무를 버리고 큰 숲에 다다름과 같다. 비유컨대 靑과 藍이 同體이고, 얼음과 물이 같은 원천이며 거울이 만 가지 형태를 다 용납함과 같다."[3]

부처가 있었을 때에는 부처의 큰 가르침에 힘입어 서로 다툼이 없었는데 세월이 지남에 따라 여러 가지 쓸데없는 이론들이 나와서 서로 다투게 되었다고 한다. 자기만 옳다 하고 자기의 견해에 집착하기 때문에 다투지만, 알고 보면 다툴 이유가 없다는 말이다. 얼음과 물이 같은 원천인 것처럼 차별이 없으니 다툴 이유가 없다는 것이 원효의 주장이다.

和諍이 요청되는 기본적인 이유는, 서로가 자기만 옳다고 하여 다투는 것을 화해시켜 올바른 견해를 갖도록 해 주기 위해서이다. 부처의 올바른 진리를 깨달아서 궁극적인 목적지에 도달하도록 하게 해주려는 목적에서 和諍이 필요하다. 따라서 한편으로는 자신의 견해에 대한 집착을 버리게 하는 작업이 和諍이기도 하다. 불교의 중요한 특징을 논쟁을 초월해 있는 것이라고 말하기도 한다.[4] 원효가 화쟁을 강조하는 것은 이러한 불교의 근본 입장을 계승하는 것이라고 할 수 있다.

元曉에 의하면 사람들이 논쟁을 하는 것을 기본적으로 번뇌에 빠져있기 때문이다. 번뇌에 빠져있기 때문에 단정을 하게 되고, 자기 자신의 견해에 사로잡혀서 자신만이 옳다고 주장하며 싸우게 된다. 元曉는 『涅槃經』을 인용하여 다음과 같이 말하고 있다.

"諸佛世尊은 번뇌가 없는 만큼 단정하는 바도 없다. 이런 까닭에 부처를 無上士라 부른다. 또 上士라 함은 諍訟을 하는 것을 이름이요, 無上士는 諍訟이 없다. 如來는 다툼이 없다. 그러므로 부

---

3 『十門和諍論』, 『韓國佛教全書』(이하 한불전으로 약칭) Ⅰ. 838a.
如來在世 已賴圓音 衆生等……空空之論雲奔 或言我是 言他不是 或說我然說他不然 遂成河漢矣……憎有愛空 猶捨樹而赴長林 譬如靑藍共體 氷水同源 鏡納萬形.

4 中村元 著, 楊貞圭 譯, 『原始佛教』, pp.52-71 참조.

처를 無上士라 부른다.”[5]

번뇌 때문에 어느 것이 옳다, 또는 그르다 하고 단정하여 싸움을 하게 된다. 그러므로 번뇌가 없는 부처는 다툼이 없는 것이다. 다툰다는 것 자체가 번뇌가 있는 증거가 된다. 따라서 다툼이 없어야만 이상적 경지에 들어갈 수가 있는 것이다. 다툼이 있다는 것은 그 자신 부처의 진리를 잘못 알고 있는 것이기 때문이다. 번뇌가 없어야 다툼이 없고, 다툼이 있다면 그 다툼을 없앰으로써 부처의 올바른 진리를 드러낼 수가 있는 것이다.

따라서 원효에게 있어 부처의 올바른 진리를 드러낸다는 것은 다툼이 없는 경지에 도달하는 것이며 다툼을 없애려면 번뇌를 없애고 집착을 버리는 것이 근본적인 방법이 된다. 번뇌로 인하여 단정하며 다투기 때문이다. 이렇게 본다면 화쟁의 작업은 집착과 번뇌를 없애는 작업이라 할 수 있을 것이다. 자기 자신의 이론에 대한 집착을 버리게 하는 것 이것도 중요한 수행의 방법이 될 수 있는 것이다.

그러나 근본적으로 화쟁이 불교의 근본 정신을 계승한 것이라 하더라도 원효가 특히 그것을 강조하고 실천한 것은 시대적인 상황이 더욱 和諍을 요청했기 때문이라고 할 수 있다. 당시의 상황에 대해서 원효는 날카롭게 비판을 한다. 원효가 힘써 비판하는 ‘佛法 안의 獅子食蟲’[6]이 바로 그런 사람들이었다. 탐욕과 오만한 마음, 또 그릇된 戒에 너무 집착함, 올바른 戒를 지키기는 하지만 자기가 戒를 잘 지킨다 하여 남을 헐뜯고 무시하는 것 등에 의하여 잘못을 저지르는 獅子食蟲이 있다. 다음으로 和諍과 직접적으로 연관되는 것은 慧에 관계되는 獅子食蟲이다. 한편으로는 남을 이기겠다는 욕심으로 널리 불교 이론을 배워서 자기의 견해에 빠져서 스스로만 잘났다고 하는 데에서 오는 잘못이 있고, 일부 경전만 알고 그것에 집착하고, 낮은 소견을 갖고 그것에 집착하여 생기는 잘못이 있다 한다. 이론적인 면에 있어서 스스로 집착하여 자기는 옳고 남은 그르다고 하는 것은 큰 잘못이라는 것이다. 그들의 잘못을 고쳐주어서 그들이 올바른 견해를 갖도록 해 주고자 하는 데에서 和諍이 필요하다.

일부의 경론만을 아는 것, 낮은 소견을 갖고 있는 것, 또는 널리 불교 경전을 배운다 해도 스스로가 잘났다고 생각하는 것 등이 和諍의 대상이 된다. 남을 이기겠다는 욕심으로 널리 배워서 아는 사람에게는, 욕심에 사로잡히면 올바른 지혜가 되지 못함을 알게 해서 욕심을 버리게 해 줌

---

5 『本業經疏』, 한불전1. 516a.
諸佛世尊無有煩惱 故無所斷 是故號佛爲無上士 又上士者 名爲諍訟 無上士者 無有諍訟 如來無諍 是故號佛爲無上士.

6 『菩薩戒本持犯要記』, 한불전1. 581c-582c 참조.

이 和諍이다. 낮은 소견의 사람에게는 높은 소견을 일러주어 낮은 소견에 대한 집착에서 벗어나게 해주는 것이 和諍이다. 그리고 한 경전만을 알고 그것에 집착하는 사람에게는 다른 경전이 있음을 알게 해 주는 것도 和諍이다. 和諍은 여러 이론들 사이의 논쟁을 화해시켜서 잘못된 견해에 빠진 사람들을 올바르게 인도하려는 목적에서, 그리고 스스로의 견해에 집착해서 오만한 마음에 빠진 사람들을 잘 인도하기 위해서 필요한 것이다.

원효가 노리는 바 和諍의 대상은 불교의 여러 다양한 이론들 사이의 다툼이었다고 볼 수 있다. 단 和諍의 대상 속에 종파간의 다툼은 포함되지 않는다. 和諍의 대상은 그 근본 정신에 비추어 본다면 불교 이외의 다른 학파까지 확대가 가능할 수도 있지만 현존하는 저술 및 당시의 사상적 상황에 비추어 본다면 그 직접적인 대상은 불교 내부로 한정시켜야 할 것이다. 당시까지 들어온 다양한 불교 이론들에 대한 종합적 이해라는 것이 원효에게 주어진 역사적 사명이었다고 할 수 있다.

III. 화쟁의 가능 근거

화쟁이 필요한 이유와 그 대상에 대해서 알아보았다. 그렇다면 다음으로는 화쟁을 한다면 어떤 근거에서 가능한가가 밝혀져야 할 것이다. 화쟁이 아무리 필요하다고 해도 그것을 실현할 수 없다면 그것은 소용이 없다. 따라서 화쟁을 실현할 수 있는 근거가 있어야 할 것이다. 어떤 근거를 제시하여 화쟁을 해 나아가는가를 살펴보도록 하자.

화쟁의 가능 근거에 대하여 朴鍾鴻 선생은 원효의 『涅槃宗要』에 나오는 한 구절을 인용하여, "佛教衆典의 부분을 통합하면 萬流가 一味이며 佛意의 至公無私함을 전개하면 百家의 異諍이 그대로 살려져 和할 수 있기 때문이다"[7]라고 하였다. 그런데 이것에 대하여 朴性焙 교수는 비판을 하고 있다. 그는 말하기를, 『열반종요』에 나오는 이 문장은 『열반경』이 주어인 문장인데 그것을 주어를 바꾸고 문맥을 전도시켜서 해석했기 때문에 문제가 있다고 하였다. 또 그런 해석이 가능하다 해도 佛教衆典의 부분을 통합한다고 할 때 어떻게 하여야 하고, 佛意의 至公無私함을 전개한다고 할 때 어떻게 해야 할 것인가에 대한 얘기가 없기 때문에 화쟁 사상의 논리적 가능근

---

7 朴鍾鴻, 『韓國思想史』(서문당, 1972), p. 87.

거는 이것에 의하여 밝혀졌다고 볼 수가 없다고 한다[8].

그러나 원효가 『열반경』을 평가하여 이런 식으로 얘기한다면 그 말을 불교 전체에 대한 그의 견해로도 볼 수 있음직하다. 『열반경』이 뛰어나고 훌륭한 이유를 바로 이런 면에서 찾고 있기 때문이다. 그는 『열반경』 외에도 『大乘起信論』, 『法華經』 등도 바로 그런 점에서 높이 평가하고 있다. 그런데 모든 불교경전의 부분을 통합하여 萬流가 一味인 경지에 돌아가게 하고 佛意의 至公함을 전개하여 百家의 異諍을 화해시키는 것이 『열반경』이므로 『열반경』에서 화쟁의 가능근거를 찾을 수 있다는 얘기가 될 것이다. 또 그런 가능성은 『法華經』, 『大乘起信論』 등에서도 찾을 수 있다고 보는 것이 원효의 견해라고 할 수 있을 것이다. 그런데 『열반경』에서 그런 일을 해 놓았다고 평가한다면 어떤 방식으로, 또 어떤 근거로 하였다고 원효가 보고 있는가를 찾는 것이 우리의 과제가 될 것이다.

원효는 『열반종요』에서, "이것은 이치와 지혜를 모두 잊어버리고 이름과 뜻이 아주 끊어진 것이니 이것을 열반의 그윽한 뜻이라 한다. 다만 모든 부처가 그것을 證得하고서도 그 자리에 있지 않되, 응하지 않음이 없고 말하지 않음이 없으니 이것을 일러 열반의 지극한 가르침이라 한다. 그러나 그윽한 뜻이면서도 한 번도 고요한 적이 없었고 지극한 가르침이면서도 한 번도 말한 적이 없었다. 이것을 이치와 가르침의 한 맛(一味)이라고 한다."[9]라고 一味에 대해서 얘기하고 있다. 요컨대 궁극적으로는 모든 차별상을 떠난다는 것이다. 불교에서 여러 이론을 말하긴 하지만 궁극적으로는 平等無差別한 것이라고 보고 있는 것이 여기에서의 원효의 견해이다. 따라서 『열반경』이 一味로 돌아가게 하고 다투는 것을 화해시킬 수 있는 것은 모든 것을 통합한 궁극적인 경지가 평등무차별하기 때문으로 보아야 한다. 결국 화쟁의 가능근거는 궁극적인 평등무차별의 경지라고 할 수 있겠다. 그와 같은 것을 『열반종요』의 다른 부분에서도 경론을 인용하여 다음과 같이 말하고 있다.

> "지금 이 경(『열반경』)을 설한 때는 바로 한 교화가 끝나는 날이었으며 마침내 모든 부처의 큰 뜻을 나타내 보이려는 데에 뜻이 있었다. 즉 성도한 뒤로부터 根機를 따라 말한 모든 가르침을 총괄하여 一味의 도를 보여주기 위함이었다. 그것은 널리 이제 둘이 없는 성품에 돌아가는 것으로서 十方

---

8 朴性焙, 「元曉思想展開의 問題點」, 金奎榮博士華甲紀念論文集刊行委員會 編, 『東西哲學의 諸問題』(1979), p.75 참조.

9 『涅槃宗要』, 한불전1. 524a-b.
斯卽理智都忘 名義斯絶 是謂涅槃之玄旨也 但以諸佛證而不位 無所不應無所不說 是謂涅槃之至敎也 玄旨已而不嘗寂 至敎說而未嘗言 是謂理敎之一味也.

三世의 모든 부처가 다 같은 것이며 그 뜻은 둘도 없고 차별도 없는 것이다."[10]

여기에서 보아도 궁극적으로는 차별이 없다는 것을 분명히 하고 있다. 궁극적인 경지는 無二無別이라는 것이다. 따라서 궁극적인 경지에서 본다면 여러 다양한 가르침이 하나로 총괄될 수 있게 된다. 그것이 바로 화쟁의 가능 근거라 할 수 있다. 그런데 원효에 의하면 궁극적인 일미(一味)의 경지는 바로 일심(一心)의 원천으로 돌아간 경지이다. 원효가 궁극적인 경지인 일심에 대해 구체적으로 어떻게 얘기하고 있는가는 여기에서는 논의하지 않는다. 하지만 그 一心이 화쟁의 가능 근거가 됨은 다음과 같은 말에서도 확인할 수 있다.

> "如來의 설한 바 一切의 教法은 一覺味에 돌아가게 하지 않음이 없다.……일체중생은 본래 一覺이나 다만 무명으로 말마암아 꿈 따라 유전하나 모두 여래의 일미의 說.에 따라 끝내 일심의 원천에 돌아가지 않음이 없다."[11]

모든 것이 一心之源으로 돌아가니 결국 平等無差別하다. 따라서 다툴 이유가 없다. 그런데 그것을 모르기 때문에 다툼이 생긴다고 볼 수가 있다. "일체의 法은 不生不滅하여 본래 寂靜하지만 妄念에 따라서 차별이 있게 되고"[12] 본래의 一心에 따라 보지 못하기 때문에 다툼이 일어난다. 一心의 견지에서 본다면 그런 다툼은 쓸데없고 어리석은 짓이다. 따라서 一心의 경지에서 본다면 평등무차별하므로 그런 의미에서 화쟁의 가능 근거를 一心이라고 할 수 있다.

여기에서 다시 앞의 『열반종요』의 인용 부분에 대해 자세한 검토를 하기로 하자. "佛教衆典의 부분을 통합하려 萬流의 一味로 돌아가게 하고 佛意의 至公을 전개하여 百家의 異諍을 화해시킨다."고 할 때 두 가지가 대비되어 나타남을 알 수 있다. 하나는 一味로 돌아가게 함이고, 하나는 여럿을 그대로 살려줄 수가 있다 함이다. 朴鍾鴻 선생의 번역에서는 至公을 至公無私로 번역하였지만 元曉는 至公과 無私를 구별하여 쓰고 있다. 『起信論別記』에 의하면,

---

10 『涅槃宗要』, 한불전1. 525a-b.
今說是經之時正臨一化之終日究竟顯示諸佛大意 所謂總括成道以來隨機所說一切言教 悉爲示一味之道 普今歸趣無二之性 十方世一切諸佛悉同 是意無二無別.

11 『金剛三昧經論』 卷上, 한불전1. 610a.
如來所說一切敎法 無不令入一覺味 一切衆生本來一覺但由無明隨夢流轉 皆從如來一味之說 無不終歸一心之源

12 『大乘起信論別記』, 한불전1. 680a.
諸法不生不滅本來寂靜但依妄念而有差別

"(大乘은) 지극히 公正(至公)한 까닭에 動과 靜이 따라서 이루어지며 그 私가 없는 (無私) 까닭에 染과 淨이 다 하나가 되는 것이다. 染과 靜이 하나가 되므로 眞·俗의 차별이 없고, 動과 靜이 이루어지는 까닭에 昇降의 차별이 있는 것이니, 昇降의 차별이 있으므로 感應의 길이 열리며 眞俗이 평등하므로 사변의 길이 끊기는 것이다."[13]

라고 말하고 있다. 至公을 차별적인 여럿을 모두 용납하는 것으로, 無私를 平等無差別의 의미로 사용하고 있다. 결국 平等無差別하다는 것과 모든 차별이 용납된다는 것이 함께 성립한다는 것이 원효의 주장이다. 화쟁의 입장에서 중요한 것은 앞에서의 『열반종요』에서의 말과 연관시켜본다면 至公의 입장에서 모든 차별이 용납된다는 면으로 볼 수 있겠다. 그러나 차별이 용납된다는 것은 平等無差別의 一味를 떠나서는 성립할 수 없다. 따라서 一心의 견지에서는 一味平等이면서도 모든 차별이 용납된다는 그의 一心사상을 그의 화쟁의 가능 근거로 볼 수가 있다. 그것은 『起信論疏』의 다음과 같은 말을 보면 더욱 확실하다.

"열면 無量無邊한 뜻이 大宗으로 되고 二門一心의 法이 그 要諦로 되어 있다. 그 二門속에 만가지 뜻이 다 포용되어 조금도 혼란됨이 없으며 무궁한 뜻이 一心과 하나가 되어 混融된다. 이런 까닭에 開合이 자재하고 立破가 걸림이 없다. 연다고 번거로운 것도 아니요, 합친다고 좁아지는 것도 아니다. 그리하여 立하되 얻음이 없고 破하되 잃음이 없다."[14]

開合이 자재하여 無碍할 수가 있다는 것이다. 또 無量無邊之義가 二門一心之法과 서로 걸림이 없다는 것이 원효의 주장이다. 열 때 나타나는 無量無邊한 뜻이 합칠 때 나타난 二門一心속에 완전히 표용되어 조금도 혼란함이 없이 융합되어 있다는 것이다. 그런데 사람들은 이것을 알지 못하고 자꾸 다투므로 그것을 알면 화쟁이 가능하다. 따라서 원래 진리의 입장에서 본다면 開合이 自在하여 無碍하다는 것을 알면 될 것이다. 그러나 화쟁을 행하려면 그것이 왜 그런가를 설명하여야 할 것이다. 결국 전체적으로 본다면 화쟁이라는 것은 부처의 바른 뜻을 알게 하는 것이 된다. 따라서 원효의 전사상이 바로 화쟁과 연결되어 있다고 볼 수 있다. 또 앞서 인용한

---

13 『大乘起信論別記』, 한불전1. 677c.
有至公故 動靜隨成 無其私故 染淨斯融 染淨融故 眞俗平等 動靜成故 昇降參差 昇降差故 感應路通 眞俗等故 思議路絶

14 『起信論疏』, 한불전1. 733c.
開則無量無邊之義爲宗 合則二門一心之法爲要 二門之內 容萬義而不亂 無邊之義 同一心而混融 是以開合自在 立破無碍 開而不繁 合而不狹 立而無得 破而無失

『열반종요』의 말에 의해서 보아도 佛意의 至公을 전개하면 百家의 異諍을 화해시킬 수 있다고 원효가 보고 있음을 확인할 수 있다. 따라서 결국 화쟁의 가능 근거는 부처의 올바른 진리이다. 부처의 올바른 진리를 원효는 무엇으로 생각했는가? 거기에 대해서는 이제까지 여러 가지로 논의된 원효 사상 전체가 그에 대한 대답이라 할 수 있다. 開合이 自在하여 無碍하다는 것은 어떤 의미인가? 眞俗이 平等하다는 것은 어떤 의미인가? 또는 왜 진속이 평등하다고 얘기할 수 있는가하는 등등의 여러 가지 문제에 대한 원효의 대답이 화쟁과 연결되어 있다. 거기에 대해 자세히 논의하는 것은 이 논문의 범위를 넘어서는 것이므로 생략한다. 다만 한 가지 얘기할 수 있는 것은 원효는 一心의 근거 위에서 자신의 사상을 세웠으므로 앞서 논의한 것처럼 결국 화쟁의 가능근거는 그의 一心에서 찾을 수 있다는 사실이다.[15] 그것은 高翊晉교수도 "元曉의 和諍思想을 바탕으로 하여 흐르고 있는 이 한결같은 철학적인 입장은 大乘起信論의 一心二門 思想에 理念的인 根據를 두고 있는 것으로 보인다."[16]고 인정하고 있다. 결론적으로 다시 한 번 정리해서 말하자면, 원효의 주장에 의하면 모든 것은 一心之源으로 돌아가니 결국 평등무차별하다. 따라서 다툴 이유가 없다. 그런데 그것을 모르기 때문에 다툼이 생긴다. 一心의 견지에서 본다면 그런 다툼은 쓸데없고 어리석은 짓이다. 따라서 일심의 견지에서 다툼을 해소시킬 수 있으므로 화쟁의 가능 근거를 일심이라 할 수 있다. 이런 일심은 또 한편으로는 화쟁의 목적지이기도 하다. 일심의 근원에 돌아가면 평등무차별하다. 그래서 다툼이 없고 부처의 근본 진리가 실현된 자리이기도 하다. 일심은 화쟁의 근거이자 목적지인 것이다. 원효의 화쟁은 단순한 이론적인 문제만이 아니고 근본적으로 실천적인 문제와 뗄 수 없는 연관관계를 갖고 있다. 화쟁은 이론적인 논쟁을 화해시키는 것이지만, 그것이 진정한 의미에서 화쟁이 되려면 논쟁하는 당사자들이 실제로 집착함이 없어야 하는 것이다.

결국 전체적으로 본다면 화쟁이라는 것은 부처의 올바른 뜻을 알게 하는 것이 된다. 百家의 異爭은 佛意의 至公을 전개함으로써 화해시킬 수 있는 것이다. 따라서 부처의 바른 뜻을 전달하고자 하는 원효의 전 사상이 화쟁과 연결되어 있다고 볼 수 있다. 부처의 올바른 진리를 알면 사

---

15 朴性焙교수는 二門相通의 사상에서 화쟁 사상의 논리적 가능근거가 찾아져야 한다고 생각한다고 하였다.(朴性焙, 「元曉思想展開의 문제점」, p. 73 주석 29) 그런데 二門相通도 결국은 一心의 근거 위에서 가능하다는 것을 기억한다면 화쟁의 근거를 一心이라고 할 수 있다. 그리고 朴鍾鴻 선생의 논의는 앞서 얘기한 朴性焙 교수의 지적처럼 문제가 있다. 또 開合의 논리를 화쟁의 근거로 삼는 것도 문제가 있다. 開合만을 한다고 해서 화쟁이 이루어지는 것은 아니라는 것은 박성배 교수도 지적하고 있다. (朴性焙, 元曉思想展開의 문제점 p. 79) 그러나 開合이 자재하여 無碍하다는 것, 즉 一과 多의 圓融無碍가 궁극적인 경지에서 인정된다면 그런 의미에서 다툼을 없애는 근거가 될 수도 있다. 그리고 開合이 자재 무애한 것이 결국은 一心의 근거에서라는 것이 우리의 주장이다.

16 高翊晉, 「元曉思想의 實踐原理」, 『崇山朴吉眞박사 회갑기념 한국불교사상사』, p. 226.

람들이 다투지 않을텐데, 모르기 때문에 다투므로 화쟁의 가능 근거는 부처의 올바른 진리라고 말할 수 있는 것이다. 그러면 원효는 부처의 바른 진리를 무엇이라고 생각했는가. 원효 사상 전체가 그에 대한 해답이라고 볼 수 있지만 원효는 일심의 근거 위에서 자신의 사상을 세웠으므로 결국 화쟁의 가능 근거는 그의 일심에서 찾을 수 있다. 원효의 일심은 모든 것의 근거이고 상대적 차별을 떠난다. 그리고 집착 없는 상태가 바로 일심의 상태이다. 본래의 상태가 모든 다툼이 없는 상태이므로 현재 아무리 다투고 있다 하더라도 궁극적으로 화해된 상태로 갈 수 있다. 현재 다투고 있는 것은 일심에 대해 제대로 알지 못하기 때문이지만 안다면 다투지 않을 것이다. 따라서 일심의 근거에서 화쟁이 가능하고 또 한편으로는 화쟁이 궁극적으로 노리는 바는 일심으로 되돌아감이라고 할 수 있다.

IV. 원효의 언어관과 화쟁의 방법

일심의 근거에서 화쟁을 할 수 있고, 또 화쟁의 목적지가 일심이라면 어떻게 하여야 쟁론을 화해시킬 수 있는가? 화쟁은 언어적인 표현으로 쟁론하는 것을 화해시키는 작업이므로 언어가 문제된다. 언어에 대한 잘못된 이해로 말미암아 집착하고 논쟁하기 때문이다. 따라서 언어의 본성에 대해 정확히 이해하는 것이 필요하다. 원효는 언어에 대한 올바른 이해가 있어야 함을 강조하고 있다.

언어의 성격은 어떠한가? 언어는 진리를 전달하기 위해 사용된다. 그러나 언어와 진리의 관계는 고정적이고 불변적인 관계는 아니다. 언어와 진리는 상호의존적이다. 언어가 없다면 진리를 드러내는 것이 불가능하다. 극단적으로 말하면 언어가 없으면 진리도 없다. 결국 고정적인 불변의 진리가 먼저 있고, 다음에 그것에 의지해서 언어가 있다고 생각해서는 안 된다. 그렇다고 언어와 진리가 동일한 것도 아니다. 언어는 전달의 편의를 위해서 사용되고 있을 뿐이다. 언어는 진리를 전달하는 한편, 진리를 왜곡시킨다. 그것을 원효는, "진리는 말을 끊는 것도 아니고 끊지 않는 것도 아니다."[17]라고 표현한다. 진리라고 하는 표현도 그 자체가 언어적인 표현의 속성을 갖고 있다는 것을 사람들에게 알게 해서, 그 언어적 표현에 집착하지 않도록 하려는 의도에서 이

---

17 『起信論疏』 한불전1. 743b.
理非絶言 非不絶言 以是義故 理亦絶言 亦不言絶.

와 같이 말한다. 따라서 말로 표현 가능한가, 표현 불가능한가 하는 "離言"과 "依言"의 문제가 제기된다.

원효에 의하면 진리는 언어에 의해 전달 가능한 측면[依言]과 전달 불가능한 측면[離言]이 있다. 그러나 말에 의해 표현 불가능하다[離言]고 말해도 그것도 결국은 말에 의한[依言] 표현이다. 여기에서 문제가 되는 것은 결국 언어적 표현의 한계이다. 원효는 언어에 집착해서는 안 된다고 강조한다. 그것이 언어적 표현으로는 부정의 형식으로 나타난다. "말에 의해 말을 버린다."[18]고 하는 표현과 "결국 모두가 올바르지 않다는 말과 말대로 취하면 안 된다고 하는 말이 다른 것이 아니다."[19] 등의 표현이 그 예이다. 결론적으로 언어가 분별의 소산임을 알아 집착을 버리고 받아들이면 된다는 것이 원효의 언어관이다.

여러 학파의 다양한 학설을 이와 같은 원효의 언어관에서부터 본다면, 그러한 여러 이론들은 옳다고도 말할 수 있고 옳지 않다고도 말할 수 있다. 언어가 진리를 전달할 수 있다는 면에서 본다면 다양한 학설은 그 나름대로의 의의가 인정된다. 그러나 자기자신의 이론에 집착해서 자신만이 옳다고 주장한다면 그것은 올바르지 않다. 왜냐하면 언어는 진리 그 자체는 아니기 때문이다.

이러한 언어관에서 출발한 원효의 화쟁의 방법은 극단을 떠남, 긍정과 부정의 自在, 경전 내용에 대한 폭넓은 이해라고 하는 세 가지로 나누어 고찰할 수 있다.

언어의 한계를 지적하면서, 부정을 통해 사람들이 집착을 버리도록 해 주는 것이 하나의 화쟁의 방법이다. 부정에 의해 극단을 떠나도록 하는 방법이다.[20] 그러나 부정만 한다고 해서 집착이 없어지는 것은 아니다. 도리어 부정에 집착하는 경우가 많다. 따라서 부정에도 집착하면 안 된다고 하는 표현이 나온다. 그것이 부정의 부정이다. 부정 및 그것의 부정[즉 부정의 부정]의 표현은 兩邊의 극단에 떨어져서는 안 된다고 하는 의미에서 나온 말이다. 사람들은 이분법적인 사고 때문에 무언가에 대해서 부정을 하면 그 말을 무엇에 대해서도 집착하면 안 된다는 의미로 받아들이지 않고 부정된 반대의 것에 집착한다. 따라서 그 반대의 것에도 집착하면 안 된다는 말이 부정의 부정이다. 이것이 극단을 떠남이라는 화쟁의 방법이다. 그러나 이와 같이 부정일변도로

---

18 『大乘起信論別記』, 한불전1. 680c.
因言遣言

19 『法華宗要』, 한불전1. 491a.
遂言俱非 不如言取 二說無二

20 앞서 인용한 『法華宗要』(한불전1. 491a)에서의 "遂言俱非 不如言取 二說無二"라고 말하는 것이 그러한 예의 하나이다. 그 외에 『無量壽經宗要』(한불전1. 516b-c)에서도 諸邊에 집착해서는 안 된다고 말하고 있다.

해도 집착이 없어지는 것은 아니다. 오히려 반대로 부정에 더욱 집착하는 경향이 있다. 모든 것을 부정만 하면 그것이 올바르다고 이해하는 경향이 있는 것이다.

여기에서 긍정과 부정의 自在[21]가 필요하다. 긍정에도 부정에도 집착하지 않도록 하기 위해서이다. 부정에 대해서 또 부정하는 것은, 부정하면 그것의 반대측 극단에로 향하는 것이 우리들이므로 그것을 경계하여 부정도 아니라고 하는 것이다. 즉 "非然"[부정]이라면 "非不然"[부정의 부정]이다. 긍정이 아니라면 부정도 아닌 것이다. 그러나 원효는 또 한편에서는 "非不然"이므로 "然"[긍정]이라고 말한다. 보통의 언어적 표현에 의하면 그것은 당연하다. 아닌 것이 아니면 인 것이기 때문이다. 그러나 원효의 이 표현이 상식적인 차원에서의 말과 같은 것은 아니다. 원효의 논리는 부정의 부정을 긍정에로 전환시키는 데에 그 특징이 있는데 긍정으로 전환되는 계기에 유의하지 않으면 안 된다. 여기에서 "非不然"[부정의 부정]이 "然"[긍정]으로 된다 해도 그 "然"은 "非不然"의 "然"이다. 긍정으로 나타난다 하더라도 그것은 결정적인 긍정은 아니다. 집착 없이 받아들이지 않으면 안 되는 그러한 긍정이다. 언어의 긍정적 표현 그 자체 안에 이미 극단에 빠지지 말고 받아들이지 않으면 안 된다고 하는 의미를 함축하고 있다고 보아야 할 것이다. 경전의 표현 등을 그와 같이 집착 없이 받아들여야 한다는 것을 원효는 주장하고 있다.

또 하나의 화쟁의 방법은 "同意도 하지 않고, 異意도 제기하지 않고 說한다"[22]고 하는 것이다. 이것은 긍정과 부정의 자재라는 화쟁의 방법의 또 하나의 측면으로 볼 수도 있지만 태도의 문제를 중시한 것이라고 말할 수 있다. 원효는 동의하지 않기 때문에 이치에 어긋나지 않고, 동의하지 않는 것이 아니기 때문에 情에 어긋나지 않는다고 주장하면서, 동의와 이의에서 벗어나서 자유롭게 말하지 않으면 안 된다고 말한다. 이와 같이 해서 다양한 학설들이 화해된다.

다음으로 이와 같은 기반 위에서 다양한 경전의 내용에 대해 폭넓게 이해하는 것이 또 하나의 화쟁의 방법이다.[23] 원효는 하나의 경전에만 집착하지 않고 그 내용을 폭넓게 이해하지 않으면 안 된다고 말한다. 원효는 경전 가운데에 상이한 설명이 있으면, 그것들을 경전내에 있어서의 연관 관계 및 그외의 경전과의 연결 관계도 설명하여 화해시킨다. 그 화해의 방법의 핵심은 실천

---

21 이것에 대해서는 다음의 부분 등이 참조된다.
『涅槃宗要』, 한불전1. 529b; 『涅槃宗要』, 한불전1. 538b-c.

22 『金剛三昧經論』 入實際品, 한불전1. 638a.
非同非異而說 非同者 如言而取 皆不許故 非異者 得意而言 無不許故 由非異故 不違彼情 由非同故 不違道理 於情於理 相望不違.

23 이것에 대한 예는 원효의 저술 모든 것에서 발견할 수 있다. 元曉의 기본적 입장은 聖典은 모두가 진실인데, 사람들의 태도 때문에 문제가 생긴다는 것이다.

의 중시이다. 경전의 가르침은 궁극적인 깨달음을 획득하기 위해서 있고 그것은 모든 경전이 동일하다. 문제는 어떻게 하여야 그것을 올바로 받아들여 실천할 수 있는가 하는 것이다. 궁극적인 깨달음을 지향하는 종교적 실천을 가장 중요하게 생각하는 것이 원효이고, 그러한 궁극적인 깨달음을 획득해서 일심에로 귀환하는 것이 가능하도록 하는 것이 화쟁이다. 따라서 궁극적인 깨달음을 획득하기 위한 모든 불교의 수행이 화쟁의 방법일 것이다. 결국, 결정적인 화쟁의 방법은 일심에로 귀환시키는 것이라고 말할 수 있을 것이다.

V. 결론

다양한 종류의 불교경전을 평가해서 가치의 우열을 논하는 敎判과의 연관에서 화쟁을 본다면, 원효의 조화와 화해의 정신을 잘 알 수 있다. 교판은 그의 전체적인 불교관을 드러내 보여주는데 교판에 있어서도 화쟁의 입장에 충실한 경전을 보다 중시하고 있다. 원효에게는 독자적인 교판이 있다.[24] 그러나 그것은 어떤 경전은 우수하고, 어떤 경전은 우수하지 않다는 입장은 아니다. 단지 필요에 의해 불교의 전체적인 모습을 보여주기 위하여 교판을 시도한 것으로 이해된다. 교판은 절대적인 것은 아니다. 교판에서 낮은 단계에 배치되었다고 해서 그 경전의 가치가 낮은 것은 아니다. 어떤 경전에 의해서도 佛道에 들어가는 것이 가능하다고 하는 것이 원효의 입장이다. 각각의 경전은 그것 나름대로 불타의 진리를 전달하고 있으므로 그것을 잘 이해하는 것이 중요하다고 생각한다. 어느 경전이 절대적으로 우월하다고 보는 입장이 아니다. 어떻게 하여야 불교의 궁극적인 깨달음에 도달할 수 있느냐가 중요하고, 각각의 경전은 모두 그 깨달음을 획득하기 위해 있다고 말한다. 따라서 경전의 우열을 결정하는 방식의 교판은 바람직하지 않다고 생각한다. 어느 경우에는 교판 그 자체에 대해서 부정적인 견해도 보인다. 『涅槃宗要』의 마지막 부분에서 다음과 같이 말하고 있는 것이 그 예이다.

---

24 元曉는 『華嚴經疏』에서 독자적인 敎判을 시도한다. 現存의 『華嚴經疏』 가운데에는 그 부분이 없지만 法藏, 靜法寺 慧苑, 澄觀, 表員 등의 저술에 인용된 것에 의해서 그 내용을 알 수 있다. 表員의 『華嚴經文義要決問答』 卷四(한불전2. 385b)에는 다음과 같이 인용되어 있다.
"唐新羅元曉法師 亦立四教 一三乘別教(如四諦教緣起經等) 二三乘通教(如般若教深密經等) 三一乘分教(如瓔珞及梵網經等) 四一乘滿教(謂華嚴經普賢教) 三乘共學名三乘教 於中未明法空 名別相教 通說法空是爲通教 不共二乘名一乘教 於中未顯普法 名隨分教 窮明普法 名圓滿教"

"이것으로 부처의 뜻이 얼마나 深遠하고 無限한가를 알 수 있다. 그런데 네 개의 기본취지(四宗)로 경의 뜻을 분류하고 五時로 부처의 뜻을 한정지으려 하는 것은 술잔을 가지고 바닷물을 퍼내고 管으로 하늘을 엿보려는 것과 같을 뿐이다."[25]

화쟁의 정신에서 전불교를 바라보고 있다고 해석할 수 있을 것이다.

元曉의 사상은 후대에 광범한 영향을 준다. 元曉는 종파적이지 않았으므로 한 종파의 창시자로서 후대에 영향을 끼치지는 않았다.[26] 그 근본사상이 종파와 나라를 뛰어 넘어 널리 받아들여짐으로써 더욱 커다란 영향을 남겼다. 중국의 화엄종의 대성자인 法藏은 元曉의 영향을 많이 받았으며 그 후계자인 澄觀도 元曉를 높이 평가한다.[27] 일본에서 13세기에 화엄종을 재건한 明慧도 元曉의 사상을 높이 평가하여 숭앙하였다.[28] 그의 영향이 국내에만 국한된 것이 아님을 이런 예들에서 알 수 있다.

국내의 경우를 보면 신라 시대의 表員이나 見登도 元曉의 저술을 즐겨 인용하고 있지만 元曉가 더욱 높이 평가되는 것은 고려 시대에 들어와서이다. 고려 시대의 대표적 사상가인 義天과 知訥이 모두 元曉를 높이 평가하고 숭앙한다. 禪敎의 相爭이 심하여 그 쟁론의 화해가 중요한 관심사이던 고려 시대에 元曉의 사상 특히 和諍사상에서 禪과 敎의 相爭을 화해시킬 수 있는 정신을 찾을 수 있었기 때문이었다.

義天은 「祭芬皇寺曉聖文」에서 元曉를 海東教主 · 元曉菩薩 또는 海東菩薩 · 聖師라는 최고의 존칭으로 부르고 있으며 元曉의 사상의 핵심을 和諍으로 파악하고 있다. 그는 "오직 우리 해동보살 만이 性과 相을 융합하고 古今의 여러 다툼의 단서를 화해시켜서 一代의 至公之論을 얻었다"고 말하고 있다.[29] 그리고 「讀海東教迹」이라는 시에서는 元曉를 馬鳴이나 龍樹와 같은 인도 불교에서 가장 뛰어났던 인물들과 동렬로 취급하고 있다.[30] 그만큼 元曉를 높이 평가하고 있

---

25 『涅槃宗要』, 한불전1. 547a.
是知佛意深遠無限 而欲以四宗科於經旨 亦以五時限於佛意 是猶以螺酌海 用管闚天者耳.

26 金映遂선생은 元曉를 五教 중의 하나인 法性宗의 開祖로 보았지만 五教 自體가 받아들여지기 곤란하므로 한 종파의 창시자로 볼 수는 없다.

27 崔柄憲, 「高麗佛敎界에서의 元曉 理解」, 『元曉研究論叢』(國土統一院調査研究室), pp.648-649 참조.

28 安啓賢, 「日本에서의 元曉 研究」, 『한가람』 1977년 1-2월호, pp.79-81 참조.

29 『大覺國師文集』, 卷十六(한불전4. 555a)의 「祭芬皇寺曉聖文」에 "唯我海東菩薩 融明性相 隱括古今 和百家之異諍 得一代至公之論."이라 하였다.

30 『大覺國師文集』 卷二十, 「讀海東教迹」, 한불전4. 565c.
著論宗經闡大猷 馬龍功業是其儔.

다. 義天은 元曉 불교 철학의 가치를 발견하고 그것을 통하여 화엄종과 법상종 사이의 교리적인 대립과 教宗과 禪宗사이의 教理와 實踐의 갈등 문제 등의 고려 불교계의 모순을 극복하려 하였던 것이다.[31] 그러나 義天의 현존 저술에 元曉의 和諍 이론에 대한 논의를 발견할 수 없는 것은 이상한 일이다. 義天의 현존하는 저술만으로 추론해 본다면, 그가 학자가 아니어서 元曉의 이론을 논의할 준비가 되어 있지 않았거나, 다만 명상과 경전 공부를 조화시키는 天台의 教義를 통해서 元曉의 이상을 체득하려 했을 뿐이라고 말할 수 있다.[32]

知訥도 元曉의 和諍을 높이 평가한다. 知訥은 특히 禪修行과 경전 공부의 통합을 강조하였는데 그런 경우에 知訥은 元曉를 자주 인용한다. 그러나 元曉가 禪 修行도 한 學僧이라는 것을 보여주기 위한 것에 한정하고 있다. 知訥은 元曉를 경전 공부와 禪 修行의 통합을 명백하게 강조한 사람으로 취급하지는 않는다.[33] 그리고 그는 元曉를 높이 평가하긴 하지만 元曉의 구체적인 和諍의 이론에 대해 언급하고 있지는 않다. 知訥은 元曉에게서 구체적인 이론적 내용에서 영향을 받았다기보다는 그 정신의 면에서 영향을 받았다고 할 수 있을 것이다. 義天과 知訥의 이후에도 元曉의 和諍은 많은 영향을 미친다. 한국 불교의 특징을 조화와 화해를 강조하는 데에 있다고 한다면 그 정신이 선구는 元曉의 和諍에서 찾을 수 있을 것이다.

和諍은 元曉 사상의 중요한 특색이다. 元曉는 和諍으로 전체 불교 이론들을 바라보아 실천적 견지에서 각각의 가치를 인정하였다. 그렇지만 和諍은 여러 불교 이론들을 이론적으로 체계화시키는 작업은 아니다. 엄밀한 논리로써 和諍을 수행하기는 하지만 궁극적으로는 실천의 문제로 연결된다. 실천적 입장에서 각각의 불교 이론들의 가치가 인정되는 것이다.

---

31 崔柄憲, 「高麗佛教界에서의 元曉 理解」, 『元曉研究論叢』, p.655 참조.

32 Sung-bae Park, "Wonhyo's Commentaries on the Awakening of Faith in Mahayana (Univ. of California, Berkeley, Ph.D. Dissertation, 1979), p.77 참조.

33 Ibid., p.78 참조.

제3장 종교다원주의와 원효의 화쟁

I. 서론

현재 우리나라 종교의 상황을 보면 다양한 종교가 경쟁하고 있고 종교 간의 갈등도 심심치 않게 나타나고 있는 상황이다. 이른바 다원적 종교의 사회인 것이다. 대부분의 나라에서는 종교다원사회라 해도 주도적인 종교가 있고 그 외에 소수파인 다른 종교들이 있어서 다원적인 양상으로 전개되는 데 반하여 현재 우리나라는 동양종교와 서양종교가 거의 비슷한 정도로 분포하고 있어서 어느 하나가 주도적인 종교가 아니다. 동양과 서양의 주요 종교 전통들이 이렇게 철저한 경쟁적 상황에 공존하고 있는 것은 세계에서 오직 한국뿐이라 할 수 있고 한국적 종교다원주의는 단순히 표피적 사회현상이 아니라 개인의 내부에서도 일어나고 있는 심층적 현상이라 한다.[1]

종교다원의 사회라고 할 때 우리의 전통사회도 다종교적인 상황이 없었던 것은 아니겠지만 그것도 현대만큼은 심각한 상황은 아니었다. 이제 이러한 상황에서 종교다원주의라는 문제는 단순히 외부에서 논의하니까 우리도 해보자는 것이 아니라 바로 우리의 문제이기도 하다. 커다란 도전 가운데의 하나가 종교다원주의 현상인 것이다. 종교적 갈등이 다른 갈등보다도 심각하고 해결하기 어려운 것은 각각의 종교가 모두 절대적인 진리임을 주장하기 때문일 것이다. 궁극적인 것과 연결되는 것이 종교적 관심이므로 자신의 종교적 신념을 양보하기 어렵고 다른 종교를 인정한다는 것은 자신의 절대적인 종교적 믿음을 훼손하는 것으로 생각하는 경향도 있고 또 종교에 따라서는 다른 종교를 그대로 보고 놓아두는 것은 자신의 신앙이 약하다는 증거라고 생각하게 하는 경향이 있는 것도 사실인 듯하다. 그러나 현실적으로 다양한 종교가 공존하고 있는 상황에서 다른 종교의 존재를 인정하고 함께 나아가는 것이 긴요한 사회적 요구이다. 중요한 것은

1 김종서, 「현대종교다원주의와 그 한국적 독특성 연구」, 『종교학연구』 19집(서울대학교 종교학연구회, 2000), pp.43-44 참조.

만남을 통하여 “자기 자신의 종교전통에 대한 헌신을 잃지 않으면서 진리에 대한 자기 종교전통의 비전을 확대하느냐”하는 데에 있다.[2]

종교다원주의 논의는 서구 기독교 세계에서 시작되어 많은 논의가 있어 왔고 우리나라에서도 많은 논의가 있어 왔다.[3] 종교다원의 사회적 현상은 우리나라가 가장 대표적이라고도 할 수 있으므로 이 문제를 논의하는 것은 중요하다고 할 수 있을 것이다. 종교다원주의에 대한 논의가 서구에서 기독교를 중심으로 일어난 논의이므로 우리나라에서 기독교계를 중심으로 이 논의가 이루어져 왔다. 그러나 종교다원사회에 대한 이해와 다른 종교에 대한 열린 자세는 비기독교 종교에도 마찬가지로 중요한 일이다. 그리고 종교다원주의에서 종교 간의 대화를 주장한다고 할 때 기독교적인 입장만 내세우는 대화는 실질적인 성과가 있는 대화가 되기 어려울 것이다. 스스로의 입장을 버린다고 말해도 그것은 마찬가지이다. 따라서 종교다원주의의 논의에는 다양한 종교 전통에서 나름대로 진지하게 그 문제의 해답을 모색할 때 바람직한 결과가 나올 수 있을 것이다. 여기에서는 먼저 종교다원사회에 대한 이해가 절실하게 필요하다.[4] 불교계의 활발한 논의 참여가 필요한 이유가 여기에 있다.

다종교 상황에서 불교적 입장 특히 원효의 화쟁의 입장에서는 어떻게 종교다원주의의 문제에 대해 대답할 수 있는가가 본 논문의 주제이다. 원효는 한국불교의 대표적인 사상가로서 특히 그의 사상은 화해와 조화를 강조하는 화쟁이 그 중요한 특색이므로 화쟁을 통해서 바람직한 종교다원주의의 이론틀을 마련하는 데 도움이 될 수도 있을 것으로 생각되므로 이 문제를 논의하고자 하는 것이다. 구체적으로 원효에 대한 논의에 들어가기에 앞서 초기불교 및 중관파에서는 다른 종교에 대해서 어떤 태도를 취했는지 알아보도록 하자.

---

2 한인철, 『종교다원주의의 유형』(한국기독교연구소, 2000), p.93. (Smith, Towards a World Theology, p.89의 인용)

3 서구 기독교 세계에서 전개되어온 종교전통 간의 대화의 시도들은 배타주의, 포괄주의, 다원주의라는 유형으로 설명할 수 있다 한다. (한인철, 위의 책, pp.17-57 참조.)

4 이에 대해 정진홍 교수는 다음과 같이 말한다. “사실상 우리가 당면하고 있는 현대의 종교적 상황이 펼쳐가고 있는 문제는 종교 간의 문제, 더 현실적으로 종교 간의 대화의 문제는 아니다. 오히려 각 종교가 종교다원현상을 어떻게 인식하고 있는가 하는 그 인식의 문제이다. 따라서 종교다원현상에 대한 인식을 결한 채 전개되는 종교 간의 대화는 개념과 사실의 얽힘을 풀지 못하고 진행됨으로써 그 理想이 언제나 그 스스로의 한계를 벗어나지 못했던 것이다.”(정진홍, 「종교다원현상과 구원론의 전개」, 『한국종교문화의 전개』, p.416.)

II. 초기불교 및 중관파의 타종교에 대한 태도

다른 종교에 대한 불교의 태도는 비판적 관용이라고 평가받아 왔다.[5] 초기불교에서부터 심각한 갈등 상황에 놓여서 종교전쟁 등의 상황이 벌어졌던 적은 없었다. 관용을 보여주는 것이 불교의 정신이었던 것이다. 그러나 그렇다고 해서 무비판적인 인정이었던 것은 아니다. 불교가 다른 종교와 만남에 있어서는 관용, 자비, 지혜의 세 요소가 작용한다고 설명하는 학자도 있다.[6] 어쨌든 불교는 쓸데없는 논쟁은 하지 말 것을 가르치면서 해탈이라는 구체적인 목적에 도움이 되는 가르침만이 참된 가르침으로 생각했던 것이다. 불교의 입장 자체가 논쟁의 초월을 지향하고 있음은 잘 알려진 사실이다. 초기 경전인 『숫타니파타』[7]에서는 다음과 같이 말한다.

> 그는 자신의 견해(先入見)를 모두 버렸으므로 학식에도 특별히 의존하지 않는다. 사람들은 갖가지 다른 견해로 나눠져 있지만 그러나 그는 어느 당파에도 소속되지 않는다. 그리고 어떤 견해라도 그 견해를 그대로 받아들이지 않는다.(800)

> 진정한 수행자는 다른 사람에게 이끌려 가지 않는다. 또 이 모든 것에 대하여 단정을 내려 고집하지도 않는다. 그러므로 모든 논쟁을 초월해 있으며 그리고 다른 여러 가르침을 특별히 우러러보지도 않는다.(907)

논쟁을 초월하고 쓸데없는 다툼을 하지 말 것을 주장하고 있다. 이와 같이 논쟁의 초월이야말로 초기불교의 중요한 특색 중의 하나로 보인다. 선입관을 버리고 쓸데없는 논쟁을 하지 않는다는 것인데 그렇다면 타종교와의 대화도 필요 없다고 보는 것인가가 문제겠다. 잘못하면 무관심의 태도를 강조하는 것이 이 태도에 포함되어 있는 듯이 보이기 때문에 그렇다. 그러나 무관심 내지 방관이라면 이것은 현대의 종교다원사회에서의 바람직한 해결 방안이 되지 못할 것이다. 타종교와의 만남을 통해 진리에 대한 자기 종교 전통의 비전을 확대할 수 있어야 하기 때문에 그러하다. 초기불교에서는 대화의 필요성을 부정한 것일까? 그런 것은 아니다. 어떠한 이론이라도

5 H. 카워드 지음, 한국종교연구회 옮김, 『종교다원주의와 세계종교』(서광사, 1990), p.175.

6 같은 책, pp.176-197 참조.

7 『숫타니파타』의 인용은 석지현 번역본(민족사, 2001)으로 한다.

상대적일 수밖에 없다는 한계를 지적하면서 한 가지 견해에 매달리는 것을 경계했을 뿐이고 대화 자체가 필요 없다는 입장은 아니었다. 다만 대화는 궁극적인 이상의 실현을 위한 것이어야 했고 그렇지 않은 형이상학적 문제 등에 대한 논란은 거부한 것이라고 말할 수 있을 것이다. 화살의 비유를 들어 형이상학적 문제에 대해서 종교적 실천에 도움이 안 된다는 이유로 논의를 거부하고 있는 것은 유명하다.[8]

실천적인 의미를 갖지 못한 가르침은 필요가 없다는 것이 부처의 입장이었다. 따라서 부처의 가르침은 자주 뗏목에 비유되었다.[9] 이쪽 언덕에서 저쪽 언덕으로 가게 해주는 뗏목이 강을 건널 때는 중요하고 소중하지만 건너고 나서는 필요 없듯이 가르침도 그러하다는 것이 부처의 입장이다. 교설의 실천적 성격을 명확히 보여주고 있는 것이다. 그리고 또 한편으로는 가르침을 절대화시켜서는 안 된다는 주장도 여기에 함께 들어 있다.

논쟁의 초월을 주장하는 한편으로 다른 종교에 대한 구체적인 태도에 있어서는 관용적이고 포용적이었다고 평가할 수 있을 것이다. 다른 종교를 배척하지 않았던 것이다. 구체적인 태도에 있어서 예를 들자면 다른 종교로부터 새롭게 개종해 들어온 제자에게 자신의 기존의 종교에 대해서도 존경심을 표할 것을 가르쳐서 그 제자가 아주 기뻐하는 모습을 그린 경전이 있다.[10] 이제까지는 초기 경전을 통해서 논쟁이나 타종교에 대한 불교의 태도를 살펴보았다. 다음으로는 중관파의 타종교에 대한 태도를 알아보도록 하겠다.

불교에서는 종교다원주의 논쟁에 대해 어떤 입장에서 어떻게 응답할 수 있는가 하는 문제를 반야 · 중관학적으로 해명한 연구에 의하면 어떤 특정한 진리를 고집하지 않는 것이 반야중관학에 입각한 불교의 입장이므로 오히려 모든 것을 인정할 수 있다고 하여 다음과 같이 말하고 있다.

> 반야중관학사상은 어떤 진리, 어떤 실재의 관념도 버릴 것을 가르쳤다. 진리에 대한 무집착이야말로 참된 진리에 향한 태도이기 때문이다. 여래가 설한 법설까지도 절대 진리로 집착하지 말아야 한다는 것이다. 종교다원화 상황에 대처하는 불교의 입장은 이와 같이 독특한 점이 있다. 여러 종교는 서로 다른 문화적·역사적 기원과 배경을 갖고 있으므로 그들을 하나의 원리로 비교할 수 없는 것이다. 종교다원현상을 있는 그대로 바라보며, 각 종교에서 추구하는 구원방식의 다양성과 진리의

---

8 『중아함경』 제60권 「箭喩經」 참조.

9 中村元 저, 양정규 역, 『원시불교』(비봉출판사, 1981), pp. 69-71 참조.

10 위의 책, pp.68-69 참조.

상대성을 인정해야 하는 것이다.[11]

그리고 이와 같은 무집착을 통해 절대주의를 거부하고 진정한 다원주의로 나갈 수가 있다고 한다. 즉 "반야공의 무한한 열림의 교설은 어떠한 형태의 폐쇄된 교리나 전통도 깨뜨려 줄 수 있는 역동성이 있다. 불교는 진리의 상대성, 경전언어의 방편성, 진리에 대한 무집착을 가르친다. 이러한 이해를 바탕으로, 불교도는 자기 종교에 대한 확신과 타종교에 대한 관용과 개방의 태도를 확실히 가질 수 있을 것이다."[12] 반야공의 입장에서 종교다원주의를 바라보았을 때 이렇게 판단할 수 있다면 원효의 화쟁의 입장에서는 어떤 결론이 가능할 것인가의 문제를 다음으로 논의해 보도록 하자.[13] 원효가 직접 화쟁의 대상으로 삼은 것은 불교 내의 여러 이론적인 갈등이었고 또 시대와 상황이 다르므로 그것을 그대로 우리 현실에 적용할 수는 없겠지만 그 화해의 정신이 다종교 사회인 오늘의 우리 사회에서 종교적 갈등을 해소시키는 데에 역할을 할 수 있을 것이기 때문이다.

III. 원효의 화쟁

원효의 사상 가운데에서 가장 특징적인 것은 쟁론을 화해시키는 화쟁이라고 할 수 있다. 여러 다양한 이론 사이의 다툼을 화해시켜서 붓다의 올바른 진리로 돌아가게 하는 것이 和諍이니 百家의 異諍을 화해시켜 一味인 一心의 근원으로 돌아가게 함이다. 和諍은 그의 저술에 일관되게 나타난다. 『涅槃宗要』에서는 『열반경』을 "여러 경전의 부분을 통합해서 온갖 흐름을 一味로 돌아가게 하고 부처의 뜻의 지극히 공정함을 열어서 百家의 異諍을 화해시킨다."[14]하여 和諍의 경전으로 높이 평가하고 있다. 그리고 『起信論別記』에서는 『起信論』을, "모든 論의 祖宗이고 群

---

11 김용표, 「통일적 종교다원주의에서의 공동본질 문제에 대한 중관학적 해명」, 『불교학보』 32집(1995), p.238.

12 같은 논문, p.241.

13 이희재는 종교다원주의를 수용할 수 있는 불교적 가르침으로 ①인도의 관용적 문화의 계승 ②大慈大悲의 정신 ③空과 무집착 ④화쟁의 논리를 들고 있다. 여기에서도 화쟁의 논리를 종교다원주의 상황에서 그것을 수용할 수 있는 불교적 가르침 중의 한 가지로 들고 있음을 알 수 있다.(이희재, 「불교에서 보는 종교다원주의」, 『불교평론』 2002년 봄(통권 10호), pp.69-76 참조.)

14 "統衆典之部分 歸萬流之一味 開佛意之至公 和百家之異諍."(『涅槃宗要』, 『韓國佛敎全書』 第一冊, p.524.)(이하 한불전으로 略稱)

諍의 評主"[15]라하고 있다. 원효가 『열반경』과 『起信論』을 훌륭한 경론이라고 본 중요한 이유는 그것이 和諍의 경론이기 때문이다. 이런 몇몇 예만 보아도 그의 전 사상체계가 和諍의 정신으로 일관되고 있다는 것은 짐작할 수 있다. 한 분야의 이론만을 주장하지 않고 모든 분야를 아우르며 그것들 각각에 중요성을 부여하여 조화시켜서 보고자 하는 것이 원효의 和諍의 정신이다. 그의 다방면에 걸친 저술과 그 저술에 흐르는 화해의 정신이 그것을 우리에게 알려준다.

그는 불교의 가르침은 깨달음을 위한 것이라는 점을 깊이 인식하고 있었다. 따라서 불교의 근본진리를 깨닫게 해서 一心의 근원에로 되돌아가게 해주는 가르침이라면 모두 다 중요하게 생각하였다. 특정한 종류의 경전만이 유일하게 옳은 것이라고는 주장하지 않았다. 그는 종파적 편견에서보다는 깨달음의 도구로서의 상대적인 유용성을 위해 여러 경전에서 인용하곤 하였다. 一心의 원천에로 돌아가고자 하는 뚜렷한 목적의식을 갖고 一心을 기본으로 해서 이론을 전개하되, 구체적으로는 현실적으로 다양하게 나타나는 이론들을 조화시켜 나가는 것이 원효의 특징이라 할 수 있을 것이다. 많은 사람들이 우리나라 불교의 특징은 종파적인 것을 떠나 조화와 화해를 강조하는 데에 있다고 주장하여 왔는데 원효는 그런 전통의 선구자이다.

불교의 근본 성격 자체가 논쟁의 초월을 지향하고 있다는 것은 주지의 사실이다. 그런데도 원효의 사상적 특색을 특히 화쟁으로 규정하는 이유는 원효가 당시의 일반적인 사람들과는 달리 한 종파에만 매달리지 않고, 자신의 견해에 빠져서 다른 이론을 비난하는 것은 부처의 본래 뜻을 잃어버리는 것이라 하며 일심에 근거하여 다양한 이론들 사이의 다툼을 해소시키려 하였기 때문에 그 자신의 특색 있는 사상이기 때문이다. 그리고 원효의 화쟁은 초기 불교에서의 쟁론에 대한 태도와는 약간 차이를 보여주는데 논쟁의 초월을 말하면서 논쟁 자체의 무의미함을 강조하는 초기불교의 태도와는 조금 다른 것이 원효의 화쟁에는 있다. 즉 그는 다양한 여러 이론들이 그 자체로 가치가 있다는 입장을 보이는 것이다.

화쟁을 함에 있어서는 먼저 언어의 본성에 대해 정확히 이해하는 것이 필요하다. 언어에 대한 잘못된 이해로 말미암아 집착하고 논쟁하기 때문이다. 원효는 진리는 말을 끊는 것도 끊지 않는 것도 아니라 한다. 언어는 진리를 전달하기도 하지만 또 한편으로는 왜곡시키기도 한다는 뜻으로 해석할 수 있다. 결국 가르침의 말을 절대화하지 말고 집착을 버리고 받아들여야 한다는 것이 언어관에서 주장하는 바라고 할 수가 있다. 이런 언어에 대한 견해에서 출발한 원효의 화쟁의 방법으로는 첫째로 집착을 버리고 극단을 떠나게 하는 것을 들 수 있다. 둘째로는 긍정과 부정을

---

15 "諸論之祖宗 群諍之評主."(『起信論別記』, 한불전1. 733b.)

자재로 하면서 긍정과 부정 어느 것에도 집착하지 않도록 하는 것을 화쟁의 방법으로 말할 수 있다. 그리고 경전 내용에 대한 폭넓은 이해를 세 번째 화쟁의 방법으로 말할 수 있다.[16] 원효는 일심의 근거에서 언어에 대한 이해의 바탕 위에서 다양한 방법으로 논쟁의 화해를 시도하고 있다.

IV. 종교다원주의와 화쟁

그러면 원효의 화쟁은 어떻게 해석되었을 때에 현대에 살려질 수 있을 것인가? 종교다원주의와 연관하여 화쟁에 대해 논의해 보도록 하자. 먼저 원효의 화쟁이 노리는 바는 불교의 근본진리 즉 일심에로 돌아감이었다. 그리고 그 대상이 되는 갈등 상황은 일단은 불교 내의 다양한 학설들이라고 할 수 있다.[17] 물론 원효가 구체적으로 화쟁의 대상으로 삼았던 것이 불교 내의 다양한 이론적 다툼이었다고 해도 그 정신은 현재의 다종교 상황에서 갈등의 해소와 바람직한 길을 모색하는 데 도움이 될 수 있을 것이다. 선과 교의 화해를 가장 중요한 과제로 생각하고 있었던 고려 시대의 대표적 사상가인 義天과 知訥은 모두 元曉를 높이 평가하고 숭앙한다. 원효가 구체적으로 선과 교의 다툼을 화해시키려 노력한 것은 아니지만 元曉의 사상 특히 和諍사상에서 禪과 敎의 相爭을 화해시킬 수 있는 정신을 찾을 수 있었기 때문이었다. 현대의 상황은 불교 내부의 문제가 아니라 종교와 종교간의 갈등이 문제되는 상황이긴 하지만 역시 조화와 화해를 강조하는 원효의 화쟁은 그 갈등을 해소하고 바람직한 관계를 정립하는 데에 도움을 줄 수 있을 것이다.

원효에게 있어서 쟁론을 화해시키려는 목적은 부처의 근본 진리인 一心에로의 돌아감이고 그 근거 또한 평등무차별한 경지인 일심이다. 이것은 종교적 갈등의 상황에도 바로 적용을 할 수 있을 것으로 보인다. 즉 다종교 사회에서 종교적 갈등의 해소를 위한 노력은 궁극적인 이상을 향해 나아간다는 점에 그 목적을 두고 나아갈 수 있다는 말이다. 단순히 싸우지 말고 사이좋게 지내자는 정도의 수준을 넘어설 수 있어야만 진정한 화해가 이루어졌다고 볼 수 있을 것이다. 따라서 종교적인 갈등 상황에 있다는 것은 바로 근본 진리에서 그만큼 멀리 있다는 것으로 볼 수 있고 쟁론을 화해하고자 하는 것은 근본 진리에서 벗어나 있는 상황에서 올바른 진리의 경지로 가

16 최유진, 『원효사상연구』(경남대학교출판부, 1998), pp.59-109 참조.

17 같은 책, pp.19-22 참조.

고자 함이다. 따라서 쟁론의 화해가 단순한 기술적 문제가 아니라 궁극적 이상의 실현을 향한 과정이기도 한 것이다. 일심은 불교적인 표현이지만 어느 종교에서나 있는 종교적 이상의 경지가 종교적인 갈등의 해소의 목적지라고 생각할 수 있다. 그렇다면 다종교 상황에서의 화해를 위한 노력은 그저 무관심하게 싸우지만 않는 정도가 아니라 궁극적인 이상의 경지에 도달하고자 하는 노력의 일환으로 될 수가 있는 것이고 스스로의 종교적 이상의 실현을 위한 과정이 될 수도 있는 것이라 하겠다.

원효가 다양한 불교 이론들의 갈등을 해소시키고 화해시킬 때에 가장 중요한 근거는 부처의 진리였다. 부처의 근본 진리 즉 일심의 입장에서 화해가 가능하다는 것이었다. 그리고 부처의 말이라는 것에 의거하여 다양한 주장의 정당성을 인정하는 경우도 많다. 부처의 말 즉 경전의 말이니까 옳다고 하는 것인데 논쟁이 있을 경우에 그 이론들이 경전적인 근거를 가지고 있다면 다 옳다고 인정하는 것이다.[18] 이러한 화쟁의 방식은 다른 종교에는 적용되지 않을 것이다. 불교의 내부에서 공동으로 승인하는 부처의 말씀이 진리라는 것이 기준이기 때문에 타종교에 이 기준을 적용하여 말하기는 곤란할 것이기 때문이다. 그러나 부처의 말이 진리인 이유는 우리를 이상적인 세계로 인도하는 가르침이기 때문이지 단지 부처의 말이기 때문은 아니다. 바로 이 기준이 원효의 진리의 기준이라면 우리는 이 기준을 확대해서 생각할 수도 있을 것이다. 어떤 가르침의 가치가 인정되는 것이 우리를 궁극적인 이상으로 이끄는 가르침이기 때문에 인정이 되는 것이다. 그렇다면 다양한 종교가 그 종교를 따르는 사람들을 나름대로 종교적 이상의 경지로 이끈다면 진리로 인정될 수 있을 것이다. 그런 점에서 무조건적으로 어느 종교나 옳다고 하기보다는 각각의 종교는 나름대로 종교적 이상의 경지로 이끌기 때문에 진리라고 하는 기준을 우리는 세울 수도 있을 것이다. 물론 종교적 이상이 무엇이냐에 대한 의견이 다양하므로 그것을 결정하기는 쉬운 일은 아니다. 그러나 옳고 그름을 결정할 때 실천적 측면에서 생각하여야 한다는 기준은 필수적인 부분이라는 것은 잊어서는 안 될 것이다.[19]

종교다원사회에서 갈등이 해소되려면 각자 자기 자신만이 옳다는 자신에 대한 집착을 버리고 열린 자세로 타종교의 가치를 인정하는 것이 중요할 것이다. 그러려면 먼저 각 종교의 주장

---

18 다음과 같은 것이 그 예이다.
"이 같은 두 설이 있는 가운데에 어느 것이 과연 더 옳은 것인가? 이것은 다 성전에 의한 것이니 어느 설인들 진실하지 않겠는가?"(問 如是二說 何者爲實 答 皆依聖典 有何不實.) (『無量壽經宗要』, 한불전1. 557c.)
"물음: 여러분의 학설 가운데 어느 것이 옳은가? 답: 여러분의 학설이 모두 옳다. 모두 聖典의 말씀이어서 어긋나지 않기 때문이고, 제법의 실상은 모든 희론을 끊고 그런 바도 없고 그렇지 않은 바도 없기 때문이다."(問諸師所說何者爲實 答諸師說皆實 所以然者皆是聖典不相違故 諸法實相絶諸戱論都無所然無不然故(『大慧度經宗要』 한불전1. 481a)

내용에 대해 올바른 태도를 취하여야 할 것이다. 여기에서 언어에 대한 원효의 지적을 경청할 필요가 있을 것이다. 여러 종교들은 절대적 진리를 말한다. 그러나 여러 종교가 영구불변한 절대적인 진리를 갖고 있음을 일단 인정한다 하더라도 그 종교적인 진리에 대한 표현과 설명은 역사적 사회적인 특수한 맥락에서 나온 것이므로 한계가 있음을 알아야 할 것이다. 절대적인 진리라 해도 언어적 표현의 한계를 갖고 있는 것이다. 언어는 진리를 전달하기 위해 사용된다. 그러나 언어와 진리의 관계는 고정적이고 불변적인 관계는 아니다. 언어와 진리는 상호의존적이다. 언어가 없다면 진리를 드러내는 것이 불가능하다. 극단적으로 말하면 언어가 없으면 진리도 없다. 결국 고정적인 불변의 진리가 먼저 있고, 다음에 그것에 의지해서 언어가 있다고 생각해서는 안 된다. 그렇다고 언어와 진리가 동일한 것도 아니다. 언어는 전달의 편의를 위해서 사용되고 있을 뿐이다. 다시 말하면 언어는 진리를 전달하는 측면이 있지만 또 한편으로는 진리를 왜곡시킨다. 그것을 원효는, "진리는 말을 끊는 것도 아니고 끊지 않는 것도 아니다."[20]라고 표현한다. 진리라고 하는 표현도 그 자체가 언어적인 표현의 속성을 갖고 있다는 것을 사람들에게 알게 해서, 그 언어적 표현에 집착하지 않도록 하려는 의도에서 이와 같이 말한다. 따라서 말로 표현 가능한가, 표현 불가능한가 하는 "離言"과 "依言"의 문제가 제기된다.

원효에 의하면 진리는 언어에 의해 전달 가능한 측면[依言]과 전달 불가능한 측면[離言]이 있다. 그러나 말에 의해 표현 불가능하다[離言]고 말해도 그것도 결국은 말에 의한[依言] 표현이다. 여기에서 문제가 되는 것은 결국 언어적 표현의 한계이다. 원효는 언어에 집착해서는 안 된다고 강조한다. 그것이 언어적 표현으로는 부정의 형식으로 나타난다. "말에 의해 말을 버린다."[21]고 하는 표현과 "결국 모두가 올바르지 않다는 말과 말대로 취하면 안 된다고 하는 말이 다른 것이 아니다."[22] 등의 표현이 그 예이다. 결론적으로 언어가 분별의 소산임을 알아 집착을

---

19 이 점에 대해서는 힉의 다음과 같은 견해가 참고가 될 것이다.
"종교의 궁극목표는 어디까지나 인간의 구원/해방에 있는 것이며, 교리와 사상은 이러한 실천적 목표를 지향하고 있다. 인간은 교리나 사상의 다양성과 차이에도 불구하고 구원을 성취하고 있으며, 이것이 사실인 한 교리가 그렇게 중요한 것은 아니라는 것이다. 이와 관련하여 힉은 형이상학적 문제에 대하여 실천적 이유에서 대답하기를 거부한 불타의 예를 들면서(이른바 14無記) 교리의 수단적, 방편적 성격을 일찍부터 자각한 불교의 지혜를 높이 평가하고, 타종교들도 이 점에서 불타의 지혜를 배울 것을 권한다."(길희성,「죤 힉의 철학적 종교다원주의론」,『종교연구』15집(한국종교학회, 1998), p.287)

20 "理非絶言 非不絶言 以是義故 理亦絶言 亦不言絶."
『起信論疏』 한불전1. 743a.

21 "因言遣言"
『大乘起信論別記』, 한불전1. 680c.

22 "遂言俱非 不如言取 二說無二"
『法華宗要』, 한불전1. 491a.

버리고 받아들여야 한다는 것이 원효의 언어관이다. 여러 종교의 다양한 주장을 이런 언어관에서 본다면 그런 이론들은 맞기도 하고 틀리기도 하다고 볼 수 있다. 언어가 진리를 전달할 수 있다는 면에서 본다면 여러 다양한 학설들의 그 나름대로의 의의를 인정할 수 있다. 그러나 그것만이 옳다는 입장이라면 틀린 것이 된다. 언어는 진리 그 자체는 아니기 때문이다. 언어가 진리를 전달하기 위해 필요한 것은 사실이지만 언어가 진리 자체는 아님을 알아서 집착하지 말고 받아들여야 한다는 것이다.

그러면 이런 언어를 갖고 집착하지 않고 받아들이도록 하기 위해서 어떤 방법을 써서 논의를 진행시키는가? 元曉는 먼저 어떤 표현이든지 상대적으로 성립하는 것임을 알아야 한다고 주장한다. 元曉는 개념들이 상대적으로 성립함을 지적해서, 한쪽에 대한 집착을 버리게 하면서 또 다른 극단도 버리도록 한다. 이렇게 언어의 한계를 널리 지적하면서 부정을 통해서 집착을 버리고 받아들이게 하는 것이 우선적인 和諍의 방법이다. 극단을 떠나게 하는 것이다. 그러나 부정만을 한다고 해서 집착이 없어진다고 볼 수는 없다. 부정에 집착하는 경우가 많다. 따라서 부정에도 집착하지 말라 하여 부정의 부정으로 나아가게 된다. 부정과 그것의 부정(즉 부정의 부정)이 있을 때는 양변의 극단에 빠지지 말라는 것을 주장하는 것으로 볼 수 있다. 상대적으로 성립하는 것이므로 긍정이 성립하지 않는다면 부정도 성립할 수 없기 때문이다. 즉 부정에 대해 또 부정하는 것은, 부정을 하면 그것의 반대편 극단으로 가 버리는 것이 우리들이므로 그것을 경계하여 부정도 아니라고 하는 것이다. 곧 非然이면 非不然이다. 긍정이 아니면 부정도 아니라는 것이다. 널리 부정을 하면서 집착하지 말 것을 주장하고 있는 것이다. 불교는 여래가 설한 가르침까지도 절대 진리로 집착하지 말아야 한다고 주장한다. 앞서 뗏목의 비유에서도 설명한 바와 같이 부처의 가르침은 방편이고 수단이므로 그것을 절대 진리로 생각하여 거기에 집착해서는 안 된다는 것이다. 가르침에 집착하는 것은 강을 건너고 난 다음에도 뗏목을 지고 가려고 하는 어리석음과 같다는 것이다.

이러한 화쟁의 방법은 집착을 버리게 하는 데 그 근본 목적이 있는데 현대의 종교 간의 갈등을 화해시키는 방법으로 그것을 이해한다면 각각의 종교적 경전에 표현되어 있는 종교적 진리가 설령 궁극적인 진리라 해도 그것이 표현될 때는 언어적 한계를 가질 수밖에 없다는 것을 지적하여 언어 그 자체에 집착하지 않도록 하는 것이다. 언어의 한계를 널리 지적하여 말 그대로를 진리로 생각하는 문자주의에서 벗어나 집착을 버리고 받아들여야만 그 진실한 뜻을 알 수 있다는 것으로 해석할 수 있을 것이다. 부정적인 면에서의 접근이라고 할 수 있을 것이다.

그러나 이렇게 부정 일변도로 나간다고 하여 집착이 없어지지는 않는다. 오히려 부정에 더 집착하는 경향이 있을 수 있다. 그러므로 긍정과 부정의 자재가 필요하다. 이것을 두 번째의 화쟁의 방법으로 말할 수 있다. 여기에서 긍정적으로 전환되는 계기에 유의하여야 한다. 元曉의 논리는 부정의 부정을 긍정으로 전환시키는 데에 그 특징이 있기 때문이다. 원효의 특징을 잘 보여주는 것이 긍정과 부정을 자재로 하는 이 부분인 것으로 보인다. 원효는 단순히 부정만을 하는 것이 아니라 부정의 부정을 긍정으로 전환시킨다. 즉 非不然(부정의 부정)이므로 然(긍정)이라 한다. 아닌 것이 아니면 인 것이 되는 것이다. 여기에서 非不然이 然으로 된다면 그 然은 非不然의 然임을 잊어서는 안 된다. 긍정으로 나타난다 하여도 그것은 결정적으로 그러하다는 것이 아니고 집착하지 않고 보아야 하는 긍정인 것이다. 언어의 긍정적 표현 자체가 극단에 빠지지 말아야 함의 의미를 함축하고 있다고 주장하고 있는 것으로 보아야 할 것이다.

부정을 통해서 집착을 버리게 함은 불교의 중요한 특징이다. 논쟁을 초월하고자 하는 것이다. 초기 경전과 중관파에서 그렇게 주장하고 있음은 이미 살펴 본 바와 같다. 원효도 사람들이 논쟁하는 것은 번뇌에 빠져 있기 때문에 단정을 하게 되고 자신의 견해에 사로잡혀서 자신만이 옳다고 주장하며 싸우게 된다고 말한다. 그는 『열반경』을 인용하여 부처는 번뇌가 없으므로 단정하는 바도 없어서 諍訟이 없다고 말하고 있다.[23] 그러나 원효의 원효다운 특색은 바로 긍정적인 면이 두드러지는 데 있다. 다양한 여러 이론들이 서로 다르게 주장되고 있는 상황에서 초기 경전에서는 논쟁의 초월을 주장하고 다양한 이론들이 쓸모없다는 입장인 데 비해서 원효는 다양한 학설들의 긍정적인 면도 인정하는 입장이다. 초기 경전의 하나인 『우다나』에서의 장님과 코끼리에 대한 비유를 원효의 입장과 비교해 보면 그 차이를 알 수 있다. 초기 불전인 『우다나』에서는 부처가 장님과 코끼리의 비유를 들어 장님들이 코끼리를 만져보고 서로 자기가 옳다고 싸운다는 얘기를 한 끝에 다음과 같이 말한다.

> 비구들이여! 마치 그와 같으니 외도에 속한 유행자들은 눈이 없어 앞을 보지 못하여 참다운 뜻을 알지 못하고 그릇된 견해를 깨닫지 못하며, 올바른 이치를 알지 못하고 바르지 않은 것을 깨닫지 못한다. 그러므로 그들도 저 맹인들처럼 '이러한 것이 법이며, 이러한 것이 법이 아니다. 이러한 것은 법이 아니며, 이러한 것은 법이다.'라고 입씨름하며 논전을 벌이고 논란을 거듭하는 가운데 말의 창을 서로 겨누고 있는 것이다.[24]

---

23 최유진, 『원효사상연구』(경남대학교출판부, 1998), p. 87 참조.

24 사쿠라베 하지메 편, 이미령 역, 『기쁨의 언어 진리의 언어』(마음으로 읽는 불전 2), (민족사, 1991), p.121.

장님들은 올바른 이치를 알지 못하여 자신의 견해가 잘못된 것임을 알지 못한다. 그리하여 자기만 옳다고 쓸데없는 논쟁을 한다고 한다. 여기에서는 장님들의 견해는 버려야만 될 견해이고 논쟁은 해서는 안 되는 것으로 보고 있다. 각각의 견해에 대하여 부정적인 입장을 가지고 있는 것이다. 각각의 견해를 논파하는 측면이 두드러진다고 할 수 있다. 그러나 같은 장님과 코끼리의 비유가 『열반경』에서는 조금 다르게 나타난다. 『열반경』에서 부처는 장님과 코끼리의 비유를 든 다음 "소경들이 코끼리의 몸 전체를 말하지 못하였으나 말하지 않은 것도 아니니, 만일 그 여러 모양이 모두 코끼리가 아니라면 그것을 떠나서는 따로 코끼리가 없다."[25]라고 말한다. 그리고 佛性에 대한 6가지의 학설(佛性이 각각 色, 受, 想, 行, 識, 我임을 주장하는 학설)을 말한 다음에 다음과 같이 말한다.

> 선남자여, 저 소경들이 제각기 코끼리를 말하는 것이, 비록 코끼리의 실상을 얻지 못하였으나, 코끼리를 말하지 않은 것이 아닌 것처럼, 불성을 말하는 이도 그와 같아서, 여섯 가지 법 그대로는 아니지만, 여섯 가지 법을 떠난 것도 아니다.[26]

여기에서는 소경들의 견해가 코끼리의 실상을 얻지 못하였으나 코끼리를 말하지 않은 것은 아니고 소경들의 견해를 떠나서 따로 코끼리가 있는 것도 아니라 하여 어느 정도의 가치를 인정하고 있는 것으로 보인다. 초기 불전과는 약간의 차이가 있다. 여러 학설들이 완전한 것은 아니나 부분적인 가치가 인정되어서 논쟁의 초월만을 강조하는 입장에서 각각의 학설을 조금은 인정하는 긍정 쪽으로 입장이 달라졌음을 알 수 있다. 원효는 바로 이 부분을 인용하면서 각각의 학설이 나름대로 가치가 있음을 긍정하고 있다. 즉 그는 불성의 본체에 대한 여섯 분의 학설을 소개한 다음에 다음과 같이 말한다.

> 이런 뜻에서 위의 여섯 분의 주장은 비록 모두가 불성의 실체를 다하지는 못했지만 각기 입장에 따라 설명하여, 각자 그 뜻을 얻었다고 하는 것이다. 그러므로 다음에 나오는 글에서는, '마치 저 소경들이 제각기 코끼리를 말하는 것이, 비록 코끼리의 실상을 얻지 못하였으나, 코끼리를 말하지 않

---

25 "如彼衆盲不說象體亦非不說. 若是衆相悉非象者. 離是之外更無別象".
『大般涅槃經』(36권본) 권30, 「獅子吼菩薩品」, 『大正新修大藏經』(이하 T) 12. 802a.

26 善男子. 如彼盲人各各說象, 雖不得實非不說象. 說佛性者亦復如是. 非卽六法不離六法.
『大般涅槃經』(36권본) 권30, 「獅子吼菩薩品」, T 12. 802b-c.

> 은 것이 아닌 것처럼, 불성을 말하는 이도 그와 같아서, 여섯 가지 법 그대로는 아니지만, 여섯 가지 법을 떠난 것도 아니다.'라고 하였는데 여기의 여섯 분의 주장도 또한 그러함을 알아야 한다.[27]

원효는 여기에서 여러 학설들이 각기 입장에 따라 설명하여 각자 그 뜻을 얻었다고 말하고 있다. 물론 불성의 실체를 다한 것은 아니라고 제약 조건을 달고는 있지만 각각의 주장에 대하여 긍정을 하고 있는 것이다. 이와 같이 긍정적인 면에서 접근하는 것이 원효의 중요한 특징이다.[28] 이와 같은 긍정적인 방면에서의 접근이 다양한 종교가 공존하는 다종교사회에서의 종교적 갈등의 해소에 더욱 훌륭한 본보기가 될 수 있을 것으로 생각된다.

긍정과 부정의 자재라는 원효의 화쟁의 방법을 현실에 적용시켜서 생각해 본다면 여러 다양한 종교적인 주장들에 대하여 편견 없이 대하는 자세가 필요하다는 것을 강조한 것으로 이해할 수 있다. 모든 종교가 다 진리를 가르치고 있으니 다를 것이 없으므로 모두를 인정하자는 그런 입장은 아니다. 어느 주장이나 다 옳다는 식으로 해서는 진정한 화해는 이루어지지 않는다. 다툼이 있을 때에 단순히 양 쪽 다 옳다는 식의 논의로는 그 다툼이 해소되지 않는다. 그것은 원효도 누누이 강조하는 바이다. 그러면 어떻게 하였을 때에 그 다툼이 해소될 수 있는가? 원효에 의하면 집착하는 마음이 쟁론을 낳는다. 사람들의 집착하는 태도와 일부만을 알고 그것이 전부인양 아는 것이 잘못이라면 스스로의 신앙도 무조건적으로 옳음을 강조하기보다는 겸허하게 반성하며 자신의 신앙의 완성을 위해 노력하도록 하여야 할 것이다. 모두가 진정한 진리를 추구하려는 겸허한 자세가 필요한 것이다. 자신과 다르다는 이유만으로 다른 종교를 적대시한다는 것은 분명 궁극적 구원을 추구하는 대부분의 종교의 기본 가르침에도 어긋날 것으로 생각된다.

원효가 말하는 또 다른 和諍의 방법은 '동의하지도 않고 이의를 제기하지도 않으면서 說한다'는 것이다. 이것은 긍정·부정을 자재로 하는 또 다른 측면으로 볼 수도 있지만 태도의 문제를 중시한 것으로 볼 수 있다. 동의하지 않아서 이치(理)에 어긋나지 않고 동의하지 않지 않음으로 해서 情에 어긋나지 않으니 동의와 이의에서 벗어나 말함으로써 이치와 정 모두를 만족시킬 수

---

27 "由是義故, 六師所說雖皆未盡佛性實體, 隨門而說各得其義. 故下文說, 如彼盲人各各說象, 雖不得實非不說象. 說佛性者亦復如是, 不卽六法不離六法. 當知此中六說亦爾."
『涅槃宗要』, 한불전1. 539a.

28 이는 김영호 교수도 지적하고 있는 바이다. 그는 다음과 같이 말하고 있다. "廻諍이 뿌리한 空觀이 破邪顯正을 지향한다고 해석하지만 아무래도 破邪가 명시적인 목표라고 볼 때, 화쟁은 顯正을 가리키는 적극적인 개념이다. 공관이 철저히 부정적(via negativa) 사유방식인데 반해서 화쟁은 어디까지나 긍정적(via positiva) 인식 방법이다.(김영호, 「원효 화쟁사상의 독특성」, 『철학』 64집 (한국철학회, 2000 가을), p.33.)

가 있다는 것이다. 이 화쟁의 방법도 바로 타종교와의 갈등에도 적용하여 말할 수 있을 것이다. 말 그대로 취하면 모두 허용할 수 없으므로 타종교의 가르침에 대하여 동의를 하지 않고, 또 뜻을 살려 들으면 허용되지 않는 바가 없으므로 동의를 하면 되는 것이다. 이치와 정에 모두 어긋나지 않게 타종교의 가르침을 대해야 하는 것이다. 단순히 부정만 하는 것도 아니고 또 무조건 긍정하는 것도 아닌 걸림 없는 자세가 여기에서 긴요하다고 하겠다. 바로 이런 자세로 타종교를 대하여야 할 것이다. 화해를 한다고 하면 무조건적인 긍정만을 생각하기가 쉬운데 그것은 안 된다는 것이 여기에서의 원효의 지적이다.

다음으로 원효가 말하는 경전 내용에 대한 폭넓은 이해라는 화쟁의 방법을 현대에 적용시켜 말하면 열린 태도로 타종교의 가르침도 이해하려고 노력하는 자세라고 말할 수 있을 것이다. 구체적인 내용을 몰라서 오해하는 수가 많은 것도 현실이기 때문이다. 이것이 특히 다종교사회인 오늘날 필요한 자세라고 생각한다.

화쟁의 궁극 목적은 원효에 있어서는 올바른 진리의 체득이라고 할 수 있다. 이것을 좀 더 확대시켜 현대의 상황에서 말한다면, 다종교 상황을 적극적으로 인정하고 바람직한 것으로 긍정하는 종교다원주의의 궁극적 목적은 단순한 공존이어서는 안 되고 궁극적 진리의 실현을 통한 이상세계의 실현이어야 할 것이다. 자신의 종교의 가르침을 절대화하는 잘못을 범하지 않을 수 있도록 노력하면서 자신의 종교에서 말하는 진리를 궁극적인 차원에까지 체득하고 실천하도록 노력하는 한편 타종교의 가르침에도 열린 마음으로 귀를 기울여서 진리의 궁극적인 실천에 도움이 될 수 있도록 하여야 한다. 각각의 종교에서 모두 이런 실천을 하여 이상적인 세계를 같이 건설하도록 하는 것이 종교다원 사회에서의 우리의 목적이라고 할 수 있을 듯하다. 그리고 그렇게 함께 공존하고 이상의 실현을 위해 함께 나아가는 종교다원주의를 우리는 추구하여야 할 것이다. 원효의 화쟁의 정신은 그것을 우리에게 가르쳐준다. 단순한 화해가 문제가 아니라 궁극적 이상의 실현이 문제인 것이다.

V. 결론

이제까지 현대의 다종교사회에서 어떻게 하면 종교적 갈등을 해소하고 바람직한 공존을 할 수 있을 것인가의 문제에 대해서 원효의 화쟁의 입장에서 검토해 보았다. 불교의 입장 자체가 논쟁의 초월을 지향하고 있고 가르침의 방편적 성격을 강조하여 부처의 가르침 자체도 절대화해서는 안 된다는 점을 강조하고 있다는 것은 주지의 사실이다. 그리하여 초기 불교의 이론 자체도 종교 간의 화해와 공존을 위한 이론 구성에 중요한 기여를 할 수 있을 것이지만 원효의 화쟁은 거기에서 한 걸음 더 나아가 더욱 적극적인 기여를 할 수 있을 것으로 생각된다. 원효의 화쟁은 각각의 이론에 대한 집착을 버려야 함을 주장하지만 또 한편으로 집착함이 없다면 그 이론도 의미가 있다 하여 다양한 이론들에 나름대로의 긍정적 가치를 인정하면서 조화와 화해를 추구하고 있기 때문이다. 즉 초기 불교나 중관파의 입장에서는 논쟁의 초월이라는 면만을 강조하여 각 종교 전통의 다양한 이론들을 긍정적인 기여의 면보다는 부정적인 면에서 바라보게 되는 경향이 있게 되지만, 원효의 화쟁의 입장에서는 각각의 이론들이 그 자체에 매달리지 않는다면 가치가 있다 하여 각 종교 전통의 긍정적 가치를 확실하게 인정하고 나아갈 수 있다.

원효는 다양한 방법으로 화쟁을 추구해 왔는데 화쟁의 목적은 단순한 화해는 아니다. 궁극적인 이상의 실현이 화쟁의 목적이라고 할 수 있다. 쟁론을 화해해야 하는 이유는 쟁론하는 것 자체가 부처의 이상에서 멀어지는 것이고 궁극적인 이상 실현을 할 수 없게 하는 것이기 때문이었다. 그러므로 다양한 이론들이 부처의 이상의 실현을 위해 나아가고 있다면 그것들이 서로 다르다고 해도 다 가치가 인정이 된다. 다만 서로 다른 이론들이 자기만이 옳다고 싸우면 그 때는 문제가 되는 것이다. 종교 간의 갈등의 문제도 마찬가지 논리를 적용할 수 있다. 다양한 종교가 각자 종교적 이상의 실현을 위해 노력하고 있는 상황이므로 모두 가치가 인정이 된다. 물론 각각의 종교적 이상이 공통적으로 승인될 수 있는 것이냐는 문제는 남지만 그 종교적 이상을 절대화시키지 않는다면 인정할 수 있는 것이다. 쟁론도 자기의 이론만을 절대화하는 데에서 온다는 것을 기억하여야 할 것이다. 원효의 화쟁에서 가장 특징적인 것은 극단에 치우쳐 집착하지 않아야 하지만 그러나 부정 자체에도 집착해서는 안 된다는 긍정과 부정의 자재의 방법이다. 이 방법에서 우리는 자신의 종교 전통을 절대화하지 않으면서 자기 종교의 궁극적인 이상의 실현을 위해 적극적으로 노력하는 것을 배울 수 있고 타종교 전통에서 가르치는 종교적 진리나 이상에 대해서 열린 마음으로 받아들여 종교적 이상 실현의 폭을 확대시켜 나갈 수 있는 방법을 배울 수 있을 것이다.

다양한 종교가 공존하는 현대의 상황은 한편으로는 도전이지만 한편으로는 기회다. 종교들은 궁극적으로 지향하는 바가 있어서 나름대로 그것을 추구해 왔다. 다양한 방식으로 종교적 진리를 추구하고 실현해 온 것이다. 이제 각자 자신의 좁은 테두리에서 나와 인류 공통의 궁극적 이상의 실현이라는 문제에서 만났을 때 다양한 종교전통의 지혜가 여러 가지로 도움을 줄 수 있을 것이다. 나와는 다른 관점이 도움이 된다는 자세가 중요하고 공동의 문제를 향한 대화가 필요한 것이다. 다양한 종교가 평화롭게 공존하면서 각자 자기 나름대로 독창성을 갖고 종교적 이상의 실현을 위해 노력하고, 또 한편으로 공동의 궁극적 이상 실현을 위해 협력하는 것이 바람직한 종교다원주의의 양상일 것이다. 원효의 화쟁은 그러한 바람직한 종교다원주의의 근본 원리 구성에 많은 도움을 줄 수 있을 것이다.

제4장 원효의 화쟁과 사회통합

I. 서론

현재 우리 사회는 이전에 비해 사회의 통합이 제대로 이루어지지 않고 있는 것으로 보인다. 여러 가지 이유가 있겠지만 시대상황이 달라졌는데 거기에 제대로 대응이 안 된 것이 큰 이유 중의 하나인 것 같다. 정치적 민주화는 어느 정도 이루어졌지만 그에 걸맞은 경제적 사회적 민주화는 이루어지지 못하였고 전통적인 공동체 의식은 빠르게 사라지고 있는데 새로운 시민사회에 걸맞은 시민의식은 제대로 자리를 못 잡은 것 같다. 그리고 세계화에 따른 다문화 상황은 사회통합에 어려움을 야기하고 있다. 국제결혼이 늘어나면서 결혼이주자들이 늘어나고 있고 외국 노동자들이 지속적으로 증가하고 있다. 다문화 상황이 일반적인 상황이다. 전통적으로 이야기되던 단일민족이라는 신화는 더 이상 통하지 않는 시대가 된 것이다. 다음으로 양극화와 갈등이 사회통합을 어렵게 하고 있다. 아이엠에프 사태 이후 양극화는 더욱 심해졌으며 갈등이 심각한 상황이다. 다양한 갈등 상황에 우리는 놓여 있다. 대표적으로 지역갈등, 계층갈등, 이념갈등, 세대갈등에 시달리고 있다. 갈등 그 자체가 나쁜 것이라 할 수 없고 인간의 삶에 있어서는 갈등이 있을 수밖에 없지만 그 갈등이 제대로 해결되지 않고 더욱 심각한 양상으로 나타나고 있다. 다문화 상황, 양극화, 심각한 갈등 등이 우리사회의 통합을 어렵게 하고 있는 상황에서 사회통합을 위해 여러 가지 처방이 제시되고 있다.

시야를 확대하면 사회통합의 문제는 1990년대에 들어서면서 세계적으로도 많은 논의가 있게 되었다. 이는 "지구화, 국가주의의 재등장, 기술과 조직의 복잡성 증가로 인한 사회적 위험 증가, 양극화의 양상 등 탈산업화 시대의 새로운 형태의 아노미를 그 배경으로 하고 있다."[1] 우리나라의 상황도 이와 다르지 않아 2000년대 들어서면서 국가적으로도 사회통합에 대한 관심이

---

1 여유진, 「사회통합과 행복과의 관계」, 『보건복지포럼』 221, 한국보건사회연구소, 2015, 37-38쪽

증대하였다. 노무현 정부의 국민대통합연석회의, 이명박 정부의 대통령 직속 사회통합위원회, 박근혜 정부의 대통령 직속 국민대통합위원회 설치가 그것이다. 이에 따라 국내에서 사회통합에 대한 연구는 순수히 이론적 측면보다는 사회정책적 측면에서 집중적으로 이루어졌다.[2] 하지만 정부 주도의 정책 연구보다는 사회통합에 대해 깊이 있는 이론적인 연구가 이루어질 때 바람직한 사회통합에 한 발 다가갈 수 있을 것이다. 이론적 연구의 일환으로 우리 전통을 통해서 사회통합을 바라보는 것도 유용한 일일 것이다. 특히 쟁론의 화해를 통해 종교적 이상에 다가가고자 한 원효의 화쟁은 갈등을 해소하여 사회통합을 이루어 바람직한 사회를 건설하는 데에 시사점을 줄 수도 있을 것이다. 사회통합이 기본적으로는 어떤 사회에 대한 소속감 내지는 일체감 즉 마음가짐의 문제이므로 보는 눈 내지는 마음가짐을 달리하기를 주장하는 원효의 화쟁은 사회통합에 대해 여러 가지 생각할 거리를 제공해 줄 수 있을 것이다.

II. 사회통합의 의미와 필요성

사회통합의 사전적인 정의는 다음과 같다.

> 가치에 대한 합의이자 사회화로부터 얻어지는 사회로의 통합이다. 이에 대해 체계통합은 사회적 하부체계의 작용의 결과로서 일어나는, 즉 권력구조자든지 경제관계의 의도하지 않은 결과로서 나타나는 통합을 말한다. 로크우드(Lockwood)는, 통합의 두 형태는 같은 것이 아니며, 사회의 어떠한 분석도 이 둘 사이를 주의 깊게 구분해야 한다고 말하고 있다. 기든스(Giddens)에 의하면, 사회통합은 특히 개별적인 사회행위자의 대면적인 상호작용으로부터 일어나는 것으로 지적되고 있고, 체계통합은 먼 거리에서 나타나는 상호작용의 문제로서 집단과 집합체의 상호관계와 제도의 작용, 그리고 개인들이 보이지 않는 곳에서 일어나는 과정으로부터 나타나는 '재생산된 실천'을 내포한다.[3]

쉽게 말하면 사회의 구성원이 사회에 대해 일체감을 느끼고 소속감을 느끼는 것이다. 우리라

2 이재열 외, 「사회통합: 개념과 측정, 국제비교」, 『한국사회정책』 제21집 2호, 2014, 122쪽

3 고영복, 「사회통합(social integration)」 항목, 『사회학사전』, 사회문화연구소, 2000

는 생각을 갖고 그 사회가 제대로 잘 돌아가고 있다고 생각하는 것이라고도 할 수 있을 것이다. 김호기는 "협의의 사회통합이 한 사회가 유지되고 재생산되기 위해 요구되는 사회의 조직 원리에 대한 구성원들의 규범적인 동의를 말한다면, 광의의 사회통합은 이러한 협의의 사회통합과 체계통합이 결합된 것을 지칭한다. 여기서 체계통합이란 한 사회가 유지되고 재생산되기 위해 요구되는 하위부분들의 기능적인 결합을 의미한다."[4]고 설명한다.

사회통합이 중요한 문제가 된 것은 시민사회가 형성되면서부터이다. 이전에는 동질적이던 집단이 시민사회가 형성되면서 다양한 집단이 나타났기 때문이다. 다원화된 기능과 가치를 지닌 행위자가 증가하고 있는 현대사회에서는 전통적인 국가중심의 사회적 유대와 결속은 감소한 반면 새로운 방식의 사회통합이 나타나게 된 것이다.[5] 사회통합이라는 것은 따라서 개인이 하나의 집단에 속하고 있다는 결속감이면서 동시에 그 집단들이 어떻게 또 결속하는가도 문제이다. 사회통합은 따라서 하위에서 결속이 강하면 상위 집단에서의 통합에 방해가 될 수도 있다. 개인주의, 공동체주의, 국가주의, 세계시민주의가 사회통합에 미치는 영향이 다르다.[6] 우리의 사회통합에 대한 논의는 세계시민주의적인 것까지 생각은 하더라도 일단은 국민사회가 가장 큰 사회단위라고 할 수 있으므로 그것을 중심으로 논의를 전개할 수밖에 없을 것이다. 인류사회 전체의 문제를 따지기보다는 한국 사회의 문제를 논의하도록 하겠다. 세계시민주의적인 요소가 강한 것이 불교의 정신이고 현대의 문제가 국가 단위에 한정되는 것은 아니지만 현재 우리의 문제를 한국사회라는 상황에 중점을 두어서 말할 수밖에 없다.

구성원들의 규범적인 동의로 사회통합이 이루어진다. 우리는 같은 배를 탔다는 생각을 갖는 것이라고 할 수 있다. 우리는 같은 편이라고 생각해서 통합성을 유지하는 것이 사회통합이다. 우리는 개인을 넘어 사회를 구성하지만 같은 조직에 속했다고 해서 꼭 같은 이해관계를 갖는 것은 아니다. 그렇기 때문에 언제나 절대적인 같은 편일 수는 없다. 사회통합이라는 것도 같은 사회를 구성하는 구성원이 소속감을 느끼고 하나임을 느끼는 것이라 할 수 있지만 같은 구성원이라 해도 이해관계가 같은 것은 아니므로 동질감을 느꼈다가도 소외감을 느끼기도 하고 그럴 것이다.

사회통합의 정도가 가장 높은 것은 어느 사회일까? 전체주의적인 사회가 통합의 정도가 높다고 보아야 할까? 아니면 민주적인 사회가 통합의 정도가 높을까? 겉으로 보기에는 일사불란

4 김호기, 「한국 민주주의의 그늘과 사회통합의 제고」, 『한국과 국제정치』 27권 2호, 경남대학교 극동문제연구소, 2011, 11쪽

5 장용석 외 3인, 「사회통합의 다원적 가치와 영향요인에 대한 탐색적 연구: 국가주의, 개인주의, 공동체주의, 세계시민주의를 중심으로」, 『한국사회학』 제46집 5호, 2012년, 314쪽

6 장용석 외 3인, 위의 논문, 289-322쪽

한 전체주의 사회가 통합이 더 잘 되어 있는 것처럼 보인다. 하지만 민주적인 사회가 통합의 정도가 높다고 보아야 할 것이다. 왜냐하면 민주적인 사회는 각자가 다 스스로를 주인으로 주체로 생각할 것이기 때문이다. 그러나 겉으로 보기에 강력하게 통합되어 있는 것처럼 보이는 전체주의 사회는 각 구성원이 주인이 아니라 수단이기 때문에 한 번 무너지기 시작하면 금세 무너지기가 쉽다. 역사는 그것을 우리에게 말해준다. 사회통합이 잘 되어 있을 때에 구성원들이 행복할 수 있고[7] 갈등이 잘 해결되었을 때 사회통합이 실현될 수 있다. 김호기에 의하면 현재 사회통합을 가로막는 우리 사회의 가장 큰 문제는 양극화와 지나친 갈등이다.[8] 양극화의 문제는 정치나 사회정책적인 면에서 해결하기 위한 많은 노력이 요구된다. 그 구체적인 방안에 대해서는 일단 유보하고 갈등의 해결에 대해 논의를 집중하도록 하자.

갈등의 해결은 사회통합에서 가장 중요한 문제 중의 하나이다.[9] 이 갈등의 해결 문제에 대해 원효의 화쟁은 우리에게 많은 것을 얘기해 줄 수 있을 것으로 생각한다. 원효의 화쟁은 쟁론의 화해를 통해 올바른 진리에 도달함을 목적으로 하므로 갈등의 해결에 시사점을 줄 수 있을 것이기 때문이다. 사회통합에 원효의 화쟁이 어떻게 기여할 수 있는가 논의하기 위해서 먼저 원효의 화쟁이 무엇인가 간단히 살펴보도록 하자.

III. 원효의 화쟁[10]

원효의 화쟁은 다양한 불교 이론들 사이의 다툼을 화해시키는 것이다. 그는 이제까지의 여러 불교 이론들이 서로 다투어서 쟁론이 끊이지 않는 이유는 제대로 진리에 대해서 알지 못하고 자기 이론에만 집착하기 때문이라고 하며 여러 이론들을 화해시키려고 노력하였던 것이다. 화쟁이 요청되는 이유는 자기 이론에만 집착하여 분파주의적으로 나가는 것은 붓다의 진정한 가르침에

---

7 여유진, 「사회통합과 행복과의 관계」, 『보건복지포럼』 221, 한국보건사회연구소, 2015, 43쪽

8 김호기, 「한국 민주주의의 그늘과 사회통합의 제고」, 『한국과 국제정치』 27권2호(경남대학교 극동문제연구소, 2011), 2-11쪽

9 한상진은 사회통합은 갈등해소 능력을 가질 때 실현가능하다고 말한다. "사회통합은 근본적으로 국민의 가치관을 겨냥하여 갈등하는 집단 사이의 소통을 증진시키고, 신뢰와 믿음을 공유하며, 시민에게 부여되는 권리의 증진을 통하여 서로 동의할 수 있는 방식으로 갈등을 해소하는 능력을 가질 때 실현 가능해진다."(한상진, 「21세기 한국사회 변동전망과 사회통합의 방향」 『저스티스』 통권 제134-2호, 한국법학원, 2013, 44쪽; 박찬욱은 통합은 갈등의 해결이라고 다음과 같이 말한다. "국가를 포함한 집단 일반에 있어서 통합이란 구성원들 간에 이해관계, 가치, 정체성이 상호충돌하는 갈등, 분열 또는 균열의 문제 상황을 해소 및 완화하는 것이다."(박찬욱, 「사회통합의 방향: 한국정치의 과제」, 『저스티스』 통권 제134-2호, 한국법학원, 2013, 72쪽.

10 이 부분은 최유진, 『원효사상연구-화쟁을 중심으로-』, 경남대학교 출판부, 1998 참조.

어긋난다고 보았기 때문이다. 그리고 화쟁의 대상은 원효의 현존 저술로 볼 때에는 불교 내의 이론적 다툼이다. 유교나 도교에 대한 것은 없다. 하지만 그 이념 상 다른 다툼의 화해에도 적용할 수 있을 것이다. 실제로 화쟁의 이론을 다종교사회인 오늘날의 현실에 적용하여 종교다원주의에 이론적 근거를 제시해 볼 수도 있다.[11] 종교 간의 갈등의 해소에 원효의 화쟁을 적용하여 생각해 볼 수 있었던 것이다. 바로 그런 측면을 더욱 확대시키면 다양한 갈등 상황, 다양한 이념적 갈등에 적용하여 갈등의 평화적 해소와 쟁론의 화해에 적용할 수 있다. 그리하여 사회통합에 도움을 줄 수 있다.

그렇다면 어떤 근거에서 화쟁이 가능한가? 그것은 일심에서 찾을 수 있다. 일심이 화쟁의 근거가 되는 것이다. 일심은 그의 전 사상의 바탕을 이루고 있다. 일심은 모든 것의 근거이며 평등무차별하다. 따라서 일심의 근거에서 보자면 모든 것은 근원적인 점에서 평등무차별하다. 현실의 모습은 실제적으로는 다양하게 전개된다고 하더라도 상충됨이 없이 각각이 그대로 살려진다. 일심은 진여(眞如)와 생멸(生滅)의 둘로 나누어 고찰이 가능하지만 둘이 다를 바가 없다. 일심의 견지에서 보면 생멸이 진여이고 진여가 생멸이다. 따라서 생멸하는 현상 즉 다양한 여러 이론들이 바로 진여와 다를 바가 없어서 그 자체로서 살려질 수 있게 된다. 진여와 생멸의 밑바닥에 일심이 있으므로 이것이 가능함은 물론이다. 그는 불교의 모든 사상들에 특유한 역사적 의미와 가치를 인정하면서도, 그 모든 것을 회통하는 일심의 정화에 최고의 가치를 부여하면서 중생의 제도에 중점을 두고 일심사상을 실현해 나갔다. 이런 맥락에서 일심은 그의 사상의 방법적 특색이라고 할 화쟁에 근거를 제시해주고 있다.

구체적인 화쟁의 실천에 대해서 논의하면 화쟁은 언어로 표현된 이론적인 다툼을 화해시키는 것이므로 언어에 대한 이해가 중요하다. 언어에 대한 잘못된 이해가 쟁론으로 이끈다. 원효에 의하면 언어는 본성은 다음과 같다. 첫째, 언어와 진리의 관계는 상호의존적이다. 그리고 둘째, 우리는 언어로 진리를 표현할 수 있다. 그러나 언어는 한계를 갖는다. 한편으로 우리는 언어로 진리를 표현할 수 있지만 다른 한편으로는 진리는 언어로 표현되지 않는 부분도 있다고 할 수 있다. 따라서 우리는 언어에 집착해서는 안 된다. 이러한 언어에 대한 이해 위에서 우리는 구체적인 화쟁의 방법을 말할 수 있다. 화쟁의 방법은 세 단계로 이루어져 있다고 말할 수 있다. 우선 집착에서 벗어나게 하기 위해서 모든 이론들을 부정한다. 그러나 부정만을 한다고 해서 집착이

11 화쟁을 적용한 다양한 연구 결과가 나오고 있다. 종교다원주의와 관련하여서는 최유진, 「종교다원주의와 원효의 화쟁」, 『철학논총』 제31집, 새한철학회, 2003; 김용표, 「원효의 화회해석학을 통해 본 종교다원주의」, 『동서철학연구』 56호, 한국동서철학회, 2010 등의 연구가 있다.

없어진다고 볼 수는 없다. 부정에도 집착하지 않아야 한다. 그것을 위해 둘째 방법인 긍정과 부정의 자재(自在)가 필요하다. 긍정과 부정의 자재를 다른 측면에서 표현하면 '동의하지도 않고 이의도 제기하지 않으면서 설한다'는 방법이 있다. 태도의 문제를 중시해서 설명한 것이라 하겠다. 마지막으로 화쟁의 방법으로 말할 수 있는 것은 여러 경전들의 내용에 대해 폭넓게 이해하는 것이다.

화쟁은 원효 사상의 특색을 잘 드러내 주는 것이다. 원효는 화쟁으로 전체 불교 이론들을 바라보아 실천적 견지에서 각각의 가치를 인정하였다. 그렇지만 화쟁은 여러 불교이론들을 이론적으로 체계화시키는 작업은 아니다. 엄밀한 논리로써 화쟁을 수행하기는 하지만 궁극적으로는 실천의 문제로 연결된다. 화쟁은 궁극적으로는 일심의 경지에 돌아가게 하기 위한 것이며 화쟁의 완성은 일심에 돌아감이라고 말할 수 있다.

IV. 화쟁과 사회통합[12]

구체적으로 사회통합과 연관해서 화쟁을 생각해 보면 화쟁의 여러 측면이 사회통합을 실현하는 데 도움이 될 수 있을 것으로 생각된다. 화쟁은 갈등을 비폭력적으로 잘 해소하여 사회통합을 실현할 수 있게 해준다. 화쟁이 사회통합 실현의 한 방편이 되는 것이다. 원래의 원효의 입장에서 말하자면 각자가 자신의 견해에 사로잡혀서 쟁론하고 있는 상황은 이상적인 상태인 일심에서 멀리 떨어져 있는 상태이다. 쟁론을 화해시킴으로써 일심으로 돌아갈 수 있고 일심으로 돌아가기 위해서는 쟁론이 화해되어야 한다. 자신의 견해에 대한 집착을 버리고 쟁론하지 않아야 하는 것이다. 그렇다면 구체적으로 어떤 방법으로 그것이 가능한가?

서로 쟁론하는 상황에서 집착에서 벗어나게 하기 위한 첫 번째 방법은 부정하는 것이다. 사람들이 서로 갈등상황에서 다투고 있을 때에 그것을 해소하기 위해서는 먼저 자신의 견해에 대한 집착에서 벗어나도록 하기 위해 부정을 하는 것이 원효의 방법이다. 극단에서 떠나게 하는 것이다. 부정을 할 수밖에 없는 가장 근본적인 이유는 진리 표현의 한계이다. 아무리 훌륭한 말이라 하더라도 말이 진리 그 자체는 아니라는 것을 알아야 한다. 그 한계를 알면 집착을 버릴 수 있

---

12 이 부분은 최유진, 「종교다원주의와 원효의 화쟁」, 『철학논총』 제31집, 새한철학회, 2003; 최유진, 「원효의 평화사상」, 『한국불교학』 제60집, 한국불교학회, 2011을 주로 참조하였다.

을 것이다. 자신의 견해를 절대화해서는 안 되는 것이다. 그리고 어떤 이론이나 주장이 있다면 그 이론이나 주장이 궁극적으로 추구하는 근본 목적이 무엇인가를 항상 잊지 말아야 한다. 이론의 수단적 방편적 성격을 강조하는 것이 원효의 화쟁이다. 순수하게 이론 자체가 목적이라고 해도 올바른 이론을 찾기 위해서는 자기 이론에 대해서 이것만이 옳고 이것만이 궁극적인 것이라고 집착하지 말아야 한다.

부정을 통한 갈등 해소가 첫 번째 방법이라면 또 다른 방법은 긍정과 부정의 자재를 통한 갈등의 해소의 방법이다. 부정을 하고 그것의 반대까지도 부정을 하는 부정의 부정을 통하여 집착에서 벗어나게 하고자 한다. 극단을 떠나고 집착을 버리게 하기 위해 부정을 하는 것인데 그것에 대하여 확실하게 이해를 못하고 집착을 하는 것이 일반적이다. 일단 부정을 하면 사람들은 그 반대의 극단으로 가서 그것이 맞는 것으로 생각하는 경향이 있다. 일반적으로 개념은 상대적으로 성립하므로 어떤 것에 대해서 아니라고 부정을 하면 그것이 아니고 그 반대편의 것이라는 말이 된다. 짧다는 것을 부정하면 긴 것이 맞다고 이해하는 것이다. 그러나 부정의 방법에서 짧다는 것을 부정하는 것은 짧은 것에 집착하지 말라는 말이고 이것은 짧은 것이 아니라면 짧은 것이 있어야만 성립할 수 있는 긴 것도 아니라는 것이다. 이것이 부정의 부정이다. 그런데 또 부정의 부정은 또 한편으로는 긍정으로 표현할 수 있다. 부정의 부정은 긍정이기 때문이다. 즉 아닌 것이 아닌 것은 인 것이 된다. 하지만 이 긍정은 부정의 부정으로서의 긍정이다. 길고 짧은 것으로 예를 들어 말한다면 짧은 것이 아니고 짧은 것이 아닌 것도 아니라는 말이 짧은 것이 아닌 것과 짧은 것의 두 표현으로 나타난다. 짧은 것이기도 하고 짧은 것이 아니기도 하다는 표현이다. 그러나 여기에서의 짧다는 것은 짧지 않은 것이 아닌 짧은 것이다. 즉 짧은 것에의 집착을 벗어나서 받아들여야 하는 짧음이다. 언어의 긍정적 표현이 부정의 부정과 같다는 것은 어떤 표현을 절대적인 것으로 받아들여서는 안 되고 집착 없이 받아들여야 하는 것임을 말한다고 볼 수 있다. 긍정이 단순한 긍정이 아닌 것이다. 이것이 긍정과 부정의 자재가 함축하고 있는 의미이다. 이런 방식을 통해 갈등을 해소 시킬 수 있을 것이다.

부정을 통해서 집착을 버리게 함은 불교의 중요한 특징이다. 논쟁을 초월하고자 하는 것이다. 초기 경전과 중관파에서 그렇게 주장하고 있다. 원효도 사람들이 논쟁하는 것은 번뇌에 빠져 있기 때문에 단정을 하게 되고 자신의 견해에 사로잡혀서 자신만이 옳다고 주장하며 싸우게 된다고 말한다. 그는 『열반경』을 인용하여 부처는 번뇌가 없으므로 단정하는 바도 없어서 쟁송(諍訟)이 없다고 말하고 있다.[13] 그러나 원효의 원효다운 특색은 바로 긍정적인 면이 두드러지는 데 있

13 최유진, 『원효사상연구』, 경남대학교출판부, 1998, 87쪽 참조.

다. 다양한 여러 이론들이 서로 다르게 주장되고 있는 상황에서 초기 경전에서는 논쟁의 초월을 주장하고 다양한 이론들이 쓸모없다는 입장인 데 비해서 원효는 다양한 학설들의 긍정적인 면도 인정하는 입장이다. 초기 경전의 하나인 『우다나』에서의 장님과 코끼리에 대한 비유를 원효의 입장과 비교해 보면 그 차이를 알 수 있다. 초기 불전인 『우다나』에서는 부처가 장님과 코끼리의 비유를 들어 장님들이 코끼리를 만져보고 서로 자기가 옳다고 싸운다는 얘기를 한 끝에 다음과 같이 말한다.

> 비구들이여! 마치 그와 같으니 외도에 속한 유행자들은 눈이 없어 앞을 보지 못하여 참다운 뜻을 알지 못하고 그릇된 견해를 깨닫지 못하며, 올바른 이치를 알지 못하고 바르지 않은 것을 깨닫지 못한다. 그러므로 그들도 저 맹인들처럼 '이러한 것이 법이며, 이러한 것이 법이 아니다. 이러한 것은 법이 아니며, 이러한 것은 법이다.'라고 입씨름하며 논전을 벌이고 논란을 거듭하는 가운데 말의 창을 서로 겨누고 있는 것이다.[14]

장님들은 올바른 이치를 알지 못하여 자신의 견해가 잘못된 것임을 알지 못한다. 그리하여 자기만 옳다고 쓸데없는 논쟁을 한다고 한다. 여기에서는 장님들의 견해는 버려야만 될 견해이고 논쟁은 해서는 안 되는 것으로 보고 있다. 각각의 견해에 대하여 부정적인 입장을 가지고 있는 것이다. 각각의 견해를 논파하는 측면이 두드러진다고 할 수 있다. 그러나 같은 장님과 코끼리의 비유가 『열반경』에서는 조금 다르게 나타난다. 『열반경』에서 부처는 장님과 코끼리의 비유를 든 다음 "소경들이 코끼리의 몸 전체를 말하지 못하였으나 말하지 않은 것도 아니니, 만일 그 여러 모양이 모두 코끼리가 아니라면 그것을 떠나서는 따로 코끼리가 없다."[15]라고 말한다. 그리고 불성에 대한 6가지의 학설(불성이 각각 색(色), 수(受), 상(想), 행(行), 식(識), 아(我)임을 주장하는 학설)을 말한 다음에 다음과 같이 말한다.

> 선남자여, 저 소경들이 제각기 코끼리를 말하는 것이, 비록 코끼리의 실상을 얻지 못하였으나, 코끼리를 말하지 않은 것이 아닌 것처럼, 불성을 말하는 이도 그와 같아서, 여섯 가지 법 그대로는

---

14 사쿠라베 하지메 편, 이미령 역, 『기쁨의 언어 진리의 언어』(마음으로 읽는 불전 2), 민족사, 1991, 121쪽.

15 "如彼衆盲不說象體亦非不說. 若是衆相悉非象者. 離是之外更無別象".
『大般涅槃經』(36권본) 권30, 「獅子吼菩薩品」, 『大正新修大藏經』(이하 T) 12. 802a.

아니지만, 여섯 가지 법을 떠난 것도 아니다.[16]

여기에서는 소경들의 견해가 코끼리의 실상을 얻지 못하였으나 코끼리를 말하지 않은 것은 아니고 소경들의 견해를 떠나서 따로 코끼리가 있는 것도 아니라 하여 어느 정도의 가치를 인정하고 있는 것으로 보인다. 초기 불전과는 약간의 차이가 있다. 여러 학설들이 완전한 것은 아니나 부분적인 가치가 인정되어서 논쟁의 초월만을 강조하는 입장에서 각각의 학설을 조금은 인정하는 긍정 쪽으로 입장이 달라졌음을 알 수 있다. 원효는 바로 이 부분을 인용하면서 각각의 학설이 나름대로 가치가 있음을 긍정하고 있다. 즉 그는 불성의 본체에 대한 여섯 분의 학설을 소개한 다음에 다음과 같이 말한다.

> 이런 뜻에서 위의 여섯 분의 주장은 비록 모두가 불성의 실체를 다하지는 못했지만 각기 입장에 따라 설명하여, 각자 그 뜻을 얻었다고 하는 것이다. 그러므로 다음에 나오는 글에서는, '마치 저 소경들이 제각기 코끼리를 말하는 것이, 비록 코끼리의 실상을 얻지 못하였으나, 코끼리를 말하지 않은 것이 아닌 것처럼, 불성을 말하는 이도 그와 같아서, 여섯 가지 법 그대로는 아니지만, 여섯 가지 법을 떠난 것도 아니다.'라고 하였는데 여기의 여섯 분의 주장도 또한 그러함을 알아야 한다.[17]

원효는 여기에서 여러 학설들이 각기 입장에 따라 설명하여 각자 그 뜻을 얻었다고 말하고 있다. 물론 불성의 실체를 다한 것은 아니라고 제약 조건을 달고는 있지만 각각의 주장에 대하여 긍정을 하고 있는 것이다. 이와 같이 긍정적인 면에서 접근하는 것이 원효의 중요한 특징이다. 이와 같은 긍정적인 방면에서의 접근이 다양한 집단이 공존하는 현대시민사회에서의 다양한 갈등의 해소에 더욱 훌륭한 본보기가 될 수 있을 것으로 생각된다. 갈등이 존재하는 것을 부정적으로 볼 것이 아니라 그것이 새로운 가치를 창조해내는 힘이 될 수도 있음을 인정하는 태도이다. 소통이 중요하지만 그보다 먼저 현재 사회에 다양성이 존재함을 인정하고 그러한 상황에 대해 이해하는 것이 중요하다. 그런 다음에 소통이 가능하고 그런 점에서 갈등의 창조의 힘이 될 수도 있는 것이다. 물론 그것이 그럴 수 있으려면 갈등이 잘 해결되어야만 할 것이다.

---

16 善男子. 如彼盲人各各說象, 雖不得實非不說象. 說佛性者亦復如是. 非卽六法不離六法.
『大般涅槃經』(36권본) 권30, 「獅子吼菩薩品」, T12. 802b-c.

17 "由是義故, 六師所說雖皆未盡佛性實體, 隨門而說各得其義. 故下文說, 如彼盲人各各說象, 雖不得實非不說象. 說佛性者亦復如是, 不卽六法不離六法. 當知此中六說亦爾."
元曉, 『涅槃宗要』, 『韓國佛敎全書』1. 539a.

긍정과 부정의 자재라는 원효의 화쟁의 방법을 현실에 적용시켜서 생각해 본다면 여러 다양한 주장들에 대하여 편견 없이 대하는 자세가 필요하다는 것을 강조한 것으로 이해할 수 있다. 모든 주장이 다 진리를 가르치고 있으니 다를 것이 없으므로 모두를 인정하자는 그런 입장은 아니다. 어느 주장이나 다 옳다는 식으로 해서는 진정한 화해는 이루어지지 않는다. 다툼이 있을 때에 단순히 양 쪽 다 옳다는 식의 논의로는 그 다툼이 해소되지 않는다. 그것은 원효도 누누이 강조하는 바이다. 그러면 어떻게 하였을 때에 그 다툼이 해소될 수 있는가? 원효에 의하면 집착하는 마음이 쟁론을 낳는다. 사람들의 집착하는 태도와 일부만을 알고 그것이 전부인양 아는 것이 잘못이라면 스스로의 입장이 무조건적으로 옳음을 강조하기보다는 겸허하게 반성하며 자신을 되돌아보는 자세가 필요한 것이다. 자신과 다르다는 이유만으로 다른 사람이나 단체를 적대시한다는 것은 분명 각자의 바람직한 삶에도 도움이 되지 않을 것이다. 우리는 모두 같이 이 사회를 구성하고 있는 존재이기 때문이다. 불교의 연기의 진리로 이를 설명할 수도 있을 것이다.

다음 원효의 화쟁의 방법으로는 서로 쟁론 상황에 있는 이론들에 대해서 '동의하지도 않고 이의도 제기하지 않으면서 말하는' 방법을 들 수 있다. 동의하지 않으므로 이치에 어긋나지 않고, 동의하지 않는 것이 아니므로 정에 어긋나지 않아서 화해가 가능하다는 것이 원효의 주장이다. 말 그대로 취하면 모두 허용될 수 없으므로 동의하지 않고 뜻을 살려 들으면 허용되지 않는 바가 없으므로 동의한다는 것이다. 태도의 중요성을 강조하는 말이다. 뜻에도 어긋나지 않고 정에도 어긋나지 않게 동의와 이의에서 자유로운 상태에서 여러 이론을 대하는 것이다. 이렇게 될 수 있으려면 스스로가 걸림 없는 상태에 있어야 할 것이다. 갈등을 평화적으로 해소하려면 중간에 다툼의 해소를 위한 역할을 하는 사람의 태도가 먼저 중요하다고 말할 수 있겠다.

마지막 화쟁의 방법인 경전 내용에 대한 폭넓은 이해를 현실에 적용해서 생각해 보면 갈등하는 이론들의 내용에 대해서 폭넓게 열린 마음으로 이해하려는 자세의 중요함을 지적하는 것으로 볼 수 있다. 구체적인 내용을 몰라서 그로 인해서 생기는 갈등이 많기 때문이다. 여러 이론에 대해 폭넓게 이해하는 것은 긍정적인 면에서 서로간의 이론을 이해하는 것이다. 이는 다른 말로 하면 소통의 강조라고 할 수 있을 것이며 긍정적인 면에서의 접근이다.

소통을 위해서는 스스로 열린 마음으로 널리 이해하려는 마음이 중요하고 실제로 널리 연구하고 받아들여야 한다. 서로 갈등하는 이론으로 보이지만 사실은 같은 얘기를 달리 하는 것일 수도 있고 근본적인 점에서 같은 것을 몰라서 오해를 하는 수도 있다.

이상과 같이 화쟁은 개인과 개인 사이 또는 집단과 집단 사이의 갈등의 해소를 위한 원리로 생각해 볼 수 있다. 원효는 화쟁을 통해서 이상적인 경지인 일심의 경지에 도달하고자 하였다면 우리는 사회통합을 통하여 각 개인이 소속감을 느끼며 자기를 실현할 수 있는 바람직한 사회를 건설하고자 한다. 사회통합을 실현하려면 갈등을 평화적으로 해결하여야 하는데 화쟁은 그 길을 우리에게 알려줄 수 있다고 할 수 있다. 따라서 화쟁은 사회통합에 기여할 수 있다.

이제까지 논의한 바와 같이 사회통합의 실현을 위해 중요한 것은 갈등의 평화적 해결인데 그 것의 실현에 화쟁이 유효한 수단이 될 수 있다. 그런데 화쟁으로 갈등을 평화적으로 해결하는 것 이외에 구체적으로 사회 안에서 어떻게 실천을 하여 사회통합을 실현하느냐가 또 문제이다. 원효는 대중 속에서 다양한 방법으로 직접적으로 많은 실천을 하여 사회통합의 실현을 위해 노력한다. 민중 속에서의 원효의 활동을 사회통합의 실현이라는 측면에서 파악할 수 있다. 원효는 민중 속으로 파고들어 정토신앙을 널리 전파하고 또 어려운 불교 이론을 민중들이 쉽게 받아들일 수 있도록 노래를 지어 전파하는 등 불교의 대중화를 위해 여러 가지로 노력하였다. 이는 소외된 사람들을 포섭하는 사회통합의 활동으로 파악할 수도 있다. 소외되는 사람이 없도록 하는 것이 사회통합에서 중요하기 때문이다. 다원적인 종교의 사회인 현대사회의 입장에서 보면 원효의 활동은 단순히 자기의 종교의 포교활동이라고 볼 수도 있다. 그러나 보편적인 가치를 지니고 좀 더 높은 종교적 이상을 널리 민중들에게 전파하는 것은 소외된 사람들을 없게 하는 활동으로 파악할 수 있다. 원효의 대중적 활동에 대하여『삼국유사』에서는 다음과 같이 묘사하고 있다.

> 원효가 이미 계를 잃어 설총을 낳은 후로는 속인의 옷으로 바꿔 입고 스스로 소성거사(小姓居士)라 하였다. 우연히 광대들이 춤추며 노는 큰 박을 얻었는데, 그 모양이 기괴하였다. 그 모양대로 한 도구를 만들어 이름을『화엄경』(華嚴經)의 "일체에 걸림이 없는 사람은 한결같이 생사(生死)를 벗어난다"란 문구를 따서 무애(無碍)라 이름을 짓고 계속하여 노래를 지어 세상에 퍼뜨리었다. 일찍이 이를 가지고 수많은 촌락을 돌아다니며 노래하고 춤추며 교화하고 읊다가 돌아왔으므로 가난하고 무지몽매한 무리들까지도 모두 부처의 이름을 알게 되고 누구나 나무(南無)를 할 줄 알게 되었으니 원효의 교화가 참으로 크다.[18]

원효는 거사의 신분으로 불교를 민중 속에서 전파하는 데 적극적이었다는 것을 이것을 통해 알 수 있다. 노래와 춤을 통해 불교를 대중화하는 데 큰 공헌을 하였음도 알 수 있다. 원효는 이와 같이 불교의 대중화를 위해 노력하였고 실제로 가난하고 못 배운 사람들도 불교에 대해 어느

---

18 강인구외 4인 역주,『譯註 三國遺事』IV, 이회문화사, 2003, 117쪽, 124-125쪽

정도 알게 된 것은 원효의 공이 크다고 말하고 있다. 이 민중 속에서의 활동을 사회통합의 실천이라고 볼 수 있을 것이다. 일반 민중들이 불교를 받아들임으로써 집착을 버리고 걸림이 없을 수 있게 되고 폭력과 갈등에서 벗어나고 소외된 상태에서 벗어날 수 있기 때문이다. 『송고승전』에서는 다음과 같이 말하고 있다.

> 그 인연이 이미 어그러지자 마음이 가는 대로 가서 노닐었다. 얼마 지나지 않아 미친 듯하고 어그러진 말을 하고 거칠고 빗나간 행동을 하였다. 거사와 한가지로 술집과 기생집을 출입하는 것이 보지(保誌; 송나라 양나라 때에 신통한 일을 많이 나타내고 예언을 한 중국의 승려)가 칼과 쇠 지팡이를 차고 다니는 것과 같았다. 혹은 소(疏)를 지어서 『화엄경』을 강의하기도 하고, 혹은 거문고를 뜯으며 사당에서 노래하기도 하였다. 혹은 민가에서 자기도 하고, 혹은 산수(山水) 간에서 좌선하기도 하였다. 마음 내키는 대로 하니 도무지 일정함이 없었다.[19]

원효의 자유로운 실천을 잘 묘사하고 있다. 행동거지에 걸림이 없었고 민중 속에서 실천을 하였다. 술집과 기생집도 드나들고 노래도 하지만 또 한편으로는 경전의 주석서도 쓰고 좌선도 하였다. 자유롭게 실천하여 어떤 정해진 것이 없었던 것이 원효였다고 한다. 민중 속에서 걸림없이 실천을 하는 원효의 모습을 잘 묘사하고 있다. 사회통합의 직접적 실천이라고 해석할 수 있다. 사회에서의 실천을 통하여 구성원들이 소외된 상태에서 벗어나게 해주고 더 나아가 바람직한 사회를 건설할 수 있도록 하는 것이다.

V. 결론

현재 우리사회는 많은 문제점을 노출하고 있다. 갈등이 심각하고 사회적 신뢰가 바닥이다. 사회통합이 제대로 이루어지지 못하고 있어서 나의 문제가 사회 속에서 제대로 해결될 수 있을 것이라는 기대를 하기 어렵고 그저 각자 자기 살 길은 자기가 찾아야 하는 심각한 현실이다. 정치적인 민주화는 어느 정도 이루었고 경제도 어느 정도 발전했다고는 하지만 사람들의 삶은 피폐하다. 자살율 1위라는 현실은 그것을 우리에게 잘 보여주고 있다. 이렇게 사람들의 삶이 피폐하

---

19 贊寧, 『宋高僧傳』, 「唐新羅國黃龍寺元曉傳」, T50. 730

고 불행한 중요한 이유 중의 하나는 사회통합이 제대로 되지 않은 것에 있다고 할 수 있다. 사회통합이 되지 않은 중요한 이유는 양극화와 지나친 갈등이다. 따라서 사회적 갈등의 해결이 사회통합에서 긴요하다. 바로 그 문제에서 원효의 화쟁은 우리에게 갈등 해결 방법에 대해 시사점을 줄 수 있다. 원효의 화쟁의 방법을 원용함으로써 사회적 갈등을 해결할 수 있을 것이라 기대할 수 있다. 부정을 통한 갈등 해소가 첫 번째 방법이라면 또 다른 방법은 긍정과 부정의 자재를 통한 갈등의 해소의 방법이다. 그리고 폭넓은 이해를 통한 갈등 해소가 또 다른 방법이다. 원효는 자기 자신의 견해에 집착하지 말고 또 긍정과 부정을 자재로 하면서 그리고 폭넓게 다양한 다른 견해도 받아들이면 다툼이 해소되고 갈등이 해소될 수 있을 것이라고 하였다. 각자의 다른 견해가 갈등의 소재일 수도 있지만 새로운 발전의 단초일 수도 있다는 것을 인정하고 있다. 현대 우리도 갈등 상황을 나쁜 것으로만 보지 말고 적극적인 발전의 단초로 삼을 수 있도록 하여야 할 것이다. 그것은 가장 먼저 현재 상황이 다양한 갈등이 있을 수밖에 없다는 사실을 냉철히 인식하는 것이 우선이라 하겠다. 그리고 그런 다음 서로 소통을 하도록 노력하여야 할 것이다. 원효는 화쟁을 통하여 다양한 불교 이론 사이의 다툼을 화해시키고 회통하려고 노력하였을 뿐만 아니라 불교의 대중화를 위해 민중 속에서 직접 실천하였다. 사회통합을 위한 노력이었다고도 말할 수가 있을 것이다. 원효의 화쟁을 통해 갈등을 해소하고 갈등을 창조적 자산으로 삼을 수 있는 길을 찾고 사회통합을 위해 직접 실천하였던 원효처럼 사회통합의 길에 모두 함께 할 수 있는 길을 찾아야 할 것이다. 인간과 사회는 연기적 존재이며 인간은 누구나 불성을 가졌다는 것이 그 출발점이 될 수 있을 것이다. 그 근거 위에서 화쟁의 정신으로 나아간다면 사회통합을 제고할 수 있을 것이다.

제5장 원효의 평화사상

I. 서론

원효에 있어서 평화의 문제를 탐구하고자 하는 것이 이 연구의 목적이다. 평화는 인간의 삶에 있어서 항상 중요한 문제이겠지만 현대에 있어서는 더욱 큰 문제인 것 같다. 현대 세계는 물질적으로는 풍요해진 것은 사실이지만 많은 문제에 직면하고 있고 사람들은 평화롭고 행복한 삶을 누리고 있지 못한 것으로 보인다. 선진산업사회에서는 영양과다가 문제이지만 한편으로는 수많은 사람들이 굶주림에 시달리고 죽어가고 있는 것이 현실이다. 핵의 위협이 상존하고 있고 환경이 급속도로 파괴되고 있어서 환경 문제가 바로 목전의 심각한 문제로 되고 있다. 개인들의 마음의 평화는 현대에 이르러 가장 심각한 도전을 받고 있는 것으로 보이고 20세기와 같은 세계적인 규모의 전쟁은 없지만 끊임없이 전쟁이 이어지고 있어서 전쟁이 없는 평화로운 세계의 건설이야말로 가장 중요한 과제 중의 하나이다. 마음도 평화롭고 사회도 평화로우며 전쟁이 없는 평화로운 세상의 건설은 우리에게 이상이다. 평화로운 이상세계를 건설한다고 할 때 어떻게 어디에서부터 시작할 수 있을지 원효사상이 우리에게 어떤 시사점을 줄 수 있을지를 논의해 보도록 하자.

평화의 개념은 사전적으로는 평온하고 화목함, 전쟁이나 갈등이 없어 평온함을 의미한다고 풀이하고 있다.[1] 이것에 근거하여 본다면 평화에 대해서 크게 보아 둘로 나누어서 논의해 볼 수 있겠다. 하나는 개인의 차원(마음의 평화)이고 다른 하나는 사회나 세계의 평화이다. 보통 평화에 대해 논의한다면 전쟁의 반대 개념으로서의 평화가 가장 많이 논의되는 문제인 것으로 생각된다. 하지만 일반적으로 생각할 때 불교도들은 개인적인 마음의 평화를 먼저 추구했다고 할 수 있

---

1 1. 평온하고 화목함. 화합하고 인온함. 2. 전쟁이 없이 세상이 평온함.(민중서림 『국어사전』); 「1」평온하고 화목함.「2」전쟁, 분쟁 또는 일체의 갈등이 없이 평온함. 또는 그런 상태.(국립국어원 『표준국어대사전』)

겠다.[2] 개인에서 어떻게 사회나 세계의 평화로 갈 수 있는가의 문제에 대해서는 상대적으로 소홀했던 것으로 볼 수 있다. 따라서 전쟁의 반대 개념으로서의 평화에 대한 논의는 별로 많지 않다. 원효의 경우도 이는 마찬가지이다. 물론 자기 자신의 해탈만이 아니라 모든 중생들의 안락과 행복을 위해 노력한다는 불교의 정신으로 생각한다면 사회나 세계의 평화도 생각하지 않았다고 할 수는 없겠지만[3] 아무래도 중점은 스스로의 마음의 평화가 우선이라고 할 수 있다. 그리고 그러한 마음의 평화를 확대하는 방식으로 즉 모든 사람의 마음의 평화라는 방식으로 사회나 세계의 평화도 연결시켜서 말한다고 볼 수 있겠다. 사회나 세계의 평화도 먼저 갈등과 다툼이 없는 평화로운 사회 즉 개인이나 단체 간에 여러 다툼이나 갈등이 없는 평화의 상태를 상정할 수 있고 다음으로 국가 간에 전쟁이 없는 평화로운 세계를 말할 수 있겠다. 결국 개인의 마음의 평화, 사회에서의 갈등의 해소의 문제, 전쟁이 없는 평화로운 세계를 만드는 문제에 대해서 말할 수 있는데 원효의 평화사상을 마음의 평화의 문제와 갈등의 해소의 문제를 중심으로 논의하고 전쟁과 평화의 문제에 대해서는 간단히 시론적으로 논의해 보도록 하자.

원효의 평화사상에 대한 논의는 많지 않다. 일찍이 화쟁사상과의 연관에서 논의한 이종익의 「원효의 평화사상」이 있고 「원효의 평화사상과 그 실현 방안 연구」라는 제목의 정원용의 박사학위논문이 있고 원효사상에서의 평화와 통일을 화쟁과 일심을 중심으로 논의한 김석근의 논문이 있다.[4] 이종익의 「원효의 평화사상」은 화쟁사상과의 연관에서 원효의 평화사상을 논의했다는 점에서 중요한 의의가 있지만 평화의 문제가 보다 확실하게 논의되었으면 하는 아쉬움이 있다. 정원용의 논문은 아집과 법집의 두 가지 집착을 평화의 저해 요인으로 보아 그것을 없앤 것이 이상적인 평화세계라고 원효 사상을 해석했다. 김석근의 「화쟁과 일심-원효사상에서의 평화와 통일-」은 원효의 화쟁과 일심의 사유체계를 화해의 논리와 통합의 철학으로 볼 수 있다고 주장한다. 기존의 연구 성과를 참고하면서 원효의 평화사상에 대해 논의를 진행하도록 하겠다. 먼저 개

---

2 이는 일반적으로 받아들여질 수 있을 것이다. 심재룡 교수도 불교는 개인의 마음의 평화를 중시한다고 다음과 같이 말하고 있다. : "불교의 핵심은 무엇보다도 사회 또는 국가 간의 평화보다는 한 개인의 마음에 깃든 영구한 평화의 구축에 있다고 할 것이다. 마음이 평화롭지 않는 불자가 아무리 사회와 국가의 평화를 외친다 해도 그것은 헛된 공염불일 것이다."(심재룡(1991), 「불교의 평화사상」, 그리스도교철학연구소 편, 『현대사회와 평화』, 서광사, p.164)

3 현대의 불교 평화운동가인 술락 시바락사는 "불교에서는 전통적으로 개인적 구원과 사회적 정의가 상보적인 관계로 상호 중시되었다고 할 수 있겠다."라고 말하여 불교가 사회에 무관심하지 않았음을 강조한다.(술락 시바락사(2001), 『평화의 씨앗』, 변희욱 옮김, 정토출판, p.34)

4 원효의 평화사상을 직접적인 주제로 한 연구에는 다음과 같은 것들이 있다.: 이종익(1975), 「元曉의 平和思想」, 『아카데미논총』 제3집, 세계평화교수협의회; 정원용(2007), 「원효의 평화사상과 그 실현 방안 연구」, 박사학위논문, 동국대학교 대학원; 김석근(2010), 「화쟁과 일심-원효사상에서의 평화와 통일-」, 『정치사상연구』 16집 1호, 한국정치사상학회.

인적인 차원의 평화는 원효의 경우에는 일심을 들 수 있고 사회적인 차원의 평화를 실현하기 위한 갈등의 평화적 해소 방안으로 화쟁을 생각할 수 있겠다. 원효의 가장 중요한 사상이라고 할 수 있는 일심과 화쟁이 바로 평화사상의 핵심이 되는 것이다. 그리고 사회의 평화를 위해 원효는 부처의 가르침을 펴기 위한 적극적인 활동을 한다. 불교대중화를 위한 원효의 노력을 사회의 평화라는 차원에서 생각해 볼 수 있다. 그리고 더 나아가 전쟁이 없는 평화로운 세계의 건설에 대해 어떻게 생각했는지의 문제에 대해 논의해 볼 수 있다.

II. 일심: 마음의 평화[5]

평화는 먼저 개인적인 차원에서 말하면 마음의 평화라고 할 수 있겠다. 이는 불교의 경우 이상적인 경지인 열반이 이에 해당된다고 할 수 있겠다. 탐욕과 성냄과 어리석음이 모두 소멸되어서 마음이 평화로운 경지가 불교에서 이상으로 삼는 열반의 경지이다. 개인적인 차원에서 마음이 평화로운 이상적인 상태라고 할 수 있다. 따라서 열반을 바로 평화라고 해석할 수 있을 것이다. 현대에도 열반을 평화라고 표현하는 경우가 많이 있다. 원효의 경우는 어떠한가? 원효의 경우에도 모든 어리석음과 탐욕이 소멸된 경지는 열반의 경지이고 이는 평화의 경지이기도 하다. 그런데 원효에 있어서는 이 이상적인 열반의 경지가 다른 말로 일심으로 표현되고 있다. 이상적인 경지를 나타내는 열반, 해탈, 반야 등이 궁극적으로는 일심으로 연결되고 있다. 그 일심의 경지가 바로 절대 평화의 상태라고 할 수 있을 것이다. 이제 일심에 대해서 살펴보도록 하자.

일심은 먼저 궁극의 목적지이다. 『금강삼매경론』에서 "일체 중생이 본래 일각이었지만 다만 무명으로 말미암아 꿈 따라 유전하다가 모두 여래의 일미의 말씀에 따라 일심의 원천으로 마침내 돌아오지 않는 자가 없음을 밝히려고 한다."[6]라고 말한 바와 같다. 우리의 현재의 상태는 무명에 의하여 꿈 따라 유전하는 상태이지만 궁극적으로 돌아갈 자리, 본래의 자리는 일심의 원천이라는 것이다. 불교에서 가장 중요한 것이 불 법 승의 삼보인데 "돌아갈 바의 일심이 곧 삼보"[7]이다. 그 일심의 경지는 이상적인 평화의 경지인데 이는 또 깨달음을 완전히 성취한 부처의 경지이

---

5 이 부분은 최유진(1998), 『원효사상연구-화쟁을 중심으로-』, 경남대학교 출판부, pp.40-58 참조.

6 『金剛三昧經論』(한불전1. 610a): 如來所說 一切敎法 無不令入一味覺故 欲明一切衆生本來一覺 但由無明隨夢流轉 皆從如來一味之說 無不終歸一心之源

7 『起信論疏』(한불전1. 581a): 所歸一心 卽是三寶故也

기도 하다. 일심은 이와 같이 이상적인 경지이고 궁극적인 평화의 경지이다.

이 일심은 또 한편으로는 모든 것의 근거이기도 하다. 一心이 모든 것의 근거라는 것은 먼저 모든 法이 一心에 依止하는 바라는 것으로 설명될 수 있다. 원효는 "이와 같이 一心은 통틀어 一切의 染淨諸法의 依止하는 바 되기 때문에 곧 諸法의 근본인 것이다."[8]라고 말하고 있다. 그리고 "본래의 一心이 모든 法의 기본적인 원천이다."[9] 더 나아가면 모든 것은 결국은 一心뿐이라고 말할 수 있다. 그리하여 "一法界는 소위 一心"[10]이니 모든 것을 포괄하는 一法界라는 것은 一心뿐이라는 것이고 大乘法도 또한 一心일 뿐이라 하여 "一心 이외 또 다른 法이 존재하는 것은 아니다."[11]라고 말한다. 一心이 모든 것을 포괄한다는 것은 또한 우리의 외적 현상세계도 一心일 뿐이라고 말할 수 있다. 즉 모든 경계는 결국 一心 안으로 들어온다.

또 一心은 모든 것을 갖추고 있다고 말할 수 있다. 모든 것을 다 포괄하고 있다고 말하는 것은 바로 다 갖추고 있다고 하는 것이다. 『金剛三昧經論』에서는, "이와 같은 一心은……본래 고요한 門은 갠지즈강의 모래알같이 무수한 공덕이 갖추어져 있지 않은 것이 없으므로 備一切法이라 말하고 緣을 따라 움직이는 門은 갠지즈강의 모래알 같은 染法을 갖추지 않음이 없으니 具一切法이라고 말한 것이다."[12]라고 하여 一心을 깨끗한 功德과 더러운 染法을 모두 다 갖춘 것이라 한다. 모든 것의 근거이기 위해서는 깨끗한 것만이 있다면 안 될 것이다. 그래서 고요한 門(靜門)에서는 功德을, 인연 따라 움직이는 門(隨緣動門)에서는 染法을 모두 갖추고 있다고 한다.

이상에서 여러 각도로 살펴본 바와 같이 一心은 모든 것의 근거가 되고 모든 것이 그 안에 포괄된다. 그리하여 一心은 깨끗한 것과 더러운 모든 것의 근거가 된다. 궁극적인 견지에서는 더럽다고 말할 수는 없지만 현실적으로 나타나는 더러운 것들도 그 근거는 一心 이외에 딴 것은 아니다. 그러나 一心에 그 근거가 있다고 해도 깨끗한 것이나 더러운 것을 실재하는 것으로 보아서는 안 된다.

다음으로 일심은 상대적 차별을 떠나 있다는 것이 원효의 견해이다. 일심이라는 것은 대상화된 어떤 것으로 파악되어서는 안 된다는 것이다. 그것은 대상화해서는 얻어지지 않는 것이라 한

---

8 『金剛三昧經論』(한불전1. 615c): 如是一心通爲一切染靜諸法之所依止故 卽是諸法根本.

9 『起信論疏』(한불전1. 750c): 了塵通相 說名心王 由其本一心是諸法之總源故也.

10 『金剛三昧經論』(한불전1. 639c): 一法界者 所謂一心.

11 『起信論疏』(한불전1. 736c): 大乘法唯有一心 一心外更無別法.

12 『金剛三昧經論』(한불전1. 615c): 如是一心……本來靜門 恒沙功德 無所不備 故言備一切法 隨緣動門 恒沙染法 無所不具 故言具一切法.

다. 일심 그것은 영원하다거나 순간적이라든가, 또는 본성이 있다든지 본성이 없다든지, 형상이 있다든지 하는 등의 모든 상대적인 차별을 떠나서 존재하는 것이라 한다.

일심은 그의 전 사상의 바탕을 이루고 있다. 일심은 모든 것의 근거이며 평등무차별하다. 따라서 일심의 근거에서 보자면 모든 것은 근원적인 점에서 평등무차별하다. 현실의 모습은 실제적으로는 다양하게 전개된다고 하더라도 상충됨이 없이 각각이 그대로 살려진다. 일심은 진여(眞如)와 생멸(生滅)의 둘로 나누어 고찰이 가능하지만 둘이 다를 바가 없다. 일심의 견지에서 보면 생멸이 진여이고 진여가 생멸이다. 따라서 생멸하는 현상 즉 다양한 여러 이론들이 바로 진여와 다를 바가 없어서 그 자체로서 살려질 수 있게 된다. 진여와 생멸의 밑바닥에 일심이 있으므로 이것이 가능함은 물론이다. 이런 맥락에서 일심은 화쟁의 근거이기도 하다.

결론적으로 다시 말하면 원효의 一心은 만물의 근본이며 우리의 궁극적인 목적지이기도 하다. 그것은 상대적인 차별을 떠나 있다. 그것은 대상화된 언어로서 표현이 불가능한 것은 아니지만 그 언어에 집착해서는 핵심에 못 들어간다. 一心은 生滅과 진여로 나누어 고찰이 가능하지만 근본적인 면에서는 生滅과 불변의 영원이 다를 바가 없다. 구별하여 집착하지 않는 경지가 一心이라 할 수 있다. 그는 그런 一心을 우리가 회복해 가야 할 목적지라고 말하고 있다. 이 일심이야말로 이상적인 평화의 경지이다.

그런데 우리가 평화로운 마음의 상태인 일심의 경지에서 벗어나 있는 것은 왜인가? 원효에 의하면 그것은 탐욕과 어리석음 또는 두 가지 장애(煩惱障과 所知障) 때문에 그러하다. 따라서 이것을 제거하여야 한다. 불교에서 말하는 수행의 방법이 모두 집착을 제거하여 이상적인 경지에 도달하기 위한 방법이 되겠지만 원효에서 가장 중요한 것은 역시 지관의 수행이라고 할 수 있을 것이다.[13] 지관의 수행을 통해 일심의 근원에로 돌아갈 수가 있다.

III. 갈등의 평화적 해결로서의 화쟁과 민중 속에서의 실천

현대의 대표적인 평화연구자 중의 한 사람인 갈퉁은 평화의 반대 개념으로 폭력을 상정하고 평화를 모든 종류의 폭력이 없거나 폭력의 감소로 정의하거나 비폭력적이고 창조적인 갈등의

13 김도공(2001), 「元曉의 修行體系 硏究-『大乘起信論疏』를 중심으로-」, 박사학위논문, 원광대학교, pp.63-99 참조.

변형으로 정의할 수 있다고 본다.[14] 폭력을 없애고 갈등을 비폭력적이고 창의적으로 해소하는 것이 평화의 관건이라는 것이다. 갈퉁의 이 정의를 받아들인다면 갈등의 해소를 주안점으로 삼는 원효의 화쟁은 평화의 실현에 공헌할 수 있는 바가 많을 것이다. 이념적 갈등의 해소도 직접적인 폭력의 해소 못지않게 중요하기 때문이다. 일심이 내면적 평화라면 화쟁은 개인과 개인 사이 또는 집단과 집단 사이의 평화의 실현이라는 사회적 차원의 평화와 연관되는 것이라고 할 수 있다. 개인적인 차원의 평화라고 할 수 있는 일심에서 사회적 차원의 평화의 실현으로 나아간다고 할 수 있다. 원효의 화쟁에 대해서 알아보도록 하자.[15]

원효의 화쟁은 다양한 불교 이론들 사이의 다툼을 화해시키는 것이다. 그는 이제까지의 여러 불교 이론들이 서로 다투어서 쟁론이 끊이지 않는 이유는 제대로 진리에 대해서 알지 못하고 자기 이론에만 집착하기 때문이라고 하며 여러 이론들을 화해시키려고 노력하였던 것이다. 화쟁이 요청되는 이유는 자기 이론에만 집착하여 분파주의적으로 나가는 것은 붓다의 진정한 가르침에 어긋난다고 보았기 때문이다. 그리고 화쟁의 대상은 원효의 현존 저술로 볼 때에는 일단은 불교 내의 이론적 다툼이다. 유교나 도교에 대한 것은 없다. 하지만 그 이념 상 다른 다툼의 화해에도 적용할 수 있을 것이다. 실제로 화쟁의 이론을 다종교사회인 오늘날의 현실에 적용하여 종교다원주의의 이론적 근거를 제시해 볼 수도 있다.[16] 종교 간의 갈등의 해소에 원효의 화쟁을 적용하여 생각해 볼 수 있었던 것이다. 바로 그런 측면을 더욱 확대시키면 다양한 갈등 상황, 다양한 이념적 갈등에 적용하여 갈등의 평화적 해소와 쟁론의 화해에 적용할 수 있다.

화쟁은 언어로 표현된 이론적인 다툼을 화해시키는 것이므로 언어에 대한 이해가 중요하다. 언어에 대한 잘못된 이해가 쟁론으로 이끌기 때문이다. 원효에 의하면 언어는 본성은 다음과 같다. 첫째, 언어와 진리의 관계는 상호의존적이다. 그리고 둘째, 우리는 언어로 진리를 표현할 수 있다. 그러나 언어는 한계를 갖는다. 한편으로 우리는 언어로 진리를 표현할 수 있지만 다른 한편으로는 진리는 언어로 표현되지 않는 부분도 있다고 할 수 있다. 따라서 우리는 언어에 집착해서는 안 된다. 이러한 언어에 대한 이해 위에서 우리는 구체적인 화쟁의 방법을 말할 수 있다. 화쟁의 방법은 세 가지 정도를 말할 수 있다. 먼저 집착에서 벗어나게 하기 위해서 부정하는 방법

---

14 요한 갈퉁(2000), 『평화적 수단에 의한 평화』, 강종일·정대화·임성호·김승채·이재봉 옮김, 들녘, p.36 참조.

15 이 부분은 최유진(1998), 『원효사상연구-화쟁을 중심으로-』, 경남대학교 출판부, pp.59-109 및 최유진(2003), 「종교다원주의와 원효의 화쟁」, 『철학논총』 31호, 새한철학회 참조.

16 화쟁을 적용한 다양한 연구 결과가 나오고 있다. 종교다원주의와 관련하여서는 최유진(2003)(「종교다원주의와 원효의 화쟁」, 『철학논총』 31호, 새한철학회)과 김용표(2010)(「원효의 화회해석학을 통해 본 종교다원주의」, 『동서철학연구』 56호, 한국동서철학회)의 연구가 있다.

이 있다. 근본적인 면에서 본다면 언어는 진리는 아니기 때문에 이런 방법이 가능하다. 그러나 부정만을 한다고 해서 집착이 없어진다고 볼 수는 없다. 부정에도 집착하지 않아야 한다. 그것을 위해 둘째 방법인 긍정과 부정의 자재(自在)가 필요하다. 긍정과 부정의 자재를 다른 측면에서 표현하면 '동의하지도 않고 이의도 제기하지 않으면서 말하는' 방법이 있다. 태도의 문제를 중시해서 설명한 것이라 하겠다. 마지막으로 화쟁의 방법으로 말할 수 있는 것은 여러 경전들의 내용에 대해 폭넓게 이해하는 것이다.

구체적으로 평화와 연관해서 화쟁을 생각해 보면 화쟁의 여러 측면이 평화를 실현하는 데 도움이 될 수 있을 것으로 생각된다. 먼저 화쟁이 필요한 이유는 갈등을 비폭력적으로 잘 해소하여 평화를 실현하기 위한 것이다. 폭력이 횡행하는 평화롭지 못한 상태를 없애기 위해서는 다양한 방법이 필요하다. 각 개인이 마음의 평화를 찾는 것이 중요함은 말할 것도 없지만 인간관계의 측면에서 보자면 폭력을 없애야 할 것이다. 그런데 그 폭력을 없애려면 갈등이 평화적으로 해결되는 것이 대단히 중요하다. 갈등을 평화적으로 해결하는 데에 화쟁이 시사점을 줄 수 있다. 화쟁이 평화의 실현의 한 방편이 되는 것이다. 원래의 원효의 입장에서 말하자면 각자가 자신의 견해에 사로잡혀서 쟁론하고 있는 상황은 이상적인 상태인 일심에서 멀리 떨어져 있는 상태이다. 쟁론을 화해시킴으로써 일심으로 돌아갈 수 있고 일심으로 돌아가기 위해서는 쟁론이 화해되어야 한다. 자신의 견해에 대한 집착을 버리고 쟁론하지 않아야 하는 것이다. 그렇다면 구체적으로 어떤 방법으로 그것이 가능한가?

서로 쟁론하는 상황에서 집착에서 벗어나게 하기 위한 첫 번째 방법은 부정하는 것이다. 사람들이 서로 갈등상황에서 다투고 있을 때에 그것을 해소하기 위해서는 먼저 자신의 견해에 대한 집착에서 벗어나도록 하기 위해 부정을 하는 것이 원효의 방법이다. 극단에서 떠나게 하는 것이다. 부정을 할 수밖에 없는 가장 근본적인 이유는 진리 표현의 한계이다. 아무리 훌륭한 말이라 하더라도 말이 진리 그 자체는 아니라는 것을 알아야 한다. 그 한계를 알면 집착을 버릴 수 있을 것이다. 자신의 견해를 절대화해서는 안 되는 것이다. 그리고 어떤 이론이나 주장이 있다면 그 이론이나 주장이 궁극적으로 추구하는 근본 목적이 무엇인가를 항상 잊지 말아야 한다. 이론의 수단적 방편적 성격을 강조하는 것이 원효의 화쟁이다. 순수하게 이론 자체가 목적이라고 해도 올바른 이론을 찾기 위해서는 자기 이론에 대해서 이것만이 옳고 이것만이 궁극적인 것이라고 집착하지 말아야 한다.

부정을 통한 갈등 해소가 첫 번째 방법이라면 또 다른 방법은 긍정과 부정의 자재를 통한 갈등의 해소의 방법이다. 부정을 하고 그것의 반대까지도 부정을 하는 부정의 부정을 통하여 집착에서 벗어나게 하고자 한다. 극단을 떠나고 집착을 버리게 하기 위해 부정을 하는 것인데 그것에 대하여 확실하게 이해를 못하고 집착을 하는 것이 일반적이다. 일단 부정을 하면 사람들은 그 반대의 극단으로 가서 그것이 맞는 것으로 생각하는 경향이 있다. 일반적으로 개념은 상대적으로 성립하므로 어떤 것에 대해서 아니라고 부정을 하면 그것이 아니고 그 반대편의 것이라는 말이 된다. 짧다는 것을 부정하면 긴 것이 맞다고 이해하는 것이다. 그러나 부정의 방법에서 짧다는 것을 부정하는 것은 짧은 것에 집착하지 말라는 말이고 이것은 짧은 것이 아니라면 짧은 것이 있어야만 성립할 수 있는 긴 것도 아니라는 것이다. 이것이 부정의 부정이다. 그런데 또 부정의 부정은 또 한편으로는 긍정으로 표현할 수 있다. 부정의 부정은 긍정이기 때문이다. 즉 아닌 것이 아닌 것은 인 것이 된다. 하지만 이 긍정은 부정의 부정으로서의 긍정이다. 길고 짧은 것으로 예를 들어 말한다면 짧은 것이 아니고 짧은 것이 아닌 것도 아니라는 말이 짧은 것이 아닌 것과 짧은 것의 두 표현으로 나타난다. 짧은 것이기도 하고 짧은 것이 아니기도 하다는 표현이다. 그러나 여기에서의 짧다는 것은 짧지 않은 것이 아닌 짧은 것이다. 즉 짧은 것에의 집착을 벗어나서 받아들여야 하는 짧음이다. 언어의 긍정적 표현이 부정의 부정과 같다는 것은 어떤 표현을 절대적인 것으로 받아들여서는 안 되고 집착 없이 받아들여야 하는 것임을 말한다고 볼 수 있다. 긍정이 단순한 긍정이 아닌 것이다. 이것이 긍정과 부정의 자재가 함축하고 있는 의미이다. 이런 방식을 통해 갈등을 해소 시킬 수 있을 것이다.

다음 원효의 화쟁의 방법에는 서로 쟁론 상황에 있는 이론들에 대해서 '동의하지도 않고 이의도 제기하지 않으면서 말하는' 방법이 있다. 동의하지 않으므로 이치에 어긋나지 않고, 동의하지 않는 것이 아니므로 정에 어긋나지 않아서 화해가 가능하다는 것이 원효의 주장이다. 말 그대로 취하면 모두 허용될 수 없으므로 동의하지 않고 뜻을 살려 들으면 허용되지 않는 바가 없으므로 동의한다는 것이다. 태도의 중요성을 강조하는 말이다. 뜻에도 어긋나지 않고 정에도 어긋나지 않게 동의와 이의에서 자유로운 상태에서 여러 이론을 대하는 것이다. 이렇게 될 수 있으려면 스스로가 걸림 없는 상태에 있어야 할 것이다. 갈등을 평화적으로 해소하려면 중간에 다툼의 해소를 위한 역할을 하는 사람의 태도가 먼저 중요하다고 말할 수 있겠다.

마지막 화쟁의 방법인 경전 내용에 대한 폭넓은 이해를 현실에 적용해서 생각해 보면 갈등하는 이론들의 내용에 대해서 폭넓게 열린 마음으로 이해하려는 자세의 중요함을 지적하는 것으로 볼 수 있다. 구체적인 내용을 몰라서 그로 인해서 생기는 갈등이 많기 때문이다. 여러 이론에 대해 폭넓게 이해하는 것은 긍정적인 면에서 서로간의 이론을 이해하는 것이다. 이는 다른 말로 하면 소통의 강조라고 할 수 있을 것이며 긍정적인 면에서의 접근이다.

소통을 위해서는 스스로 열린 마음으로 널리 이해하려는 마음이 중요하고 실제로 널리 연구하고 받아들여야 한다. 서로 갈등하는 이론으로 보이지만 사실은 같은 얘기를 달리 하는 것일 수도 있고 근본적인 점에서 같은 것을 몰라서 오해를 하는 수도 있다.

이상과 같이 화쟁은 개인과 개인 사이 또는 집단과 집단 사이의 평화의 실현을 위한 원리로 생각해 볼 수 있다. 원효는 화쟁을 통해서 일심의 경지 다른 말로 하면 평화의 경지에 도달하고자 하였다. 우리는 평화를 실현하려면 갈등을 평화적으로 해결하여야 하는데 화쟁은 그 길을 우리에게 알려줄 수 있다고 할 수 있다. 따라서 화쟁을 원효의 평화사상을 구성하는 중요한 요소로 말할 수 있다.

이제까지 논의한 바와 같이 사회적 차원에서 평화의 실현을 위해 중요한 것은 갈등의 평화적 해결인데 그것의 실현에 화쟁이 유효한 수단이 될 수 있다. 그런데 화쟁으로 갈등을 평화적으로 해결하는 것 이외에 구체적으로 사회 안에서 어떻게 실천을 하여 평화를 실현하느냐가 또 문제이다. 원효는 대중 속에서 다양한 방법으로 직접적으로 많은 실천을 하여 평화의 실현을 위해 노력한다. 민중 속에서의 원효의 활동을 평화의 실현이라는 측면에서 파악할 수 있다. 원효는 민중 속으로 파고들어 정토신앙을 널리 전파하고 또 어려운 불교 이론을 민중들이 쉽게 받아들일 수 있도록 노래를 지어 전파하는 등 불교의 대중화를 위해 여러 가지로 노력하였다. 그에 의해서 불교는 널리 대중화될 기틀을 마련하였다. 원효의 대중적 활동에 대하여 『삼국유사』에서는 다음과 같이 묘사하고 있다.

> 원효가 이미 계를 잃어 설총을 낳은 후로는 속인의 옷으로 바꿔 입고 스스로 소성거사(小姓居士)라 하였다. 우연히 광대들이 춤추며 노는 큰 박을 얻었는데, 그 모양이 기괴하였다. 그 모양대로 한 도구를 만들어 이름을 『화엄경』(華嚴經)의 "일체에 걸림이 없는 사람은 한결같이 생사(生死)를 벗어난다"란 문구를 따서 무애(無碍)라 이름을 짓고 계속하여 노래를 지어 세상에 퍼뜨리었다. 일찍이 이를 가지고 수많은 촌락을 돌아다니며 노래하고 춤추며 교화하고 읊다가 돌아왔으므로 가난하고 무지몽매한 무리들까지도 모두 부처의 이름을 알게 되고 누구나 나무(南無)를 할 줄 알게 되었으니 원효의 교화가 참으로 크다.[17]

---

17 강인구 외 4인(2003), 『譯註 三國遺事』 4, 이회문화사, 「元曉不羈」 p.117, pp.124-125: 曉既失戒生聰, 已後易俗服, 自號小姓居士. 偶得優人舞弄大瓠, 其狀瑰奇. 因其形製爲道具, 以華嚴經一切無导人, 一道出生死, 命名曰無导, 仍作歌流于世. 嘗持此, 千村萬落, 且歌且舞, 化詠而歸, 使桑樞瓮牖玃猴之輩, 皆識佛陀之號, 咸作南無之稱, 曉之化大矣哉.

원효는 거사의 신분으로 불교를 민중 속에서 전파하는 데 적극적이었다는 것을 이것을 통해 알 수 있다. 노래와 춤을 통해 불교를 대중화하는 데 큰 공헌을 하였음도 알 수 있다. 원효는 이와 같이 불교의 대중화를 위해 노력하였고 실제로 가난하고 못 배운 사람들도 불교에 대해 어느 정도 알게 된 것은 원효의 공이 크다고 말하고 있다. 이 민중 속에서의 활동을 평화의 실천이라고 볼 수 있을 것이다. 일반 민중들이 불교를 받아들임으로써 집착을 버리고 걸림이 없을 수 있게 되고 폭력과 갈등에서 벗어날 수 있기 때문이다. 『송고승전』에서는 다음과 같이 말하고 있다.

> 그 인연이 이미 어그러지자 마음이 가는 대로 가서 노닐었다. 얼마 지나지 않아 미친 듯하고 어그러진 말을 하고 거칠고 빗나간 행동을 하였다. 거사와 한가지로 술집과 기생집을 출입하는 것이 보지(保誌; 송나라 양나라 때에 신통한 일을 많이 나타내고 예언을 한 중국의 승려)가 칼과 쇠 지팡이를 차고 다니는 것과 같았다. 혹은 소(疏)를 지어서 『화엄경』을 강의하기도 하고, 혹은 거문고를 뜯으며 사당에서 노래하기도 하였다. 혹은 민가에서 자기도 하고, 혹은 산수(山水) 간에서 좌선하기도 하였다. 마음 내키는 대로 하니 도무지 일정함이 없었다.[18]

원효의 자유로운 실천을 잘 묘사하고 있다. 행동거지에 걸림이 없었고 민중 속에서 실천을 하였다. 술집과 기생집도 드나들고 노래도 하지만 또 한편으로는 경전의 주석서도 쓰고 좌선도 하였다. 자유롭게 실천하여 어떤 정해진 것이 없었던 것이 원효였다고 한다. 민중 속에서 걸림 없이 실천을 하는 원효의 모습을 잘 묘사하고 있다. 평화 사상의 사회 속에서의 실천이라고 해석할 수 있다. 사회에서의 실천을 통하여 구성원들이 마음의 평화를 얻을 수 있도록 하고 더 나아가 평화로운 사회를 건설할 수 있도록 하는 것이다.

IV. 전쟁과 평화

다음으로는 범위를 더욱 확대하여 전쟁과 평화의 문제에 대해 논의하도록 하자. 평화를 논한다면 일반적으로는 전쟁의 반대 개념으로서의 평화가 가장 많이 논의되는 주제이다. 어떻게 하

---

18 『宋高僧傳』「唐新羅國黃龍寺元曉傳」(T50. 730): 厥緣既差息心遊往. 無何發言狂悖示跡乖疏. 同居士入酒肆倡家, 若誌公持金刀鐵錫. 或製疏以講雜華, 或撫琴以樂祠宇, 或閭閻寓宿, 或山水坐禪. 任意隨機都無定檢.

면 전쟁이 없는 평화로운 세상을 건설할 것인가 하는 문제는 오랜 옛날부터 많은 사람들의 과제였기 때문이다. 전쟁은 수많은 사람들이 죽고 다치는 큰 비극이어서 해결하여야 할 가장 시급한 문제 중의 하나이지만 전쟁 없는 세상은 이상에 불과하고 끊임없이 전쟁은 이어져왔다. 불교는 당연히 전쟁에 대하여 반대 입장을 견지한다. 초기 경전에서 전쟁에 관한 붓다의 언급으로 유명한 것은 『대반열반경』에서 밧지족을 토벌하려고 하는 마가다 국왕의 물음에 대한 붓다의 대답인 쇠망이 오지 않는 일곱 가지 가르침이다. 밧지족은 이 일곱 가지를 잘 실천하고 있기 때문에 쇠망하지 않을 것이라고 부처는 말한다. 이 가르침에 의하여 토벌 전쟁이 중지된다.[19] 그리고 석가족을 침략하는 전쟁이 있을 때 붓다가 직접 그것을 저지시켜보려고 했다는 기록이 있다.[20]

전쟁이 바람직한 것은 아니지만 침략전쟁에 대해서 방어를 한다든지 하는 불가피한 전쟁이 있을 수 있다. 이런 전쟁에 대한 합리화는 초기 경전에서는 발견하기 어렵다. 하지만 대승경전에는 전쟁을 인정하는 것들도 있다. 『살차니건자경』[21]은 왕에 대한 다양한 형태의 조언을 제공하고 있다. 그 안에는 언제 전쟁이 필요한지, 전쟁에서 최선의 전략과 전술이 무엇인지를 포함하고 있다. 그렇지만 그의 동기는 백성들을 보호하려는 사랑과 자비여야 한다고 강조하고 있다.[22] 『열반경』「금강신품」에서는 정법을 옹호하기 위해서는 전쟁도 불사하여야 한다고 주장한다. 즉 청정한 비구를 수호하기 위해서 선남자들은 오계를 지키지 않아도 좋다고 말한다. 부처는 전생에 그렇게 정법을 설한 지계(持戒) 비구를 보호하기 위해서 전쟁을 한 공덕으로 지금의 금강신을 얻었다고 말한다.[23]

신라의 불교도들은 전쟁에 대해서 어떻게 생각했을까? 전쟁을 좋은 것으로 생각하지는 않았겠지만 전쟁에는 절대 참여할 수 없다는 입장은 아니었던 것으로 보인다. 직간접적으로 전쟁에 관련을 맺는 예들이 제법 많이 있다. 먼저 원광의 경우를 예로 들 수 있다. 원광은 세속오계를 귀산과 추항의 두 젊은이에게 준 것으로도 유명하거니와 군사를 청하는 글월인 걸사표(乞師表)를 지었다. 『삼국사기』에서는 다음과 같이 말한다.

---

19 하야시마 쿄쇼(1991), 『붓다의 마지막 여로-마하파리닛바나』, 강기희 역, 민족사 pp.20-25 참조

20 立花俊道(1981), 『고증 불타전』, 석도수·홍완기 옮김, 시인사, pp.290-293 참조

21 『大薩遮尼乾子所說經』(T9. 317-365); 이 경전은 원효도 중시하여 『法華宗要』(한불전1 .489a)에서 인용하고 있기도 하다.

22 피터 하비(2010), 『불교윤리학입문』, 허남결 역, 씨아이알 p.258 참조

23 김호성은 다음과 같이 말한다: "이러한 「금강신품」의 입장은 『대승열반경』의 종취(宗趣)라고 볼 수 있는 불성사상과 명백히 모순된다. 일천제까지 성불한다고 하는 입장에 비추어 보면, 비록 파계비구들 역시 이양에 탐착하는 일천제라고 볼 수 있다 하더라도 그들을 폭력을 통해서 구축하려는 태도는 문제가 아닐 수 없다. 선 · 악에 절대적 실체가 없다고 하는 空 사상에 비추어 보면 더욱 그렇다."(김호성(2003), 「'정의의 전쟁'論은 정의로운가-힌두교와 불교의 논의를 중심으로-」, 『동서철학연구』 제28호, 한국동서철학연구회, p.32)

(진평왕) 30년에 왕은 고구려가 자주 新羅의 강역을 침범함을 불쾌히 여겨, 隋나라 군대를 청하여 고구려를 치려고 圓光에게 乞師表를 지으라 하였다. 원광이 말하기를, '자기가 살려고 남을 멸하는 것은 僧侶의 할 짓이 아니나, 貧道가 大王의 나라에 있어 대왕의 水草를 먹으면서 어찌 감히 명령을 좇지 않겠습니까' 하고, 곧 글을 지어 바쳤다.[24]

원광이 군대를 청하는 문서를 작성하였다는 것이다. 승려로서 바람직하지 못한 행동이라는 것을 알면서도 신하로서의 의무를 다하기 위해 할 수밖에 없다는 것이 원광의 생각이었다. 대왕의 나라에서 대왕의 수초를 먹는다는 표현은 불교적이라기보다는 유교적이라는 생각을 갖게도 해준다. 다음으로 의상의 경우도 국가에 충성을 다하는 모습을 보인다. 의상은 귀국하면서 당나라가 신라에 쳐들어오려 한다는 김인문의 말을 듣고 그 정보를 왕에게 보고하고 있다.[25] 전쟁과 직접 관계가 있는 것은 명랑(明朗)의 경우이다. 이 때 쳐들어오는 당나라 군대를 명랑이 문두루비밀법에 의해서 물리쳤다는 것이다.[26] 승려가 직접 전쟁에 참여하는 것이다. 『삼국사기』에는 승려가 환속하여 군인이 되어 전쟁에서 공을 세우는 얘기도 전하여 온다.

태종대왕 때에 백제가 와서 조천성을 치므로 대왕이 군사를 일으켜 출전케 하였던 바, 결말을 짓지 못하였다. 이에 道玉이 그 무리들에게 말하기를 "내가 들으니 중이 된 자로, 上等은 術業에 정진하여 그 본성을 되찾는 것이고, 다음은 道의 用을 일으켜 다른 사람을 이롭게 하는 것이라고 하였다. 나의 형상은 중과 같을 뿐, 한 가지의 善도 취할 만한 것이 없으니 從軍殺身하여 나라에 보답함만 같지 못하다" 하고 法衣를 벗고 군복을 입은 다음, 이름을 고쳐 취도(驟徒)라 하니, 그 뜻은 급히 달려가 무리[徒]가 된다는 것이었다. 이에 兵部로 나가 三千幢에 속하기를 청하고, 드디어 군대를 따라 적지로 갔다. 깃발과 북이 서로 어울리자 창검을 가지고 적진으로 돌진하여 힘써 싸워 적 여러 명을 죽이고 자신도 죽었다.[27]

도옥은 실제사에 있던 승려인데 환속하여 취도라는 이름의 군인이 되어 전쟁에 참여하여 공을 세웠다는 것이다. 전쟁에서 큰 공을 세운다는 것은 다른 것이 아니고 사람을 죽이는 일이다.

---

24 이병도 역주(1983), 『三國史記』 上, 을유문화사, 「新羅本紀」 第四, p.71, p.84

25 강인구 외 4인(2003), 『譯註 三國遺事』 2, 이회문화사, 「文虎王 法敏」 p.24, pp.31-32 참조.

26 강인구 외 4인(2003), 『譯註 三國遺事』 2 이회문화사, 「文虎王 法敏」 pp.21-44 참조

27 이병도 역주(1983) 下, 列傳 제7, p.364, p.373

계율로 치면 살생이라는 가장 큰 죄를 범하는 것이 된다. 그러나 취도는 그것에 대해서 큰 갈등이 없었던 것으로 보인다. 취도는 비록 환속을 하였다고는 하지만 이전에는 승려의 신분이었고 이후에는 승려는 아니더라도 불교도였다고 할 것이다. 그런데 전쟁에 참여하는 것을 살생이라는 큰 죄를 짓는 것으로 생각하는 것이 아니라 나라에 보답하는 것으로 생각한다. 앞서 보았듯이 승려인 명랑도 당나라 군대를 물리치는 데 직접 참여하고 있다. 이렇듯 전쟁에 참여하는 것을 큰 잘못으로 생각하지 않는다. 그렇다면 원효의 경우는 어떠한가? 원효도 전쟁에 직접 참여하지는 않았지만 작전에 도움을 주었다 한다. 『삼국유사』에서는 『고기』를 인용하여 다음과 같이 전하고 있다.

> 또 군사를 일으켜 당군과 연합하려고 유신이 먼저 연기, 병천 등 두 사람을 보내 회합할 기일을 물었더니, 당나라 장군 소정방이 종이에 난새와 송아지 두 동물을 구려 보내왔다. 나라 사람들이 그 뜻을 풀지 못하고 사람을 시켜 원효법사에게 물었더니, 그가 해석해 말하기를, "빨리 군사를 돌이키라는 뜻이다. 송아지와 난새를 그린 것은 두 반절을 이른 것이다"라고 하였다.[28]

원효가 작전 암호문을 해독하여 전쟁에서 공을 세웠다는 것이다. 원효는 이와 같이 전쟁에 간접적으로 참여하고 있다. 전쟁에 도움을 주는 이런 행위에 대해서 원효가 큰 문제의식을 느꼈을 것으로 생각되지는 않는다. 국가에 도움이 되는 일로 생각을 해서 기꺼이 했을 것이라고 짐작할 수 있다. 하지만 원효의 국가에 대한 태도는 앞서 인용한 원광의 태도와는 조금 다르다고 보아야 할 것이다. 원광은 왕의 걸사표를 지으라는 명령에 "자기가 살려고 남을 멸하는 것은 僧侶의 할 짓이 아니나, 貧道가 大王의 나라에 있어 대왕의 水草를 먹으면서 어찌 감히 명령을 좇지 않겠습니까?"라고 말하고는 글을 지어 바쳤다.[29] 모든 것이 왕의 것이라는 생각, 즉 왕의 나라에서 왕의 수초를 먹는다는 사고방식은 원효의 생각과는 다르다. 원효는 군주는 혼자 왕국을 소유하는 것이 아니라 신하와 나라를 공유하며 잘못을 범하면 그 자리를 잃을 수도 있는 존재라고 본다. 그리고 왕은 백성을 위한 정치, 올바른 법에 의한 정치를 하여야 한다고 보는 것이 원효의 입장이었다.[30] 왕을 위해서가 아니라 백성을 위해서, 그리고 올바른 법을 위해서 협조했다고 보아

---

28 강인구 외 4인(2003), 『譯註 三國遺事』 1, 이회문화사, 「太宗 春秋公」, p.341, p.360

29 주 22) 참조

30 최유진(2009), 「신라에 있어서 불교와 국가-원효를 중심으로-」, 『한국불교학』 55집, 한국불교학회, pp.61-63 참조

야 할 것이다. 앞서 언급했듯이 『열반경』에서는 정법을 설한 지계(持戒) 비구를 보호하기 위해서 무기를 들고 전쟁을 할 수도 있다고 말한다. 그러나 생명을 끊지는 말아야 한다고 다음과 같이 말한다.

> 임금이나 대신이나 장자나 우바새들이 법을 수호하기 위하여서는 비록 칼이나 작대기를 가지더라도 그 사람은 계행을 갖는 이라고 말하느니라. 비록 칼과 작대기를 가졌더라도 생명을 끊지는 말아야 하나니, 그렇게 하는 이는 제일로 계행을 갖는다고 말할 것이니라.[31]

전쟁을 하더라도 살생은 최소화하여야 한다는 말로 이해할 수 있다. 하지만 심지어는 살생을 인정하기도 한다. 즉 "중생에게는 믿음 등의 다섯 가지 根이 있지만, 일천제 무리는 영원히 단절하여 버렸다. 이러한 의미 때문에 개미를 살해하면 살생의 죄를 얻어도 일천제를 살해하는 자에게는 살생의 죄가 있지 않느니라."[32]라고 하여 일천제는 살해할 수도 있다고 한다. 원효는 『열반경』의 이 입장에 대해 어떤 태도를 취했을까? 원효는 『열반경』에 대하여 『열반종요』라는 저서를 저술하였는데 거기에는 이 문제에 대한 논의는 없다. 하지만 원효의 입장은 이것을 인정하는 것으로 볼 수 있을 것이다. 부처님의 말씀인 경전의 말이므로 당연히 진리로 받아들였다고 보아야 할 것이기 때문이다.[33] 정법 옹호를 위한 전쟁은 인정하는 것이 원효의 입장이고 살생도 경우에 따라서는 인정된다고 보는 것이 원효였다. 『범망경보살계본사기(梵網經菩薩戒本私記)』의 살생계에서도 원효는 살생이 복이 되는 경우가 있음을 말한다.

> 사람을 살해하고서도 한결같이 복만 되고 죄가 되지 않는 경우니 이른바 達輪機보살(윤회와 중생의 근기에 통달한 보살)이 죽이지 않고서는 제도할 수 없는 근기임을 보고 살생한 경우를 일컫는다. 이 때의 살생은 오직 복을 받고 죄를 받지 않나니, 경에 '오백 바라문을 죽였지만 죄가 없고 오

---

31 『大般涅槃經』(T9. 624a): 諸國王大臣長者優婆塞等. 爲護法故雖持刀杖. 我說是等名爲持戒. 雖持刀杖不應斷命. 若能如是. 卽得名爲第一持戒

32 『大般涅槃經』(T9. 562b): 衆生悉有信等五根. 而一闡提輩永斷滅故. 以是義故. 殺害蟻子猶得殺罪. 殺一闡提無有殺罪.

33 원효는 『無量壽經宗要』(한불전1. 557c)에서 "물음; 이와 같은 두 가지 설은 어느 것이 진실인가? 답: 다 성전에 의한 것이니 어느 것인들 진실이 아니겠는가"(問 如是二說 何者爲實 答 皆依聖典 有何不實)라고 말하여 경전의 말씀은 당연히 진실이라고 말하고 있다.

직 중생을 껴안아 교화하고 악을 절복함이 있을 뿐이다'라고 한 것이 그것이다.[34]

이와 같이 살생이 인정이 되는 경우가 있긴 하지만 살생을 할 수 있는 사람은 대보살이어야 한다. 보통 사람이 할 수 있는 일은 아니다. 물론 일천제는 살해해도 살생죄가 되지 않는다는 경전의 이야기가 있기는 하지만 전쟁에 참여하여 적군을 죽이는 것이 일반적으로 인정된다고 할 수는 없을 것이다. 원효가 암호를 해독해 준 것도 계율을 어긴 것이라고 할 수 있다. 원효는 범망계를 중시한 것으로 일반적으로 평가되고 있거니와[35] 암호를 해독해 준 것은 『범망경』의 48輕戒 중 11번째 계율인 國使戒를 어긴 것이다. 국사계는 다음과 같다.

> 너희 불자들이여, 이익만 생각하는 나쁜 마음으로 나라의 사신이 되어 군진에서 모의하며, 군사를 동원하고 전쟁을 일으켜서 많은 중생을 죽게 하지 말지니라. 보살은 군진 가운데를 오고 가는 것도 해서는 안 되거늘 하물며 나라의 도적이 되겠느냐. 짐짓 이렇게 하는 자는 경구죄를 범하느니라.[36]

국가의 사신이 되어 전쟁에 협조하는 것을 금지하는 계이다. 암호를 해독한 것은 군진에서 모의한 것이므로 국사계를 범한 것이다. 보살은 군진에 오가는 것까지도 금지되어 있으므로 전쟁에 직접 참여하는 것은 완전히 금지하고 있다고 해석하여야 할 것이지만 원효의 경우 일반 불교도들이 국가의 명령에 따라 전쟁에 참여하는 것을 반대했다고 생각하기는 어렵다. 전쟁은 되도록 하지 않는 것이 좋을 것이지만 부득이한 전쟁이 있을 수밖에 없으므로 전쟁에 참여한다 하더라도 완전히 불교의 정신에 어긋나는 것은 아니라고 생각했을 것으로 짐작할 수 있다.[37] 부득이한 전쟁의 경우 그 목표는 백성을 보호하는 것이다. 그렇긴 하지만 다른 생명도 보호하기 위

---

34 『梵網經菩薩戒本私記』(한불전1. 596c): 有煞人而一向福非罪 謂達輪機菩薩故 能規機不戒者 不可度之機故 煞者一向福非罪 如經云 雖煞五百波羅門而無罪 唯得攝等

35 남동신(2001),「원효의 계율사상」,『한국사상사학』 17집, 한국사상사학회 참조

36 若佛子 不得爲利養惡心故 通國使命 軍陣合會 興師相伐 殺無量衆生 而菩薩 尙不得入軍中往來 況故作國賊 若故作者犯輕垢罪)(일타(1992),『범망경보살계』 3, 효림, p.211)

37 앞서도 인용했던 『살차니건자경』에서는 정의로운 통치자는 협상, 회유, 강력한 동맹을 통해 전쟁의 회피를 도모해야만 한다고 가르친다. 자신의 나라를 지키기 위해 싸워야만 한다면, 적을 무찌르고 승리를 쟁취하려 애써야 하지만 오직 그 목적은 자기 국민을 보호하는 것이어야 하며, 아울러 모든 생명을 보호할 필요가 있음을 명심하면서, 그 자신과 자신의 재산에 관심을 두어선 안 된다. 이런 방법으로, 그는 살인에 통상적으로 따르는 나쁜 까르마의 결과를 모면할 수 있다고 한다.(피터 하비(2010),『불교윤리학입문』, 허남결 역, 씨아이알, p.465 참조)

해 노력하여야 한다. 하지만 원효가 도움을 준 전쟁은 부득이한 방어 전쟁이 아니라 이웃 나라에 쳐들어간 전쟁이었다. 그것은 662년 또는 668년의 일로 신라가 당나라와 연합하여 고구려에 쳐들어갔을 때의 일이다. 방어적 전쟁이라고는 볼 수 없는 전쟁이었다. 전쟁은 하지 않아야 한다는 문제에 대한 심각한 고민은 아마도 없었던 것이 아닌가 싶다. 그리고 이웃 나라인 백제와 고구려에 대해서 특별히 우호적인 생각을 갖고 있었을 것 같지도 않다.[38] 자주 침범해오는 별로 바람직하지 않은 이웃 나라로 인식하고 있었을 것이다.

결론적으로 원효의 전쟁과 평화의 문제에 대한 견해는 되도록 전쟁은 없어야 하지만 백성을 지키기 위해서는 어쩔 수 없는 전쟁이 있을 수 있다고 본다. 피할 수 없는 전쟁의 경우 전쟁에서 나라를 잘 지켜야 한다고 보았다. 전쟁이 많이 있었던 당시의 현실에서 원효는 전쟁에 참여하는 것을 심각한 잘못이라고 본 것 같지는 않다. 그리하여 실제로 전쟁에 도움을 주기도 하였다. 전쟁에 도움을 주는 행위는 계율에 어긋나는 것으로 볼 수 있는데 그 문제에 대한 심각한 고민은 없었던 것으로 보인다. 원효는 국내적인 평화의 문제 즉 침략을 당했을 때 어떻게 외적을 물리치며 또는 어떻게 외적이 침범하지 못하도록 하는가의 문제에 대해서는 관심이 많았지만 그 범위를 벗어나서 국제적인 평화를 유지하기 위해서는 어떻게 하여야 하는가 하는 문제에 대해서는 별다른 문제의식이 없었던 것으로 보인다. 그 문제에 대한 원효의 생각을 굳이 추측하자면 정법치국설이 원효의 입장이므로 왕들은 폭력이 아닌 정법에 따라 통치를 하여야 한다고 주장하고 있다고 보면 될 것이다. 즉 바른 진리에 입각한 통치를 하는 왕은 평화를 위해 노력하고 전쟁은 부정할 것이기 때문에 정법치국이 세계평화의 기초가 된다고 말할 수 있을 것이다.

---

38 자장은 고구려 백제 두 나라의 침범 때문에 걱정이라고 말한다. (신인이 예배하고 또 묻되 "너희 나라에 무슨 어려운 일이 없느냐?"하니, 자장이 "우리나라가 북으로는 말갈과 이어졌고, 남으로는 왜국과 맞닿고 고구려 백제 두 나라가 번갈아 국경을 침범하는 등 이웃 도적이 잦아 백성의 걱정이 됩니다"고 하였다. 神人禮拜 又問 汝國有何留難 藏曰我國北連靺鞨 南接倭人 麗濟二國 迭犯封陲 隣寇縱橫 是爲民梗)(『三國遺事』 卷第三 「皇龍寺九層塔」) 자장은 원효보다 조금 전 시대의 사람인데 이 시대에 삼국 간의 갈등이 심했지만 원효 시대에 오면 삼국 간의 갈등은 더욱 심해졌다. 따라서 원효도 이런 인식은 공유하고 있었을 것이라고 생각해도 무리는 아닐 것이다. 원효가 고구려의 普德에게서 배웠다는 전승이 있지만(의천은 「孤大山景福寺飛來方丈禮普德聖師影」(『大覺國師文集』 第十七) (한불전4. 559a)에서 원효와 의상은 일찍이 보덕의 강하에서 『열반경』과 『유마경』을 배웠다고 말하고 있다.), 원효가 일시적으로 고구려 승려에게 배웠다고 해서 고구려에 대한 인식을 바꿨을 것으로 생각하기는 어렵다. 『三國遺事』「義湘傳敎」에 의하면 원효는 의상과 더불어 중국 유학을 가려고 요동으로 갔다가 변방의 순라군(아마도 고구려군)에게 첩자로 오인받아 수십 일 동안 갇혔다가 간신히 면하여 돌아온 경험도 있다. (강인구 외 4인 (2003), 『譯註 三國遺事』 4, 이회문화사, p.128, p.133 참조)

V. 결론

이제까지 원효의 평화사상에 대해서 알아보았다. 평화는 우리가 실현하여야 할 이상인데 크게 보아 개인적인 마음의 평화와 사회적인 평화로 나누어 생각해 볼 수 있다. 불교의 경우는 역시 마음의 평화를 중시한다고 할 수 있다. 원효의 경우도 당연히 내면적인 평화가 중요하고 우선적이다. 불교에서 이상적인 평화의 경지는 탐욕과 어리석음이 없는 열반의 경지라고 말할 수 있을 것이다. 원효의 경우도 이는 마찬가지이지만 원효의 경우는 이상적인 경지를 열반보다는 일심으로 표현하고 있다. 이상적인 경지는 일심의 근원으로 돌아간 상태로 말하고 있는 것이다. 그리고 그것이 평화의 경지이다. 일심은 모든 것의 근거이고 평등무차별하여 평화로운 이상적인 경지이고 평화롭게 될 수 있는 근거가 또한 일심이기도 하다. 일심 즉 평화로 돌아가려면 어떻게 해야 하는가? 기본적으로는 탐욕과 어리석음을 없애면 된다. 스스로의 마음을 닦는 수련이 모두 일심으로 돌아가는 수단이 될 것이고 그 일심의 경지는 평화로운 이상적인 경지라는 것이 원효의 주장이다.

사회적인 차원의 평화를 달성하기 위해서는 폭력을 제거하고 갈등을 평화적으로 해결하여야 하는데 그 부분에 있어서 원효의 화쟁이 유효한 수단이 될 수 있다. 갈등을 해소하려면 먼저 그 갈등의 원인을 잘 알아야 할 것이다. 그런데 사람들이 서로 다투는 기본 원인은 자기 자신의 견해에 집착하기 때문이다. 따라서 갈등을 평화적으로 해소하는 첫 번째 방법은 부정을 통하여 자신의 견해에 대한 집착을 버리게 하는 것이다. 그러나 부정만을 통해서 집착이 버려진다고 할 수는 없다. 부정에의 집착으로 빠질 수 있기 때문이다. 따라서 다른 한편으로 긍정과 부정을 자유자재로 하여야 하고 태도에 있어서는 동의와 동의하지 않음을 자유자재로 하여야 한다. 이런 방식으로 갈등을 평화적으로 해결할 수 있다는 것이 원효의 주장이다. 그리고 마음의 평화를 얻고 갈등과 대립을 해소하기 위해 불교적 가르침을 민중 속에 직접 전파하고 직접 실천하는 것이 중요하다. 원효는 민중 속에서 다양한 방식으로 그것을 실천한다. 그것이 또한 원효의 평화사상에서 중요한 측면이다. 직접적 실천이 뒷받침되지 않으면 평화는 실현될 수 없을 것이기 때문이다.

국가와 국가 간의 차원 또는 세계적인 차원에서 생각하면 전쟁이 없이 평화로운 세계를 건설하는 것이 중요하다. 전쟁 상황에서는 개인과 사회의 평화는 실현하기가 어려울 것이기 때문이다. 전쟁과 평화의 문제에 대한 원효의 견해는 추측에 많이 의존할 수밖에 없다. 직접적인 언급이 거의 없기 때문이다. 원효는 계율의 중요성을 강조하는데 불교의 계율에서 가장 중요한 계율 중의 하나가 불살생의 계이다. 대규모 살생이 벌어지는 전쟁은 당연히 반대하는 것이 불교의 입장이다. 원효의 경우도 전쟁을 좋다고 하지는 않았다. 하지만 원효 당시는 전쟁이 끊임없이 벌어지던 시대이고 스스로의 생존을 위해서는 전쟁이 불가피한 경우도 많이 있었던 상황이었다. 원효도 전쟁에서 공을 세웠다는 기록도 남아 있다. 전쟁에 대한 원효의 입장은 어느 정도 불가피성을 인정하는 것으로 볼 수 있다. 그리고 국가 간의 평화를 위한 원효의 처방은 정법치국(正法治國)이라고 할 수 있다. 정법에 의해 치국을 한다면 전쟁을 피하고 평화의 구축을 위해 노력할 것이고 불가피한 전쟁의 경우에도 모든 중생의 생명을 지키고 행복을 지키기 위해 노력할 것이다.

결론적으로 말하면 원효사상의 핵심이라고 할 수 있는 일심과 화쟁이 원효의 평화사상에서도 역시 핵심이라고 할 수 있다. 이상적 평화의 경지인 일심에 도달하고 또 일심에 의해서 갈등을 평화적으로 해결(화쟁)하여 사회적 차원의 평화를 실현한다. 더 나아가 정법으로 나라를 다스려서 국가적인 차원 더 나아가 세계적인 차원의 평화를 실현할 수 있다.

| 제4부 |

원효의 다양한 불교사상

원 효 연 구

제1장 원효의 중관철학 이해

I. 서론

원효(617-686)의 주된 철학은 一心과 和諍으로 보통 알려져 왔다. 일심에 근거하여 여러 불교 이론들의 쟁론을 화해시켜 올바른 부처의 진리에 되돌아가게 하는 것이 그의 모든 철학의 핵심이라는 것이다. 이제 그의 일심과 화쟁을 말함에 있어서 구체적으로 어떤 불교 이론들에 대해서 어떤 태도로 어떻게 평가하고 있었는가가 좀더 명확하게 밝혀진다면 그의 사상의 핵심을 더욱 잘 파악할 수 있을 것으로 생각된다. 이 논문에서는 원효가 中觀哲學에 대해 어떻게 이해하고 평가하고 있는가를 밝혀 보고자 한다.

중관철학은 유식철학과 더불어 대승불교 철학의 2대 근본 철학 중의 하나이다. 이외에 여래장사상을 대승불교 철학의 주된 한 흐름으로 말할 수도 있겠으나 어쨌든 가장 중요한 흐름은 이 두 가지이다. 이 두 흐름의 연장선 위에 각종의 다양한 대승불교학파가 성립된다고 보아도 큰 무리는 아닐 것이다. 전체적인 불교의 이해 위에 논쟁을 화해시키려고 하는 화쟁의 사상이 원효의 중심사상이라면 원효가 중관철학을 어떻게 평가하고 받아들이고 있는가 하는 것을 밝히는 것은 중요한 작업이라고 할 수 있을 것이다. 유식과 중관 이 둘 중에서 어느 하나를 더 높게 평가하였는가, 아니면 둘을 모두 낮은 차원의 것으로 취급하고 그것을 뛰어넘어야 한다고 했는가 하는 문제도 밝혀져야 할 것이고 중관을 중시했다면 어떤 근거에서 그것을 중시하였으며 왜 중관철학이 중요하다고 생각했는가 하는 등의 문제도 밝혀져야 할 것으로 생각한다.

원효가 중관철학에 대해 어떻게 평가하고 있는가에 대한 해석에서는 논자에 따라서 다양한 의견이 나오고 있다. 기존의 연구는 주로 『大乘起信論別記』에 나오는 문장을 인용하여 원효가 중관과 유식을 조화를 얻지 못한 아직 낮은 차원의 것으로 파악하고 있다는 견해와 그것은 원효의 초기의 견해이고 화쟁을 강조한 원효가 꼭 그렇게 판단했다고 보기에는 무리가 있다는 견해의 둘로 대별할 수 있다.[1] 원효의 대표적인 작품인『大乘起信論疏』,『別記』에서의 그의『기신론』에 대한 평가에 대해서도 여러 가지 학설이 나오고 있다. 중관과 유식의 조화로 그것을 파악했다는 이론과 구유식과 신유식의 화해로 그것을 파악했다는 이론, 여래장사상이라는 이론 등이 맞서고 있는 것이다. 여기에서도 원효가 중관철학에 대해 어떻게 이해하고 파악하고 있었던가를 밝히는 것은 반드시 필요한 작업이다. 원효의 중관에 대한 전체적인 태도가 확실히 밝혀질 때 그의『기신론』에 대한 견해도 명확하게 밝혀질 수 있을 것이기 때문이다. 원효의 철학에서『기신론』이 차지하는 비중이 크다면 이 작업 또한 중요한 작업이라 할 수 있다.

II. 교판을 통해 본 원효의 중관 이해

다양한 쟁론을 화해시키는 和諍이 元曉의 근본적인 특징이라면 그가 불교의 각각의 경전에 대해 전체적으로 다 동등한 가치를 인정하는지, 아니면 차이를 인정하는 것인지의 문제가 생긴다. 그것은 教判을 통해 드러난다고 할 수 있으므로 元曉의 教判觀에 대해서 논의하도록 하자.

현재까지 전하여 오는 元曉의 독자적인 教判은『華嚴經疏』에서 나온다는 四教判이다.[2] 現存하는『華嚴經疏』에는 그 부분이 없지만 法藏[3], 靜法寺 慧苑[4], 澄觀[5], 李通玄[6], 表員 등의 저술에 인용되어 있어서 그 내용을 간략하게나마 알 수 있다. 表員의『華嚴經文義要決門答』을 통해 알아보도록 하자.

"新羅의 元曉法師 역시 四教를 세웠다. 첫째는 三乘別教 (四諦教·緣起經 등과 같은 것)이고, 둘째

1 "3.『대승기신론별기』 등에서의 중관과 유식"에서 구체적으로 논의할 것이다.

2 石井公成은 法藏의『探玄記』에서는 원효는『華嚴經』을 최고의 경으로 위치시켰던 것으로 기록되어 있지만 天台智顗의 교판을 소개할 때조차도 圓教라는 것은『화엄경』 등을 가리킨다고 기록할 뿐『法華經』에는 언급하지 않는 법장이므로 원효에 관한 기술도 그대로 믿을 수 없다고 말한다.(石井公成,「朝鮮佛教における三論教學」, 平井俊英 監修,『三論教學の研究』(春秋社, 1989), p.470 참조.) 그러나 다음에 보듯이 법장 이외에도 원효의 교판은 인용하고 있는 사람이 많으므로 石井의 말은 받아들일 수 없다. 金俊烴은 "특히 表員은 同國人으로써 원효의 전거를 직접 보았거나 아니면 諸家의 설을 두루 보고 전재하였을 것으로 믿어지며 표원의 것은 모든 것을 종합하여 완벽하게 누락없이 轉載하고 있다."(金俊烴,「元曉의 教判觀 研究」(동국대학교 박사학위논문, 1985), p.126 참조.)고 말하고 있다.

3 法藏,『華嚴經深玄記』卷一,『大正新修大藏經』(이하 T) 35. 111a 참조.

4 慧苑,『續華嚴經略疏刊定記』卷一,『新纂大日本續藏經』3. 578b 참조.

5 澄觀,『大方廣佛華嚴經疏』卷三, T35. 510a 참조.

6 李通玄,『新華嚴經論』卷四, T36. 734c 참조.

는 三乘通教(般若教와 深密經등과 같은 것)이고, 셋째는 一乘分教(영락 및 梵網經 등과 같은 것)이며, 넷째는 一乘滿教 (華嚴經 普賢教를 이른다)이다. 三乘이 함께 배우는 것을 三乘教라 이름하는데 그 중에서 아직 法空에 밝지 못한 것을 別相教라 하고 法空을 두루 설하는 것을 通教라고 부른다. 二乘과 함께 하지 않는 것을 一乘教라 하는데 그 중에서 아직 普法을 드러내지 않은 것을 隨分教, 普法을 완전히 밝힌 것을 圓滿教라 한다."[7]

元曉는 이 教判에서 三乘과 一乘의 구별을 한 후에 다시 한 번 別과 通, 分과 滿의 구별을 하였다. 元曉의 구별 기준은 法空과 普法이라고 할 수 있다. 法空은 객관적 세계가 불변의 실재로서 존재하지 않고 空하다는 것이다. 그것을 알면 三乘중에서 通教가 된다. 그리고 普法을 알면 一乘 중에서도 滿教가 된다. 普法은 表員의『華嚴經門義要決問答』을 보면 그것이 무엇인가를 알 수 있다. 表員은 普法은 "一切法이 相入相是하는 것을 이른다."[8]고 말한 뒤 元曉를 인용하여 설명하고 있다.

"相入이라고 하는 것을 元曉는 다음과 같이 말한다. 一切世界가 一微塵에 들어가고 一微塵이 一切世界에 들어간다. 三世諸劫이 한 찰나에 들어가고 한 찰나가 삼세제겁에 들어간다. 크고 작음, (느리고) 빠름이 서로 들어간다. 나머지 一切門이 相入하는 것도 마찬가지이다. 이와 같은 說은 相是도 마찬가지이다. 一切法과 一切門에서 하나가 一切이고 (일체가)하나이다. 이와 같이 넓고 큰 것을 普法이라 한다."[9]

一切法이 無碍하여 相入相是하는 상태가 普法이다. 그것을 깨닫고 있느냐 못 깨닫고 있느냐가 一乘滿教가 되느냐 못되느냐의 기준이다. 이 教判은『華嚴經疏』에 나오는 것이므로『화엄경』을 높이 평가하는 것이 당연하다고 할 수도 있지만, 화엄경이 높이 평가되는 이유는 이와 같이

---

7 表員,『華嚴經文義要決問答』卷四,『韓國佛教全書』(이하 한불전2). 385b.
唐新羅元曉法師 亦立四教 一三乘別教 (如四諦教緣起經等) 二三乘通教 (如般若教深密經等) 三一乘分教 (如瓔珞及梵網經等) 四一乘滿教 (謂華嚴經普賢教) 三乘共學名三乘教 於中未明法空 名別相教 通說法空是爲通教 不共二乘名一乘教 於中未顯普法名隨分教 窮明普法 名圓滿教

8 表員,『華嚴經文義要決問答』卷二, 한불전2. 366a.
普法義 …… 謂一切法相入相是

9 表員,『華嚴經文義要決問答』卷二, 한불전2. 366a.
言相入者 曉云 謂一切世界入一微塵 一微塵入一切世界 三世諸劫入一刹那 一刹那入三世諸劫 如大少促相入 餘一切門相入亦爾 如說相是亦爾 謂一切法及一切門 一是一切 是一 如是廣蕩 名爲普法

普法을 말하고 있기 때문이다. 곧 一切法의 融通無碍를 주장하고 있으므로 높이 평가한 것이다. 화해와 걸림 없음을 강조하는 元曉의 정신을 여기에서도 확인할 수 있다.

다음으로 元曉의 敎判의 한 특색은 『深密經』을 『般若經』과 同列에 놓고 그리고 그것보다도 우위에 瓔珞과 梵網등 大乘倫理의 經典을 놓았다는 점이다.[10] 元曉는 大乘戒律에 관한 경전을 높이 평가하고 있는데, 이론적인 탐구라 할 수 있는 般若 · 深密보다도 구체적인 실천의 경전인 戒律書를 높이 평가하는 데에서 元曉가 직접적인 실천을 이론적인 것보다도 더욱 중요하게 생각하였음을 알 수 있다. 그는 단순한 理論家가 아니고 직접적인 실천을 통해 불교의 이상을 실현시키려 하였는데 그의 實踐을 중시하는 태도는 敎判에서도 나타난다.

『般若經』을 『深密經』과 同列에 놓고 삼승통교로 파악하고 있는 것을 볼 때 원효는 중관에 대해 낮게 평가하고 있다고 보아야 할 것인가? 적어도 중관이 절대적인 궁극이라고 생각하고 있지는 않다는 것은 확실한 일이며 그 내용으로 볼 때 유식과 같은 정도의 중요성을 갖는다고 생각하고 있었다고 해도 좋을 것이다. 공유논쟁의 문제도 중관, 유식의 둘이 비슷한 정도의 위치를 차지하고 있는 것으로 원효는 파악하고, 둘 사이의 쟁론도 그런 맥락에서 보고 있다는 것을 이 교판에서 확인할 수 있다.

그밖에도 元曉는 敎判에 대해서 여러 저술에서 언급한다. 『涅槃宗要』에서는 慧遠을 인용하며 南北方의 敎判論爭을 判斷하였고 『大慧度經宗要』에서는 吉藏을 인용하여 成論師와 唯識家의 敎判論爭을 平章하였으며, 『法華宗要』에서는 慈恩을 인용하여 三論宗과 法相宗의 敎判論爭을 和會시키고 있다.[11] 그런데 이와 같은 여러 敎判에 대한 元曉의 견해는 會通과 和會로 和諍을 근본으로 삼고 있다. 그리고 南北方의 敎判論爭에 대해서는 南北 모두에 대해 비판적이었고 나아가서는 敎判論 자체에 대해서까지도 부정적 입장이었다.[12] 원효의 입장이 화쟁을 강조하면서 여러 경전들이 각각 뛰어난 가치를 지니고 있다고 인정하는 것이므로 교판에서 높고 낮은 평가를 하고 있다 하더라도 그것은 편의상 한 것으로 이해하여야 한다. 敎判을 절대적인 것으로 보아서는 안 된다. 元曉는 체계가는 아니었다. 각각의 경전을 그것 자체 위에서 어떻게 잘 이해하여 부처의 깊은 뜻을 깨닫느냐 하는 것을 문제삼고 있을 뿐이다. 각각의 경전은 나름대로 부처의 진리를 전달하고 있다고 본다. 따라서 체계적으로 敎判을 시도하여 그 敎判의 체계 안에 모든 불교

---

10 李箕永, 「敎判思想에서 본 元曉의 위치」, 『동양학』 3집(건국대 동양학연구소, 1973), p.71 참조.

11 金俊烴, 「元曉의 敎判觀 硏究」(동국대학교 박사학위논문, 1985), p.170 참조.

12 위의 논문, p.171.

를 다 설명하려고 했던 것은 아니다. 다만 필요에 따라 불교의 전체적인 모습을 드러내 보이기 위해 教判을 시도해 본 것이라 할 수 있다. 教判이 절대적인 것은 아니다. 그리고 教判에서 낮은 단계에 배치되었다고 해서 그 경전이 가치가 낮은 것은 아니다. 모든 경전을 통해서 모두 佛道에 들어갈 수 있다는 것이 元曉의 입장이다.[13] 그래서 『法華宗要』에서는 "乘의 차별은 없고 人의 차별이 있을 뿐"[14]이라고 말하고 있고 『涅槃宗要』에서는 "法門이 無碍하여 서로 방해하지 않는다."[15]고 말하고 있다.

元曉는 和諍을 강조하므로 和諍的 입장에 충실한 경전을 더욱 높이 평가하고 있다. 『起信論』, 『涅槃經』, 『法華經』 등을 그런 면에서 높이 평가하고 있다. 그리고 融通無碍하다는 점에서 『華嚴經』을 높이 평가하고 있음은 앞서 살펴본 바와 같다. 이것이 和諍과의 연관에서 중요한 점이다. 그리고 자기 나름대로의 教判을 시도하고 있기는 하지만, 教判 그 자체를 절대화해서는 안 된다는 것이 그의 입장이다. 그래서 앞서 얘기했듯이 教判 자체에 대해 부정적인 견해를 나타내기도 한다. 『涅槃宗要』의 마지막 부분에서 다음과 같이 말하고 있는 것이 그 예이다.

> "이것으로 부처의 뜻이 얼마나 深遠하고 無限한가를 알 수 있다. 그런데 네 개의 기본취지(四宗)로 경의 뜻을 분류하고 五時로 부처의 뜻을 한정지으려 하는 것은 술잔을 가지고 바닷물을 퍼내고 管으로 하늘을 엿보려는 것과 같을 뿐이다."[16]

III. 『대승기신론별기』 등에서의 중관과 유식

원효는 『대승기신론별기』에서 중관과 유식에 대하여 다음과 같이 말한다.

---

13 吉津宜英은 元曉의 『華嚴經疏』에서의 四教는 本原으로부터의 '출생'의 전개의 양상으로 이해되고 『기신론』의 서문(모든 경전의 가치를 동일하게 인정)은 '還歸'의 존재 양식으로 파악되어 방향은 거꾸로여도 모순은 없어서, 원효의 교학 중에서는 실로 일관되고 있다는 것을 알 수 있다고 하여 경전의 가치의 우열을 논하는 교판과 모든 가치를 인정하는 사이에 모순이 없다고 말하고 있다.(吉津宜英, 「日本の華嚴思想と元曉大師」, 國土統一院調査研究室 編, 『元曉研究論叢』(國土統一院, 1987), p.910 참조.)

14 『法華宗要』, 한불전1. 488b.
說人差別 非乘差別

15 『涅槃宗要』, 한불전1. 529a.
法門無碍不相妨

16 『涅槃宗要』, 한불전1. 547a.
是知佛意深遠無限 而欲以四宗科於經旨 亦以五時限於佛意 是猶以螺酌海用管闚天者耳.

"그 논(『대승기신론』)은 세우지 않는 것이 없으며, 깨뜨리지 않는 것이 없다. 『중관론』과 『십이문론』 같은 것들은 모든 집착을 두루 깨뜨리며 또한 깨뜨린 것도 깨뜨리되, 깨뜨리는 것(能破)과 깨뜨림을 당한 것(所破)을 다시 인정하지 않으니, 이것은 보내기만 하고 두루 미치지 않는 논이라고 말한다. 또 『유가론』과 『섭대승론』 같은 것들은 깊고 얕은 이론들을 온통 다 세워서 法門을 판별하였으되, 스스로 세운 법을 모두 버리지 아니 하였으니, 이것을 주기만 하고 빼앗지는 않는 논이라고 말한다. 이제 이 『기신론』은 지혜스럽기도 하고 어질기도 하며, 깊기도 하고 넓기도 하여, 세우지 않는 바가 없으면서 스스로 버리고, 깨뜨리지 않는 바가 없으면서 도리어 인정하고 있다. 도리어 인정한다는 것은, 저 가는 자가 가는 것이 다하여 두루 세움을 나타내며, 스스로 버린다는 것은, 이 주는 자가 주는 것을 다하여 빼앗는 것을 밝힌 것이니, 이것을 모든 논의 祖宗이며 모든 쟁론을 평정시키는 주인이라고 말한다."[17]

이와 같이 중관 계통의 논서들을 부정만 하는 논서, 유식 계통의 논서들은 긍정만을 하는 논서라 하여 『기신론』 보다 한 단계 아래로 본다. 쟁론을 평정시킴에 있어서는 긍정 부정을 자재로 하여야 하는데 중관이나 유식은 그렇지 못하다는 것이다. 중관에 대해서 별로 긍정적이지 않은 평가를 내리고 있음을 알 수 있다. 그런데 이것에 대해서는 여러 설이 있다. 박성배는 원효의 이 언급이 『별기』에는 있지만 『기신론소』에는 있지 않은 것을 지적하면서 초기에는 중관을 비판하였다가 후에는 그러한 견해를 바꾼 것으로 해석할 수도 있다고 말한다. 곧 원효의 비판은 『대승기신론』의 특징을 드러내기 위한 방편적인 성격을 가졌다고 본다.[18] 화쟁적인 자세를 중시하는 원효의 기본 입장에서 볼 때에 이는 타당한 것으로 생각된다. 그러나 원효가 『별기』에서 직접 하고 있는 말을 원효의 입장이 아니라고 보기는 어려운 것도 사실이다. 박종홍, 고익진, 은정희는 원효는 중관과 유식의 종합으로 『기신론』을 파악하고 있다고 보고 있으며[19] 여기에 대해 박태원은 비판적 입장을 견지하고 있다.[20] 『기신론』을 유식적 관점에서 보고 있는 것이 원효의 입장이

---

17 其爲論也 無所不立 無所不破 如中觀論十二門論等 遍破諸執 亦破於破 而不還許能破所破 是謂往而不遍論也 其瑜伽論攝大乘等 通立深淺 判於法門 而不融遣自所立法 是謂與而不奪論也 今此論者 旣智旣仁 亦玄亦博 無不立而自遣 無不破而還許 而還許者 顯彼往者往極而遍立 而自遣者 明此與者窮與而奪 是謂諸論之祖宗 群諍之評主也 (한불전1. 678a.)

18 朴性焙,「元曉思想展開의 問題點」, 金奎榮博士華甲記念論文集刊行委員會 編,『東西哲學의 諸問題』, p.84 참조.

19 朴鐘鴻, 韓國思想史 (佛敎思想編), 서문문고 11(서문당, 1972); 高翊晉,「元曉의 起信論疏·別記를 통해 본 眞俗圓融無碍觀과 成立理論」,『불교학보』 10(1973); 殷貞姬,「起信論疏·別記에 나타난 원효의 一心思想」, 고려대박사학위논문(1983) 참조.

20 박태원,「원효의 기신론관 이해를 둘러싼 문제점 소고」,『동양철학』1(1990) 참조.

라는 것이다. 『기신론』의 성격에 대해 논의하는 것이 목적이 아니므로 이 자체에 대해서는 더 이상 깊이 들어갈 수 없지만 중관, 유식 모두를 낮게 평가하는 것은 원효의 화쟁의 태도와는 잘 맞지 않는 것으로 보인다. 그러나 편의상 교판을 할 수 있듯이 『기신론』의 뛰어난 성격을 드러내기 위해 중관과 유식의 일면적인 특성을 말하고 있다고 파악할 수도 있을 것이다. 다만 중관과 유식이 일방적인 부정이나 긍정만 하는 잘못된 논서라고 보는 것이 원효의 입장이라고 하기는 곤란하다. 원효는 『기신론별기』에서 유식 계통의 논서들을 무수히 인용하면서 『기신론』을 해설하고 있다. 유식이 잘못된 논서라고 생각했다면 그렇게 하지는 않았을 것이다. 『별기』의 표현대로 하더라도 유식 계통의 논서는 긍정의 면에서는 가치가 있는 논서라고 볼 수 있다. 마찬가지로 부정의 면에서는 가치를 발휘하는 것이 중관 계통의 논서라고 원효는 보고 있다고 해석할 수 있다. 그렇지만 중관, 유식을 무시하는 것이 원효의 입장은 아니라 해도 중관이 부정을 강조하고 유식은 긍정적인 면을 대표한다는 원효의 인식은 그 후에도 변함이 없었다고 보아야 할 것이다. 부정을 주로 하지만 그것으로 소기의 성과를 거둘 수도 있다고 생각한 것으로 볼 수 있다. 중관에 대해 잘못 이해하면 부정으로만 나가서 잘못되는데 중관 자체가 그렇지는 않다 해도 중관은 그럴 소지가 조금은 있다고 보았다고 해야 할 것이다.[21]

중관과 유식의 문제가 쟁점이 된다면 空有論爭에 대한 太賢의 평가도 여기에서 참고가 될 수 있다. 태현에 의하면 신라 불교계에는 공유논쟁에 대해 세 가지의 입장이 있었다고 한다.첫째는 清辨과 護法의 공유쟁론이 실제로 있었다고 보는 圓測 등의 설, 둘째는 그러한 쟁론이 없었다는 順璟 등의 설, 셋째는 언어로는 쟁론이 있었지만 그 취지는 같다는 원효 등의 설이다.[22] 원효는 청변과 호법 사이의 중관과 유식의 논쟁에 대하여 말로는 다르나 취지는 같음을 주장하여 화해를 시키고 있다. 좀 더 자세히 검토해 보도록 하자.

> "어떤 학설이 있다. 이 둘은 언어로는 논쟁이 있으나 뜻하는 바는 동일하다. 예를 들면 부도(浮圖)를 쟁론함에 밑이 거칠다, 위가 세밀하다고 말하는 것은 반드시 타자를 허용함으로써 스스로가

21 원효는 비교적 말년의 저술(원효의 『華嚴經』 연구는 일반적으로 의상이 귀국(671년)하여 지엄의 화엄학을 전래한 후라고 보고 있다.)인 『華嚴經疏』에서 般若와 深密을 三乘通敎에 배치시키는 교판을 행하고 있다. 교판이 절대적인 것은 아니지만 초기의 저술인 『大乘起信論別記』에서 중관, 유식 계통을 비판하고 낮게 평가하다가 나중에 그런 입장을 버렸다고 보기는 곤란한 하나의 증거라고 할 수 있을 것이다. 따라서 초기와 후기에 입장이 달라졌다고 이해하기보다는 교판이든 중관과 유식에 대한 평가든 모두 방편적인 성격을 가졌다고 이해하는 것이 바람직할 것으로 보인다.

22 太賢, 『成唯識論學記』, 한불전3. 483b-484a 참조.

성립할 수 있는 것과 같다."[23]

이 두 사람의 다툼은 실상은 다툼이 아닌데 말로만 다툼이 일어나고 있다는 것이다. 즉 부도를 보고 논쟁을 함에 한 사람은 아래가 거칠다고 주장하고 한 사람은 위가 세밀하다고 하여 싸우고 있지만 이는 같은 말은 달리 하고 있을 뿐인데 그것을 몰라 다툰다는 것이다. 위가 있어야 아래가 있고 거칠다는 것이 있어야 세밀한 것이 있음을 잊고 있는 것이다. 원효는 淸辨과 護法을 둘 다 공과 유의 극단을 주장한 것은 아니라 하여 화해시킨다.

결국 원효의 화쟁의 논리를 요약해 보자면, 호법은 유를 주장하였으나 그 유는 妙有의 有이며, 청변은 무를 주장하였으나 그 무는 妙無의 無로서 두 사람 다 어느 한 극단에 빠지지 않았다는 것이다. 결국 공유쟁론에 대한 원효의 입장을 요약하자면 '語爭意同', 즉 언어적 논쟁은 있었으나 그 궁극적 취지는 동일하다는 것이다. 공유논쟁은 末代 鈍根의 무리들이 깨달음을 얻도록 의도적으로 설정된 것일 따름이라는 것이다.[24] 다음의 말을 보자.

> "이러한 正理로 말미암아 元曉師 등은 언어에 있어서는 비록 쟁론이 있는 것 같지만 그 의미하는 바는 동일하다고 주장하였다. 이것은 末代의 鈍根의 무리들로 하여금 이러한 논쟁에 의거해서 교묘하게 깨달음을 얻도록 하였기 때문에 그러한 것이다."[25]

이 공유의 쟁론에 대한 원효의 입장에서 우리가 알 수 있는 것은 공이든 유이든 거기에 집착해서는 안 된다는 것이다. 즉 청변(중관)과 호법(유식)이 절대적인 공과 유를 주장하는 것이 아님을 말해서 공종과 유종을 화해시키려는 입장인 것이다. 여기에서도 화쟁적인 그의 태도가 잘 드러난다. 여기에서 확인할 수 있는 중관에 대한 원효의 태도는 중관을 절대적으로 극복되어야 할 것으로는 보고 있지 않다는 것이다. 『기신론별기』에서는 중관 계통의 논서를 부정만 한다고 평가하여 극복의 대상인 것처럼 표현하였지만 여기에서는 중관 계통에서 하는 부정이 절대적인 부정이 아님을 알아야 한다는 취지인 것으로 이해된다.

공유의 쟁론에 대한 동의와 동의하지 않음의 문제에 대해서 元曉는 『金剛三昧經論』에서 다

---

23 有說 此二語諍意同 下麤上細 必由他許 自始成故(한불전3. 484a)

24 方仁, 「太賢의 唯識哲學硏究」(서울대대학원 박사학위논문, 1995), p.59 참조.

25 由此正理 元曉師等 語爭意同 爲末代鈍根之徒 依此爭論 巧生解故(한불전3. 484a)

음과 같이 말하고 있다.

"만일 여러 가지 다른 견해가 엇갈려 쟁론하고 있을 때에 有見에 의해 설한다면 空見과 다를 것이요, 또 만일 空執에 동의하여 설한다면 有執과 다를 것이다. 그리하여 동의하든 동의하지 않든 쟁론만 더욱 일어나게 할 것이다. 또 저 두 가지에 다 동의하면 자기 안에서 서로 논쟁할 것이고, 저 두 가지에 다 동의하지 않는다면 그 둘과 더불어 서로 논쟁할 것이다. 이런 까닭에 동의도 하지 않고 이의도 제기하지 않으면서 설한다. 동의하지 않는다 함은 말 그대로 취하면 모두 용납되지 않기 때문이고, 동의하지 않는 것이 아니라고 함은 그 뜻을 살려서 들으면 허용되지 않는 바가 없기 때문이다. 동의하지 않는 것이 아니기 때문에 情에 어긋나지 않고, 동의하지 않기 때문에 道理에 어긋나지 않는다. 情에 있어서나 理에 있어서나 서로 어긋나지 않는다."[26]

여기에서의 결론은 유에도 공에도 동의하지도 않고 동의하지 않지도 않으면서 설한다는 것이다. 동의하지 않는 이유는 말 그대로 취하면 모두 용납되지 않기 때문이다. 언어는 이치 그 자체라고는 할 수 없다. 따라서 그들의 말을 이치 그 자체로 생각해서 말 그대로 취한다면 잘못에 빠지게 된다. 이것이 동의하지 않는 이유이다.

다음으로 동의하지 않지도 않는 이유는 그 뜻을 살려서 들으면 모든 것이 용납되기 때문이다. 元曉는 모든 말들이 다 나름대로 옳은 바가 있다는 것을 인정하고 있다. 따라서 살려서 들으면 이의를 제기할 것이 없다. 이것이 이의를 제기하지 않는 이유이다. 공과 유 모두 그 자체에 집착하면 안 되지만 또 그대로 살려서 받아들여야 한다는 것이다.

원효가 공과 유 가운데 어느 견해를 절대적으로 옳은 것으로 파악할 수 없다고 보고 있음은 여기에서도 당연히 확인할 수 있다. 공과 유의 화해가 원효의 기본적인 입장이지 어느 한 편을 고집하는 것은 원효의 입장이 아니다. 여기에서 공의 입장을 중관의 입장과 가까운 것으로 일단 파악한다면 중관을 한편으로는 인정할 수 있으나 절대적으로 그것만이 옳다고 는 할 수 없다는 입장임을 알 수 있다. 조화와 화해의 입장에서 중관 내지는 공을 파악하고 있다고 할 수 있다. 긍정에서도 부정에서도 자유롭게 설한다는 입장이다.

---

26 『金剛三昧經論』入實際品, 한불전1. 638a.
若諸異見諍論興時 若同有見而說 則異空見 若同空執而說 則異有執 所同所異 彌興其諍 又復兩 同彼二則自內相諍 若異彼二則與二相諍 是故非同非異而說 非同者 如言而取 皆不許故 非異者 得意而言 無不許故 由非異故 不違彼情 由非同故 不違道理 於情於理 相望不違.

중관에 대한 원효의 견해를 알 수 있게 해 주는 또 하나의 자료는 『십문화쟁론』이다. 『십문화쟁론』에서의 공유논쟁 화해를 통해서 원효의 중관에 대한 견해를 알아보도록 하자. 원효는 『십문화쟁론』에서 다음과 같이 공과 유를 화해시키고 있다.

> "여기서 有라고 인정함은 空과 다르지 않으므로 비록 전과 같다고 하더라도 增益됨이 아니다. 가령 有라고 인정한다 하여도 사실은 有에 떨어지지 않는다. 이 인정하는 바의 有는 有에 떨어지지 않음이 아니므로 비록 뒤와 같더라도 損減이 아니다. 앞에 실제로 有라 설한 것은 空과 다르지 않은 有이고 뒤에 有에 떨어지지 않는다고 설한 것은 空과 다른 有에 떨어지지 않는다는 것이다. 이런 까닭에 모두 인정하나 相違하지 않는다."[27]

여기에서 空과 有를 화해시키는 기본적인 방법은 空과 有라고 하는 것에 대한 결정적인 집착을 버리게 함이다. 곧 空이라 해도 결정적인 空이 아니고, 有라 해도 결정적인 有가 아님을 미리 알고 이해하도록 하여야 한다는 것이다. 有라고 하지만 그 有가 空과 다름이 없는 것이다. 그러기에 有를 말하지만, 有에 사로잡히지 않는 셈이다. 그러므로 有와 空을 동시에 말한다고 해서 자기모순(相違)에 빠지지 않는다. 增益은 有에 매달리는 것, 損減은 空에 매달리는 것, 相違는 有이기도 하고 空이기도 하다고 매달리는 것, 戲論은 有도 아니고 空도 아니라고 매달리는 것이다. 모두 인정함은 양극단을 다 인정하는 것이므로 相違의 잘못에 떨어지는 것 같지만 그 극단에 매달리지 않으므로 두 가지 다 인정하지만 상위의 잘못에 떨어지지 않는다는 것이다. 극단을 떠나게 하는 것이 元曉의 和諍의 방법임은 앞서 논의한 바 있다. 여기에서도 有라고 하는 말이 있을 때 그 개념을 실체화해서 그 극단에 매달리지 말 것을 주장하고 있다고 볼 수 있다. 다음에 계속되는 것은 非然과 非不然의 논리이다. 非然은 부정이고 非不然은 부정의 부정으로서 크게 전환하여 다시 긍정으로 돌아가는 것이다. 단순한 긍정·부정이 아니다. 非然·非不然의 논리로 설하는 것은 여러 예에서 보이고 있다.

> "그렇지 않음이 아니기 때문에 모두 긍정되지만, 또한 그렇지 않으므로 도두 허용되지 않는다. 이 非然은 然과 다르지 않다. 비유컨대 그 有가 空과 다르지 않은 것과 같다. 이런 까닭에 모두 인

---

27 『十門和諍論』, 한불전1. 838a.
有 此所許有不異於空 故雖如前而非增益 假許是有 實非墮有 此所許有 非不墮有 故雖如後而非損減 前說實是有者 是不異空之有 後說不墮有者 不墮異空之有 是故俱許而不相違.

정되지 않지만 本宗을 잃지 않으므로 四句가 竝立하여도 모든 과실을 떠난다."[28]

그렇지 않음이 아니며, 동시에 그렇지 않다는 것이니 긍정(非不然)과 부정(非然)이 자재로 이루어지고 있다. 극단에 매달리지 않는다(非然非不然)는 것은 무조건적인 부정만을 의미하는 것이 아님을 여기에서 알 수 있다. 긍정(非不然→然)과 부정(非然)이 다르지 않음을 또 한편으로 주장하고 있는 것이다.

중관에 대한 평가에서 마지막으로 한 가지 지적하고 싶은 것은 긍정 부정을 자재로 하는 것이 화쟁의 중요한 한 방법이라면 중관에 대한 태도도 꼭 일관되게 좋다 나쁘다는 입장이 아니라 경우에 따라서 달라질 수가 있다는 점이다. 중관에 대해 긍정부정을 자재로 함으로써 중관에 대해 집착하고 있는 사람들의 태도를 고쳐주어야 하고 중관을 부정하는 사람의 병통도 고쳐주어야만 하는 것이다. 긍정도 부정도 하지 않으면서 설한다는 것이 그대로 살려질 수 있는 것이다. 극단을 떠남(부정)에서 긍정과 부정의 자재로 나아가는 것을 원효의 중관에 대한 태도에서 찾아볼 수 있을 것으로 생각한다. 원효의 중관 유식에 대한 태도 자체가 화쟁의 방법의 한 양식으로 볼 수 있는 것이다.

IV. 길장 등의 영향

원효는 중국 수나라의 삼론종의 대성자 吉藏(549-623)의 영향을 많이 받았다. 그가 삼론을 절대적으로 추종하는 것은 아니라 할지라도 많은 영향을 받았음은 여러 문헌에서 알 수 있다. 吉藏은 언어의 문제에서 보자면, 二諦를 가르침으로 파악했다는 점에서 특히 중요한 사람인데, 원효는 언어관에서 그와 유사한 것이 많다. 空과 有에 관한 異說을 화해시키는 『十門和諍論』의 부분에서 원효는 다음과 같이 말하고 있다.

"이 有라고 인정한 바는 空과 다르지 않다. 따라서 비록 앞(결정적인 有)과 같다고 하더라도 增益이 아니다. 임시로 有를 인정하므로 실제로 有에 떨어지는 것은 아니다. 그러므로 비록 뒤(결정

28 『十門和諍論』, 한불전1. 838a.
由非不然 故得俱許 而亦非然 故俱不許 此之非然 不異於然 喩如其有 不異於空 是故雖俱不許而亦不失本宗 是故四句竝立而離諸過失也.

적인 無)와 같더라도 損減이 아니다."[29]

그리고 계속하여 "앞에서 실제로 이것이 有라고 설한 것은 空과 다르지 않은 有이다. 뒤에 有에 떨어지지 않는다고 설한 것은 空과 다른 有에 떨어지지 않는다는 것이다."[30]고 말하고 있다. 有이니 空이니 말한다고 해도 그것이 결정적인 有나 空은 아니라는 것이다. 그런데 '空과 다르지 않은 有'라는 등의 표현은 吉藏의 표현과 거의 비슷하다. 吉藏은 『二諦義』에서 다음과 같이 말하고 있다.

"假名으로 有를 설하고 假名으로 空을 설한다……非有가 有가 됨은 空과 다르지 않은 有이다. 非空이 空이 됨은 有와 다르지 않은 空이다."[31]

이와 같은 吉藏의 입장은 二諦를 가르침으로 보는 입장이다. 즉 空이라 하든 有라 하든 그것은 절대적인 진리 그 자체가 아니라 가르침의 수단이라는 것이 吉藏의 견해이다. 언어와 이치와의 관계에서 생각해 본다면 언어와 이치의 상호의존적인 성격을 주장하고 있다고 이해해도 좋을 것이다. 언어가 이치 그 자체는 아니므로 언어에 매달리지 말고 가르침을 이해하라는 입장이라 하겠다. 그리고 원효는 吉藏과 견해를 함께 하고 있음을 알 수 있다. 표현법까지도 비슷하여 그것을 더욱 확실히 알 수 있다. 원효도 말 그 자체에 매달리지 말 것을 강조하고 있고, 空·有의 표현이 임시적인 이름이라는 것을 거의 비슷한 표현으로 말하고 있다. 다음의 예도 길장과 비슷하다.

"假有는 유에 해당되지 않으므로 무를 움직이지 않는다. 假無는 무에 해당되지 않으므로 유를 무너뜨리지 않는다. 유를 무너뜨리지 않으므로 완연히 유이고 무를 움직이지 않으므로 완연히 무이다. 이와 같은 깊고 깊은 인연의 도리로 적막하여 의거하는 것이 없고 널리 걸림이 없다. 어찌 그

---

29 『十門和諍論』, 한불전1. 838a.
此所許有不異於空 故雖如前而非增益 假許是有實非墮有 此所許有非不墮有 故雖如後而非損減.

30 『十門和諍論』, 한불전1. 838a.
前說實是有者 是不異空之有 後說不墮有者 不墮異空之有.

31 吉藏, 『二諦義』, T45. 105c.
假名說有 假名說空……非有爲有 非異空之有 非空爲空 非異有之空.

사이에서 어그러져 싸우는 것을 용납하겠는가?”[32]

여기에 나오는 “宛然”(의연히, 그대로)이란 말은 삼론학파에서 相卽을 설할 때 많이 쓰는 말이라 한다.[33] 원효가 바로 삼론학파의 영향을 받고 있음을 확인할 수 있다. 다음으로 긍정 부정을 자재로 하는 것이 삼론학의 한 특징인데[34] 원효는 그것을 이어받으면서 더욱 발전시켜서 화쟁의 논리로 사용한다. 구체적으로 부정에서 어떻게 긍정의 계기가 마련되고 또 어떻게 그것이 자유롭게 구사되는가는 다음의 『涅槃宗要』의 논의에서 알 수 있다.

> “대열반은 離相 · 離性 · 非空 · 不非空 · 非我 · 不非我인 것이다. 無性을 떠났으므로 非空인 것이요, 有性을 떠났으므로 非不空이다. 또 有相을 떠났으므로 非我라고 설하는 것이요, 無相을 떠났으므로 非無我라고 설한다. 無我가 아니므로 大我라고 말할 수 있는 것이요, 我가 아니므로 또한 無我라고 말하는 것이다. 또한 空이 아니기 때문에 實有라고 말하기도 하고 空이 아닌 것이 아니기 때문에 虛妄이라고 말하기도 한다. 如來가 간직한 비밀은 그 뜻이 이러하거늘 어찌 그 속에서 서로 다투겠는가?”[35]

이것은 열반에 대해 설명하고 있는 부분인데, 열반이 虛인가 實인가, 또는 空인가 空이 아닌가 하는 논란에 대해 결론적으로 한 말이다. 이 논의를 살펴보면 처음에는 일단 부정의 형태로 나타났다가 부정의 부정에서 다시 긍정으로 돌아간다. 非不然(그렇지 않은 것이 아님)에서 然(그러함)으로 가는 것이다.[36] 元曉의 긍정과 부정을 자재로 하는 방법이 단순히 부정하고 또 부정하는 방법과는 다름을 여기에서 알 수 있다. 개념에 얽매이지 않을 때에 긍정과 부정의 자재가 가능한 것이다. 無가 아니면 有고, 有가 아니면 無가 아니냐는 식의 사고 방식으로는 그것이 가능하

---

32 『大乘起信論別記』末, 한불전1. 692a.
假有不當於有故 不動於無 假無不當於無故 不壞於有 不壞於有故 宛然而有 不動無故 宛然而無 故如是甚深因緣道理 蕭焉靡據 蕩然無礙 豈容違諍於其間哉.

33 石井公成, 「朝鮮佛教における三論教學」, 平井俊英 監修, 『三論教學の硏究』(春秋社, 1989), p.473 참조.

34 僧肇는 『般若無知論』에서 ‘夫無當則物無不當...物無不當 故當而無當’(대개 해당되는 것이 없으면 사물은 해당되지 않음이 없다. ...해당되지 않음이 없으므로 해당되고 해당이 없다)라고 말하고 있는데 이 논법이 원효의 논법과 거의 유사하다. (大正 45. 154b 및 김하우, 「삼론과 화엄계(원효.법장계)의 轉悟方式, 『철학연구』 제7집(고려대학교 철학회 1982), p. 13 참조)

35 『涅槃宗要』, 한불전1. 529b.
大涅槃離相離性非空不非空非我非無我 何故非空 離無性故 何非不空 離有性故 又離有相故說非我 離無相故說非無我 非無我故得說大我 而非我故亦說無我 又非空故得言實有 非不空故得說虛妄 如來秘藏其義如是 何蜜異諍於其間哉.

지 않다.

다음으로 『법화종요』를 보면 길장의 영향이 크고 『열반종요』에서 보면 慧遠의 영향이 크다 한다.[37] 이와 같이 길장의 영향을 많이 받은 것이 원효이다. 한 종파의 사상으로서가 아니라 구체적 방법론의 면이나 태도의 면에서 영향을 많이 받고 있다고 할 수 있다. 근본 입장인 화쟁사상에 길장의 영향이 강하다는 지적도 있다.[38]

V. 결론

원효는 개개의 경전 모두가 부처의 진리이므로 옳다고 하는 화쟁적 입장을 견지하고 있다. 따라서 중관이나 유식에 대한 원효의 태도도 기본적으로는 화쟁적이다. 『화엄경소』의 교판에서 중관을 어떻게 파악하고 있는가를 보면 원효는 『般若』와 『深密』을 함께 삼승통교로 취급한다. 『화엄경』이나 대승의 윤리서라 할 수 있는 『범망경』이나 『영락경』보다는 낮은 위치에 배치시키고 있다. 중관을 궁극의 것으로는 인정하지 않는 입장이다. 그러나 낮은 위치에 배정되었다고 해서 그 경전이 가치가 없다고 보는 것은 원효의 진의가 아니다. 논의의 편의상 그런 것으로 보아야 할 것이다. 그리고 어떤 경전을 절대화하는 것도 원효의 입장은 아니다. 『기신론별기』에서 중관은 부정일변도여서 긍정부정이 자재하지 못하다는 평가도 그 자체 절대적인 것으로 보아서는 안 될 것으로 생각된다. 중관의 특징을 드러내고 『기신론』의 성격을 두드러지게 하고자 하는 방편적 성격의 판단으로 보아야 할 것이다. 그리고 어떤 면에서는 중관에 대한 평가를 자재로 하는 것이 중관에 대한 잘못된 태도를 고치는 길이기도 하다. 공유논쟁을 화해시키면서는 공이나 유에 대한 집착 모두 버려야 할 것으로 파악하고 있는 것이 원효의 입장이다. 중관 · 유식은 그 자체 집착이 없으면 진리를 드러낸다고 보는 것도 원효의 독특한 점이다. 긍정과 부정이 자재로 이루어지고 있는 것이다.

---

36 아닌 것이 아니면 인 것이 되는 것은 상식적인 차원에서는 당연한 말이다. 그러나 부정의 부정이니까 바로 긍정이라고 생각하는 것은 문제가 있다. 왜냐하면 非空이면 非不空이라는 것이 이제까지의 元曉의 말이었기 때문이다. 부정되는 것이 성립되지 않는다면 그것의 부정은 마찬가지로 성립되지 않는다는 말이다. 空이 아니니까 不空으로 되는 것이 아니라 空이 아니니까 不空도 아니라는 것이 元曉의 논법이었다. 그러면 여기에서 空이 아니기 때문에 實有라고 말한다고 함은 空의 상대적 개념으로 돌아가 버리는 것이 되므로 주의를 요한다. 실유가 공이 아님을 드러내는 실유여야 한다. 자세한 것은 다음을 참조: 최유진, 『원효사상연구』(경남대출판부, 1998), pp.95-99.

37 石井公成, 「朝鮮佛教における三論教學」, 平井俊英 監修, 『三論教學の研究』(春秋社, 1989), pp.474- 475 参조.

38 위의 논문, p. 470 참조.

길장과의 연관에서 살펴보면 원효는 길장 사상의 영향을 많이 받은 것이 눈에 띈다. 중관의 철학을 자신의 종파로 하고 있진 않지만 화쟁의 방식이나 논리에 있어서 많은 영향을 받고 있다. 그리고 원효는 공과 유의 대립의 문제에 대해서는 공과 유를 실재화해서 집착해서는 안 된다고 주장하고 있다. 집착을 버렸을 때에 중관이나 유식은 그 자체가 절대적인 무나 절대적인 유를 주장하는 것이 아니므로 화해가 된다는 입장이다. 전체적으로 볼 때 원효는 그의 사상적 특징이라 할 수 있는 화해와 조화의 입장에서 중관철학을 이해하고 있음을 알 수 있다.

제2장 元曉의 彌陀淨土思想

I. 서론

元曉의 미타 정토 사상에 대해 연구하는 것이 본 논문의 목적이다. 정토 신앙은 일반적으로 불교의 대중화된 형태로 알려져 왔다. 그리고 정토 신앙 중에서는 가장 대표적인 것이 아미타불의 정토에 대한 신앙이다. 우리 나라에서도 일찍부터 미륵이나 아미타불의 정토에 대한 신앙이 활발했었고 많은 저술들이 이루어졌다. 특히 미타 정토에 대해서 많은 연구가 있었다. 현재까지 전해지는 미타 정토 관계의 저술은 많지 않지만 신라 시대에 많은 학자들에 의해 저술이 이루어졌다.[1] 慈藏, 元曉, 義湘, 義寂, 法位, 玄一 등과 圓測, 憬興, 道證, 太賢 등 여러 학승들의 저술이 있었음을 확인할 수 있다. 현존하는 것은 원효의 저술로 전해 오는『遊心安樂道』,『無量壽經宗要』,『阿彌陀經疏』등의 3종류와 원효의 게송이라는『彌陀證性偈』, 경흥의 저술인『無量壽經連義述文贊』1종류, 그리고 玄一의『無量壽經義記』중의 일부뿐이다. 그러나 원효의 저술이라고 전해 오는『유심안락도』가 과연 원효의 저술인가 하는 이의 제기가 있었고 아니라는 것이 점점 정설화하고 있는 것 같다. 그렇게 본다면 남은 저술은 4종류밖에 없다.

주지하는 바와 같이 원효는 한 종파의 사상가로 국한시킬 수 없다. 다양한 분야에 관심을 가졌고 어느 한 종파에 매달리지 않아서 그의 사상의 특징을 화쟁적이라고 하는 것은 일반적인 평가이다. 그러나 한 종파로 한정지을 수는 없다고 하더라도 원효 사상의 중요한 특징 중의 하나가 대중 불교라고 하는 것도 일반적으로 인정되고 있다. 원효는 불교를 대중화하는 데에 중요한 공헌을 하였고 그런 불교의 대중화의 대표적인 형태가 미타 정토 신앙이므로 원효의 미타 정토 사상에 대한 연구는 원효의 중요한 특색을 잘 드러낼 수 있을 것으로 생각된다. 이제까지 원효의

1 閔泳珪,『新羅章疏錄長編 不分卷』,『白性郁博士頌壽記念佛教學論文集』(東國大學校 白性郁博士頌壽記念事業委員會); 東國大學校 佛敎文化研究所 編,『韓國佛敎撰述文獻總錄』(東國大學校出版部) 등 참조.

미타 정토 사상에 대한 연구가 적지 않게 있었다. 그러나 그 연구들은 원효의 미타 정토 사상이라 하더라도 정토종이라는 한 종파로 국한시켜서 파악해 온 연구들이 주종을 이룬다. 미타 정토 사상 중에서의 원효의 위치랄까 하는 식의 연구였다. 본 논문은 "원효의" 미타 정토 사상이 될 것이다. 원효의 전체 사상 체계 내에서의 미타 정토 사상의 위치를 규명해 보고 싶은 것이다. 여러 가지 문제에서 원효의 미타 정토 사상을 검토해 볼 수 있겠지만 기본적으로는 정토는 무엇이며 어떻게 하면 갈 수 있는가가 가장 중요한 문제이므로 정토와 왕생이라는 두 주제에 한정시켜 원효의 미타 정토 사상을 살펴보고 원효의 미타 정토 사상이 불교 대중화와는 어떻게 연결되는지 알아보도록 하겠다.

II. 원효의 미타 정토 관계 저술

원효의 미타 정토 관계 저술로 현재 알려져 있는 것은 다음과 같은 것들이 있다.

1)般舟三昧經疏 1권
2)般舟三昧經略記 1권
3)般舟三昧經略疏 1권
4)無量壽經疏 1권(또는 2권)
5)無量壽經私記 1권
6)無量壽經宗要 1권(또는 2권)
7)阿彌陀經疏 1권
8)阿彌陀經通贊疏 1권
9)遊心安樂道 1권
10)觀經宗要 1권
11)彌陀證性偈 1句
12)無量壽料簡 권수 미상[2]

---

2 韓普光,『新羅淨土思想の研究』, p.95 참조. 한보광은 원효의 정토 관계 저서로 1-11까지와 彌勒上生經疏와 彌勒上生經宗要를 합쳐서 13종을 들고 있다. 10)관경종요를 제외한 나머지는 민영규나 조명기, 채인환, 한국불교찬술문헌총록 등의 목록에 한 번쯤은 언급되고 있지만 관경종요는 한보광의 목록에 처음 나타난다. 그것은 源隆國의『安養集』에 인용되고 있다고 한다. 그리고 12)무량수료간은 원효의 大乘起信論疏에 언급되어 있고『韓國佛敎撰述文獻總錄』에서도 원효의 저서로 인정되고 있는데 한보광의 목록에는 빠져 있다.

원효의 전체 저술이 100종류 정도 된다고 할 때 10분의 1 이상을 미타 정토 관계의 저서가 차지하고 있는 것을 알 수 있다. 이것은 원효가 그만큼 미타 정토 사상을 중시한 증거라고 말해도 큰 무리는 없을 것이다.

『반주삼매경』은 서방 정토의 莊嚴 등에 관한 서술은 없지만 아미타불을 전념하여 三昧에 듦으로써 서방 세계의 아미타불을 볼 수 있는 법을 밝히고 있다. 그래서 중국 초기의 미타 정토 사상을 형성하는 데에 큰 역할을 하였다. 廬山慧遠(334-416) 및 天台智顗(538-597)는 이 경전을 정토 사상에서 중시하였다. 원효도 이 경전을 중시하여 세 종류나 저술을 하였다. 『무량수경』에 대한 저술도 4종류를 확인할 수 있지만 현존하는 것은 『무량수경종요』뿐이다. 『아미타경』에 대해서도 두 저술 중 한 가지만 전하여 온다. 『觀經宗要』는 『觀無量壽經』에 대한 저술이겠지만 현존하지 않아 그 확실한 내용은 알 수 없다. 「彌陀證性偈」는 知訥의 『法集別行錄節要并入私記』에 전하여 온다.

원효의 저술 목록을 살펴보면 원효는 어떤 한 경전에 치우쳐서 연구하지 않고 미타 정토 사상에서 중요시되는 경전들은 거의 다 연구의 대상으로 삼았음을 알 수 있다. 여기에서도 원효의 포괄적인 태도를 확인할 수가 있다.

이제 현존하는 저술을 살펴보도록 하자. 이들 저술 중에서 현존하는 것은 『유심안락도』, 『무량수경종요』, 『아미타경소』와 「미타증성게」의 네 종류이다. 그러나 『유심안락도』에 대해서는 원효의 저술인가 여부로 논란이 있었고 원효의 저술이 아니라는 것이 점점 정설로 되어가고 있다.[3] 『유심안락도』가 원효의 저술인가 아닌가 하는 것에 대한 자세한 논의는 여기에서는 피한다. 다만 필자의 입장에서 볼 때에도 원효의 저술이 아니라는 주장이 설득력이 있는 것으로 보인다. 여러 논문에서 지적되었듯이 원효보다 후대에 번역된 경전이 인용되어 있고 迦才의 『淨土論』과 많은 부분에서 겹치는 것을 볼 때에도 원효의 저술임은 인정될 수가 없다. 그 밖에 『無量壽經宗要』와 많은 부분이 겹치고 있는데 원효 자신의 저술이라면 똑같은 내용을 다른 저술에서 되풀이할 리는 없을 것이다. 다른 저술의 예에서처럼 이전의 저술을 참고하라는 식으로 처리하면 족할 것이다. 그리고 『無量壽經宗要』와 『遊心安樂道』 사이에는 사상 내용에서도 차이가 있다. 같은 사람의 저술이라면 그런 차이가 있을 수 없다. 그 차이가 나는 내용에서도 『無量壽經宗要』에서

3 安啓賢, 『元曉의 彌陀淨土往生思想』, 『新羅淨土思想史硏究』(玄音社), pp.11-68; 高翊晉, 『遊心安樂道의 成立과 그 背景』, 『韓國撰述佛書의 硏究』(民族社), pp.11-36; 韓普光, 『新羅淨土思想の硏究』 (東方出版), pp.213- 236 ; 惠谷隆戒, 『淨土敎の新硏究』(山喜房), pp.76-84; 源弘之, 『新羅淨土敎の特色』, 金知見·蔡印幻 編, 『新羅佛敎硏究』(山喜房佛書林), pp.283-317 등 참조. 안계현은 원효의 저술임을 주장하고 있으나 이후의 많은 연구 결과는 그것을 인정하고 있지 않다.

는 "凡과 聖을 겸하여 인도하여 함께 훌륭한 곳에 태어나게 하고 함께 大道에 나아가게 하기 위한 까닭에"[4]라고 설하여 화쟁적이고 포괄적인 원효의 특색을 보이는데 반해서 『遊心安樂道』에서는 "凡夫가 正生이고 성인이 兼生이니 저 경에서는 말하기를 오직 미래세에 번뇌 도적에게 해를 입는 일체 범부를 위하여 淸淨業處에 왕생을 권하는 것이요 보살은 논하지 않는다"[5]라고 하고 있어서 정토종의 종파적인 입장을 강하고 나타내고 있는데 이런 내용은 원효의 일반적 특색과 어울리지 않는다.

『무량수경종요』는 『무량수경』에 대한 해설서이고 『아미타경소』는 『아미타경』에 대한 주석이다. 중국의 정토교가 『관무량수경』을 중심으로 하는 데 비해 신라의 정토교는 『무량수경』을 중시했다는 것이 일반적인 평가인데[6] 원효의 경우에는 『관무량수경』에 대해서 저술이 있다.[7] 이것으로 볼 때 전체적으로 신라의 미타 정토 사상의 특색이 『무량수경』을 중심으로 한 데에 있다고 하더라도 원효는 꼭 그렇지는 않았다고 할 수 있다. 『관경종요』라는 『관무량수경』에 대한 저술 이외에도 원효는 『관무량수경』에 대한 언급을 많이 하고 있고 그것을 중시하고 있다. 觀法을 중시한 원효의 정토 사상의 입장에서 보아도[8] 『관무량수경』을 중시하지 않았다고 하기는 곤란하다.

III. 미타 정토 사상에 대한 원효의 평가

원효는 미타 정토 신앙을 어떻게 평가하고 있는가? 원효의 教判으로서 대표적인 것은 4교판인데 현재 남아 있는 『華嚴經疏』에는 그 내용이 없고 4교판이 다른 사람들의 저서에 인용되어 있는 것이 남아 있다.[9] 그 교판에서는 三乘別教, 三乘通教, 一乘分教, 一乘滿教로 구분하여 설하고 있으나 다른 대부분의 학자들과 마찬가지로 정토 계통의 경전이 어디에 속하는가에 대해서

---

4 『無量壽經宗要』, <韓國佛教全書> 제1책 p.554c(이하 한불전으로 약칭)

5 『遊心安樂道』, 한불전1.577c.

6 惠谷隆戒, 「韓國淨土教の特色」, 『印度學佛教學研究』 第二十四卷 第二號, pp.1-2 참조.

7 韓普光의 『新羅淨土思想の研究』(p.95)에서는 원효가 『觀經宗要』를 저술한 것으로 기술되어 있다. 源隆國의 『安養集』 3, 9권에 인용되어 있다고 한다.

8 『三國遺事』 권5 感通 제7, 廣德.嚴莊 條에 보면 원효가 엄장에게 歃觀法을 가르쳤다고 한다.

9 法藏, 『華嚴經探玄記』 권1, T35. 111a; 慧苑, 『續華嚴經疏刊定記』 권1, <續藏經> 5.9.18上; 澄觀, 『大方廣佛華嚴經疏』 권3, T35. 510a; 李通玄, 『新華嚴經論』 권3, T36. 734c; 表員, 『華嚴經文義要決問答』 권4, 한불전2.385b 등 참조.

는 특별히 밝혀 놓은 것이 없다. 정토계 경전을 앞장 세우면서 교판을 시도한 것은 道綽이 최초라 할 수 있다. 그는 聖道門과 淨土門으로 나누어서 교판하고 있다. 원효는 정토 신앙을 중시하긴 하였으나 그 자체만이 절대적으로 옳다는 정토종 학자의 입장은 아니었으므로 이런 입장은 받아들이지 않는다. 『無量壽經宗要』에서는 다음과 같이 말하고 있다.

> "깨달음으로써 말하면 이것도 없고 저것도 없으며 穢土와 淨國이 본래 一心이고 생사와 열반이 끝내 둘이 아니다. 그러나 大覺의 근원에 돌아감은 공을 쌓아야 이에 얻고 긴 꿈을 따라 흐르는 사람은 문득 열 수 없다....석가 세존이 사바 세계에 나타나서 오악을 경계하고 선을 권하였다. 미타 여래는 저 안양 세계를 다스려 三輩를 이끌어 태어나게 한다. 이와 같은 權迹(권으로 자취를 보임)은 이루 다 말할 수 없다"[10]

원효는 정토계 경전의 해설에서도 근본적으로는 일심이라는 입장을 견지하고 있음을 알 수 있다. 기본적인 일심의 입장을 포기하고 미타 정토 사상을 말하는 것은 아니다. 다음에 다시 논의하겠지만 이러한 원효의 입장이 왕생의 正因으로 發菩提心을 강조하게 하는 것으로 생각할 수 있다. 모든 것이 일심이라면 그 입장에서 마음을 닦으면 그만인데 왜 미타 정토를 말하게 되었는가? 원효의 그것에 대한 대답은 미타 정토 신앙은 권으로 방편을 보이는 것이라는 것이다. 大覺의 근원에 돌아감은 공을 쌓아야 얻고 긴 꿈을 따라 흐르는 사람은 문득 열 수 없기 때문에 그렇다는 것이다. 깨달음을 근본으로 하면서 그것에 도달하게 해주는 부처의 가르침이라면 같이 중요하게 보는 원효의 입장을 여기에서도 확인할 수 있다.

『아미타경소』에서도 『무량수경종요』에서의 말과 비슷하게 다음과 같이 말하고 있다.

> "穢土 淨國이 본래 一心이고 生死 열반이 끝내 둘이 아니다. 그러나 無二의 覺을 취하는 것은 상당히 어려워서 미혹한 하나의 꿈을 제거하는 것은 쉬운 일이 아니다. 그런 까닭에 大聖이 드리운 자취가 멂과 가까움이 있고 베푸신 말의 가르침이 혹은 칭찬하고 혹은 꾸짖는다. 牟尼善逝가 이 예토에 나타나심과 같은 것에 이르러서는 오탁을 誡하여 왕생을 권한다. 미타 여래는 저 淨國을 다스려 삼배를 이끌어 태어나도록 인도한다. 이제 이 경은 兩尊 出世의 大意이고 四輩 入道의 要門이다. 淨土가 가히 원할 만함을 보여주고 묘덕이 있어 가히 돌아갈 만함(妙德可歸)을 찬탄한다. 妙德可歸라

10 한불전1.553c-554a.

는 것은 귀로 經의 名을 들은즉 一乘에 들어 돌아옴이 없고 입으로 佛號를 읊은즉 삼계를 벗어나 돌아오지 않는다. 하물며 항차 예배하고 전념으로 讚詠 관찰하는 자에 있어서랴. 淨土가 가히 원할 만하다는 것(淨土可願)은 金妙蓮池에 목욕한즉 태어나게 되는 더러운 원인에서 떠나고 玉樹檀林에서 노닌즉 無死의 聖果로 향한다는 것이다. 더하여 다시 佛光을 본즉 無相에 들어가고 梵響(성스러운 메아리)을 들은즉 無生을 깨닫는다. 연후에 이에 第五門을 따라 나간다. 생사의 동산에서 말을 돌리고 번뇌의 숲을 쉬게 한다. 한 발자국도 따르지 않고 十方世界에 두루 노닌다. 一念도 펴지 않고 두루 無邊三世를 나타낸다. 그 즐거움은 가히 높이 헤아릴 만하다. 極樂의 칭호가 어찌 헛되리요."[11]

근본은 일심이나 깨달음을 얻는 것은 쉬운 일이 아니므로 여러 가지의 가르침으로 깨달음으로 인도하는데 미타 정토의 가르침도 그러한 것의 한 종류라는 것이다. 그러나 귀로 經名을 듣고 입으로 佛號를 읊는 것에 의해 一乘에 들고 三界를 벗어나게 되니 예배하고 전념으로 讚詠 관찰하는 자는 말할 것도 없다는 데에서 알 수 있듯이 단순히 經名을 듣고 佛號를 읊는 것보다는 예배하고 전념으로 讚詠 관찰하는 것에 더욱 가치를 두고 있다. 무조건 쉬운 것만이 능사는 아니라고 보고 있는 것을 알 수 있다.

그리고 『무량수경』에 대해서는 또 "보살장의 가르침의 격언이고 불교의 인과에 대한 진정한 경전이다. 願과 行의 비밀스럽고 깊음을 밝히고 현재의 果德의 길고 멂을 나타낸다"[12]라고 말하고 있다. 『무량수경』을 보살장으로 보고 있다. 보살장은 聲聞藏과 더불어 二藏의 하나로 보살을 위하여 설하므로 보살장이라 한다. 일반적으로 대승경전을 가리키는 말이기도 하지만 보살이라는 말을 원효가 쓰고 있는 것에 유의하여야 할 것이다. 앞서 인용한 『遊心安樂道』에서는 "凡夫가 正生이고 성인이 兼生이니 저 경에서는 말하기를 오직 미래세에 번뇌 도적에게 해를 입는 일체 범부를 위하여 淸淨業處에 왕생을 권하는 것이요 보살은 논하지 않는다"[13]라고 말하여 보살과 범부를 구별하고 있다. 그러나 원효는 『무량수경종요』에서 "凡과 聖을 겸하여 인도하여 함께 훌륭한 곳에 태어나게 하고 함께 大道에 나아가게 하기 위한 까닭에"[14] 라고 설하여 널리 포용하여 함께 大道로 나아감을 강조하고 있다. 대도로 나아감을 구하는 것은 보살의 길이다. 그런 의미에서 『무량수경』에서 말하는 길은 보살의 길인 것이고 보살을 위해 설하는 菩薩藏敎의 格言이 된

---

11 한불전1.563c-564a.

12 『無量壽經宗要』, 한불전1. 554a.

13 한불전1. 577c.

14 한불전1. 554c.

다고 볼 수 있을 것이다. 그리고 그것은 대승의 가르침이다.

IV. 원효 정토 사상의 특징

1. 정토에 대한 정의

淨土가 무엇인가 하는 것에 대해서 2가지로 해석할 수 있다. 하나는 국토를 깨끗이 한다는 의미이고 하나는 깨끗한 땅(국토)이라는 의미이다.[15] 원효의 경우에는 국토를 깨끗하게 한다는 뜻보다는 깨끗한 국토라는 의미로 일반적으로 사용되고 있다. 원효는 정토를 어떻게 설명하고 있는가? 원효의 정토에 대한 기본적인 견해는 一心淨土란 말로 표현할 수 있다. 그는 다음과 같이 말한다.

> "穢土와 淨國이 본래 一心이고 生死와 涅槃이 끝내 둘이 아니다"[16]

一心은 원효에서 가장 중요한 사상이거니와 정토의 해석도 또한 일심에 굳건히 뿌리를 두고 있음을 확인할 수 있다. 『起信論疏』에서 보아도 그렇고 『金剛三昧經論』에서 보아서도 알 수 있듯이 원효의 모든 사상은 일심의 근거 위에 세워져 있는 것이라고 할 수 있다.[17] 그것이 정토에 대한 해석에서도 적용되고 있다. 원효는 또 法性淨土의 입장에서 보면 모든 세계가 법성정토가 아님이 없다고 하였다.[18] 근본적인 입장에서는 모든 것이 정토라는 것이 원효의 입장이다.

그러나 구체적으로 정토는 무엇인가? 그리고 특히 아미타불의 정토는 어떤 것인가에 대해서는 미타 정토 계통의 경전에 관한 저술들에서 그 자신의 견해를 밝히고 있다. 원효는 『無量壽經』에 대해서 "이 경은 정토 인과를 그 종체로 하고 物을 포섭(攝物)해서 往生하게 하는 것을 意致로 한다"[19]고 하였다. 정토의 원인과 결과 그리고 어떻게 하면 거기에 왕생할 수 있는가가 가장 중

---

15 坪井俊映 著, 韓普光 譯, 『淨土敎概論』(弘法院), p.16 참조.

16 『無量壽經宗要』, 한불전1.553c. 똑같은 말이 『阿彌陀經疏』(한불전1.562c)에도 있다.

17 崔裕鎭, 『元曉의 和諍思想 硏究』(서울대 박사학위논문,1988), pp.13-41 참조.

18 『梵網經菩薩戒本私記』, 한불전1. 586a-b.(亦世界若別雖無量 而若以法性淨土攝者 世界而無非法性淨土)

19 『無量壽經宗要』, 한불전1. 554a.

요한 문제라는 것이다. 『阿彌陀經』에 대한 해석에서는 "淨土가 가히 원할 만한 것임을 보여주고 妙德이 있어 가히 돌아갈 만함을 찬탄한다"(示淨土之可願 讚妙德而可歸)라고 하였다. 정토에 어떻게 하면 갈 수 있는가를 가장 중요한 것으로 생각한 것이다.

원효는 구체적으로 정토를 설명함에 있어서 정토와 정토 아님을 네 가지 기준을 갖고 설명한다. 『무량수경종요』에서는 ①因과 果의 相對門 ②一向과 不一向의 상대문 ③純과 雜의 상대문 ④正定과 非正定의 상대문의 넷으로 나누어 설명하고 있고 『아미타경소』에서는 ①圓滿門, ②一向門, ③純淨門, ④正定聚門으로 설명하고 있으나 그 내용은 마찬가지이다. ①은 부처만이 들어가고 ②는 八地이상의 보살 ③은 三地 이상의 보살 ④는 邪定聚, 不定聚를 제외한 正定聚만이 들어간다고 설명한다. 通論하면 극락세계는 이 네 문을 모두 갖춘다.[20] 그렇지만 미타 정토 사상의 가장 중요한 경전인 『아미타경』과 『무량수경』은 네번째 정정취문에 나아가 정토를 설하고 있다고 한다. 정토에 들어가는 것은 정정취라는 것이고 그러한 존재가 거주하는 곳이 정토라는 것이다.

네 문으로 나누어 청정한가 청정하지 않은가 하는 것으로 정토를 설하지만 결론적으로 "정토는 모두 如來의 願과 行에 의해서 이루어진 것이고 그곳에 태어나는 자가 자기 힘으로 분별할 수 있는 것이 아니다. 穢土 외의 器世界가 오직 중생들의 共業에 의해 이루어진 것에 말미암는 것과는 다르다. 이런 까닭에 청정토라고 일컫는다"[21]라 하였다. 淨土사상에서 근본적으로는 믿음이 가장 중요하다는 것을 강조하고 있음을 여기에서 알 수 있다. 믿음을 강조하는 원효의 입장은 『無量壽經宗要』의 마지막 부분인 人分別의 四疑衆生分別에서의 다음과 같은 말에서도 확인할 수 있다.

> "사람이 만약 이와 같은 네 가지 의심을 해결(決)하지 못하면 비록 저 나라에 난다 하여도 邊地에 있게 된다. 사람이 비록 앞에 설한 바와 같은 四智(成作事智, 妙觀察智, 平等性智, 大圓鏡智)의 경계를 아직 알지 못한다 하더라도 心眼이 아직 열리지 않음을 스스로 겸손히 하고 오직 여래를 바라보고 일향으로 믿으면 이와 같은 사람은 그 행한 品에 따라 저 땅에 왕생하여 邊地에 있지 않게 된다. 변두리(邊)에 태어나는 자는 다른 한 무리여서 九品에 포섭되지 않는다. 이런 까닭에 마땅히 망녕되게 의혹을 내서는 안 된다."[22]

---

20 『阿彌陀經疏』, 한불전1. 563a.

21 『無量壽經宗要』, 한불전1. 555a.

22 한불전1. 562b.

그밖에 정토과에 대한 설명으로 원효는 이 淨不淨門 외에 色無色門(정토가 색이 있는가 없는가), 共不共門(함께하고 함께하지 않는 문), 漏無漏門(샘이 있는가 없는가)으로 나누어 설명하고 있다.

2. 往生論

정토 사상에서 현실의 우리에게 중요한 문제는 그러한 뛰어나고 훌륭한 땅이 있다고 한다면 어떻게 그곳에 갈 수 있는가 하는 것이다. 이것이 往生論이라 할 수 있다. 구체적인 논의에 들어가기 전에 먼저 원효는 왕생이라는 것이 근본적으로는 부처의 힘에 의한 것이라는 것을 먼저 말한다.

> "무릇 모든 왕생의 인에 대한 所說은 곧바로 능히 正報의 莊嚴만을 感得한 것이 아니요 또한 依報의 淨土도 感得해 갖춘다. 다만 여래의 본원력을 받들었기 때문에 그 感得을 따라 受用하는 것이며 스스로의 業因의 힘으로 이루어진 것이 아니다."[23]

이는 믿음을 강조하는 입장이라고 말할 수 있을 것이다.

그리고 앞서 淨土因에서 보았듯이 정토는 여러 문으로 나누어 고찰할 수 있지만 깨끗한가 깨끗하지 않은가(淨不淨門)를 기준으로 볼 때에는 정토란 결국 正定聚의 존재가 거주하는 곳이라 하여 왕생과의 연결에서 정토를 말하고 있다.

구체적인 往生因의 相에 대해서는 정토에 왕생하는 원인이 되는 것을 둘로 나누어서 말하고 있다. 正因과 助因이 그것이다. 三輩의 因에 모두 正因과 助因이 있다고 하였는데 正因은 菩提心이다. 三輩 각각을 여러가지로 설명하고 있지만 간략하게 그 生相을 분별하면 正因과 助因의 둘이라 한다. 먼저 正因에 대해서 말하면 隨事發心과 順理發心의 둘로 나누어 설명할 수 있다고 한다. 원효는 다음과 같이 말하고 있다.

> "일에 따른다는 것은 번뇌가 무수한데 다 끊기를 원하는 것이고 善法이 무량한데 다 닦기를 원하는 것이고 중생이 무변한데 다 제도하기를 원하는 것이다. 이 三事에 있어서 결정코 다 하기를 원하는 것이다. 처음의 것이 如來斷德正因이고 다음의 것이 如來智德正因이고 세번째 마음이 恩德正

---

23 『無量壽經宗要』, 한불전1. 557c.

因이다. 삼덕이 합해서 無上菩提之果가 된다. 곧 이 삼심은 모두 무상보리의 因이 된다. 인과가 비록 다르더라도 넓이 길이 량이 고르므로 같아서 남길 바가 없어서 포괄하지 않는 바가 없는 까닭에서이다. 경에서 말하는 바와 같이 발심과 畢竟(궁극적 경지)은 둘이 다른 것이 아니다. 이와 같은 二心은 前心이 어려우니 자기가 제도되지 못했다 하더라도 남을 먼저 제도한다. 이런 까닭에 나는 초발심에 禮한다고 하였다. 이 마음의 과보는 비록 이 보리라 해도 그 꽃의 보답(華報)은 정토에 있다. 그 所以然은 菩提心量이 광대무변하고 長遠無限하여 고로 능히 廣大無際의 依報淨土와 長遠無量의 正報壽命을 感得하기 때문이다. 보리심을 제외하고서는 저것에 능히 당할 것이 없다. 고로 이 마음이 저것의 正因이 된다고 설한다. 이것이 隨事發心의 相을 설한 것이다.

順理發心이라 말하는 것은 諸法이 다 幻夢과 같고 비유비무이고 말을 떠나고 생각을 끊는다(離言絶慮)는 것을 믿고 이해해서(信解) 이 信解에 의해서 넓고 큰 마음을 내는 것이다. 비록 번뇌선법이 있음을 보지 못한다 하더라도 가히 끊을 것도 가히 닦을 것도 없음을 덜지 않는다.(없다고 그만두지 않는다? 그래도 끊고 닦는 것을 버리지 않는다) 이런 까닭에 비록 다 닦고 다 끊어도 無願三昧에 어긋나지 않는다. 비록 무량의 유정을 다 제도하기를 원한다고 하더라도 능히 제도하는 자와 제도받는 자가 없으므로 능히 空無相에 隨順한다. 경에서 '이와 같이 무량의 중생을 滅度해도 멸도를 얻은 중생이 실로 없다' 등으로 널리 말하는 때문이다. 이와 같은 발심은 불가사의하다. 이것은 순리발심의 상을 밝힌 것이다. 수사발심은 가히 퇴전하는 뜻이 있어 不定性人도 또한 능히 발함을 얻을 수 있지만 순리발심은 곧 退轉이 없어서 보살성의 사람이 이에 능히 발함을 얻는다. 이와 같은 발심은 공덕이 무변하여서 설사 제불이 겁이 다하도록 저 여러 공덕에 대해서 말한다 하더라도 오히려 다할 수 없다. 正因의 相의 간략하게 이와 같이 설하고 다음으로는 助因을 밝힌다."[24]

다음에 원효는 助因 중에서는 下輩十念을 문제삼고 있다. 십념에는 顯了義와 隱密義의 二義가 있다고 하였다. 은밀의는 정토과에서 세번째 순정토과에 나아가 『미륵발문경』을 인용하여 설명하고 현료문은 네번째 正定과 非正定에 나아가 설명하고 있다. 이것은 『관무량수경』의 下下品의 십념은 현료문일 뿐이고 『무량수경』의 십념은 둘 다 포함한다고 보고 있다.[25]

다음에 왕생하는 사람에 대해서는 三聚衆生과 四疑衆生으로 분별이 가능하다 한다. 결정적으로 善根을 끊는 데에 떨어지지 않아 결국 왕생하는 사람을 정정취라 하는데 어떤 사람이 정정

---

24 『無量壽經宗要』, 한불전1. 558a-b.

25 『無量壽經宗要』, 한불전1. 558b-559a 참조.

취인가를 논의하고 있다. 그리고 四智(成所作智, 妙觀察智, 平等性智, 大圓鏡智)를 의심하는 자는 진정한 왕생이 불가능하고 왕생하더라도 변두리에 머물게 된다는 것을 밝혀서 믿음의 중요성을 강조하고 있다.

이밖에 원효의 미타 정토 사상에서 논의할 문제가 많이 있겠으나 그것은 기왕의 논의에서 많이 밝혀 놓았으므로 생략하도록 하고 다음으로는 원효의 이 미타 정토 사상이 구체적으로 불교의 대중화와 어떤 관계를 갖고 있는지 살펴보도록 하자.

V. 원효의 미타 정토 사상과 불교 대중화

원효는 신라에서 불교를 대중화시키는 데에 중요한 공헌을 한 것으로 인정되고 있다. 그리고 그 대중화는 미타 정토 신앙을 통한 것이라고 일반적으로 인정되고 있다. 원효의 미타 정토 관계 저술과 그 행적 등을 통해 이러한 것을 다시 한 번 확인해 보도록 하자.

미타 신앙과 관련하여 원효가 등장하는 것은 『三國遺事』 제5권 感通 제7의 廣德 嚴莊 條의 다음과 같은 기사에서이다.

> "문무왕 때에 사문이 있었는데 이름은 廣德과 嚴莊이다. 두 사람은 좋은 벗으로 조석으로 약속하기를 '먼저 安養으로 가는 사람은 반드시 알리자'고 하였다. 하루는 … (광덕의) 소리가 나 '나는 이미 서방에 가니 그대는 잘 있다가 속히 나를 따라 오라' 한다. … 다음 날 광덕의 거처를 찾아가니 광덕이 과연 죽었다. … (엄장은 광덕의 처와 함께 살며 정을 통하려 하니) 광덕의 처가 듣지 않고 하는 말이 '남편은 동거한 지 10여 년이었지만 일찍이 한 자리에 눕지도 않았는데 하물며 추한 일이 있었겠습니까? 다만 밤마다 몸을 단정히 하고 반듯이 앉아서 한결같은 소리로 아미타불의 이름만 念하거나 혹은 16觀을 하여서 觀이 이루어져 밝은 달이 문에 들어오면 때로는 그 빛에 올라 정좌하고 앉았었습니다. 정성을 이만큼 하고야 서방으로 아니 가고 어디로 가겠습니까? 대저 천 리를 가는 자는 첫 걸음에 알아볼 수 있는 것이니 지금 師의 觀은 동으로 간다 하면 옳을지언정 西는 알 수가 없습니다'고 하였다. 엄장이 부끄러워 물러와서 원효 법사에게 나아가 정성으로 정도의 길을 물으니 원효가 鍤(또는 錚)觀法을 만들어 권유하였다. 엄장이 이에 몸을 깨끗이 하고 뉘우쳐 한 마음으로 觀을 닦아서 또한 서쪽으로 승천함을 얻었다. 삽관법은 『曉師本傳』과 『海東高僧傳』 속에 있다.

그 부인은 芬皇寺의 婢인데 대개 19應身의 하나였다."[26]

여기에서는 문무왕대에 광덕과 엄장이 미타정토 신앙을 갖고 그것을 수행한 것이 나타난다. 광덕이 一聲念阿彌陀佛號하여 먼저 왕생하고 나서 엄장은 원효에게서 錇觀法을 배워 닦아서 왕생하게 되었다 한다. 관법을 중시하는 원효의 입장이 드러나 있다고도 생각할 수 있고 직접 미타신앙을 전파하는 원효의 모습이 나타난다고 해석할 수도 있겠다. 『三國遺事』 제4권 義解 제5 元曉不羈 條에서는 다음과 같은 말이 나온다.

"원효가 이미 파계하여 설총을 낳은 뒤로는 속인의 옷을 갈아입고 스스로 小姓居士라 했다. 우연히 배우들이 춤추며 놀리는 큰 뒤웅박을 얻으니 모양이 괴기하므로 그 모양대로 도구를 만들어 『화엄경』에 말한 '일체의 막힘이 없는 사람이 한 길로 生死의 길에서 벗어난다'(一切無碍人 一道出生死)는 뜻을 취하여 이름을 無碍로 짓고 그로 노래를 만들어 세상에 유행시켰다. 그것을 가지고 千村萬落에서 노래하며 춤추다가 길이 돌아갔으니 가난하고 몽매한 무리들까지도 불타의 이름을 알며 南無의 칭호를 부르게 된 것은 원효의 공이 컸다."[27]

화엄의 사상을 중시하는 것은 원효의 중요한 특징 중의 하나이다. 실제로 그를 화엄사상가로 보는 사람들도 많이 있다.[28] 그리고 『화엄경소』에서 행한 교판에서도 화엄을 최고의 경전으로 취급하고 있다. 『화엄경』에 대한 주석이므로 그렇게 보고 있다고 해석할 수도 있겠지만 적어도 화엄을 극히 중시했다는 증거로 삼기에는 무리가 없다.[29] 여기 이 설화를 해석함에 있어서도 그가 화엄 사상에 입각하여 민중들에게 불교를 전파하고 있음을 확인할 수 있다. 『화엄경』의 "一切無碍人 一道出生死"라는 말에서 無碍歌라는 노래를 지어 세상에 유행시켰다는 기록을 볼 때 그렇게 해석할 수 있다. 그렇다면 원효의 불교 대중화는 단지 미타 정토 신앙에만 의한 것은 아니라고 하여야 할 것이다. 가난한 사람들과 무지몽매한 사람들도 불타의 명호를 알고 南無의 칭호

26 『三國遺事』 卷第五 感通第七 廣德 嚴莊(崔南善 編, 『三國遺事』(民衆書館), pp.219-220)

27 『三國遺事』 卷第四 義解第五 元曉不羈(崔南善 編, 『三國遺事』(民衆書館), p.196)

28 崔裕鎭, 앞의 논문, p.1 참조.

29 그러나 그는 화엄만을 고집한 편협한 종파주의자는 결코 아니었다.

를 부르게 되었다는 것을 미타 정토 신앙으로 이해하는 것이 보통이다.[30] 어떤 번역서에는 나무 아미타불을 부르게 되었다고 번역되어 있기도 하다.[31] 그러나 불타에는 여럿이 있고 南無의 칭호도 꼭 아미타불에만 한정시킬 수 없다는 것을 생각한다면 그것을 바로 미타 정토 신앙으로 이해하기는 곤란하다. 원효가 주장하는 미타 정토 신앙이 칭명 염불 일변도가 아니었다는 것[32]을 생각한다면 더욱 그러하다. 정토 신앙이라고 하면 바로 미타 정토 신앙이고 그것은 칭명 염불이 주를 이룬다고 생각하는 것은 곤란하다. 미타 정토 신앙에서 칭명 염불을 위주로 하는 것은 중국의 善導가 체계화시킨 것이고 특히 종파로서 성립하여 그 세력이 강해져서 정토라 하면 미타 정토를 의미하는 것으로까지 되는 것은 좀더 후대의 일이다. 실제로 신라에서는 미타 정토 외에 미륵 정토에 대한 연구도 많이 이루어져서 『미륵경』에 대한 저술이 많이 있었다.[33] 元曉, 圓測, 憬興, 太賢, 義寂 등이 저술을 하였다. 원효 당시의 미타 정토 신앙이 바로 칭명 염불을 위주로 하는 것이었는가는 검토해야 할 것이 많이 남아 있다. 실제로 신라의 정토사상가들은 칭명 염불 일변도의 선도 계통의 미타 정토 사상을 받아들이고 연구했다기보다는 혜원류나 유식 계통의 미타 정토 사상을 받아들이고 연구하였다. 종파적인 구분을 너무 짓고 원효 당시의 불교를 연구하는 것은 문제가 있다. 물론 칭명 염불이 쉬운 수행 방법이어서 원효가 일반 민중을 대했을 때에 그것을 권했을 수 있다. 그리고 아미타불의 칭호를 부르는 것은 미타 정토 신앙에서 중요하다. 그런데 원효는 『무량수경종요』에서 顯了義 十念의 相을 설명할 때에 『관무량수경』의 칭명 염불 부분을 인용하여 설명하면서 至心과 十念相續을 강조할 뿐 소리내어 염불하는 것을 강조하지는 않는다.[34] 『阿彌陀經疏』 第一述大意 부분에서는 다음과 같이 말한다.

---

30 李基白, 『淨土信仰과 新羅社會』, 『新羅思想史研究』(一潮閣), p.184; 金在庚, 『新羅阿彌陀信仰의 成立과 그 背景』, 佛敎史學會 編, 『新羅彌陀淨土思想研究』(민족사), p.91; 金英美, 『統一新羅時代 阿彌陀信仰의 歷史的 性格』, 같은 책, p. 123 註 11) 등 참조.

31 李民壽 譯, 『三國遺事』(乙酉文化社), p.322 참조.

32 앞에서 논의하였듯이 원효는 칭명염불만을 강조하는 입장이 아니다. 往生의 正因은 보리심이라 하였고 불타 칭호를 念하는 것은 아주 적은 부분이다. 그리고 그것을 크게 중시하지도 않았다. 앞의 廣德 嚴莊의 이야기에서도 광덕은 稱名念佛만 한 것이 아니라 稱名念佛(一聲念阿彌陀佛號)과 더불어 16관법으로 왕생하였고 원효는 엄장에게 稱名念佛을 가르친 것이 아니라 삽관법을 가르쳤다.

33 閔泳珪, 『新羅章疏錄長編 不分卷』, 『白性郁博士頌壽記念佛敎學論文集』(東國大學校 白性郁博士頌壽記念事業委員會); 東國大學校 佛敎文化研究所 編, 『韓國佛敎撰述文獻總錄』(東國大學校出版部) 등 참조.

34 한불전1. 559a 참조. 물론 『無量壽經宗要』 四疑惑衆生 부분(한불전1. 560b-c)에서는 "一念의 稱名으로 多劫의 重罪를 완전히 소멸시킨다"고 말하여 칭명 염불을 말하고 있기는 하다. 그러나 이것으로 원효가 칭명 염불만을 중시했다고 해석할 수는 없다. 여러 수행법 가운데 하나인 칭명 염불을 말한 것일 뿐이다.

"妙德可歸라는 것은 귀로 經의 名을 들은즉 一乘에 들어 돌아옴이 없고(無反) 입으로 佛號를 읊은즉 三界를 벗어나 돌아오지 않는다. 하물며 항차 예배하고 전념으로 讚詠 관찰하는 자에 있어서랴."[35]

여기에서도 입으로 佛號를 읊는 것을 말하여 칭명 염불의 중요함을 말하고 있다. 그러나 예배하고 전념으로 讚詠하고 관찰하는 것을 더 높이 평가하고 있다.

원효가 실제로 민중 속에 들어가 불교를 전파하고 당시의 불교권의 지배적 위치에 있던 사람들에게 배척을 당했다는 것은 여러 가지 기록에서 확인 할 수 있다. 百高座에도 초대받지 못했다는 것과 『금강삼매경론』의 초고 5권을 박덕한 무리가 훔쳐갔다는 등의 『송고승전』의 기록과 원효의 출신 자체가 6두품 또는 5두품[36]이었다는 사실에서 볼 때 그는 당시 불교계에서 지배적인 위치에 있지 못하였다. 그리고 원효가 등장하는 『삼국유사』의 여러 기록들을 볼 때 그가 주로 교유했던 사람들은 귀족적인 세력 있는 승려들이 아니라 민중 속에서 살고 당대의 귀족적인 불교에 대해서 비판적이었던 사람들이 많았다.(惠空, 郎智, 蛇福 등) 이것을 볼 때에도 그가 민중 지향적이었다고 결론 내릴 수가 있다. 원효의 민중 지향성은 확실하다 하더라도 그가 불교를 실제로 민종 사이에 전할 때는 어떤 불교 사상으로 하였는가? 이제까지는 미타 정토 신앙이 당연한 것으로 생각했던 경향이 있었다. 그러나 불교 대중화를 미타 정토 신앙만에 한정시킬 수는 없을 것이다.

원효의 불교 대중화의 방법은 무엇이고 어떤 사상을 위주로 했을까 하는 문제에 대해서 다시 한 번 검토해 보도록 하자. 원효는 100여종에 가까운 저술을 남겼고 그것들이 소위 소승이라고 불리는 것에서부터 대승의 여러 경전에 이르기까지 아주 다양했음은 주지의 사실이다. 원효가 굳이 한 종파에 머물지 않았음은 여러 평가에서도 확인할 수 있다.[37] 그리고 여러 가지 다양한 학설이 있으면 그것을 화해시켜서 해석하는 것이 원효의 특징이다. 원효의 사상이 화쟁적이라는 것은 주지의 사실이다. 그리고 최소한의 교판을 시도하고 있기는 하나 모든 것이 聖典的 근거가 있는 것이면 그 자체로 부처의 말이므로 진실하지 않을 바가 없다는 식의 화쟁을 하고

---

35 한불전1. 562c-563a.

36 李基白(『新羅六頭品硏究』,『省谷論叢』 2)은 원효를 6두품으로 보는데 반해 田美姬(『元曉의 身分과 그의 活動』, 서강대 석사학위논문, 1987)는 5두품으로 본다.

37 최유진, 앞의 논문, pp.1-4 참조.

있기도 하다.[38]

그렇다면 불교를 대중화시키는 데에도 굳이 미타 정토 신앙 한 가지 만에 고정시키지 않았다고 말할 수 있겠다. 경전의 주석 작업등의 저술 활동을 통하여 불교를 전파하는 것도 한 방법으로 생각했음직하나 실제로 하층민들에게는 그것은 효과적인 방법이 아니었을 것이므로 그 이외의 방법으로 했을 것이라고 생각하게 된다. 『宋高僧傳』의 원효 전기를 검토해 보기로 하자.

> "三學을 모두 통달하였으며 그 나라(신라)에서는 萬人의 敵이라 하였으니 精義가 入神함이 이와 같았다. 일찍이 그는 의상 법사와 함께 당나라에 들어가서 玄奘三藏 慈恩의 門에서 공부하고자 하였으나 그 인연이 맞지 않아서 가지 못하고 말았다. 그는 아무 말이나 하고 도의에 어긋나는 행동을 하고 그 보인 자취가 어그러지고 거칠었다. 居士와 같이 주막과 창녀 집에도 출입하였으며 誌公처럼 金刀와 鐵錫을 가지고 다녔다. 혹은 疏釋을 지어 雜華(『화엄경』)를 강의하였으며 때로는 거문고를 만지며 사당에서 즐겼고 혹은 여염집에서 자기도 하고 때로는 山水間에서 坐禪하기도 하였으니 그 뜻대로 걸림없는 행동이 도무지 정해진 바가 없었다. ……처음에 원효가 보인 자취는 변화가 많았고 사람을 교화함에도 (방법이) 일정하지 않았다. 혹은 소반을 던져 대중을 구하였고, 혹은 물을 뿜어 화재를 껐으며, 때로는 여러 곳에 형체를 나투었고 때로는 사방 상하에 몸을 숨겼었다. 또한 盃度와 誌公(寶誌)의 유와도 같았다. 그의 이해력은 무엇을 보아도 밝히지 못하는 것이 없었다."[39]

이 전기에서는 또 『금강삼매경론』에 관한 이야기가 소개되고 있다. 전체적으로 삼학에 통했다는 말에서 불교의 여러 분야를 다양하게 섭렵했음을 알 수 있고, 현장을 사모했다는 데에서 유식을 공부했음을 알 수 있고, 화엄경을 강의했음을 알 수 있고 좌선도 하였다고 하고 사람들 사이에서 행함이 걸림이 없었고 교화의 방법도 일정하지 않았었다는 것을 알 수 있다. 여기에 등장하는 盃度와 寶誌는 신비한 이적으로 유명한 승려들이다. 원효를 그와 같이 평가하고 있는 것이다. 특히 사람들을 교화함에 그러했다는 것이다. 『송고승전』의 기록 자체가 그러한 異蹟을 즐겨 싣고 있기는 하지만 원효에게서는 그것이 더욱 뚜렷이 나타난다. 그렇다면 원효의 불교 대중화의 방법은 이런 신비한 이적도 함께 사용하고 있음을 인정하여야 할 것이다. 그가 신비한 이적을

---

38 『無量壽經宗要』에서도 그런 것은 많이 나타난다. 일례로 往生因 직전의 문장이 그러하다.(한불전1. 557c.) "이 같은 二說이 있는 가운데에 어느 것이 과연 더 옳은 것인가? 이것은 다 聖典에 의한 것이니 어느 설이 진실하지 않겠는가?"

39 宋高僧傳 권4 龍黃寺元曉傳 T50. 730a-b

행함을 즐겼다고 볼 수 있는 것은 誓幢和上碑의 "□讖記□□外書等見斥於世"[40]라는 한 귀절을 보아서도 알 수 있다. 앞뒤가 탈락되어 있으므로 확실하게 말하기는 어렵지만 讖記와 外書를 보아서 사람들에게 배척받았다고 해석할 수 있음직하다. 원효의 불교 대중화에 신이한 요소가 많았음을 이러한 데에서도 짐작할 수 있을 것이다. 또 화엄경을 강의함으로써 불교를 대중화시키도 한 것이다. 또는 사람들에게 좌선의 방법을 가르침으로써 불교를 전파했을 수도 있다. 단순히 정토 신앙만은 아니다. 원효는 후대에도 많은 설화와 전설의 주인공으로 등장한다.[41] 이것도 모두 원효의 그런 특징을 보여주는 것으로 해석할 수 있을 것이다.

결론적으로 원효의 불교 대중화의 방법은 단순히 미타 정토 신앙을 통한 것만은 아니다. 다양한 방식이 동원된 것이다. 물론 정토 신앙도 중요한 한 가지라고는 할 수 있다. 그러나 당시의 불교 대중화에 관계되는 여러 승려들처럼 신이한 행적도 원효에서는 중요하고 경전적인 가르침도 중요하고 좌선이나 그런 것들도 중요하다고 말할 수 있을 것이다. 경전을 독송하는 것도 쉬운 행법의 하나이고 주문을 외는 것도 관법을 닦는 것도 부처에게 절을 하는 것도 대중적인 행법이라고 할 수 있다. 대중 불교를 미타 정토 신앙에만 한정시킬 것은 아니고 미타 정토 신앙의 수행 방법도 칭명 염불 일변도는 아니었다. 그리고 (미타) 정토 신앙은 그 기원을 비교적 하층 계급에서 찾아야 한다는 주장도 있지만[42] 기원 문제에 대해서는 일단 여기에서는 논외로 한다 하더라도 "그 신앙은 위로는 국왕으로부터 아래로는 노비에 이르기까지 온 국민이 모두 믿다시피 할 정도로 광범한 신자층을 가지고 있었다."[43] 이기백은 이에 덧붙여 "그러나 결국 지배층에서 소외된 하급 귀족이나 村主들, 그리고 평민·노비의 일반 민중의 신앙이 그 주류를 이루고 있었다"[44]고 말하고 있다. 그러나 정토 신앙의 주류가 지배층이 아니었다는 것을 인정한다 해도 정토 신앙 그것 자체의 본래적인 성격이 오로지 대중 내지 하층 계급에 적합한 것이라고 할 수 없음은 당연한 일이다. 지배층의 사람들도 신앙을 갖고 있기 때문이다. 그리고 대중화되고 또 하층민에 친숙한 신앙은 꼭 정토 신앙에만 한정할 수는 없다. 불교의 대중화라고 하면 너무 정토 신앙만을 말하는 경향이 있는 것은 문제이다.

---

40 新羅誓幢和上碑, 『國譯元曉聖師全書』(元曉全書國譯刊行會) 卷六, p.743.

41 김영태, 『傳記와 說話를 통한 元曉 硏究』, 『불교학보』 17, pp.33-76 참조.

42 李基白, 『淨土信仰의 起源』, 『新羅思想史硏究』, pp.124-140 참조.

43 李基白, 『淨土信仰과 新羅社會』, 『新羅思想史硏究』, p.188.

44 위와 같음.

VI. 결론

이상과 같이 원효의 미타 정토 사상에 대해서 알아보았다. 원효는 정토에 대해서 기본적으로는 唯心淨土적인 입장이었다. 그래서 근본적으로는 穢土와 淨國이 둘이 아니고 본래 一心이라는 입장을 갖고 있었다. 法性淨土의 입장에서 볼 때는 정토 아님이 없다는 것이 원효의 입장이었다. 그래서 마음이 중요하고 믿음이 중요하다. 그러나 구체적으로 들어가서는 정토는 正定聚가 있는 곳이라고 하였고 그리고 보리심에 의해 정토에 갈 수 있다고 주장한다. 보리심이야말로 왕생의 正因이라는 것이 원효의 입장이다. 그리고 여러 가지 왕생을 위한 수행을 助因이라 말한다. 그 중에서도 원효는 下輩十念에 대해 힘써 밝히고 있다. 원효는 칭명 염불에 대해 助因 중의 하나의 수행법으로 인정할 뿐이다. 그것만을 중시했다고는 할 수 없다.

원효는 불교의 대중화에도 중요한 공헌을 하였다. 귀족적인 입장을 버리고 직접 대중들 속에 들어가 실천하고 살았으며 세속적인 출세와는 거리를 두었다. 이는 그의 출신 성분의 한계에서 온 것인지도 모른다. 그러나 대중 속에서의 실천에 그의 중요성과 위대성이 있다. 원효의 미타 정토 사상과 불교 대중화를 연결시켜 생각한다면 원효는 불교를 대중화하는 데에 중요한 공헌을 했고 정토 사상도 널리 전파하기는 하였지만 원효의 불교 대중화가 반드시 미타 정토의 신앙만을 강조해서 이루어졌다고 할 수는 없다. 원효는 오로지 미타 정토 신앙만을 강조하는 입장은 아니었던 것이다. 그리고 미타정토 신앙이 꼭 일반 대중이나 하층민에만 해당되는 것으로 생각했던 것 같지도 않다.[45] 원효의 불교 대중화는 여러 가지 방법을 동원해서 했다고 보아야 할 것이다. 경전 특히 화엄경의 가르침을 전파하였고 그밖에 여러 신이한 행적을 나타내서 대중들의 믿음을 불러 일으켰다. 아미타 신앙에서도 칭명 염불도 가르쳤겠지만 觀法을 더욱 중시하였다. 왕생의 正因은 보리심이라 하여 불교의 근본정신을 항상 강조하는 입장이었다.

원효의 미타 정토 사상은 결론적으로 말하여 불교의 근본 깨달음을 강조하는 입장이었다. 불교의 근본 목적에 도움이 되므로 그것을 힘써 전파하였던 것이다. 一心의 입장이라고 할 수 있을 것이다. 그리고 꼭 미타 정토 신앙만을 강조하지는 않았다는 것에서 볼 때 그의 미타 정토 사상

45 李基白은 "그것(정토신앙)이 일반 민중에게 적합한 신앙이라는 것을 쉽게 이해할 수 있다. 이 사정은 이미 당시에 민중전도자로서 크게 활약한 원효가 (『遊心安樂道』에서) '정토의 근본 뜻은 본래 범부를 위하고 성인을 겸하여 위한다'고 하고, 또 '정토의 근본 뜻은 원래 범부를 위하는 것이지 보살을 위한 것이 아니다'라고 한 데에 잘 설명이 되어 있다."(李基白, 『淨土信仰과 新羅社會』, 『新羅思想史硏究』 p.184)라 하고 있지만 『遊心安樂道』는 원효의 저술인가 의심스러우며 『無量壽經宗要』에 의하면 "이 經은 菩薩藏敎의 格言"(한불전1. 554a)이라고 말하고 있으므로 보살을 위한 것이 아니라는 것은 원효의 입장이 아닌 것으로 판단된다.

도 화쟁적인 그의 사상적 특질에서 벗어나지 않는다고 말할 수 있다. 불교를 대중화시키는 데에 원효는 중요한 공헌을 하였고 그것이 미타 정토 사상과 중요한 연관을 가지지만 꼭 미타 정토 사상에 의해서만 불교 대중화를 실천한 것은 아니다. 불교의 근본 뜻을 전파할 수 있는 방법이라면 방법에 구애됨이 없이 여러 다양한 방법을 사용하였고 종파에 구애됨이 없이 다양한 불교의 가르침을 대중들에게 전파했던 것이다.

제3장 元曉의 彌勒思想에 대하여

I. 서론

신라에서 미륵신앙은 불교의 전래 초기부터 널리 대중적으로 신봉되었다. 후대에는 미타정토 신앙이 널리 퍼져 미륵신앙을 압도하게 되지만 초기에는 미륵신앙이 오히려 미타정토신앙을 압도하고 있었고 화랑과도 깊은 연관이 있어서[1] 주목받아 왔다. 미륵신앙이 이와 같이 중요한 사상이었으므로 신라시대의 많은 사람들이 미륵사상에 관련된 저술을 하여서 元曉, 圓測, 憬興, 太賢, 義寂 등이 저술을 남겼다. 신라에서의 『彌勒經』에 대한 저술은 다음과 같은 것이 있다.[2]

元曉: 『彌勒上生經宗要』, 『彌勒上生經疏』[3]

圓測: 『彌勒上生經略贊』

憬興: 『三彌勒經疏(料簡記)』(『彌勒上生經料簡記』, 『彌勒下生經疏』, 『佛說彌勒成佛經疏』를 1권으로 합본한 것), 『彌勒經逐義述文』, 『彌勒經述贊』

太賢: 『彌勒上生經古迹記』, 『彌勒下生經古迹記』, 『彌勒成佛經古迹記』

---

1 25대 眞智王 때에 興輪寺 중 眞慈가 堂主인 미륵상 앞에 나아가 화랑으로 化現하기를 빌었더니 彌勒仙花가 나타났다고 한다. 즉 미륵이 未尸郎이라는 화랑으로 나타나 왕은 그를 國仙으로 삼았고 그는 7년간 현세에 있었다 한다. 이는 당시의 신라에 미륵 신앙이 성했음을 보여 주는 예이다.(『三國遺事』 권3 塔像제4 彌勒仙花 未尸郎 眞慈師條) 그밖에 김유신의 花郎徒를 龍華香徒라 불렀는데 용화란 말은 미륵이 龍華樹 아래에서 성불할 것이라는 말에서 알 수 있듯이 미륵신앙과 밀접한 연관을 갖는다.

2 東國大學校 佛敎文化硏究所 編, 『韓國佛敎撰述文獻總錄』(東國大學校 出版部, 1976) 및 安啓賢, 「元曉의 彌勒淨土往生思想」, 『歷史學報』 17.18 合輯(歷史學會, 1962) 참조.

3 『韓國佛敎撰述文獻總錄』(東國大學校 佛敎文化硏究所 編, p.23)에 의하면 『彌勒上.下生經疏』(3卷)를 원효가 저술한 것으로 하면서 『東域傳燈目錄』(『大正新修大藏經』 55. 1152 上)의 기록에 『彌勒上下生經宗要』 1卷 아래의 註에 「幷序一卷 幷疏一卷」이라고 되어 있는 것을 증거로 들고 있다. 그러나 현존서를 통해 볼 때 『彌勒上下生經宗要』가 아니라 『彌勒上生經宗要』이므로 幷疏라고 할 때의 疏도 『彌勒上生經疏』로 이해하여야 옳을 것으로 생각된다. 安啓賢(「元曉의 彌勒淨土往生思想」, 『歷史學報』 17.18 合輯(역사학회, 1962), p.245 참조)도 『彌勒上生經疏』로 보고 있고 趙明基(『新羅佛敎의 理念과 歷史』(신태양사, 1962), p.99 참조)도 그렇게 보고 있다.

義寂: 『彌勒上生經料簡』

그러나 현존하는 것은 원효의 『彌勒上生經宗要』와 경흥의 『三彌勒經疏』의 두 종류밖에 안 된다. 본 논고에서는 이 중에서도 원효의 미륵사상을 그의 『彌勒上生經宗要』에 의해 알아보고자 한다. 원효는 불교를 대중화하는 데 중요한 공헌을 한 것으로 알려져 왔고, 대중적인 신앙 형태는 미타정토신앙이 대표적이다. 따라서 미타정토사상에 대해 관심을 기울여 원효의 미타정토사상에 대해서는 많은 연구가 있었지만 상대적으로 또 하나의 대중적인 신앙인 미륵 신앙에 대한 연구는 많지 않은 편이었다. 미륵 신앙에 대한 이론적인 뒷받침이라 할 수 있는 원효의 미륵사상을 고찰해 봄에 있어서 원효의 사상 안에서 미륵사상은 어떤 위치를 차지하는가 하는 등의 문제를 중심으로 살펴보고자 한다. 미륵신앙이 가지는 시대적인 의미 등의 문제에 대해서는 간략히 다루도록 하겠다.

II. 『彌勒上生經宗要』의 구성과 다루는 문제

『미륵상생경종요』는 그 내용이 十門으로 구성되어 있다. 그 십문은 1)大意를 서술하고 2)宗致(주요한 가르침)를 구별하고 3)菩薩藏인가 聲聞藏인가 하는 二藏의 시비 4)三經의 같고 다름 5)몸이 나는 처소 6)출세의 시절 7)二世의 유무 8)三會(미륵불의 세 번의 법회)의 증감 9)發心의 오래됨과 가까움 10)果報를 證得함의 前後 등의 열 가지이다.[4]

1. 大意門에서는 미륵보살에 대해 찬탄하고 경의 제목을 해설하고 있다. 2, 宗致門에서는 경의 근본 뜻을 드러내고 있는데 원효는 二觀 三行의 因과 四果로 나누어 설명하고 있다. 3. 二藏是非門에서는 미륵 신앙에서 중요한 세 경전(彌勒三部經: 『佛說觀彌勒菩薩上生兜率天經』, 『佛說彌勒大成佛經』, 『佛說觀彌勒菩薩下生經』)이 대승(보살장)에 속하는가 아니면 소승(성문장)에 속하는가의 문제를 논의하고 있으며 4. 三經同異門에서는 미륵 계통의 세 경전의 같고 다른 점을, 행하는 바(所爲), 나타내는 바(所詮), 지니는 바(所攝)의 셋으로 나누어서 논하고 있다. 5.몸이 나는 처소에서는 경전 사이에 다르게 나타나는 미륵의 출생지의 문제에 대해 논의하고 있다. 6. 세상에 나오는 시

4 『彌勒上生經宗要』, 『韓國佛敎全書』(이하 한불전으로 약칭) 第1冊, p.547 中.
將說此經 十門分別 初述大意 次辨宗致 三二藏是非 四三經同異 五生身處所 六出世時節 七二世有無 八三會增減 九發心久近 十證果前後

절에서는 미륵불이 어느 겁, 어느 시절에 세상에 나오는가를 밝히려는 것이다. 7. 二世의 유무에서는 과거, 미래의 2겁 동안에 부처가 있고 없음의 문제에 대해서 다룬다. 8. 三會의 증감에서는 三會 즉 미륵불의 세 번의 법회에서 제도하는 사람의 수에 대해 논의한다. 9. 發心의 오래 됨과 가까움에서는 미륵과 석가의 발심이 누가 먼저인가에 대해 논의한다. 10. 과보를 증득함의 전후에서는 미륵과 석가가 누가 먼저 과보를 증득하는가의 문제에 대해 논의한다.

이 중에서 특히 중요하다고 생각되는 大意와 『彌勒上生經』에서의 觀行의 문제, 三經의 同異 및 二藏 是非에 대해 중점적으로 다루어 보도록 하자. 나머지 문제는 경전 상에 나타나는 여러 상이점을 어떻게 해석할 것인가의 문제로 크게 중요한 문제는 아닌 것으로 생각되고 이미 자세하게 분석한 연구 논문[5]이 있고 원효 이전에 주석서를 낸 吉藏과 큰 차이를 보이지도 않으므로 생략하기로 한다. 다만 한 가지 지적할 것은 원효는 각 경전에 나타나는 미륵에 대한 여러 가지 상이점을 그 근본 정신에서부터 화해시키려고 노력하고 있다는 것을 이 『宗要』에서도 확인할 수 있다는 점이다.

먼저 원효는 『彌勒上生經』에 대해 『彌勒上生經宗要』의 大意篇에서 다음과 같이 말하고 있다.

> "이 경은 바로 至人의 하늘에 드리운 묘한 자취를 찬탄하고 중생에게 관법[觀] 닦기를 권하는 참 경전이다. 미륵보살이란 자비로운 깨달은 이[慈氏覺士]라는 뜻이니, 賢劫 千佛 가운데 다섯 번째의 여래이다. 弗沙佛 때에 먼저 자비의 선정을 익혀 그 마음을 흠뻑 닦아 드디어 항상된 성품을 이루었으므로 그 뒤로는 늘 慈氏라고 일컬었으며 부처가 된 뒤에도 그 이름을 그대로 썼다. 도솔타란 번역하면 知足으로서 欲界 6天 가운데 제4천이다. 아래로 3천은 가라앉은 欲情이 무겁고 위로 2천은 들뜨고 방일한 마음이 많은데, 이 제4천은 욕정이 가볍고 방일한 마음이 적으며 가라앉지도 않고 들뜨지도 않아, 티끌에 흔들리지 않기 때문에 知足이라고 한다. 온갖 受用 도구를 굳이 애쓰지 않아도 생각에 따라 저절로 생기기 때문에 하늘[天]이라고 하며, 보살이 인간으로부터 천상에 오르기 때문에 上生이라고 한다. 수행하는 이가 생각을 고요히 하여 생각하고 살피기 때문에 觀이라고 하며, 金口를 열고 玉句를 말하여, 기름지고 윤택한 法雨를 내리고 부처 종자의 꽃과 열매를 이루기 때문에 佛說이라 한다. 그러므로 만일 누구나 이 경을 받들어 지니고 저 하늘을 관찰하면, 그는 곧

---

5 安啓賢, 「元曉의 彌勒淨土往生思想」(『歷史學報』 16.17合輯, 1962); 許庚九, 「元曉의 彌勒思想」(東國大學校 碩士學位論文, 1989); 許庚九, 「元曉의 彌勒上生經典觀」(『韓國思想史: 釋山韓鍾萬博士 華甲紀念論文集』, 원광대학교, 1991) 등 참조.

妙樂의 깨끗한 곳에 나서 慈氏의 至人을 받들 수 있으며, 물러남이 없는 성인의 뜰에 올라가 죽음의 뭇 티끌을 물리칠 수 있을 것이다. 이 대의를 들어 제목으로 삼았기 때문에 『佛說觀彌勒菩薩上生兜率陀天經』이라고 하는 것이다."[6]

미륵을 높이 찬양하면서 그 미륵을 흠모하여 미륵이 있는 도솔천에 태어나기를 원하는 경전이 『미륵상생경』이라고 해설하고 있다. 그리고 역시 핵심은 관법에 있음을 이 대의에서도 말하고 있다. 그 근본 뜻을 밝히는 宗致에서는 더욱 그것을 확실히 하고 있다. 원효는 미륵신앙에서 관법을 중요하게 생각하고 있다. 이것은 다음에서 좀더 자세히 살펴보도록 하자.

III. 원효의 觀行에 관한 이론

원효의 사상에서 차지하는 일심의 중요성에 비추어 볼 때 미륵 사상에서도 일심을 위주로 볼 것이 예상된다. 그것이 觀法의 강조로 나타난다. 원효에 있어서는 觀法에 의해 마음을 닦아 가는 것이 중요한 것이다. 다음에 다시 논의하겠지만 미륵신앙에서도 미륵을 관에 의해 현생에서 바로 보는 것을 上品人을 위한 것으로 하고 觀行에 의해 상생해서 미륵을 본다는 『上生經』은 中品人을 위한 것으로 판정하고 미륵의 하생을 기다리는 『하생경』 『성불경』은 下品人을 위한 것으로 한다.[7]

원효는 앞서도 인용하였듯이 『미륵상생경』을 "至人의 垂天(하늘 가득히 드리움)의 妙迹을 간략히 찬탄하고 사람들에게 관을 닦는 것을 권유한 眞典"[8]이라 하여 이 경의 핵심이 관에 있음을 명확히 하였다. 그러면 구체적으로는 어떻게 관을 닦아 미륵을 볼 수 있다고 보고 있는가? "만일

---

6 『彌勒上生經宗要』, 한불전1. 547 中-下.
今此經者 斯乃略歎至人垂天之妙迹 勸物脩觀之眞典也 彌勒菩薩者 此云慈氏覺士 賢劫千佛之內 是其第五如來弗沙佛時 無習慈定 熏脩其心 遂成常性 從此已來 每稱慈氏 乃至成佛 猶立是名也 兜率陀者 譯言知足 欲界六天之中是其第四天 下三沈欲情重 上二浮逸心多 此第四天 欲輕逸少 非沈非浮 莫蕩於塵 故名知足 諸受用具 不待營作 隨念自然 故名爲天 菩薩從人昇天 故曰上生 行者靜慮思察名之爲觀 聞(開?)金口演玉句 澍法雨之沃閏 成佛種之華菓故言佛說 若人受持此經 觀察彼天 則能生妙樂之淨處 承慈氏之至人 登無退之聖階 謝有死之凡塵 擧是大意 以標題目 故言佛說觀彌勒菩薩上生兜率陀天經云云

7 다음 절(4. 미륵계의 세 경의 같고 다름) 참조.

8 『彌勒上生經宗要』, 한불전1. 547 中-下.
今此經者 斯乃略歎至人垂天之妙迹 勸物修觀之眞典也

어떤 사람이 이 경을 받아 가지고 저 하늘을 관하고 살피면 능히 妙樂의 淨處에 나서 慈氏의 至人을 이어 받아 무퇴의 聖階에 오르고 죽음의 凡塵 세계를 여윌 것이다."[9]라고도 말하여 관을 하는 것이 저 하늘 즉 도솔천의 모습을 관찰하는 것이라고 보고 있다. 그러나 물론 觀은 단순히 도솔천의 모습만을 관하는 것은 아니다. 미륵보살을 관찰하는 것까지도 포함된다.

경의 宗致를 밝히는 부분에서도 "이 경은 바로 觀行의 인과로 종을 삼고 사람으로 하여금 하늘에 태어나서 영원히 퇴전하지 않게 하는 것으로 意致로 삼는다."[10]고 하여 觀行을 가장 중요한 것으로 하였다. 그러면 구체적으로 관과 행에 대해서 어떻게 설명하고 있는가? 원효는 다음과 같이 말한다.

> "이른바 관(觀)에는 두 가지가 있으니, 첫째는 그 하늘의 의보(依報)의 장엄을 관하는 것이며, 둘째는 그 보살의 정보(正報)의 뛰어남을 관하는 것이다. 오로지 생각으로 관찰하기 때문에 삼매라 하는데, 修慧가 아니고 오직 聞慧, 思慧에 있으니 그것은 다만 전광삼매(電光三昧)라 하는데 경안(輕安)함이 없고 욕계(欲界)의 인(因)이 된다.[11] 이른바 행에는 대략 세 가지가 있으니, 첫째는 大慈라는 이름을 듣고는 공경하는 마음으로 과거의 죄를 뉘우치는 것이요, 둘째는 慈氏라는 이름을 듣고는 그 이름이 나타내는 덕을 신앙하는 것이며, 셋째는 탑을 쓸고 흙을 바르며 향과 꽃으로 공양하는 등 온갖 사업을 행하는 것이니 아래의 글에서 말하는 것과 같다."[12]

이와 같이 도솔왕생의 인을 2관과 3행에 두었는데 이관은 의보의 장엄 즉 미륵의 세상이 훌륭함을 생각으로 관찰하는 것과 미륵 보살의 뛰어난 모습을 생각으로 관찰하는 것이다. 세 가

---

9 『彌勒上生經宗要』, 한불전1. 547 下.
若人受持此經 觀察彼天 則能生妙樂之淨處 承慈氏之至人 登無退之聖階 謝有死之凡塵

10 此經 正以觀行因果而爲其宗 令人生天 永無退轉 以爲意致 (한불전1. 547下-548上)

11 이것을 박성배는, "이러한 관은 정신을 통일하여 골똘하게 하는 관이기 때문에 삼매라고 부른다고 한다. 비록 삼매라고 이름 붙였지만 너무 특별한 것으로 생각하지 말라는 것이 원효의 부탁이다. 한마디로 모두가 욕계의 인이라는 것이다. 욕계란 매사에 욕심이 끼어 있는 보통 사람들의 세계이다. 그러므로 거기에는 궁극적인 편안함이 없고 따라서 그런 삼매는 영원한 삼매가 아닌 번갯불 같은 삼매이다. 이런 삼매는 聞慧, 思慧, 修慧 등 삼혜 가운데 마지막인 수혜는 될 수 없고 처음의 둘인 듣고 생각하는 차원의 삼매라는 것이다."(박성배, 「Alan Sponberg의 "미륵상생경종요해설"을 읽고」, 『미륵사상의 본질과 전개(한국사상사학 제6집)』(한국사상사학회, 1994), p.183)라고 설명하고 있다. 덧붙여 말하자면 욕계의 인이 되는 이유는 미륵의 도솔천이 욕계에 있기 때문이다. 그리고 욕계의 인이 되는 삼매는 쉬운 삼매이다.

12 『彌勒上生經宗要』, 한불전1. 547上.
所言觀者 有其二種 一觀彼天依報莊嚴 二觀菩薩正報殊勝 專念觀察故名三昧 而非脩慧 唯在聞思 此但名爲電光三昧 而無輕安 是欲界因也 所言行者 略有三種 一者聞大慈名 敬心悔前所作之罪 二者聞慈氏名 仰信此名所表之德 三者行於掃塔塗地香華供養等諸事業 如下文說

지 행은 첫째는 미륵의 이름을 듣고 과거의 죄를 뉘우치는 것이고 둘째는 미륵의 이름을 듣고 그 덕을 믿는 것이고 셋째는 탑을 쓸고 흙을 바르는 등의 여러 사업을 행하는 것이다. 이 두 가지 관과 세 가지 행이 합하여져서 뿌리가 되고 그에 따라 네 가지 과보가 나온다고 다음과 같이 설명한다.

> "이 관(觀)과 이 행을 합해 한 뿌리를 만들면 거기서 생기는 果에 대략 네 가지가 있다. 첫째는 싹과 줄기가 흙을 떠나는 果요, 둘째는 꽃과 잎이 시원한 그늘이 되는 果이며, 셋째는 묘한 꽃이 피는 果요, 넷째는 향기로운 과일이 이루어지는 果이다. 첫째의 싹과 줄기가 흙을 떠나는 果란 이른바 과거에 지은 온갖 죄를 멸하는 것이니, 이것은 첫째 행에 의해 얻어지는 果이다. 둘째의 꽃과 잎이 시원한 그늘이 되는 果란 이른바 3途와 邊地와 邪見에 떨어지지 않는 것이니 이것은 둘째 행에 의해 얻어지는 果이다. 셋째의 묘한 꽃이 피는 果란 이른바 도솔천의 묘한 依報, 正報를 얻는 것이니 이것은 셋째 행에 의해 얻어지는 것이다. 넷째의 향기로운 과일이 이루어지는 果란 이른바 위없는 도에서 退轉하지 않게 되는 것이니 이것은 앞의 2觀에 의해 얻어지는 것이다. 왜냐 하면 보살의 의보, 정보를 관찰하기 때문에 저 하늘에 날 때에는 몸소 성인의 지도를 받들어 영원히 阿耨菩提에서 물러나지 않기 때문이니, 그러므로 2관에 의해 제4과를 얻는다는 것이다. 慈氏의 이름을 들음으로 말미암아 그 어질고 착한 덕을 믿고, 성현의 이름을 듣지 못하는 곳을 멀리 떠나 항상 正見을 따르면서 권속을 성취하나니, 그러므로 이름을 들음에 의하여 제2과를 얻는 것이니, 다른 두 인과는 미루어 알 수 있다. 이 관행으로 인과를 성취하면 위없는 아뇩보리에 저절로 이르는 것을 알 수 있나니, 이것을 일러 上生의 果가 이루어지는 것이라고 한다."[13]

二觀과 三行에 의해 4종의 과가 나온다고 본다. 먼저 세 행에 의해 세 결과가 나온다. 제1행 즉 大慈란 이름을 듣고 공경하는 마음으로 과거의 죄를 뉘우치는 행으로 과거에 지은 온갖 죄를 멸하는 제1의 결과가 나오며 제2행 즉 慈氏의 이름을 듣고 그 이름이 나타내는 덕을 신앙하는 행

---

13 『彌勒上生經宗要』, 한불전1. 548 上-中.
此觀此行 合爲一根 所生之果 略有四種 一者牙莖離土之果 二者華葉蔭凉之果 三者妙華開敷之果 四者芳菓成就之果 第一牙莖離土果者 伏滅前來所作衆罪 是因初行所得果也 第二華葉蔭凉果者 不墮三途邊地邪見 因第二行所得果也 第三妙華開敷果者 謂得兜率依正妙報 因第三行之所得也 第四芳成就果者 於無上道得不退轉 依前二觀之所得也 所以然者 觀察菩薩依正報故 生彼天時 觀承聖導 永不退於阿耨菩提 故依二觀 得第四果 由聞慈氏之名 信其仁賢之德 遠離不聞賢聖名處 恒隨正見 成就眷屬 故依聞名 得第二果 餘二因果 相當可知 如是觀行因果成就 無上菩提自然而至 是謂上生之果之所致也

에 의하여 3途와 邊地와 邪見에 떨어지지 않는 제2의 과를 얻는다.[14] 제3행은 탑을 쓸고 흙을 바르며 향과 꽃으로 공양하는 등의 온갖 사업을 행하는 것인데 이 행에 의해 도솔천의 묘한 依報, 正報를 얻는다. 최종적인 가장 높은 결과는 二觀 즉 저 하늘의 依報가 장엄함을 관하는 것과 보살의 正報가 殊勝함을 관하는 것에 의해 無上道에서 물러나지 않음을 얻는다. 이와 같이 원효에 있어서는 觀이 가장 중요한 것으로 인정되고 있다.

IV. 미륵계의 세 경의 같고 다름

미륵신앙을 중점적으로 설하고 있는 경전 중 중요한 것을 彌勒六部經이라고 한다. 미륵육부경은 다음과 같다.

1. 佛說彌勒來時經(大正 457) 역자 불명
2. 佛說彌勒下生經(大正 453) 竺法護 역(?)(303년(?))
3. 佛說彌勒下生成佛經(大正 454) 鳩摩羅什 역(402년(?))
4. 佛說彌勒大成佛經(大正 456) 鳩摩羅什 역(402년)
5. 佛說彌勒下生成佛經(大正 455) 義淨 역(701년)
6. 佛說觀彌勒菩薩上生兜率天經(大正 452) 沮渠京聲 역(455년?)

육부경 중에서 중요한 경전 셋(일반적으로 3, 4, 6)을 彌勒三部經이라고 한다.[15] 원효는 三經同

---

14 안계현은 제1의 행과 제2의 행이 둘 다 聞名이어서 하나는 稱名으로 되는 것이 자연스럽다고 주장한다. 곧 제2행 즉 聞名의 果가 三途나 邊地, 邪見에 떨어지지 않는다는 것인데 이는 『상생경』에서도 확인할 수 있으므로 그대로 인정할 수 있다고 한다. 그런데 제1행의 果는 전에 지은 죄를 없애주는 것인데, 『상생경』에 보면 聞名에 의해 죄를 멸한다는 부분도 있기는 하나 칭명에 의해 죄를 멸해준다는 부분이 있으므로 중복을 피하고 이해하면 제1행을 칭명으로 이해하는 것이 좋을 것이라고 주장한다.(安啓賢, 「元曉의 彌勒淨土往生思想」, 『歷史學報』 16·17合輯(歷史學會, 1962), pp. 267-268 참조.) 그러나 미륵보살의 이름을 듣는 聞名에 의해 이루어지는 공덕은 꼭 그 덕을 신앙하여 三途나 邊地 邪見에 떨어지지 않는 것뿐만이 아니라 여러 가지가 있다. 즉 『미륵상생경』에서는 이름을 듣고 미륵보살에게 공경 예배함에 의해 도솔천에 왕생할 수가 있다고 하고, 또 다만 이름만을 들어도 惡途나 변두리나 삿된 소견을 가진 곳이나 나쁜 짓 하는 집안에 태어나지 않는다는 등으로 말하고 있으며, 이름을 듣고 형상을 만들어 예배하면 도솔천에 왕생한다는 등으로 여러 가지 공덕이 바로 이름을 듣는 것과 연결하여 설해지고 있다.(이종익 편저, 『미륵성전』(운주사, 1992), pp. 29-32 참조) 따라서 聞名의 果가 여럿일 수 있으므로 聞名을 稱名으로 바꾸어야 중복을 피할 수 있다는 것은 설득력이 없는 것으로 보인다.

15 渡辺照宏 著, 呂益九 譯, 『사랑과 평화의 마이트레야(여래, 1983), p.89 및 速水 侑, 『彌勒信仰』(評論社, 1991), pp. 15-16 참조.

異를 논하면서 『上生經』, 『下生經』, 『成佛經』의 같고 다름을 논하고 있는데 그 3경이 이 6부경 중의 어느 것을 가리키고 있는지는 확실하게 말하기 어렵다. 일반적으로는 3, 4, 6을 삼부경으로 한다 하더라도 원효도 그런가 하는 것은 확실하게 말하기 어려운데, 허경구에 의하면 憬興은 2, 3, 6을 미륵삼부경으로 하고 있고, 원효의 경우는 3, 4, 6을 삼부경으로 하고 있는 것 같다고 한다.[16] 이제 이 세 가지 경전 사이에 같고 다름을 논하지만 크게 보면 도솔천에의 상생을 논하는 『상생경』과 미래에 하생하여 성불한다는 것을 설하는 『하생경』 및 『성불경』의 두 종류의 경전이라고 할 수 있을 것이다. 그리하여 상생신앙과 하생신앙의 두 종류의 신앙이 있게 된다. 원효는 하생신앙보다는 상생신앙을 중시한 것으로 생각된다. 원효는 세 경전의 相異에 대해 다음과 같이 말하고 있다.

"『상생경』과 『하생경』과 『성불경』 의 셋은 그 관계에서 대략 세 가지의 같고 다름이 있다. 첫째는 행하는 것이 같고 다름이고 둘째는 나타내는 것이 같고 다름이며 셋째는 포섭하는 것이 같고 다름이다. 행하는 것이 같고 다르다는 것은 觀行을 닦는 것이니 여기에 3품이 있다. 상품인 사람은 혹은 觀佛三昧를 닦거나 혹은 참회의 行法에 의하여 현재의 몸으로 미륵을 보며 마음의 우열을 따라 형상의 크고 작음을 보는데, 이것은 『觀佛三昧海經』과 『大方等陀羅尼經』에서 설한 바와 같다. 중품의 사람은 혹은 관불삼매를 닦거나 혹은 온갖 깨끗한 업을 지음으로 말미암아 이 몸을 버린 후에 도솔천에 태어나서 미륵을 보고 불퇴전에 이른다. 이것은 『상생경』에서 설한 바이다. 하품의 사람은 보시와 지계 등의 종종의 선업을 닦고 이것에 의해 미륵을 보기를 발원하고는 이 몸을 버린 후에 업에 따라 생을 받는데, 미륵이 성도한 때에 이르러서는 반드시 세존을 보고 삼회에서 득도하나니 이는 『하생경』 『성불경』의 설과 같다. 곧 『상생경』에서 말하는 바는 중품의 사람을 위한 것이고 나머지 두 경은 하품의 사람을 위한 것이다.

둘째 나타내는 것이 같고 다르다는 것은 이른바 『상생경』에서 나타낸 것은 곧 하늘의 보응과 보살의 공덕에 대해서였고, 다른 두 경은 사람의 과보와 성불 등의 모습을 밝힌 것이다. 이 뒤의 두 경은 서로 廣略이 있지만 그 나타낸 진리의 대의는 다 같다.

셋째 지닌 것이 같고 다르다는 것은 이른바 『상생경』은 보살장에 속하나니 그 뜻은 앞에서 말한 것과 같으며, 다른 두 경은 성문장에 속한다. 왜냐하면 『성불경』은 長阿含에서 나오고 『하생경』의

16 許庚九, 「元曉의 彌勒思想 硏究」, p.31 참조. 安啓賢도 憬興이 의거한 三彌勒經은 沮渠京聲 譯인 『佛說觀彌勒菩薩上生兜率天經』과 竺法護 譯인 『佛說彌勒下生經』 그리고 鳩摩羅什 譯인 『佛說彌勒下生成佛經』이라고 하였다.(安啓賢, 「憬興의 彌勒淨土往生思想」(『震壇學報』 26, 1964) 참조.)

글과 깊고 얕음이 다르지 않기 때문이다. 또 성도를 말하면서 應現을 밝히지 못하고, 경에 의해 이익을 얻되 소승의 과를 증득하는 것뿐이니, 그러므로 그것들은 보살장이 아님을 알 수 있다. 그러나 옷을 짓는 데는 짧은 바늘이 필요하고 긴 창이 있더라도 그것은 소용이 없으며, 비를 피할 때에는 작은 우산이 필요하고 온 하늘을 덮는 것이 있더라도 그것은 소용없는 것이니, 그러므로 작다고 해서 그것을 가볍게 볼 것이 아니니, 그 근성을 따라서 크고 작은 것이 다 보배이니라."[17]

미륵관계 저술에 대해 일단 『상생경』은 대승, 『하생경』, 『성불경』은 소승으로 판정한다. 여기에서 앞에서 말한 뜻과 같다는 것은 『종요』의 3.이장의 옳고 그름을 밝힘(明二藏是非) 부분에서 『상생경』이 대승에 속하는가 아니면 소승에 속하는가를 논한 것을 가리키는 말이다. 그 부분에서 원효는 대승이라는 설과 소승이라는 설을 모두 소개한 뒤 대승교라는 자신의 견해를 밝히고 있다.

원효 이외에 『미륵경』에 대한 해설서를 남기고 있는 吉藏이나 窺基, 憬興의 견해를 살펴보면, 吉藏은 『上生經』-大乘 宗體, 『下生經』-소승 종체로 보고 있으며, 窺基는 『상생경』을 大小 兩乘으로 보고, 경흥은 세 설(전체 소승, 전체 대승, 『상생경』 대승이고 나머지 소승이라는 세 설)을 나열하는 데 그치고 있다. 그리고 각 경전의 행하는 사람에 대해서는 규기는 『상생경』이 上品行生, 中品行生, 下品行生 모두 있다고 보고 있고, 경흥은 『상생경』이 上品因生, 中品因生, 下品因生 모두 있다고 보나 또 한편으로는 上品修者, 中品修者 위한 것이라고 하였다.[18]

원효는 吉藏과 같이 『미륵상생경』을 대승으로 판정하지만 소승으로 판정된 경전의 가치도 무시하지는 않는다. 원효의 화쟁적 태도로 보아 이는 충분히 예상할 수 있는 일이다. 그러나 그렇다고 하여 원효가 무조건 다 동일하다고 보고 있는 것은 아니다.

경흥은 미륵경 세 종류에 대해 모두 주석을 남기고 있는데 원효는 그렇지 아니하다. 원효의

---

17 『彌勒上生經宗要』 한불전1. 549a-b.
次第四明三經同異者　上生下生及成佛經　相望略有三種同異　一所爲同異　二所詮同異　三所攝同異　言所爲同異者　修觀行也　有其三品　上品之人 或脩觀佛三昧　或因懺悔行法　卽於現身　得見彌勒　隨心優劣　見形大小　此如觀佛三昧海經及大方等陀羅尼經說也　中品之人　或脩觀佛三昧　或因作諸淨業捨此身後　生兜率天　得見彌勒至不退轉　是故 上生經所說也 下品之人　脩施戒等種種善業　依此發願願見彌勒　捨此身後　隨業受生　乃至彌勒成道之時　要見世尊三會得度　是如下生成佛經說　是卽上生所爲　爲中品人　餘二經者　爲下品人也　第二所詮有同異者　上生所詮　是天報應菩薩功德　餘二經者　詮於人報成佛等相此後二經　互有廣略　其所詮理　大意同也　第三所攝有同異者　上生經者菩薩藏攝義如前說　餘二經者　聲聞藏收　所以然者　其成佛經　出長阿含 下生經文　深淺不異　又說成道　未明應現　依經得益　證小乘果　以之故知非菩薩藏　然縫衣之時　短針爲要　雖有長戟　而無所用　避雨之日　小蓋是用　普天雖覆　而無所救　是故 不可以小爲輕　隨其根性大小皆珍者也.

18 安啓賢, 「元曉의 彌勒淨土往生思想」, 『歷史學報』 17·18 合輯(歷史學會, 1962), pp.252-257 참조.

미륵 관계 저술은 현존하는 것으로는 『미륵상생경종요』가 있고 현존하지는 않지만 『미륵상생경소』를 저술했음을 알 수 있는데[19] 『상생경』은 중요하다 생각하고 『하생경』, 『성불경』은 그만큼은 중요하지 않다고 생각하였다고 볼 수 있을 것이다.

여기서 미륵상생신앙과 하생신앙 중 어느 것을 원효가 더 중시하였는가에 대해 좀더 논의해 보도록 하자. 速水 侑에 의하면 중국의 경우 미륵신앙은 초기에는 아미타신앙보다 먼저 상생신앙(도솔상생과 극락왕생이 섞여 있는 형태가 많다)이 발달하였으나 미타신앙이 정토신앙의 주류를 차지하면서 내세신앙으로서의 존재 의의를 잃어버린 미륵신앙 중에서 하생신앙이 현세신앙적 색채를 띠고 발달해서 "현세의 정토"를 실현하려고 하는 민중반란 등이 일어나게 된다고 하며 한국의 경우도 크게 다르지 않다고 보아도 좋을 것이라 한다.[20] 이 말처럼 신라에서도 상생신앙에서 하생신앙으로 발전해 왔다고 볼 수 있을 것이다.[21] 신라에서의 당시까지의 미륵신앙에 대한 자료는 상생신앙과 하생신앙이 함께 나타난다. 죽은 조상이 좋은 데 태어나기를 기원하면서 미륵불상을 만든 예 등은 상생신앙에 속한다고 할 것인데 이것은 비교적 초기의 불상들에서 발견되고 미륵이 오기를 기다리는 것은 하생신앙인데 이는 그보다 후대에 많이 나타난다. 원효 당시의 주된 미륵신앙은 아마도 하생신앙으로 보아야 할 것이다. 화랑과 결합된 미륵신앙 등에서 그 대표적인 예를 볼 수 있는데[22] 화랑과 결합된 미륵신앙은 확실히 하생신앙이고 이미 진흥왕 때에 화랑제도가 확립되므로 원효 당시에는 이미 미륵신앙 중에서는 하생신앙이 좀더 유행하고 있었다고 보아야 할 것이다. 그리고 미륵신앙 중에서도 원효는 하생신앙은 낮은 단계의 것으로 취급하였다. 하생신앙의 경전인 『彌勒下生經』과 『成佛經』을 聲門藏으로 취급하는 것에서 그것을 알 수 있다.

그렇게 본다면 원효의 경우도 하생신앙보다는 상생신앙으로서의 미륵신앙을 중시한 것이다. 유식학을 널리 공부한 원효의 입장에서 볼 때 미륵신앙 중에서 상생신앙은 무시할 수 없었을 것

---

19 『韓國佛敎撰述文獻總錄』(東國大學校 佛敎文化硏究所 編, p.23)에는 『彌勒上下生經疏』(3卷)를 元曉가 저술한 것으로 하고 있으나 이는 앞서 지적했듯이 인정할 수 없다.(앞의 주석 2) 참조)

20 速水 侑, 『彌勒信仰』, p.45 참조.

21 上下生信仰과 관련하여 생각해 보면 경전의 성립은 『下生經』이 먼저이다. 그것은 『上生經』에 『下生經』을 인용하는 부분이 있어서 알 수 있다. 그러나 우리나라에서는 오히려 하생신앙이 나중에 더욱 성행하는 것이다. 경전이 성립된 순서대로 우리나라에 소개되고 그 신앙이 성행하는 것은 아니기 때문에 이런 일이 생긴다.

22 25대 眞智王 때에 興輪寺 중 眞慈가 堂主인 미륵상 앞에 나아가 화랑으로 화현하기를 빌었더니 미륵선화가 나타났다고 한다. 즉 미시랑이라는 화랑으로 나타나 왕은 그를 國仙으로 삼았고 그는 7년간 현세에 있었다 한다. 이도 신라 당시에 미륵 신앙이 성했음을 보여 주는 것이라 할 수 있다. 이것은 하생 신앙으로서의 미륵 신앙이 그렇게 성했음을 보여주는 예로 생각할 수 있을 것이다.(『三國遺事』 卷3 塔像 第4 「彌勒仙花 未尸郎 眞慈師」 條 참조.)

으로 생각된다.[23] 그러나 하생신앙에는 크게 무게를 두지 않았다.[24] 그리고 원효의 근본 입장은 일심을 강조하는 입장이었으므로 정토신앙에서도 일심을 강조하고 있거니와 미륵신앙에서도 하생신앙보다는 상생신앙 그리고 상생도 단순한 신앙보다는 스스로의 노력을 강조하는 쪽을 중시한다. 일심에로의 귀환을 가장 중요한 것으로 생각하는 원효의 태도가 미륵사상에서도 나타나는 것이다. 그리하여 그는 관을 가장 중요한 것으로 생각한다. 원래 미륵신앙에서는 계율을 지키고 수행하는 것, 미륵보살에 대한 믿음 등으로 도솔천에 태어난다. 원효는 그 중에서 관을 강조한 것이다.

V. 미타정토와 미륵정토의 우열에 대한 문제

당의 道綽은 『安樂集』 卷上에서 "미륵은 天衆을 위하여 법을 설하고, 信을 행하는 자는 이익을 얻게 된다고 하고 있으나, 信이 없는 자도 많고 이러한 사람들은 구제 받을 수 없다. 또한 도솔천에 왕생하면 수명 4,000세(1일은 人界의 400년)라 하고 있으나 수명이 끝난 뒤는 퇴락을 면할 수 없다. 이에 대하여 극락은 삼계를 출계하게 되는 것으로 이는 윤회함이 없고 수명은 佛과 같다."는 등 네 가지 점을 들어 극락이 더 우수한 것이라 하고 있다.

또한 迦才는 『淨土論』 卷上의 中에서 "도솔천에는 남녀가 雜居하고 있으나 극락은 남자뿐으로 여자가 없다. 도솔천은 수명이 4천세이나 극락은 무한이다. 도솔천에 왕생하여도 악심에 의하여 지옥에 떨어지는 일이 있으나 극락은 善心뿐으로 영원히 惡道를 떠나버린다. 도솔천에서는 미륵이 법을 설할 뿐이나 극락에서는 水鳥·壽木 등 모두가 법을 설한다." 등 열 가지 상위한 점을 들어 극락이 도솔천보다 우수한 것이라 하고 있다. 그뿐 아니라 그는 또한 왕생의 난이에 대해서도 논하여 말하기를 "극락왕생에는 단지 오계를 受持하면 되나 도솔 往生을 위해서는 十善

---

23 유가사상의 성립에 중요한 위치를 차지하고 있는 無著은 도솔천의 미륵보살에게서 유식의 도리를 직접 배웠다고 하여 無著 이후의 유식학파에서는 미륵에 대한 신앙을 갖고 있었으며 중국에 유식사상을 전파한 玄奘도 미륵신앙을 갖고 있었고 임종할 때에도 도솔천에 왕생하기를 발원하였다. 그리고 중국 법상종의 창시자인 규기도 미륵신앙을 가지고 있었다.(吳亨根, 新羅 瑜伽思想의 展開와 彌勒信仰」, 佛敎思想研究院 編, 『韓國彌勒思想研究』(동국대학교 출판부, 1987), pp. 62-70 참조.)

24 그러나 그는 『下生經』, 『成佛經』이 소승에 속한다 하더라도 무시할 수는 없다고 말한다. 하생신앙을 완전히 버리는 입장은 아니다. 『下生經』과 『成佛經』이 소승에 속한다고 한 다음 다음과 같이 말하고 있다: "그러나 옷을 짓는 데는 짧은 바늘이 필요하고 긴 창이 있더라도 그것은 소용이 없으며, 비를 피할 때에는 작은 우산이 필요하고 온 하늘을 덮는 것이 있더라도 그것은 소용없는 것이니, 그러므로 작다고 해서 그것을 가볍게 볼 것이 아니니, 그 근성을 따라서 크고 작은 것이 다 보배이니라."(『彌勒上生經宗要』, 앞의 주석 17) 참조)

을 닦지 않으면 안 된다. 극락은 십념 성취하여 왕생을 얻을 수 있다고 觀經에 설하고 있으나 도솔은 施·戒·修의 3종을 구족하지 않으면 상생할 수 없다고 미륵경에서 밝히고 있다. 극락은 아미타의 48원에 의하여 타력왕생이 되나 도솔은 願으로서 의지할 것이 없으므로 단지 自力을 갖고 왕생하지 않으면 안 된다. 극락에는 觀音 · 勢至 등이 있어 신자의 命終時에는 來迎하여 이들을 맞이하나 도솔천에는 이러한 보살이 없으므로 자신이 스스로 나아가 상생하지 않으면 안 된다."는 등 諸點을 들어 극락 왕생이 도솔 왕생보다 훨씬 易行이라고 밝히고 있다.[25]

이에 비해 유식학자인 窺基는 도솔천과 미타정토를 비교하여 도솔천을 더 우월하다고 보아 도솔 왕생을 권하고 있다.[26] 신라의 유식학자인 경흥은 미륵정토왕생과 미타정토왕생과의 난이 비교에 있어서 미타정토왕생의 용이성을 반박하고 두 가지를 동시에 인정한다.[27] 같은 유식학자이지만 신라의 경흥은 좀더 조화적인 주장을 펴고 있음이 눈에 띈다.

이제 원효의 견해에 대해 살펴보자. 원효의 저술이라 하는 『遊心安樂道』에서도 왕생의 어려움과 쉬움(往生難易)에서 미타정토와 도솔천을 비교하고 있다.

> "여섯째 왕생의 어렵고 쉬운 것에 두 가지가 있다. 그런데 먼저 두 곳의 좋고 못한 것을 밝히고 다음에 왕생의 쉽고 어려운 것을 말하겠다. ……대개 (도솔천과 극락정토를) 구분하면 14가지의 다른 점이 있다. 즉 첫째 도솔천은 땅이 좁고……열 넷째 성인의 과보를 얻기도 하고 혹은 얻지 못하기도 한다. 그런데 서방극락국토는 이와 반대이다. 때문에 서방극락세계가 크게 좋다. 다음에 왕생하기가 어렵고 쉬운 것에 대하여 논한다면 ……그러나 이와 같은 양설(극락이 쉽다거나 도솔천이 쉽다거나 한 두 가지 설)은 다 이치에 합당하지 못한 것이다. 무릇 그 왕생에 쉽고 어려운 것은 다 인연에 일임할 것이다. 緣이란 모든 부처님과 보살의 同體大悲이며 因은 四衆九輩의 일으킨 바 원과 행인 것이다. 동체의 대비는 비록 사람에게 국한한 것은 아니지만 중생의 업은 오히려 서로 차별이 있는 것이다. 그런데 만일 이 業因이 잘 성숙된 자는 願을 따라 곧 태어날 것이다. 인간이며 천상이기 때문에 가기 어렵다거나 정토요 예토이기 때문에 구애됨이 있는 것이 아니다. 만일 그 원행이 없는

25 金三龍, 『韓國彌勒信仰의 硏究』(동화출판공사, 1983), pp. 42-43 참조.

26 安啓賢, 「元曉의 彌勒淨土往生思想」, 『歷史學報』 17.18 合輯, p.273 참조.

27 "이렇듯 미륵정토왕생과 미타정토왕생과의 난이 비교에 있어서 미타정토왕생의 용이성을 반박하는 것에서 원효와는 다른 경흥교학의 일면을 볼 수 있는 것이다. 그렇다고 그가 미륵정토왕생의 용이성을 주장한 것도 아니었다. 우리는 여기서 그가 생존하던 신문왕대로부터 멀리 내려가지 않는 聖德王(702-736). 景德王(742-764)대에 미타신앙과 미륵신앙이 동시에 이루어진 추세를 상기할 때 그것이 적어도 경흥교학의 뒷받침이 없었으리라고는 믿기 어렵다."(安啓賢, 「憬興의 미타정토왕생사상」, p.157) 여기에서 원효와 다르다는 것은 『遊心安樂道』에서 미타정토의 우월을 주장하고 있는 것을 말하는 것이다. 그러나 다시 언급하겠지만 『遊心安樂道』는 원효의 저술로 인정하기 곤란하다.

자는 도솔천이나 극락세계가 바로 앞에 있어도 느끼지 못할 것이니 어찌 같은 세계라 해서 왕생이 쉽고 다시 화현하신 몸이라 해서 곧 뵈올 수 있겠는가?"[28]

이와 같이 『유심안락도』에서는 극락의 우위를 인정하고 있는 것으로 보인다. 물론 왕생의 쉽고 어려움은 인연에 따른 것이라 하여 도솔천 왕생과 극락 왕생의 차이를 인정하지 않지만 서방극락과 도솔천의 우열에 대해서는 극락의 우위를 인정하고 있다고 볼 수 있다.

그런데 『유심안락도』가 원효의 저술이냐 하는 것에 대해서 논란이 있다. 여러 가지 문제가 많은 저술이므로 이것에 근거해서 원효의 미타신앙과 미륵신앙에 대한 태도를 말하기는 어려울 것이다.[29] 전체적으로 미타신앙의 우위를 말하는 『유심안락도』의 서술 방식 자체가 원효의 화쟁적 태도와 어울리지 않는다는 것도 여기에 덧붙여 지적할 수 있을 것으로 보인다.

『유심안락도』에서는 그렇다 하더라도 전체적으로 원효의 미타, 미륵신앙에 대한 태도는 어떠하였다고 할 수 있는가? 신라의 미륵신앙과 미타신앙에 대하여 6, 7세기경에는 미륵신앙이 성행하였으나 그 이후에는 점차 미타신앙이 더욱 성행하였다고 보고 있다. 원효는 당시 성행하던 미륵신앙에 대신하여 아미타신앙을 권유했으며 그것은 그의 미륵신앙관에서 유래한다고 하는 주장이 있다. 즉 "원효는 中古期에 성행하던 미륵하생신앙에 대해 중생을 구제하는 보살도를 구현하지 못하고 있음을 비판하였을 뿐 아니라, 상생신앙에 의해 도솔천에 태어나더라도 不退轉의 지위에 오르는 것은 觀을 닦음으로써만 가능하다고 하였다. 즉 원효의 입장에서 본다면, 미륵신앙을 통해 자신이 추구하던 중생의 성불에 이르기 어렵다고 여겨졌으리라 생각된다"[30]고 주장한다. 과연 그러한가 살펴보도록 하자. 물론 하생신앙에 대해서는 원효도 소승으로 보고 높이 평가하지는 않는다. 그러나 그렇다고 하여 그것을 버리지는 않았다. 『下生經』, 『成佛經』이 소승이기는 하나 그 자체가 근성에 따라 보배가 될 수 있다고 하였다.[31] 이렇듯 하생신앙에 대해서 적극적으로 인정하지 않은 것은 어느 정도 그렇다 하더라도 상생신앙까지 인정하지 않았다고 볼 수는

28 『遊心安樂道』, 『韓國佛教全書』 1.578 上-中.
六往生難易 於中有二 先明二處優劣後述往生難易 …… 麤分此彼 有其十四異 謂兜率天界地狹隘 …… 又或得聖果或有不得 若西方土 反此爲相 若就此義 西方大優也. 後論往生難易 ……二說並不盡理 凡其往生難易 一任因緣 緣謂諸佛菩薩同體大悲 因是四衆九輩所起願行 同體之悲 雖無局人 衆生之業 猶是參差若是業因熟者 隨願便生 非以人天如難往 亦以淨穢如有礙若其願行闕因者 在前無感 豈由同界而易生 復以化身而輒謁

29 『遊心安樂道』는 원효의 저술로 인정하기 곤란하다는 것이 점점 정설로 되어 가고 있는 것으로 보인다.(최유진, 「원효의 미타정토사상」, 『철학논집』 8집(경남대철학과, 1993), p.8 참조.)

30 김영미, 「원효의 아미타신앙과 정토관」, 『가산학보』 2(가산불교문화진흥원, 1993), p.13 참조.

31 앞의 주석 24) 참조.

없을 것 같다. 먼저 도솔천에 태어나더라도 관을 닦음으로써만 불퇴전의 지위에 오르는 것이 가능하다는 해석은 문제가 있는 것 같다. 도솔천에 태어난 다음에 관을 닦는 것이 아니라 관에 의해 도솔천에 태어나는 것이며 도솔천에 태어날 때 친히 미륵보살의 인도를 받으므로 불퇴전의 지위에 오르는 것으로 해석해야 한다.[32] 그리고 원효가 미륵신앙에 대신해서 아미타신앙을 권유했다는 것도 확실한 근거가 없다.[33] 그렇다면 원효가 미륵신앙 대신에 미타신앙을 주장했다고는 할 수 없을 것이다.

물론 원효는 미타신앙을 중시하여 미륵신앙에 대하여서는 2가지 정도 저술을 하였지만 미타신앙에 대해서는 12가지 정도의 저술을 하였다.[34] 저술의 양만 놓고 볼 때에는 원효가 미타신앙을 중시하였다고 판단할 수 있을 것으로 보인다. 미륵신앙 중에서는 하생신앙 보다는 상생신앙을 중시한 것이 원효의 입장이다. 그런데 미륵과 미타를 비교하면 미타신앙을 더 강조하였다고 말할 수 있는가? 원효 당시의 신라에서는 미륵 신앙과 미타 신앙 모두가 있었다. 앞서 언급하였듯이 6,7세기에는 미륵 신앙이 성행하다가 점차 미타 신앙이 주류를 이루는 것으로 보인다. 그러나 미륵신앙이 사라지는 것은 아니다. 미륵신앙 중에서는 상생신앙과 하생신앙 중 어느 것이 유행했는가? 상생 신앙과 하생신앙이 동시에 유행하였으나 신라 불국토사상은 하생신앙이 유행하였음을 시사하고 있다.[35] 그것이 중국의 경우는 하생신앙이 현세 신앙적 색채를 띠고 발달해서 현세의 정토를 실현하려고 하는 민중반란으로까지 이어진다는 것은 앞서 언급한 바 있다. 우리나라의 경우도 현세에서 수행을 통해 그대로 미륵불이 된다는 설화가 『삼국유사』에 남아 있고[36] 스스로 미륵임을 자처하는 신앙운동이 종종 일어나는 것을 볼 수 있다.[37]

이와 같이 일반적으로는 원효 당시에는 하생신앙이 좀더 유행하였을 것으로 인정할 수 있다.

---

32 주석 13)에 인용된 『미륵상생경종요』 중에서 第四果 부분 참조.

33 『三國遺事』「廣德 嚴莊」條에 의하면 원효는 엄장에게 미타정토의 관법으로 錚觀法(또는 銛觀法)을 가르쳤다고 한다. 이것이 아미타신앙을 권유한 증거이기는 하다. 그러나 미륵신앙을 대신해서 이것을 권한 것은 아니다. 아미타신앙을 권했다 하더라도 동시에 미륵신앙을 권했을 수도 있다. 그리고 또 여기에서 주목하고 싶은 것은 원효는 미타신앙에 있어서도 觀을 강조했다는 사실이다. 錚觀法이 무엇인지는 확실하지 않더라도 하여튼 觀의 일종인 것은 확실하다.

34 최유진, 「원효의 미타정토사상」, 『철학논집』 8집(경남대철학과, 1993), pp.7-8 참조.

35 李永子, 「羅末.後三國 彌勒信仰의 性格」, 東國大學校 佛敎文化硏究院 編, 『韓國彌勒思想硏究』(東國大學校 出版部, 1987), p.135 참조.

36 『三國遺事』 卷3 塔像의 「南白月二聖 努肹夫得.怛怛朴朴」條에 보면 경덕왕대에 노힐부득과 달달박박은 함께 수도하여 노힐부득은 미륵불이 되고 달달박박은 무량수불이 된다. 현재의 세계가 미륵불의 용화세계가 되고 현세의 왕은 전륜성왕이 된다. 신라불국토설이 널리 퍼져 있었다고 하는데 이는 과거불이 있었던 정도에서 벗어나 미래의 미륵의 세계가 바로 현실에서 실현된다는 의미를 갖게 된다.

37 신라 말 궁예의 경우가 대표적이다.

미륵신앙 중에선 하생신앙이 주류를 이룬다 하더라도 미타신앙과 미륵신앙 중 어느 것이 주류를 이루고 있었는가? 두 신앙 모두에 대한 기록이 나타나고 있어 두 신앙 모두 성행하고 있었다고 보여지며 심지어는 두 신앙이 혼동되기도 하므로[38] 어느 것이 주류라고 확실하게 말하기는 어렵지만 점점 미타신앙이 주류로 되어가고 있다고 보아야 할 것이다.[39] 『三國遺事』 등의 여러 기록에서 미타신앙의 기록이 많이 나타나고 있고 저술도 미타신앙 쪽의 것이 많기 때문이다. 하생신앙이 주류로 되어 가는 상황에서 원효는 상생신앙을 강조하고 있다. 일반 민중들의 소박한 바람을 외면하는 것은 아니겠지만 그저 앉아서 기다리는 것이 아닌 스스로 관법을 수행하고 직접 미륵을 찾아나서는 신앙을 강조한 것이다. 미타신앙에서도 원효는 發菩提心을 正因으로 하며 관법을 강조하고 있다.[40] 원효의 미륵신앙에 대해 瑜伽思想의 영향을 받았을 것이라는 지적도 있다.[41] 그 지적이 옳다면 미륵을 중시하는 것이 유가사상이므로 원효가 미륵신앙을 버리고 미타신앙에로 나아갔다고 보기는 어려울 것이다. 『彌勒上生經宗要』의 성립 시기는 물론 확실하게 알 수 어렵지만[42] 설령 초기의 작품이라고 해도 그가 후기에 유식을 완전히 버렸다고는 볼 수 없으므로 미륵신앙을 버리지는 않았을 것이다. 따라서 당시에 성행하던 미륵과 미타의 신앙에서 어느 것이 더 우월하다고 하는 일방적인 주장을 하지는 않았을 것이다. 원효의 화쟁적 태도에 비추어 보아도 그것은 마찬가지로 말할 수 있다.

---

38 앞서 언급한 달달박박 노힐부득의 경우 수도를 통하여 무량수불과 미륵불을 이루지만 그 이름에서는 혼동하고 있다. 즉 이름으로 볼 때 무량수불이 되어야 할 노힐부득은 미륵불이 되고 미륵불이 되어야 할 달달박박은 무량수불이 되고 있다. 무량수불과 미륵불이 혼동되고 있는 것이다. 즉 『三國遺事』 卷3 塔像의 「南白月二聖 努肹夫得·怛怛朴朴」條에 보면 경덕왕대에 노힐부득은 아버지가 月藏, 어머니가 味勝이고 달달박박은 아버지가 修梵, 어머니가 梵摩라 하였다. 노힐부득은 미륵불이 되고 달달박박은 무량수불이 된다는 것이 이 설화의 내용이다. 그런데 『彌勒下生經』에 의하면 미륵의 부모 이름은 修梵摩, 梵摩越이다.(『彌勒大成佛經』에서는 修梵摩, 梵摩跋提이고 『彌勒下生成佛經』에서는 妙梵, 梵摩波提; 『彌勒上生經』에서는 波婆利가 아버지인데 이는 현생에서의 아버지이다. 후세에 인간 세계에 내려 왔을 때의 부모 이름은 나오지 않는다. ; 『彌勒來時經』에서는 須梵, 摩訶越題) 아미타불의 부모 이름은 『阿彌陀鼓音聲王陀羅尼經』(『大正新修大藏經』 12卷)에 의하면 父는 月上轉輪聖, 母는 殊勝妙顔이라 하며 아들은 月明이다. 이름에 조금 차이가 있긴 하나(노힐부득의 부모 이름은 月藏과 味勝, 아미타의 부모 이름은 月上과 殊勝妙顔; 달달박박의 부모 이름은 修梵과 梵摩, 미륵의 부모 이름은 修梵摩, 梵摩越) 미륵과 아미타의 부모 이름을 지칭하고 있는 것은 거의 확실하다고 할 수 있다. 이와 같은 예에서 볼 때에도 미륵신앙과 미타신앙이 함께 성행하고 있었음을 알 수 있다.

39 중국의 경우도 미륵신앙이 아미타신앙에 앞서 발달하지만 당나라 무렵에는 그 자리를 아미타신앙에 물려준다.(速水 侑, 『彌勒信仰』, pp.37-39 참조)

40 최유진, 「원효의 미타정토사상」, 『철학논집』 8집(경남대철학과, 1993), pp.5-24 참조.

41 "원효대사는 유가사상을 통한 미륵신앙의 영향을 받았을 것으로 생각된다."(吳亨根, 「新羅 瑜伽思想의 展開와 彌勒信仰」, 동국대학교 불교문화연구원 편, 『韓國彌勒思想研究』(동국대학교 출판부, 1987), p.83)

42 다음과 같이 후기의 작품으로 추정하는 견해가 있으나 근거가 확실한 것은 아니다.
"금강삼매경론에서 일미관행이라 하여 상생경과 거의 같은 三昧를 중요시하고 있다. …… 따라서 이 논과 종치가 같은 상생경종요도 후기에 속한다고 볼 수 있지 않을까 한다. 단지 원효의 사상적 중심이 되는 기신론이 무량수경종요에는 인용되는데 상생경종요에는 명목이 인용되지 않아 문제점은 남는다."(許庚九, 「元曉의 彌勒思想 硏究」, pp.43-44)

VI. 결론

원효의 미륵사상은 주로 그의 『彌勒上生經宗要』의 내용을 통해서 알 수가 있다. 『彌勒上生經宗要』는 그 내용에서 열 가지로 주제를 나누어서 논의하고 있는데 본 논문에서는 중요한 몇 가지 주제를 중심으로 논의하였다. 먼저 이 경의 대의와 주요한 가르침을 밝히는 부분에서 원효는 미륵을 찬탄하고 觀을 닦아 그 미륵의 세상에 태어나는 것이 이 경전의 핵심이라고 한다. 즉 원효에 있어서는 관이 가장 중요한 것이라고 말할 수 있다. 觀은 크게 두 가지로 나누어서 설명할 수 있다. 하늘의 依報를 관찰하는 것과 보살의 正報의 뛰어남을 관찰하는 것이다. 이 두 가지 관에 의해 미륵의 도솔천에 태어나 不退轉의 지위를 얻을 수 있다는 것이다. 물론 이것 이외에 세 가지 행이 있기는 하지만 역시 가장 중요한 도솔천왕생에의 원인은 이 두 가지 관이라는 것이 원효의 주장이다. 다음으로 미륵계의 세 경전 즉 『上生經』, 『下生經』, 『成佛經』의 같고 다름에 대해서 원효는 『상생경』은 대승에 속하지만 『하생경』, 『성불경』은 소승에 속한다고 판정한다. 하생신앙보다는 상생신앙을 좀더 높이 평가하고 있는 것이 원효의 입장임을 알 수가 있다. 그러나 그렇다고 하여 소승에 속하는 『하생경』, 성불경』이 가치가 없는 것은 아니라는 것이 원효의 주장이었다. 원효가 하생신앙을 완전히 배척하는 것은 아니다.

미륵정토과 미타정토의 우열에 대한 문제에 있어서는 원효가 어느 한 쪽이 우월하다고 주장했다고 보기는 어려울 것이다. 원효의 저술로 전해져 오는 『遊心安樂道』에서는 미타정토의 우월함을 주장하고 있지만 이 저술은 원효의 저술이라고 믿기 어려우며 미타정토의 우월함을 주장하는 종파적 태도 자체가 원효의 화쟁적 입장과는 잘 어울리지 않는다. 원효는 실천적 입장에서 해탈에 도움이 되는 것이라면 모두 가치가 있다고 인정하였다. 그런 맥락에서 미타와 미륵의 두 신앙 모두가 인정이 된다. 觀이 중요하다고 보는 것이 원효이므로 미륵신앙 중에서는 하생신앙보다는 상생신앙에 무게를 더 두는 것도 사실이지만 실천적 입장에서 상생신앙, 하생신앙이 모두 인정이 된다. 이와 같이 원효는 미륵신앙을 적극적으로 권유하고 있다. 다양한 가르침이 중생들의 제도에 도움이 된다고 보고 어느 한 가지만을 고집하지 않는 것이 원효의 입장이었다. 그는 대중적인 신앙의 하나인 미륵신앙을 이렇게 널리 펴려 노력하였던 것이다.

제4장 元曉의 佛性 이해

佛性의 體와 有無의 문제를 중심으로

I. 서론

불성에 대한 이론은 대승불교에서 가장 중요한 이론 중의 하나이다. 중생들이 수행을 하여 깨달음을 얻고 성불을 한다고 했을 때 어떤 근거에서 부처 되는 것이 가능한가의 문제에서 불성의 이론이 발전되어 나온 것이라 할 수 있다. 곧 수행에 대한 이론적 근거로서 제시된 것이 불성 사상인데 모든 중생은 부처가 될 가능성 내지는 부처의 본성을 가지고 있으니 수행을 하면 부처가 될 수 있다는 사상이다. 그리하여 대승불교에서는 일반적으로 모든 중생이 불성을 가지고 있다는 사상이 정설로 받아들여지게 되었다. 그러나 불성에 대한 논의에서 대승불교의 모든 학파가 다 모든 중생이 불성을 가지고 있다는 이론을 받아들인 것은 아니다. 대표적으로 현장에 의해 소개된 유식철학 계통에서는 五性各別說을 주장하여 불성이 없는 중생의 존재를 주장하였다. 그리하여 이 문제는 당시에 중요한 논쟁거리의 하나였다.

원효가 불성에 대해서 어떻게 보고 있었는가를 밝히는 것이 이 논문의 목적이다. 원효의 사상은 화쟁적이라고 일반적으로 평가되고 있고 사실 어떤 종파에 속한다고 볼 수 없다. 그는 당시의 다양한 학파의 사상들을 모두 흡수하면서 자신의 사상을 정립시켜 나갔다. 원효 사상의 핵심이 어디 있느냐 하는 것은 여전히 많은 논의가 필요한 문제이지만 적어도 그가 어느 한 종파에 속하지는 않았다고 말할 수 있다. 그의 사상은 그만큼 다양한 불교 이론을 받아들여 하나로 종합 화해시키고 있는 면이 많다. 화쟁적인 것이 그의 사상의 중요한 특징인 것이다. 이 불성의 문제에 대해서도 그는 어느 한 학파의 손을 들어주기보다는 다양한 이론들을 화해시키고 있는 것으로 보인다. 그가 어떤 식으로 화해시키고 있는지 그리고 그의 입장은 결국 어디에 서 있는 것인지를 그의 『涅槃宗要』를 비롯한 여러 저술을 통해 밝히는 것이 본 논문의 주제이다.

『열반종요』에서는 열반경의 중요 사상을 열반과 불성이라는 두 가지 면에서 해명하고 있는

데 여기에서의 불성에 대한 설명이 가장 체계적인 불성에 대한 원효의 설명이다. 원효는 『열반종요』에서 여섯 부문으로 나누어서 불성의 뜻을 밝히고 있다. 첫째는 본체를 밝히고 둘째는 인과를 밝히고 셋째는 견성에 대해 논의하고 있으며 넷째는 불성의 유무에 대해서 그리고 다섯째는 삼세에 대해 논의하고 있으며 여섯째 부문에서는 다양한 문제들에 대하여 질문과 대답의 형식으로 회통하고 있다. 『열반종요』의 구체적인 내용과 원효의 열반사상에 대해서는 이미 많은 연구가 있으므로[1] 전체적으로 『열반종요』의 내용을 검토하기 보다는 불성의 체와 유무의 문제에 대해서만 집중적으로 논의하도록 하자.

II. 佛性의 體

원효의 『열반종요』 佛性義의 첫째 부문에서 불성의 체에 대해 논의한다. 거기에는 두 가지가 있는데 먼저 여러 학설을 들고 다음에는 그것들의 옳고 그름을 가린다. 먼저 여섯 학설이 있음을 다음과 같이 말하고 있다.

> "첫째 분은 말하기를, "장차 있게 될 불과(佛果)를 불성의 체로 한다."고 하였다. …… 둘째 분은 말하기를, "현재 있는 중생이 불성의 본체가 된다"고 하였다. …… 셋째 분은, "중생들의 마음은 목석과 달라서 반드시 고통을 싫어하고 즐거움을 구하는 성품이 있다. 이러한 성품이 있기 때문에 만행(萬行)을 닦아서 마침내는 가장 높은 보리의 즐거운 과보(樂果)에 돌아간다. 그러므로 심성(心性)을 [불성의] 정인(正因)의 체로 삼는다."고 하였다. …… 넷째 분은, "마음에는 신령스러워 잃어버리지 않는 성품이 있다. 이와 같은 심신(心神)이 이미 내 몸 안에 있기 때문에 곧 목석과 같이 정식(情識)이 없는 비정(非情)의 물건과는 다르며, 이러한 심신으로 말미암아 대각의 결과를 이룰 수 있다. 그러므로 이 심신을 [불성의] 정인(正因)의 체로 삼는다."고 말하였다. …… 다섯째 분은, "아뢰야식(阿賴耶識)에 본래부터 들어 있는 법이종자(法爾種子)가 불성의 체가 된다."고 하였다. …… 여섯째

---

1 대표적인 것 몇 가지만 들어보면 다음과 같은 것들이 있다.
金煐泰, 「元曉의 佛性論」, 『佛敎思想史論』(民族社, 1992)
金鍾宜, 「元曉의 無碍思想2-涅槃宗要의 논리적 구조」, 『동의대학교 동의논집(인문사회과학편)』 제15집(동의대학교, 1988)
木村宣彰, 장휘옥 역, 「원효대사의 열반사상」, 『민족불교』 2(청년사, 1991)
李平來, 「元曉의 涅槃思想에 관한 연구」, 『동서철학연구』 14호(한국동서철학회, 1997)
최유진, 「원효의 열반관」, 『인문논총』 제15집(경남대학교 인문과학연구소, 2002)

분은 말하기를, "아마라식(阿摩羅識)의 진여(眞如)를 아는 성품이 불성의 본체가 된다."고 하였다."[2]

불성의 체가 무엇인가에 대해서 1)마땅히 있게 될 果報, 2)현재에 있는 중생, 3)心性, 4)心神, 5)아뢰야식 法爾種子, 6)아마라식 眞如解性 등으로 주장하는 여섯 가지 이론이 있다 한다. 그러면 그 각각의 이론의 옳고 그름은 어떠한가? 이러한 여러 분들의 주장은 모두 맞기도 하고 맞지 않기도 한데 그러한 까닭은 불성은 그러한 것도 아니고 그렇지 않은 것도 아니기 때문이라 한다. 그러한 것이 아니기 때문에 모든 주장이 다 그르고, 그렇지 않은 것이 아니기 때문에 모든 학설이 다 옳다는 것이 원효의 설명이다.[3] 그 이유에 대해서는 그 각각의 근거를 말할 수 있기 때문에 그러하지만 결론적으로 불성의 본체는 일심이라는 것이 원효의 주장이다. 원효는 다음과 같이 말한다.

"그러나 불성의 체는 바로 一心이다. 일심의 성품은 모든 치우침(邊)을 멀리 떠나 있고, 모든 치우침을 멀리 떠나 있기 때문에 어느 하나에도 해당됨이 없으며, 해당되는 것이 없기 때문에 해당되지 않음이 없다. 그러므로 心에 나아가 논하면 心은 因도 아니고 果도 아니며, 眞도 아니고 俗도 아니며, 人도 아니고 法도 아니며 起도 아니고 伏도 아니다. 그러나 緣과 관련해서 논하면, 心은 起도 되고 伏도 되며, 法도 되고 人도 되며, 俗도 되고 眞도 되며, 因도 되고 果도 된다. 이것이 非然非不然의 뜻이다. 그러므로 여러 주장이 모두 그르기도 하고 모두 옳기도 하다."[4]

원효의 주장의 핵심은 불성의 체를 일심으로 보는 데에 있다. 다양한 이론으로 불성을 설명하나 결국은 일심으로 돌아간다는 것이 그의 주장이다. 여기에서 말하는 因·果·眞·俗·人·法·起·伏이 여섯 학설 중의 하나 또는 여럿에 해당된다. 因은 제2-제6학설, 果는 제1의 학설, 眞은 제6의 학설, 俗은 제2-제5학설. 人은 제2학설, 法은 제3-제5학설, 起는 제3-제4학설, 伏은 제5학

---

2 『涅槃宗要』, 『韓國佛敎全書』 제1책, 537c-539a(이하 한불전1. 537c-539a의 형식으로 표기함.)
第一師云: "當有佛果爲佛性體." …… 第二師云: "現有衆生爲佛性體." …… 第三師云: "衆生之心異乎木石, 必有厭苦求樂之性. 由有此性故修萬行, 終歸無上菩提樂果. 故說心性爲正因體." …… 第四師云: "心有神靈不失之性. 如是心神, 己在身內, 卽異木石等非情物. 由此能成大覺之果. 故說心神爲正因體." …… 第五師言: "阿賴耶識法爾種子爲佛性體." 第六師云: "阿摩羅識眞如解性爲佛性體."

3 『涅槃宗要』, 한불전1. 538b 참조.

4 『涅槃宗要』, 한불전1. 537c.
然佛性之體正是一心. 一心之性遠離諸邊, 遠離諸邊故, 都無所當, 無所當故, 無所不當. 所以就心論, 心非因非果非眞非俗非人非法非起非伏. 如其約緣論, 心爲起爲伏作法作人爲俗爲眞作因作果. 是謂非然非不然義. 所以諸說皆非皆是.

설에 해당한다. 心은 이 모든 것에 해당되기도 하고 해당되지 않기도 한다는 것이다. 이런 뜻에서 위의 여섯 주장에 대해 다음과 같이 말할 수 있다.

> "위의 여섯 분의 주장은 비록 모두가 불성의 실체를 다하지는 못하였지만 각기 입장에 따라 설명하여 각각 그 뜻을 얻었다고 하는 것이다. 그러므로 아래의 글[5]에서 '저 맹인들이 각각 코끼리를 말하는데 비록 그 실질을 얻지는 못하였지만 코끼리를 말하지 않는 것은 아니다.'라고 하였다. 불성을 말하는 것도 또한 그와 같아서 여섯 학설(六法)에 그대로 일치하는 것도 아니고 그것을 벗어나서 있는 것도 아니다. 이 가운데의 여섯 학설이 그러한 줄을 알아야 한다."[6]

여섯 학설이 진리를 그대로 보여주는 것은 아니지만 나름대로의 의의를 가진다는 것이 원효의 설명이다. 장님이 코끼리를 설명하는 것이 완전히 맞는다고는 할 수 없어도 또 완전히 틀렸다고는 할 수 없는 것처럼 여섯 학설도 한계는 가지지만 나름대로의 가치는 있다는 것이 원효의 평가이다. 결론적으로 불성의 본체는 일심에서 찾을 수 있으며 또 일심의 견지에서 볼 때 다양한 학설들이 살려질 수 있다는 것이 원효의 불성의 본체에 대한 학설의 요점이라고 말할 수 있을 것이다. 일반적으로 원효 사상에서 가장 중요한 것으로 평가되는 일심이 여기에서도 핵심이 되고 있다.

III. 佛性의 有無

원효는 佛性의 有無에 관해서 聖位에 관한 것과 凡位에 관한 것의 둘로 나누어서 검토하고 있다. 그런데 성위에서는 불성이 없는 것은 문제되지 않고 불성의 특징이 되는 사물의 유무가 문제될 뿐이므로 불성이 있고 없음이 참으로 문제되는 것은 凡位에서이다. 원효는 凡夫位와 관련한 佛性의 有無에 대해서, 『涅槃經』 迦葉品의 네 구절을 인용하여 논의하고 있다. 네 구절은 다음과 같다.

---

5 『大般涅槃經』(36권본) 권30 「獅子吼菩薩品」, 『大正新修大藏經』 12권, 802a(이하 T12. 802a의 형식으로 표기함).

6 『涅槃宗要』, 한불전1. 539a.
由是義故, 六師所說雖皆未盡, 佛性實體隨門而說各得其義. 故下文說: "如彼盲人各各說象, 雖不得實非不說象." 說佛性者, 亦復如是, 不卽六法, 不離六法. 當知此中六說亦爾.

"혹은 佛性은 一闡提에게는 있고 善根의 사람에게는 없으며, 혹은 佛性은 善根의 사람에게는 있고 一闡提에게는 없으며, 혹은 佛性은 둘 모두에 있고, 혹은 佛性은 둘 모두에 없다."[7]

元曉는 이와 같은 네 구절은 報身의 불성을 두고 한 말이고 법신의 진여불성에 대한 것은 아니라 한다. 그리고 이 4구를 설한 이유에 대해 네 가지로 설명할 수 있음을 말하고 있다. 첫째, 두 문(依持門과 緣起門)을 나타내기 위해서, 둘째는 緣起門 하나에만 관련해서 因果를 구별하기 위해서이며, 셋째는 네 가지 뜻을 위하여, 넷째는 두 쪽에 치우침을 배척하기 위해서 이 네 구절을 설했다고 설명할 수 있다 한다.[8]

먼저 第一義는 의지문과 연기문의 二門을 드러내기 위해서 4구를 설한다. 앞의 2구는 의지문에 의해 5종성을 설하고 후의 2구는 연기문에 나아가 인과성을 나타낸다고 한다. 일천제에게 있다는 것은 부정성의 사람이 선근을 끊었을 때에도 불성이 있고 선근의 사람에게 없다는 것은 결정된 이승의 사람은 선근이 있어도 부처가 되는 종자는 없기 때문이라 한다. 이렇게 해석이 된다면 이는 오종성을 인정하여 하는 설명이 된다. 다음의 2구는 연기문의 인과 과에 해당한다. 모두 있는 것은 因性을 가지고 있다는 것이고 모두 없다는 것은 果性이 없다는 것으로 해석한다.[9] '의지'와 '연기'의 2문에 의해 미혹의 세계 전체를 포착하려는 시점은, 慧遠-智儼(602-668)의 계보에서 이미 거의 확정되어 있다고 한다.[10] 원효가 직접 창안한 것은 아니라는 말이다. 하지만 원효는 일관되게 이 구조를 사용하여 화해를 시도하고 있다.[11] 다음에 검토하겠지만 『십문화쟁론』에서도 이 2문을 이용하여 無性의 존재 유무에 대한 논쟁을 화해시키고 있다.

第二義는 緣起門에 나아가서 설한 것인데 앞의 3구는 因의 차별을, 최후의 1구는 果가 因과 둘이 아니라는 것을 나타낸다고 한다. 第三義는 네 가지 의도로 4구를 설한다는 것이다. 즉 제1구는 이끌고 억누르는 뜻이다. 제2구는 권하고 請하는 뜻, 제3구는 널리 공경하는 마음을 내는 뜻, 제4구는 함께 깨달음의 언덕에 건너가는 마음을 일으키는 뜻이다. 제3의에 대해서 木村清孝

---

7 『涅槃宗要』, 한불전1. 541c.
或有佛性 一闡提有善根人無 或有佛性 善根人有一闡提無 或有佛性 二人俱有 或有佛性 二人俱無. (『大般涅槃經』(40권본) 권36, T12. 574c; 『大般涅槃經』(36권본) 권32, T12. 821c.)

8 『涅槃宗要』, 한불전1. 541c 참조.

9 『涅槃宗要』, 한불전1. 541c-542a 참조.

10 木村清孝, 「元曉の闡提佛性論」, 古田紹欽博士古稀紀念會 編, 『佛教の歷史的展開に見る諸形態』(創文社, 1981), p.331 참조.

11 李平來 교수는 이것이 『二障義』의 顯了門과 隱密門에 대조된다고 말하고 있다.(李平來, 「元曉의 涅槃思想에 관한 연구」, p.254 참조.)

는, "이것은 이른바 철저한 이타의 관점에 선 해석이고 원효 자신의 넘치는 보살 정신의 발로라고 할 수 있을 것이다."[12]라고 하여 이 세 번째 뜻을 중요시하고 높이 평가하였다.

마지막으로 第四義는 有無의 二邊을 떠나도록 하기 위해 4구를 설했다고 하는 해석이다. 앞의 2구는 개별적으로 2변을 떠나는 것을 나타내고 후의 2구는 전체적으로 이변을 떠나는 것을 나타낸다고 한다. 元曉의 입장이 넷째에 있음은 분명하다는 지적[13]도 있지만 이 제사의는 중요한 것으로 보인다. 네 번째 뜻만이 원효의 입장이고 나머지는 원효의 입장이 아니라고 보는 것은 물론 문제가 있지만 有無의 二邊 즉 불성이 있다든가 아니면 없다든가 하는 두 극단을 떠나야 함을 강조하고 있는 것이 일관된 원효의 입장이다.[14]

불성의 유무에 대한 논의는 『십문화쟁론』에서도 중요한 주제이다. 현재 남아 있는 『십문화쟁론』의 단편은 불성의 유무에 대한 화해와 공유논쟁에 대한 화해를 하고 있는 부분이다. 따라서 그 부분에 대해서도 검토를 해보아야 할 것이다. 그러나 그 부분에 대해서는 이미 검토한 바 있으므로[15] 본 논고에서는 생략하고 均如의 『釋華嚴敎分記圓通鈔』에 인용된 『십문화쟁론』의 내용에 의해서 불성 유무에 대한 원효의 견해를 검토해 보도록 하자. 균여는 다음과 같이 원효의 『십문화쟁론』의 불성의 유무에 대한 논의를 인용하고 있다.

> "『화쟁론』에서는 말한다. 물음: 일체 중생이 모두 불성이 있는가? 또한 마땅히 무성의 유정이 있다고 말해야 하는가? 답: 또한 다음과 같이 설하는 사람이 있다. 有情界에 無性이 반드시 있다. 일체계가 차별이 있기 때문이요, 무시이래로 본래 그러하기 때문이다.(云云) 또 다음과 같이 설하는 사람이 있다. 일체 중생은 모두 불성이 있다.(云云)"[16]

먼저 불성의 유무에 대해 두 설이 대립하고 있음을 말하고 있다. 그리고 무성의 유정이 있다고 주장하는 사람은 차별이 있기 때문이고 본래 그렇기 때문에 그렇다고 근거를 댄다고 한다. 일체 중생은 불성이 있다고 주장하는 사람들의 근거는 생략하고 있다. 현존의 『십문화쟁론』을 살

---

12 木村清孝, 「元曉の闡提佛性論」, 古田紹欽博士古稀紀念會 編, 『佛敎の歷史的展開に見る諸形態』(創文社, 1981), p.332.

13 木村宣彰, 장휘옥 역, 「원효대사의 열반사상」, 『민족불교』 2(청년사, 1991), p.251 참조.

14 최유진, 『원효사상연구- 화쟁을 중심으로-』(경남대학교 출판부, 1998), pp.123-125 참조.

15 최유진, 같은 책, pp.118-125 참조.

16 均如, 『釋華嚴敎分記圓通鈔』 권3, 한불전4. 325b.
和諍論云 問一切衆生 皆有佛性耶 當言亦有無性有情耶 答又有說者 於有情界 定有無性 一切 界差別故 無始法爾故(云云) 又有說者 一切衆生 皆有佛性(云云)

펴보면 無性論者들의 주장과 有性論者들의 주장이 비교적 자세하게 제시되어 있지만 여기에서는 생략되어 있다.[17] 양 학설이 문제가 아니라 어떻게 대립적인 두 학설을 화해시키는가가 더 큰 관심사였기 때문일 것이다. 『십문화쟁론』에서는 다음으로 두 주장에 대해 어떻게 평가할 것인가의 문제를 다루고 있다.

> "물음: 두 분의 설하는 바는 어느 것이 참된가? 답 : 어떤 사람은 말한다. 두 분의 설하는 바는 모두 참되다. 왜 그런가 하면 모두 聖敎에 의지해 성립하였기 때문이고 법문은 하나가 아니어서 장애가 없기 때문이다. 이 뜻은 무엇인가? 眞俗이 서로 바라보아 二門이 있는데 依持門과 緣起門이다. 의지문은 대허공이 風輪 등을 지탱하는 것과 같고 연기문은 큰 바다에 파랑 등이 이는 것과 같다. 의지문에 나아가면 진과 속이 하나가 아니고 중생은 본래 그대로 차별이 있어서 그러므로 중생이 있다. 無始이래로 즐거이 생사에 집착해서 움직여 뽑을 수가 없다. 이 문에 나아가면 이에 중생이 육처의 가운데서 출세법을 구하여 가히 生할 수 있는 성품을 영원히 얻을 수 없으므로 이 문에 의하여 무성유정을 건립한다. 연기문에 따르면 眞妄이 둘이 아니고 일체법은 함께 일심을 체로 한다. 그러므로 모든 중생은 무시이래로 이 법계에 유전하지 않음이 없다. 이 문 내에 나아가서 제 중생의 心神의 가운데에 구하여 스스로 원천에 돌아가지 않을 수 없도록 한다. 그러므로 이 문에 의거하여 일체가 모두 불성을 가진다는 것을 세운다. 이와 같이 二門은 본래 서로 방해하지 않는다."[18]

원효는 의지문과 연기문의 둘로 나누어서 논의를 진행시켜서 불성의 유무에 대한 논쟁을 화해시키고 있다. 의지문에 의하면 차별적인 것이 그대로 성립되어서 無性의 중생이 있는 것이 인정되고, 연기문에 의하면 그 본체가 하나이므로 모든 차별이 사라져서 일체 중생에게 모두 불성이 있다는 것이 인정된다고 한다. 원효는 『열반경』에 설해진 불성의 유무에 대한 4구의 해설을 통해 천제불성에 대한 그의 견해를 밝히고 있는데 천제불성을 설명하는 데에도 2문을 적용하여 설명하고 있음은 앞서 본 바와 같다. 그러면 『열반종요』에서의 천제불성을 설명하는 2문과 『화

---

17 이 두 학설의 근거에 대해 논의하는 『십문화쟁론』의 내용에 대해서는 앞의 책 같은 부분을 참조할 것.

18 均如, 『釋華嚴敎分記圓通鈔』, 한불전4. 325.
問二師所說 何者爲實 答又有說者 二師所說 皆是實 何以故 皆依聖敎而成立故 法門非一無障碍故 是義云何 眞俗相望有其二門 謂依持門及緣起門 依持門者 猶如大虛持風輪等 緣起門者 猶如巨海起波浪等 就依持門 眞俗非一 衆生本來法爾差別 故有衆生 從無始來 樂着生死 不可動1拔 就此門內 於是衆生 六處之中 求出世法 可生之性 永不可得故 依此門建立無性有情也 約緣起門 眞妄無二 一切法同一心 爲體 故諸衆生 從無始來 無不卽此法界流轉 就此門內 於諸衆生 心神之中 求不可令歸自源者 永不可得 故依此門 建立一切皆有佛性 如是二門 本無相妨(已上)

쟁론』에서의 2문이 같은가가 문제이다. 이 문제에 대해 균여는 다음과 같이 논의하고 있다.

> "두 곳의 依持와 緣起는 어떤 차별이 있는가? 답: 어떤 사람은 차별이 있다고 하지만 하나이다. 물음: 『화쟁론』 중에서는 여러 경론에 두루 의지하여 그 二門을 설하고 『종요』 중에서는 오직 『열반경』에만 의지하여 이문을 세웠으므로 두 곳은 이미 다르다. 어찌하여 같다고 하는가? 답: 『화쟁론』 중에서는 『瑜伽論』, 『現揚論』 등에 의하여 의지문을 세우고 『열반경』 등에 의하여 연기문을 세웠다. 그러나 『유가론』 등의 문구를 두루 취하지 않고, 다만 五性差別의 문장에 의하여 의지문을 세웠다. 또한 『열반경』의 문장을 두루 취하지 않고 다만 모두 불성이 있다는 문장에 의지하여 연기문을 세웠다. 또 『종요』 중에서는 『열반경』의 문장을 모두 갖추어 五種性文에 의해서는 의지문을 세우고 經宗의 모두 불성이 있다는 문장에 의해서는 연기문을 세웠으므로 두 곳이 다름이 없다. 이치가 밝고 뚜렷하다.[19]

의지문과 연기문의 二門을 세워서 화쟁하고 있는 것이 원효의 뛰어난 점이다. 그리고 2문을 세워 화해시킴에 있어서 천제불성을 논의하는 『열반종요』에서의 논의와 무성중생이 있느냐 없느냐를 화해시키는 『십문화쟁론』의 논의에서 그 2문은 동일하다는 것이다. 『십문화쟁론』에서는 여러 경론을 동원하고 있고 『열반종요』에서는 『열반경』만을 그 근거로 제시하고 있으나 그 근본 뜻은 같다는 것이 균여의 해설이다.

또 다른 문제 하나는 報佛性과 관련된 문제이다. 천제불성을 말하는 4구의 논의에서 원효는 4구 전체가 報佛性을 나타내는 것이라고 하는데, 그러면 『십문화쟁론』에서 말하는 불성과는 다르지 않는가의 문제가 발생한다고 한다. 균여는 다음과 같이 논의하고 있다.

> "물음: 『종요』 중에는 말하기를, "이와 같은 4구는 報佛性을 나타낸다. 法身眞如佛性에 나아가는 것이 아니다."라고 하였고, 『화쟁론』 중에서는, "큰 바다에서 波浪이 일어나는 것과 같다."라고 하였다. 그 큰 바다는 진여불성을 비유하는 것이므로 그 논하는 바의 불성의 뜻은 이미 다르다. 어찌하여 같다고 하는가? 답: 진여불성은 다시 더 유무를 논할 필요가 없다. 이미 有情과 非情에 모두

---

19 均如, 『釋華嚴敎分記圓通鈔』 권3, 한불전4. 325c-326a.
二處依持緣起何別 答一云 別也 然而一也. 問和諍論中 通依諸經論 說其二門 宗要中 唯依涅槃 立二門故 二處旣別 何故同耶 答和諍論中依瑜伽現揚等 立依持門 依涅槃等經 立緣起門 然不通取瑜伽等文句<卷三第三三張> 但依五性差別之文 立依持門 亦不通取涅槃經文 但依皆有佛性之文 立緣起門 又宗要中 俱是涅槃經文 而依五種性門 立依持門 依於經宗 皆有佛性之文 立緣起門故 二處無異 理昭彰矣

통하므로 유무를 말할 것이 없다는 것이다. 오직 報佛의 성품을 나타낸다는 데에 따라서 의지와 연기를 논할 뿐이다. 그러므로 큰 바다는 진여에 의지해 보불이 일어난다는 비유이다.[20]

『십문화쟁론』에서의 큰 바다에 파랑이 인다는 비유는 연기문을 나타낼 때 사용된다. 따라서 큰 바다는 진여불성의 비유로 보아야 한다. 그런데 『열반종요』에서의 불성의 유무를 설명하는 4구는 모두 보불성에 관한 것이다. 그렇다면 둘이 서로 다르지 않느냐는 질문이다. 이에 대해 진여불성만이 문제되는 것이라면 그것은 유무를 따질 필요도 없다는 것이다. 즉 진여불성은 이미 누구에게나 있는 것이므로 말할 필요가 없다. 보불의 성품이 어떻게 나타나느냐의 문제에서 의지와 연기가 문제되는 것이라는 풀이이다. 그렇다면 큰 바다의 비유는 진여불성의 비유가 아니라 진여에 의지해서 어떻게 보불이 나타나느냐에 대한 비유로 보아야 한다는 것이다. 그러므로 결국 같다. 이와 같이 『십문화쟁론』에서의 논의나 『열반종요』에서의 논의가 서로 다른 것이 아니라 일관성을 가지고 있다고 볼 수 있다. 원효는 불성에 관한 자신의 이론을 전개함에 있어 일관된 태도를 견지하고 있었던 것이다.

불성에 대한 논의에서 마지막으로 한 가지 덧붙일 것은 『열반종요』 「會通門」에서의 논의이다. 그의 불성에 대한 견해를 종합적으로 볼 수 있기 때문이다. 「회통문」에서 원효는 다음과 같이 말한다.

> "불성의 뜻은 무량한 문이 있지만 같은 종류끼리 서로 포섭하면 5종을 벗어나지 않는다. 첫째는 性淨門의 常住佛性이고 둘째는 隨染門의 無常佛性인데 이 두 문은 모두 因性을 설한다. 셋째는 현재의 果인데 모든 부처가 얻은 것이며 넷째는 앞으로 얻을 결과(當果)로서 중생이 함유하고 있는 바이며 다섯째는 일심인데 因도 果도 아니다."[21]

불성을 이와 같이 1)常住佛性 2)無常佛性 3)現果불성 4)當果佛性 5)一心非因非果의 5종류

20 均如, 『釋華嚴敎分記圓通鈔』 권3, 한불전4.326a.
問宗要云 如是四句 現報佛性 非就法身眞如佛性(已上) 和諍論中 猶如巨海起彼浪者 其巨海則喩眞如佛性故 其所論佛性義 旣不同何云同耶 答眞如佛性者 不須更論有無 謂旣通情與非情 莫論有無 唯約現報佛之性 論依持緣起是故巨海者喩依眞如起報佛義也.

21 『涅槃宗要』, 한불전1.541c.
佛性之義有無量門以類相攝不出五種 一性淨門常住佛性 二隨染門無常佛性 是二種門皆說因性 三者現果諸佛所得 四者當果衆生所含 五者一心非因非果 依是五門以攝諸文.

로 나눌 수가 있다. 그리고 각각의 것에 대해 설명하자면 1)상주불성은 性淨眞如佛性을 나타내는데 그것에 해당하는 것은 一乘, 因緣, 空性, 智慧 등의 명칭이 있다. 글은 다르나 뜻은 같다. 2)隨染門의 報佛性은 大信心, 慈悲喜捨, 四無礙智, 灌頂三昧 등을 불성으로 하는 것이다. 3)현과불성은 여래의 불성이고, 4)당과불성은 일체중생실유불성을 말한다. 5)원인도 아니고 결과도 아니며 常도 아니고 無常도 아닌 一心이 불성이다. 그러나 또 일심은 非因非果이므로 因도 되고 果도 되며 因因도 되고 果果도 된다. 그러므로 앞에서 染·淨의 두 원인과 當·現의 두 결과를 넷으로 갈라 설명하였지만 그것들의 성품은 둘이 아니고 오직 일심일 뿐이다. 그리고 일심의 성품은 오직 부처만이 체로 하는 바이므로 불성이라고 한다고 하였다.[22] 일심이야말로 근본이다. 불성이 따로 있는 것이 아니라 바로 일심이 불성이라는 것이 원효의 주장이다. 일심을 중요하게 생각하는 원효의 사상을 우리는 여기에서도 확인할 수 있다. 일심이야말로 원효 사상의 핵심인 것이다.

IV. 결론

이제까지 불성의 체와 불성의 유무의 문제를 중심으로 해서 원효가 어떻게 불성을 이해하고 있는가의 문제를 살펴보았다. 불성의 체에 관해서 원효는 기존의 학설을 6개로 정리하고 각각의 학설을 체계적으로 설명하였다. 그러나 다양하게 불성의 체에 대해 설명하지만 불성의 본체는 바로 일심이라 하여 결국 일심에로 돌아간다. 그리고 일심은 해당됨이 없고 해당되지 않음도 없다고 한다. 따라서 여섯 학설이 맞는 것도 아니지만 그렇다고 완전히 틀린 것도 아니라 하여 어느 정도 인정을 하고 있고 그것을 통해 화해를 시키고 있다. 다음으로 불성의 유무에 대해서 논의하는데 불성이 없는 존재 즉 一闡提가 있느냐 없느냐의 문제가 주제인데 불성의 유무를 말하는 『열반경』의 4구를 중심으로 논의한다. 4구를 해석하는 데에 네 가지 뜻이 있다는 것이 원효의 설명이다. 여러 가지 뜻으로 해석하지만 결국 가장 중요한 것은 극단에 치우치지 않게 하려고 했다고 해석하는 것이다. 극단을 떠나는 것이 중요하기 때문이다. 다음으로 의지문과 연기문의 二門에 의한 해석도 중요하다고 할 수 있을 것이다. 불성은 의지문과 연기문의 二門에 의해서 설명이 가능한데 이문은 서로 통하므로 화해가 가능하다는 것이다. 2문에 의한 화해 방식은 『십문화쟁론』에도 나타나고 있다. 그리고 『열반종요』 「회통문」의 논의에서는 불성은 다섯 종류로 정

---

22 『涅槃宗要』, 한불전1.545c 참조.

리할 수 있다고 말하는데, 원효에 있어서는 일심이 중요하므로 그 중에서 非因非果의 일심으로 불성을 파악하는 것에 주목해야 한다. 불성에 대해 여러 가지로 말하지만 결국 일심에로 돌아간다는 것이 원효의 주장이다. 일반적으로 일심과 화쟁이 원효 사상의 핵심이라고 인정되어 왔다. 여기에서 불성에 대한 원효의 견해를 살펴본 결과도 원효에 있어서는 결국 일심이 가장 중요하다는 것이다. 일심이야말로 원효사상의 핵심이다. 그리고 일심에 근거하여 보면 여러 이론들의 화해와 회통이 가능하다.

원효가 불성에 대해서 논의함에 있어서 혜원의 영향을 많이 받았다는 사실이 지적되고 있다.[23] 그러나 이미 다른 곳에서 지적하였듯이[24] 불성을 해석하는 구체적인 내용과 순서 등에 있어서는 도움을 받았다고 하더라도 『열반종요』의 전체적인 틀은 자신의 독자적인 입장을 가지고 있다. 그리고 불성에 대한 견해도 일심을 중시하고 화해와 조화를 강조하는 그의 입장이 바로 나타나고 있다.

---

23 木村宣彰은 "제2의 佛性門도 대부분 혜원의 佛性義를 소재로 하고 있다. 법불성.보불성의 二佛性에 대한 논의, 凡夫位에 즉해서 불성의 유무를 설하는 곳, 불성과 삼성의 논의, 또한 제6의 회통에서 갖가지 佛性義를 常住佛性.無常佛性.現果佛性.當果佛性 등으로 분류하고 있지만, 이 역시 혜원의 불성의에 대한 설을 정리한 것이다."라고 말하고 있다.(木村宣彰, 장휘옥 역, 「원효대사의 열반사상」, 『민족불교』 2(청년사, 1991), p.242)

24 최유진, 「원효의 열반관」, 『인문논총』 제15집(경남대학교 인문과학연구소, 2002), p.108 참조.

제5장 원효의 열반관

I. 서론

열반은 불교의 궁극적 목적지이고 최고선이다. 다른 말로 좀더 평이하게 설명하면, "열반이란, 소극적으로 말하면 일체의 고통으로부터 해방된 삶이겠고, 적극적으로 풀이하면 자유롭고 행복한 삶이 되겠다. 열반은 온갖 굴레를 벗어난 인생 즉 해탈한 인생을 가리킨다."[1] 이 열반에 대해 元曉(617-686)가 어떻게 보고 있는가를 살펴보고자 하는 것이 본 논문의 목적이다. 원효의 『涅槃宗要』는 『涅槃經』에 대하여 해설하고 있는 저술인데 원효는 여기에서 이 경의 종지를 열반과 불성으로 보아 열반과 불성에 대해 논의하고 있다. 열반에 대한 그의 견해가 가장 집약적으로 나타난 것이 이 책의 열반문이므로 『열반종요』를 주된 자료로 하고 그 밖의 그의 저술을 참고하여 원효의 열반에 대한 견해를 알아보도록 하자. 원효는 『열반종요』에서 『열반경』에 대하여 전체적인 설명을 하고 난 다음에 구체적으로 열반에 관해서 첫째, 열반의 번역 문제에 대해 알아보았고 둘째로는 열반의 본체를 문제 삼아 無垢眞如를 이러한 본체라고 보는 견해와 그 밖의 견해를 검토하고 있다. 셋째는 범부·二乘·보살·부처로 갈라서 누가 열반에 들 수 있는가에 관한 소승 각부의 학설과 대승의 견해를 비교하였다. 넷째로는 性淨涅槃과 方便壞涅槃 및 有餘涅槃과 無餘涅槃을 설명하였고 다섯째는 이 열반을 법신, 반야, 해탈의 측면에서 다루었으며 마지막으로는 열반의 공덕인 常 · 樂 · 我 · 淨에 대해 설명하고 있다.

본고에서는 원효의 『열반경』에 대한 견해를 먼저 살펴보고 『열반종요』에서 원효가 열반에 대해 논의하고 있는 주제를 중심으로 하고 열반과 생사의 문제 또는 열반의 증득 문제 등도 포함하여 원효의 열반관을 알아보도록 하겠다. 열반에 관한 수많은 이론들을 분석하는데 나타나는 원효의 입장과 논리는 화쟁의 논리라고 부를 수 있을 것이다. 그 구체적인 논리와 방법을 찾는

---

1 심재룡, 「윤리와 열반」, 『철학사상』 1집(서울대학교 철학사상연구소, 1991), p.11.

것도 이 논문의 과제가 될 것이다.

II. 『열반경』에 대한 원효의 견해

한문으로 번역된 대승의 『열반경』에는 세 가지가 있다. 첫째는 東晋 때(418년)에 法顯이 번역한 『大般泥洹經』(6권)이고 둘째는 北涼 曇無讖이 421년에 번역한 40권본 『大般涅槃經』 이고 셋째는 劉宋의 慧觀, 慧嚴 등이 법현의 번역본과 담무참의 번역본을 대조하여 13품의 담무참의 번역본을 25품으로 수정한 36권본 『大般涅槃經』이다. 이중 40권본을 北本, 36권본을 南本이라 한다. 원효의 열반관을 알 수 있는 것은 주로 『열반경』의 핵심을 정리 해설한 저서인 『열반종요』를 통해서인데 원효는 주로 36권본 『열반경』을 사용하였고 한두 곳에서 6권본도 이용하였다. 『열반경』은 전통적으로 부처가 열반에 들기 직전에 자신의 깨달음에 대하여 최종적으로 설법한 것이라 하였다. 그리하여 불교의 가장 중요한 최종적인 가르침이 이 경전에 들어 있다 하여 일찍부터 중시되어 왔다. 그 핵심 내용은 佛身이 常住한다는 것

과 모든 중생이 불성을 가지고 있음을 주장하는 것이라 할 수 있다. 처음 이 경전이 번역되고 나서 중국에서는 열반학파가 형성되어 열반과 불성에 대한 논의가 활발히 진행되었다.

열반이 핵심적인 주제가 되는 것은 역시 『열반경』에서이므로 원효가 『열반경』을 어떻게 이해하고 있는가 하는 것도 원효의 열반에 대한 견해를 아는 데 중요하다고 할 수 있을 것이다. 『열반경』에 대한 원효의 견해에 대해 차례로 알아보도록 하자.

1. 『열반경』의 大意 및 宗旨

원효는 『열반경』의 대의를 다음과 같이 말하고 있다.

"이 경은 佛法의 바다요, 方等의 비밀 창고이며, 그 가르침은 측량하기 어렵다. 실로 넓고 탁 트이어 그 끝이 없고, 매우 깊어 그 밑이 없다. 밑이 없기 때문에 다하지 않음이 없고, 끝이 없기 때문에 갖추지 않음이 없다. 여러 경전의 부분을 통합해서 온갖 흐름을 一味로 돌아가게 하고, 지극히 공정한 부처의 뜻을 열어 百家가 서로 다른 의견을 내세워 다투는 것을 화해시킨다. 이리하여 시끄럽게 떠들어대는 四生을 모두 둘이 없는 實性에로 돌아가게 하고, 오랜 잠에서 꿈꾸는 자들을 한결

같이 大覺의 極果에 이르게 한다."[2]

원효가 특히 이 『열반경』을 중시한 것은 다하지 않음이 없고 갖추지 않음이 없는 것이 이 경전이기 때문이다. 이 경은 모든 것을 다 갖추고 있어서 여러 경전의 부분을 통합해서 一味로 돌아가게 하고 百家의 異諍을 화해시킨다고 한다. 그리하여 모든 중생들을 無二의 實性에로 돌아가게 하고 大覺의 극과에 이르게 한다는 것이다. 궁극적인 경지에 돌아가게 해주는 것이 이 경전이라는 것이다. 이것이 이 경의 대의라 한다. 화쟁을 중시하는 원효의 입장에서 볼 때에 『열반경』은 화해의 근거가 되고 실천과 밀접히 연관되는 불성과 열반의 사상을 중심으로 하기 때문에 더욱 중요한 경전 중의 하나라고 할 수 있을 것이다.

구체적으로 이 경의 종지에 대해서는 여러 사람의 학설을 소개하면서 논의를 진행하고 있다. 즉 다음과 같은 여섯 가지 주장을 소개하고 있다. (1)경문의 처음부터 끝까지에 나타난 여러 가지 이치가 모두 이 경의 종지가 된다. (2)네 가지 큰 뜻으로 經宗을 삼는다. 네 가지는 ①열반은 三事와 四德을 갖추고 있다. ②일체 중생은 불성이 있다. ③三寶의 불성은 본체가 같다. ④闡提나 二乘도 다 부처가 된다는 것 등이다. (3)出世의 因果를 그 종지로 삼는다. 果는 보리와 열반, 因은 佛性과 聖行이다. (4)當常(미래에 얻을 佛의 果位)과 現常(모든 부처가 현재에 얻은 佛의 果位)의 두 결과로 종지를 삼는다. (5)원만하고 지극한 하나의 결과(圓極一果) 즉 하나의 큰 열반으로 이 경의 종지를 삼는다. (6)諸佛秘藏의 無二의 實性으로 경의 종지로 삼는데 이러한 실성은 상을 떠나고 성을 떠나서(離相離性) 어떤 문에도 장애가 되지 않는다.[3]

그러면 이 여섯 가지 중에서 어느 것이 진실인가 하는 문제에 대해서는 다음과 같이 말하고 있다.

"물음: 이러한 여섯 분의 주장 중에서 어느 것을 진실이라 하겠는가?

대답: 어떤 사람은 그 모든 주장이 다 진실이라고 하는데, 그것은 부처의 뜻은 일정한 방향이 따로 없어서 맞지 않는 곳이 없기 때문이다. 또 어떤 사람은 뒤의 주장이 진실이라고 하는데, 그것은 여래의 일정한 방향이 없는 뜻을 얻었기 때문이고 앞에서 설한 여러 분의 뜻을 함께 용납하기 때문

---

2 今是經者, 斯乃佛法之大海, 方等之秘藏. 其爲敎也, 難可測量. 由良廣蕩無崖甚深無底. 以無底故, 無所不窮, 以無崖故, 無所不該. 統衆典之部分, 歸萬流之一味, 開佛意之至公, 和百家之異諍. 遂使擾擾四生僉歸無二之實性, 夢夢長睡並到大覺之極果.(『涅槃宗要』, 한불전1, 524a~b)

3 『涅槃宗要』, 한불전1, 525b-c 참조.

이다. 이 두 설이 또한 서로 어긋나지 않음을 알아야 할 것이다."[4]

결론적으로 여섯 주장 모두를 다 용납할 수 있다는 것이 원효의 주장이다. 일단은 모두를 긍정하는 의견과 여섯 번째만을 긍정하는 설의 둘로 나눌 수 있지만 그 두 설이 어긋나지 않는다는 것이다. 전체를 긍정할 수 있는 근거가 부처의 뜻이 다 맞기 때문이고 다 맞는 부처의 뜻을 살린 여섯 번째 학설이 따라서 올바른 설이다. 굳이 따지자면 이 여섯 번째의 입장이 원효의 입장으로 볼 수 있을 것이다. 無二의 實性으로 종지로 삼는다는 뜻은 대의에도 나타나 있다. 여기에서 여섯 번째는 자신의 것만을 고집하지 않는 태도가 그 학설 자체에 포함되어 있지만 첫 번째부터 다섯 번째까지는 그렇지는 않다. 따라서 이 다섯 학설은 오로지 자기 것만 옳고 남의 것은 인정할 수 없다고 고집한다면 그것은 잘못된 이론이 될 것이다. 원효는 그것을 여기에서는 설명하고 있지는 않지만 두 설이 대립하고 있을 때 고집하지 않는다면 모두 옳지만 한 변만을 고집하면 모두 그르다는 말은 곳곳에서 하고 있다.

『열반경』의 종지를 설명함에 있어서 총체적으로는 이상과 같이 설명할 수 있지만 분별해서 설명하면 열반과 불성으로 나누어 볼 수 있다는 것이 원효의 견해이다. 『열반종요』의 대부분의 내용을 차지하는 것이 원효가 보는 경의 종지인 열반과 불성에 대한 설명이다. 여기에서 원효의 『열반경』 해석의 사상사적 배경을 살펴보도록 하자. 원효의 『열반경』 해석에 가장 큰 영향을 미친 것은 혜원의 사상이라 한다.[5] 특히 그의 『大乘義章』을 많이 참조한 것으로 보인다. 그러나 그는 다음에 나오듯이 혜원의 교판에 반대하고 있다. 따라서 구체적인 부분에서는 혜원을 많이 참고하고 있긴 하지만 기본 사상이나 큰 틀은 원효의 독자적인 것이라고 하여야 할 것이다. 『열반경』 평가에 있어서도 열반과 불성을 두 가지를 핵심으로 보아 두 가지를 합쳐서 설명하려고 하는 점은 원효의 독특한 점이다. 원효는 『대승의장』의 열반과 불성에 대한 설명을 참고하고 있을 뿐이고 직접적으로 『열반경』에 대한 전체적인 해석에서 영향을 받았다고 볼 수는 없다. 전체적인 틀은 자신의 것이고 구체적인 내용에서 참고를 하고 있다고 보아야 할 것이다. 원효가 『열반경』의 근본취지인 宗을 열반과 불성의 二門으로 파악한 것은 종을 宗體와 意致로 파악하는 원효의 宗에 관한 사고방식과도 밀접히 상응한다는 지적이 있다.[6] 경청할 만한 의견이라고 생각한다.

---

4 問: 六師所說何者爲實. 答: 或有說者, 諸說悉實, 佛意無方無不當故. 或有說者, 後說爲實, 能得如來無方意故, 並容前說諸師義故. 當知是二說亦不相違也. (『涅槃宗要』, 한불전1. 525c-526a)

5 木村宣彰, 장휘옥 譯, 「원효대사의 열반사상」, 『민족불교』 제2호(청년사, 1992), pp.240-244 참조.

6 같은 논문, pp.240-245 참조.

그러나 "원효가 『열반종요』의 본론을 '열반문'과 '불성문'으로 한 외적인 요인은, 아마도 혜원의 『大乘義章』에서 모범을 취하였기 때문인 듯하다."[7]는 말은 받아들이기 어렵다. 앞서 말했듯이 혜원 자신이 『열반경』을 해석할 때에 그런 식으로 조직하고 있지 않다. 그렇다면 전체적인 틀을 열반과 불성으로 나누는 것을 영향을 받을 수가 없다고 해야 할 것이기 때문에 그렇다. 열반과 불성을 해석하는 구체적인 내용에 있어서는 백과전서적인 혜원의 저술 『대승의장』의 도움을 받고 있다고 해도 전체적인 틀에 있어서는 자신의 독자적인 입장을 취하고 있는 것이다. 전체적으로 화해시키려는 입장 그리고 실천적인 면을 중시하는 입장이 『열반경』의 핵심을 열반과 불성으로 규정하는 데에서도 나타나고 있는 것이다.

2. 『열반경』에 대한 평가-教判

다음으로는 교판에 대해서 알아보도록 하자. 원효는 『열반종요』의 教迹門에서 『열반경』의 위치를 다루는 교판 문제에 대해서 언급한다. 먼저 그는 劉虬[8]의 교판설을 소개하고 있다.

"예로부터 南土의 여러분들은 武都山 隱士 劉虬의 주장에 많이 의지하여 말하였다: '여래의 일생에 걸친 교화의 말은 頓과 漸에서 벗어나지 않는다. 『화엄경』 등은 이것이 돈교이고 나머지는 점교라 한다. 점교 안에는 5시가 있다. 첫째는 부처가 처음 성도하고 提謂 등을 위하여 五戒와 十善 등 人天教의 法門을 설한 것이다. 둘째는 부처가 성도한 다음 12년 동안에 설한 三乘差別의 教門인데 아직 공의 도리는 말하지 않았다. 셋째는 부처가 성도한 뒤 30년간에 空하여 無相인 『반야경』, 『유마경』, 『思益經』 등을 설하였다. 비록 삼승이 한 가지로 공을 관하여야 함을 설하였지만 아직 一乘을 설하여 삼승을 깨뜨리고 일승에 돌아오게 하지는 못하였다. 넷째는 부처가 성도한 뒤 40년 뒤 8년간을 『법화경』을 설하였다. 이는 널리 일승을 밝혀 삼승을 깨뜨리고 일승에 돌아오게는 하였지만, 아직 '중생이 다 불성이 있음'을 설하지 못하였다. 그래서 다만 부처의 수명이 티끌의 수보다도 많고 미래세에 머무름이 위의 수보다 배가 더 됨을 드러냈지만 아직 부처가 상주함을 밝히지 못하였다. 그러므로 이는 不了義의 가르침이다. 다섯째는 부처가 열반에 임하여 『대열반경』을 설하여

7 같은 논문, p.240.

8 『한국불교전서』의 『열반종요』에서는 (登+刂)(蚓)로 되어 있으나 武都山 은사라는 것과 교판 내용으로 볼 때 劉虬가 확실하다. 글자도 비슷하다. 登+刂은 劉이고 蚓는 虬이다. 황산덕 역의 『열반종요』(동국대학교역경원, 1982)와 이영무 역의 『열반경종요』(대성문화사, 1984)에서는 이것을 밝혀놓지 못했지만 金俊烴은 이를 밝혀 놓았다.(金俊烴, 「元曉의 教判觀研究」(동국대학교대학원 박사학위논문, 1985) 참조)

모든 중생이 다 불성을 가지고 있고 法身이 상주함을 밝혔으니 이것은 了義經이다.' 南土의 여러분들은 대개 이러한 뜻을 전하여 온다."[9]

이는 慧遠의 『大乘義章』에 나오는 劉虬의 교판을 轉載한 것이라 한다.[10] 혜원은 『大乘義章』 제1권 衆經教迹義에서 유규의 교판을 소개하고 그에 대해 비판하고 있는데 원효는 이에 근거해서 유규의 교판설을 소개하고 있다는 것이다. 다만 혜원은 유규의 교판을 五時七階로 설명하고 있는데 원효는 칠계는 생략하고 오시의 교판만을 인용하고 있는 것이 다른 점이다. 이 교판에 대해 북쪽의 여러분들의 입장은 다르다 하여 원효는 이어서 다음과 같이 말한다.

"북방의 여러분들은 『반야경』 등도 모두 了義가 된다고 말한다. 다만 각기 근본으로 삼는 입장이 다를 뿐이다. 『반야경』 등은 지혜를 근본으로 삼고 『유마경』 등은 해탈을 근본으로 삼고 『법화경』은 一乘을 근본으로 삼고 『대열반경』은 妙果를 근본으로 삼는다. 이들은 다 위대한 해탈을 일으키고 行德이 究竟에 이르게 하는 大乘了義說이다. 곧 앞에서 말한 五時教의 말을 깨뜨리는 것이다."[11]

『열반경』만을 了義라고 주장하는 남방의 학설을 비판하는 북방의 학설을 소개하고 있다. 여기에서 말하는 북쪽의 여러분의 학설은 대개 혜원의 설명이라 할 수 있다. 즉 오시교판에 대한 비판도 혜원의 『대승의장』의 설명에 그대로 따르고 있다. 이것도 원효가 『열반종요』를 저술할 때에 혜원의 『대승의장』을 많이 참고하고 있었음을 알게 해준다. 이제 이 두 입장에 대해서 원효는 어떻게 판단하여 화해시키고 있는가? 원효는 남북의 두 주장 중에서 어느 것이 옳은가 하는 질문에 대하여 다음과 같이 대답한다.

"만일 一邊만을 고집하여 한결같이 그러하다고 말한다면 두 설이 모두 그르다. 그러나 만일 분

---

9 南土諸師多依武都山隱士(登+刂)(劉)義云 如□□□□說無出頓漸 花嚴等經是其頓教餘名漸□□□內有其五時 一佛初成道已爲提胃等說五戒十善人天教門二佛成道已十二年中宣說三乘差別教門 未說空理 三佛成道已三十年中說空無相波若維摩思益等經 雖說三乘同觀於空未說一乘破三歸一 四佛成道已四十年後於八年中說法花經廣明十乘破三歸一未說衆生皆有佛性 但彰如來壽過塵數 未來所住復倍上數不明佛常 是不了教 五佛臨涅槃說大涅槃 明諸衆生皆有佛性法身常住是了義經 南土諸師多傳是義(『涅槃宗要』, 한불전1, 546c)

10 金俊烴, 「元曉의 教判觀研究」, p.26 참조.

11 北方師說般若等經皆了義 但其所宗各不同耳 如般若經等智惠爲宗 維摩經等解脫爲宗 法花經者一乘爲宗 大涅槃經妙果爲宗 皆是大解起行德究竟大乘了義之說 卽破前說五時教言(『涅槃宗要』, 한불전1, 546c)

수를 따르고 그러한 고집의 뜻이 없다면 두 설이 모두 옳다. 왜 그런가 하면 부처가 말한 반야 등의 가르침의 뜻은 광대하고 심히 깊어서 얕으니 통하느니 한 것으로 어느 한 변에만 한정시킬 수 없기 때문이다. 또 어느 때 天台智者가 神人에게 묻기를, '북방에서 세운 四宗은 경의 뜻에 맞는가?'라고 하자 신인이 대답하기를, '잃은 것이 많고 얻은 것이 적다.'라고 하였다. 또 묻기를, '『成實論』을 지은 분이 五教를 세운 것은 부처의 뜻에 맞는가?'라고 하자 神人은 '四宗을 세운 것보다는 조금 나으나 그래도 과실이 많다.'고 하였다. 그런데 天台智者는 禪定과 지혜에 모두 통하여 온 세상 사람들이 모두 소중히 여기며 범부나 성인들이 헤아려 알 수 없는 분이다. 부처의 뜻은 심원하고 무한한데 四宗으로 경의 뜻을 분류하고 五時로 부처의 뜻을 한정하려 하는 것은 마치 소라로 바닷물을 퍼내고 대롱으로 하늘을 엿보려는 것과 같음을 이것으로 알겠다."[12]

고집의 뜻이 없다면 사종과 오교의 두 설이 모두 옳지만 고집한다면 두 설 모두 그르다는 것이 원효의 판단이다. 고집의 뜻이 없다면 옳은 이유는 부처의 설한 바가 워낙 광대하고 깊어서 어디에나 해당된다고 할 수 있기 때문이라 한다. 어떤 경전에 의해서도 佛道에 들어가는 것이 가능하다고 하는 것이 원효의 입장이다. 각각의 경전은 그것 나름대로 불타의 진리를 전달하고 있으므로 그것을 잘 이해하는 것이 중요하다고 생각한다. 어느 경전이 절대적으로 우월하다고 보는 입장이 아니다. 어떻게 하여야 불교의 궁극적인 깨달음에 도달할 수 있느냐가 중요하고, 각각의 경전은 모두 그 깨달음을 획득하기 위해 있다고 말한다. 따라서 경전의 우열을 결정하는 방식의 교판은 바람직하지 않다고 생각한다. 고집의 뜻이 없다면 사종과 오교의 설이 모두 옳다고 일단 말하고 있긴 하지만 원효의 입장은 이 교판의 이론을 비판하는 것이라 할 수 있을 것이다. 여기에서 천태지자를 등장시키고 神人의 입으로 남북의 교판 모두에 대해 부정적인 견해를 피력하게 하는 것도 그러한 원효의 입장을 잘 보여주고 있다. 그런데 여기에서의 비판은 어느 점이 부족해서 잘못된 교판이기 때문에 비판하는 것이 아니라 교판을 하는 것 자체가 문제가 있다는 것이 원효의 입장이라고 할 수 있을 것이다. 화쟁의 정신에서 전 불교를 바라보고 있다고 해석할 수 있다.

---

12 答若執一邊謂一向爾　二說皆失　若就隨分無其義者　二說俱得　所以然者　佛說般若等諸教意廣大甚深　淺通復不可定限於一邊故 又如隨時天台智者問神人言　北立四宗會經意不　神人答言失多得少　又問成實論師立五教稱佛意不　神人答曰小勝四宗猶多過失　然天台智者　禪惠俱通　擧世所重　凡聖難測是知佛意深遠無限　而欲以四宗科於經旨　亦以五時限於佛意　是猶以螺酌海用管闚天者耳(『涅槃宗要』, 한불전1, 547a)

3. 열반에 대한 견해

원효가 『열반종요』의 「열반문」에서 열반을 해석하는 데 있어서 많은 부분이 혜원의 『대승의장』의 영향을 받은 것으로 알려지고 있다. 먼저 그 구성을 보면 혜원은 『대승의장』에서 열반을 해설하는 데 있어서 크게 5부분으로 나누어서 행하고 있다. 즉 (1)이름 해석 (2)滅의 구분 (3)體를 정함 (4)開合하여 相을 분별 (5)雜義分別 ①有無 ②通局 ③大小 ④位 ⑤時 ⑥生死涅槃의 體의 同異 ⑦諸佛涅槃體의 一異로 나누고 있다.[13] 이에 비해 원효는 여섯 부문- (1)名義 (2)體相 (3)通局 (4)二滅 (5)三事 (6)四德(4덕의 顯相, 立意, 差別, 和諍)- 으로 나누고 있는데 기본적으로 비슷하다. 구체적인 내용에 있어서도 비슷한 것이 많다는 지적이다.[14] 그러나 물론 원효가 혜원을 그대로 맹목적으로 따르는 것은 아님은 앞에서도 지적한 바 있다. 원효의 열반에 대한 설명 중에서 원효의 특징을 잘 보여주는 대표적인 것 몇 가지만 살펴보도록 하자.

1) 열반의 體性

열반의 체성에 관하여 원효는 다음과 같이 설명한다.

"[열반의 체성에 대한] 여러 사람들의 주장은 동일하지 않다. 어떤 분은 다음과 같이 말한다 : 무구한 진여가 열반의 體性이요, 始起의 공덕은 열반의 [체성이] 아니다. 그것은 [열반을] 능히 증득하는 지혜는 이것이 보리이기 때문이다. 이 경에 말하기를, "열반이라는 뜻은 곧 모든 부처의 法性이다."라고 하였고, 또 그 아래 문장에서 말하기를, "열반의 체성은 본래부터 스스로 있었던 것이어서, 지금에 와서 있는 것이 아니다."라고 하였다. 그리고 『大品經』(大般若波羅蜜多經)에서는 말하기를, "모든 법의 성품이 공한 것이 곧 열반이다."라고 하였으며, 『占察經』에서는 말하기를, "번뇌와 생사는 마침내는 그 체가 없는 것이어서 구하여도 얻을 수가 없다. 본래부터 生하지도 아니하였고 참으로 다시 滅하는 것도 아니어서, 自性이 고요하고 고요한 것이 곧 열반이다."라 하였다. 이와 같은 經文들은 이루 다 들 수가 없다. 그러기에 진여의 바른 지혜가 곧 열반임을 알 수 있다. 번뇌를 끊어 없애서 나타나는 뜻을 설명하는 부분에서는 진여를 數滅(열반; 지혜에 의해 번뇌가 멸하는 것)이라 하였는데, 數滅이란 바로 無垢眞如이다.

---

13 慧遠, 『大乘義章』 卷18, 『大正新修大藏經』 44. 813-828 참조.

14 木村宣彰, 장휘옥 譯, 「원효대사의 열반사상」, 『민족불교』 제2호(청년사, 1992), pp.240-242 참조.

그러나 어떤 이는 이렇게 말한다. : 결과로서 나타나는 수많은 공덕은 本覺이나 始覺을 따져 물을 것 없이 전부 묶어서 하나의 큰 涅槃體로 삼는다. 이것은 이 경에서 "三事가 모두 열반이 된다."고 말한 것과 같다. 그리고 아래 글에서 다시 8가지 자재(八自在; 八大自在我. 大般涅槃에 常 · 樂 · 我 · 淨의 四德이 있어 그 我德은 自在의 뜻이 된다. 이 自在에는 능히 한 몸을 보여 여러 몸이 되게 하는 등의 8가지 뜻이 있는데 이것을 八大自在我라 한다.)를 설명하고 나서 그것들을 총괄하는 말에서 이르기를, "이와 같은 大我를 대열반이라 한다."고 하였다. 또 『法花論』에서는, "오직 부처만이 큰 보리를 증득하여 일체의 지혜를 완전히 성취하였으므로 그것을 대열반이라 한다."라고 하였고 『攝大乘論』에서는, "三身이 나타난 것이 모두 無上菩提다. 이미 삼신을 모두 보리라 하였으므로 그것들이 모두 대열반의 본체임을 알아야 한다."라고 하였다."[15]

열반의 체성에 관하여 이와 같이 두 가지의 설을 소개하고 있다. 즉 無垢眞如가 열반의 체가 된다는 설과 果의 지위에서 생기는 萬德이 열반의 체가 된다는 설이 그것이다. 무구진여가 열반의 체가 된다는 설의 바탕에 있는 것은 열반의 체는 본래부터 있었다는 것이다. 즉 본래부터 있었던 것을 강조하여 생하는 것도 아니고 멸하는 것도 아닌 것이 열반의 체가 된다고 주장한다. 그러나 그렇게 되면 열반이 수행의 결과로서 획득된다는 측면은 무시되기 쉽다. 수행의 결과라는 측면을 강조하면 과의 지위에서 생기는 만덕을 열반의 체라고 주장하게 되고 보리를 증득하여 究竟에는 일체의 지혜를 만족하는 것을 열반이라고 말하게 된다. 열반은 추구하여서 도달되는 측면과 본래 그러한 측면의 둘이 다 있는 것이라 할 수 있을 것이다. 어쨌든 이렇게 의견이 대립된다면 어떤 주장이 옳다고 할 것인가? 거기에 대하여 원효는 다음과 같이 말한다.

"이와 같은 위의 두 분의 주장은 모두 근거가 있는 것이라고 말할 수 있다. 어째서 그런가 하면, 열반과 보리에는 通과 別이 있는데 別門으로 말하면, 보리는 결과로서 나타난 것인데 능히 증득하는 덕에 있으므로 道諦에 속하고, 열반은 果位에서 증득된 것으로서 滅諦에 속한다. 그러나 通門으로 말하

---

15 出體性者, 諸說不同. 或有說者, 無垢眞如是涅槃體, 始起功德非是涅槃, 卽能證智是菩提故. 如經云: "涅槃義者卽是諸佛之法性也." 又下文言: "涅槃之體本自有之, 非適今也." 大品經云: "諸法性空卽是涅槃." 占察經云: "煩惱生死畢竟無體, 求不可得. 本來不生, 實更不滅, 自性寂靜, 卽是涅槃." 如是等文不可具陳. 故知眞如正知其是涅槃. 斷滅煩惱所顯義門, 卽說眞如名爲數滅, 數滅卽是無垢眞如. 或有說者, 果地萬德不問本始, 總束爲一大涅槃體. 如此經中總說三事卽爲涅槃. 又下文說八自在已, 總結而言: "如是大我名大涅槃." 法花論云: "唯佛如來證大菩提, 究竟滿足一切智惠, 名大涅槃." 攝大乘論云: "三身所顯無上菩提. 旣說三身皆是菩提, 當知皆爲大涅槃體."『涅槃宗要』, 한불전1, 527c~528a)

면, 결과로서 나타나는 道諦도 또한 열반이고, 증득되는 바의 진여도 역시 보리이기 때문이다."[16]

원효는 두 주장이 모두 근거가 있다고 말한다. 그 이유는 구별해서 말하면 보리는 증득하는 덕이고 열반은 증득된 결과여서 보리는 道諦, 열반은 滅諦이지만 통틀어서 말한다면 보리와 열반이 다를 바가 없기 때문이라고 한다. 열반이 가지는 이러한 성격을 잘 이해하여야 할 것이다. 그래서 원효는 마지막으로 "열반은 了因(인식근거)으로 나타나는 것이다. 그러나 또한 生因(존재근거)에서 생기하는 것이라고 말할 수 있다."고 결론을 내리고 있다. 즉 열반은 본래 있던 것이어서 새삼스럽게 획득한다고 하기 곤란하므로 了因으로 나타난다고 할 수밖에 없지만 그러나 증득되지 않는다면 그것은 수행과의 연관에서 수행이 무의미해진다. 따라서 生因에서 생기한다고 말할 수 있다. 이런 의미에서 위의 두 주장은 서로 어긋나지 않는다고 할 수 있다.

2) 열반의 虛와 實

열반이 虛한지 實한지 또는 空한지 空한 것이 아닌지에 대해서 원효는 열반의 體性이 참으로 진실한 것이어서 결정코 공하지 않다는 주장과 생사와 열반은 모두 허망하고 空하여 얻을 바가 없으니 한 法도 공하지 않은 것이 없는 것이 佛法의 뜻이라는 두 주장을 소개한 다음에 어떤 주장이 옳은 것인가의 문제에 대해 다음과 같이 논의한다.

"물음 : 이와 같은 두 분의 주장(열반은 不空이라는 주장과 열반은 空이라는 주장) 가운데 어느 것이 맞고 어느 것이 맞지 않는가?

대답 : 문자 그대로 받아들인다면 두 주장은 모두 잘못이다. 서로 다른 주장을 내세워 다투면서 부처의 뜻을 잃었기 때문이다. 그러나 만일 결정적인 고집이 아니라면, 두 주장이 모두 옳다. 법문은 걸림이 없어서 서로 방해하지 않기 때문이다. 그것은 무슨 뜻인가? 만일 공덕과 재난을 상대시키는 입장에 의하면 생사는 空이고 열반은 공이 아니다. [생사는] 허망한 마음으로 취한 것이어서 알 수 있는 경계가 없으므로 공이라고 말하는 것이다. 그리고 [이러한 경계를] 취하는 허망한 마음은 자재함을 얻을 수 없으므로 無我라고 말한다. 그러나 참된 지혜로 증득된 도리는 마음에 맞기 때문에 공이 아니라고 하는 것이며, 참된 지혜를 증득하면 걸림이 없이 자재하므로 大我라고 하는 것이다. 이러한 입장에 의하면, 앞의 분이 옳고 그가 인용한 글은 了義의 설이 된다.

---

16 如是二說皆有道理. 所以然者, 涅槃菩提有通別, 別門而說, 菩提是果在能證德道諦所攝, 涅槃果之是所證法滅諦所攝, 通門而言, 果地道諦亦是涅槃, 所證眞如亦是菩提.(『涅槃宗要』,한불전1, 527c~528a)

그러나 만일 자기의 모습이 없이 서로 상대할 뿐이라고 보는 입장에 의하면, 생사나 열반은 다 같이 自性이 없다. 공이 아닌 것으로 공을 待하고 我로써 무아를 待하며 無待로써 有待를 대한다. 그러므로 『기신론』에서는 "또한 일체의 더러운 것과 깨끗한 것은 모두 상대적인 것으로서, 논의될 만한 自相이 있는 것이 아니다."라고 말하고 있다. 그리고 이 글에 의해서 본다면 뒤의 분의 주장이 옳고 그가 인용한 글이 了義의 설이 아닌 것이 없다.

또한 대열반은 모양(相)을 떠나 있고 성품(性)을 떠나 있으며, 공이 아니고 공이 아닌 것도 아니며, 아도 아니고 무아도 아니다. 어째서 공이 아닌가 하면 無性을 떠나 있기 때문이고, 어째서 공이 아닌 것이 아닌가 하면 有性을 떠나 있기 때문이다. 또한 有相을 떠나 있기 때문에 我가 아니라고 한 것이고 無相을 떠나 있기 때문에 무아가 아니라고 한 것이다. 무아가 아니기 때문에 大我라고 말하기도 하고 我가 아니기 때문에 또한 무아라고 말하기도 한다. 또한 공이 아니기 때문에 實有라고 말할 수 있고 공이 아닌 것도 아니기 때문에 허망이라고 말하기도 한다. 여래가 간직한 비밀은 그 뜻이 이러하거늘 어찌 그 속에서 서로 다투겠는가?"[17]

열반은 不空이라는 주장과 열반은 空이라는 주장 중에서 어느 것이 옳은가? 둘 모두가 옳을 수도 있고 둘 다 그를 수도 있다 한다. 즉 말대로 취하면 두 사람 말이 다 잘못된 것이고 고정된 집착을 않으면 두 사람 말이 모두 맞다 한다. 말대로 취하면 잘못된다는 것은 서로 대립하고 다투어서 부처의 뜻을 잃기 때문에 그렇다고 한다. 다투는 것 자체가 부처의 뜻에 어긋나는 것이다. 따라서 말대로 집착하여 다른 말을 배척하고 싸운다면 그것은 이미 부처의 뜻을 잃은 것이라는 것이다. 자기 이론이 옳다고 집착하여서 남과 싸운다면 이는 겉으로는 그럴 듯하게 나타나는 이론이라 하더라도 틀리는 것이 된다고 할 수 있을 것이다. 다음으로 고정된 집착이 아니면 두 가지 설이 모두 옳다 한다. 법문이 무애하여 서로 방해하지 않기 때문이라 한다. 즉 공덕과 재난을 상대시키는 입장(德患相對之門)에서 보면 생사는 공이고 열반은 불공이므로 앞의 설이 옳고 자기의 모습이 없이 서로 상대할 뿐이라고 보는 입장(相待無自相門)에 의하면 생사와 열반이 모두 자성이 없으므로 뒤의 설이 옳다고 한다. 결론적으로 말해서, 열반은 부정적으로 표현하면, 相을

---

17 問: 如是二說何得何失? 答: 若如言取二說皆失. 互相異諍失佛意故. 若非定執二說俱得. 法門無礙不相妨故. 是義云何? 若就德患相對之門, 卽生死是空, 涅槃不空. 以妄心所取, 無境當知, 故說爲空. 能取妄心, 不得自在, 故說無我. 眞智所證道理稱心, 故說不空, 能證眞智無礙自在, 故名大我. 依如是門, 前師爲得, 彼所引文是了義說. 若就相待無自相門, 則生死涅槃等無自性. 以不空待空, 我待無我, 乃至無待待於有待故. 如起信論云: "復次一切染法淨法皆是相待, 無有自相可說." 依如是文, 後說爲得, 其所引文非不了說. 又大涅槃離相離性, 非空不非空, 非我非無我. 何故非空, 離無性故, 何非不空, 離有性故. 又離有相故, 說非我, 離無相故, 說非無我. 非無我故, 得說大我, 而非我故, 亦說無我. 又非空故, 得言實有, 非不空故, 得說虛妄. 如來秘藏其義如是, 何蜜異諍於其間哉. (『涅槃宗要』, 한불전1, 529a~b)

떠나고 性을 떠나고, 空도 아니고 공이 아닌 것도 아니며, 我도 아니고 無我도 아니다. 그러나 또한 긍정적으로 표현하면 大我이고 實有이다. 걸림 없이 여러 표현들이 가능하다는 것이다. 긍정과 부정이 자재로 이루어지고 있음을 볼 수 있다. 그리고 부정에서 긍정으로 넘어가는 데에 원효의 논법의 뛰어남이 있음은 이미 지적한 바가 있었다.[18] 원효에 있어서는 부정이 긍정에의 계기가 되며 또 한편으로는 긍정이 단순한 긍정이 아니라 부정의 부정이 전환되어 나타난 긍정이라는 것에 유의할 필요가 있다. 즉 긍정적인 표현으로 나타난다고 하더라도 그것에 그대로 매달려서는 안 된다고 하는 의미가 그 안에 있다고 할 것이다. 말 그대로 집착하여 받아들이면(如言而取) 잘못에 빠지게 되는 것이다.

3) 報身의 常과 無常

四德門의 네 번째인 和諍論에서는 쟁론을 화해시키고 있다. 『열반종요』 자체가 많은 이설들을 제시하고 그것을 화해시키고 있지만 원효 사상의 특징인 화쟁이라는 이름으로 대립되는 견해를 화해시키고 있는 것은 이 사덕문의 화쟁론에서가 거의 유일한 것이 아닌가 싶다.[19] 이 화쟁론에서는 報身에 대한 논쟁을 들어 그것을 화해시키고 있는데 원효에 의하면 보신에 대한 두 가지 집착이 있으니 하나는 常住에 집착하는 것이고 또 하나는 無常에 집착하는 것이라 한다. 이 常住와 無常의 두 주장을 소개한 후에 다음과 같이 이 주장들을 화해시킨다.

"물음 : 두 분의 주장이 어느 것이 맞고 어느 것이 틀리는가?

대답 : 어떤 사람은 그 모두가 옳기도 하고 그 모두가 그르기도 하다고 말한다. 왜냐하면 만일 결정적으로 一邊만을 고집한다면 모두 과실이 있지만 만일 장애가 없이 말한다면 모두에게 도리가 있기 때문이라는 것이다. 『楞伽經』에 이르기를, '如來應供正遍知(부처)는 이를 常이라 합니까, 無常이라 합니까?'라고 물으니 부처가 대답하기를, '常도 아니고 無常도 아니다. 만일 두 변에 치우치면 잘못이 있다.'는 등으로 널리 말한 것과 같다. 지금 여기에서 비록 常住는 아니지만 그렇다고 해서

---

18 최유진, 『원효사상연구-화쟁을 중심으로-』, pp. 93-101 참조.

19 화쟁론은 갖추어 말하면 和相諍論이다. 그리고 화쟁과 거의 비슷한 개념으로 會通이라는 말이 있는데 이 『열반종요』의 佛性門의 여섯 번째가 회통문이다. 원효는 이 회통문에서 처음에는 글이 다른 것을 회통하고(通文異), 다음에는 뜻이 같은 것을 회통한다(會義同). 화쟁과 회통이 『열반종요』에서 중요개념으로 등장하므로 이 『열반종요』는 원효의 화쟁을 밝히는 데에도 중요한 자료가 된다. 화쟁과 회통이 같은 개념인지 아니면 엄밀하게 구분하여야 할 개념인지에 대해서는 좀 더 논의가 필요할 것이다. 이에 대해서는 원효의 화쟁은 논쟁을 전제로 한 화해이론으로 볼 것이 아니라 소통이론으로 보는 것이 적절하고 그렇게 하여야만 화쟁은 그의 불교학에서 중요한 위치를 점하고 있는 會通이라는 개념과도 연계되어 해석될 수 있다는 주장이 있다.(박재현, 「원효의 화쟁사상에 대한 再考」, 『불교평론』 2001년 가을(통권 8호)(불교평론사, 2001), pp.191-215 참조.)

순간순간 멸하는 것도 아니라고 말한 것은, 이러한 글들이 한쪽에 치우친 집착을 타파하고 결정적으로 한 변만을 취하는 것은 부당하다는 도리를 말하고자 하기 때문이다. 장애가 없이 말하면 두 주장이 모두 옳다고 한 것은, 報佛의 공덕은 相을 떠나 있고 性을 떠나 있는데, 相을 떠나 있기 때문에 生滅相을 떠나 끝까지 고요하여 作爲가 없으므로 常住한다고 말하고, 性을 떠나 있기 때문에 常住性을 떠나 가장 시끄럽게 움직여 하지 않는 것이 없으므로 無常이라고 말한다. 그러나 性을 떠나는 것은 둘도 없고 구별도 없으며, 相을 떠나는 것은 性을 떠나는 것과 다르지 않으므로 常住가 생멸에 방해가 되지 않고, 性을 떠나는 것이 相을 떠나는 것과 다르지 않으므로 생멸은 常住에 장애가 되지 않는다. 이런 도리로 두 설이 모두 맞다."[20]

앞서의 논법 비슷하게 결정적으로 一邊만을 고집하면 모두 과실이 있지만 장애가 없이 말한다면 모두 도리가 있기 때문에 모두 옳기도 하고 모두 그르기도 하다고 말한다. 그리고 그것이 결정적으로 그렇다는 것은 아님을 보여주기 위하여 모두 틀리기도 하고 모두 맞기도 하다는 것도 또 어떤 사람이 말하는 것으로 처리하고 있다. 상도 아니고 무상도 아니라고 하는 것은 집착을 타파하고 결정적으로 한 변만을 취하는 것은 부당하다는 것을 말하고자 하는 것이라 한다. 장애 없이 말하면 두 주장 모두 옳다는 근거는 부정적 표현인 相을 떠나고 性을 떠난다는 데에서 찾고 있다. 즉 부정에서 긍정으로 전환되는 것이다. 相을 떠나므로 生滅相을 떠나 常住한다는 것이고 性을 떠나므로 常住性을 떠나 움직여서 無常하다는 것이다. 더 나아가면 상을 떠나는 것과 성을 떠나는 것이 다르지 않고 생멸과 상주가 장애가 되지 않게 된다. 걸림 없는 표현으로 생각할 수 있고 걸림 없이 받아들일 수 있게 된다. 따라서 두 설이 모두 맞다고 할 수 있다.

IV. 결론

이제까지 『열반경』과 涅槃에 대한 원효의 견해를 살펴보았다. 『열반경』에 대해서 높이 평가하긴 하지만 『열반경』만이 최고라는 입장은 아니다. 오히려 『열반경』은 모든 것을 아우를 수 있

---

20 問二師所說何得何失. 答或有說者皆得皆失. 所以然者, 若決定執一邊皆有過失, 如其無障礙說俱有道理. 如楞伽經云, 如來應正遍知爲是常耶爲無常耶. 佛言, 非常非無常, 二邊有過故,.乃至廣說. 今此言雖不常性非念念滅, 如是等文破其偏執. 定取一邊不當道理, 無障礙說二義皆得者, 報佛功德離相離性, 以離相故, 離生滅相, 究竟寂靜, 無作無爲, 故說常住. 以離性故, 離常住性, 最極暄動, 無所不爲, 故說無常. 然離性無二無別, 離相不異於離性. 故常住不妨於生滅也. 離性不異於離相, 故生滅不礙於常住也. 由是道理二說皆得.(『涅槃宗要』, 한불전1. 537b)

기 때문에 훌륭하다고 보고 있다. 『열반경』은 여러 경전의 부분을 통합해 온갖 흐름을 一味로 돌아가게 하고 지극히 공정한 부처의 뜻을 열어 百家의 異諍을 화해시킨다고 높이 평가하고 있는 것이다. 따라서 그는 『열반경』만을 최고로 보는 교판에 대해서 반대한다. 어떤 면에서는 교판 자체에 대해서까지도 부정적인 입장을 보이는 것을 알 수 있다.

열반에 대한 여러 견해를 밝힘에 있어서는 慧遠의 『大乘義章』의 구성 및 설명 방식을 많이 채용하고 있어서 그 영향을 받았음을 알 수 있다. 그러나 그가 혜원의 입장을 답습하는 것은 아니다. 기본적으로 『열반경』에 대한 평가 내지는 교판에 있어서 의견을 달리하고 있으며 『열반경』 전체의 종지를 열반과 불성으로 보고 있는 점도 혜원과는 다른 그의 탁견이라 할 수 있을 것이다. 『열반경』의 종지를 열반과 불성으로 보고 열반문과 불성문으로 나누어 열반과 불성을 설명할 때에 『대승의장』을 참고하고 있을 뿐이다. 그리고 열반에 대해 설명할 때에도 꼭 혜원만을 참고하고 있는 것은 아니다. 가령 열반문에서 大滅度의 大를 설명할 때에 '長廣高深多勝'의 六義로 설명하고 있는데 이는 혜원의 '常廣多深高勝'의 육의와는 다르다. 오히려 혜원의 六義는 吉藏의 『涅槃經遊意』에서의 六義와 같다. 육의는 慧遠 독자의 것이라기보다는 일반적으로 통용되고 있었던 것으로 보인다. 원효는 그것을 받아들이면서 무비판적으로 그대로 받아들이지 않고 나름대로 약간의 변화를 주고 있는 것이 눈에 띈다. 혜원과 그밖에 여러 의견들을 참고하면서 그 의견들을 전체적으로 조화와 화해의 정신 아래에서 이해하고자 하는 것이 원효의 입장이다. 한결같이 조화와 화해를 강조하고 있는 데서 화쟁의 기본 정신이 그대로 살아 있음을 알 수 있다. 결론적으로 원효의 『열반경』과 열반에 대한 이해는 一味의 입장 즉 일심의 입장에서 모든 것을 화해 조화로 받아들이는 것이라고 할 수 있을 것이다.

제6장 원효의 계율관

I. 서론

불교의 궁극 목적인 열반에 도달하기 위한 가장 중요한 수단 중의 하나가 바로 계율이다. 계율은 초기 불교에서 삼학 중의 첫째이고 대승불교의 육바라밀에서도 가장 중요한 덕목 중의 하나이다. 이와 같은 중요성을 가진 계율이므로 원효도 계율을 중시하여 많은 저술을 하였다. 현존하는 원효의 계율 관련 저술에는 『韓國佛敎全書』에 의하면 『菩薩戒本持犯要記』, 『梵網經菩薩戒本私記』, 『菩薩瓔珞本業經疏』가 있다. 그런데 『범망경보살계본사기』가 원효의 저술인지 확실하지 않다는 문제 제기가 있고 필자가 보기에도 의심스러운 점이 있다.[1] 그리고 『보살영락본업경소』는 일부분만 남아 있다. 따라서 원효의 계율관에 대한 연구는 일단 『보살계지범요기』를 중심으로 할 수밖에 없다. 『보살계본지범요기』를 중심으로 하여 원효가 중시한 계율이 어느 것인지

---

1 木村宣彰([1980] 「菩薩戒本持犯要記について」, 『印度學佛敎學研究』 28-2)이 먼저 원효의 작품이 아니라는 주장을 하였다. 이에 대해 吉津宜英([1991] 『華嚴一乘思想の研究』, 大東出版社)은 원효 작품이라고 반론하였고 남동신([1995] 「元曉의 大衆敎化와 思想體系」, 서울대 박사학위논문, 서울대 대학원; [2001] 「원효의 계율사상」, 『한국사상사학』 제17집)은 약간의 의문은 제기하였지만 전체적으로는 인정하는 편이고 최원식([1999]「원효의 보살계 인식 경향과 그 특성」, 『신라 보살계사상사 연구』, 민족사)은 논란이 있다는 정도로 하면서 원효 작품으로 인정하고 논의를 진행하고 있으며, 김상현([2000] 「『菩薩戒本持犯要記助覽集』의 검토」, 『元曉研究』, 민족사)은 적극적으로 원효진찬설을 주장한다. 최근에 손영산([2010]「『梵網經菩薩戒本私記卷上』 원효 진찬여부 논쟁에 관한 재고」, 『한국불교학』 56집)은 『梵網經菩薩戒本私記』에 나타난 三身說의 용례를 들어 원효의 진찬이 의심되는 점이 있다고 주장하였다. 필자가 보기에는 원효 찬술이라고 하기는 의심스러운 점이 상당히 있는 것으로 생각된다. 『범망경보살계본사기』의 저자 문제에 대한 논의는 따로 별도의 논문으로 자세히 논의하도록 하겠다. 한두 가지만 지적하자면 『사기』의 저자가 원효라고 하려면 먼저 『사기』의 저자로 표기된 曉公이 원효라는 것을 논증하여야 할 것인데 이것이 부족하다. 효공은 당연히 원효라고 생각하여 그대로 원효 저술로 받아들였던 것 같다. 원효를 효공이라고 표기한 예가 많이 있지만(『종경록』, 『송고승전』 등) 원효가 아닌 다른 효공이 있을 수 있다.(『釋鑑稽古略續集』에 東林曉公이라는 인물이 나온다.(『大正新修大藏經』(이하 T로 약칭)49.929b)) 그리고 일본의 正倉院 문서에 보면 같은 날 필사한 기록에 『梵網經上卷疏』(1권)의 저자는 曉公으로 『梵網經疏』(2권)의 저자는 원효로 표기되어 있는데 둘이 같은 사람이라면 이름을 달리하여 필사할 필요는 없을 것으로 보인다.(남동신[2001: 260. <표3>] 참조) 어쨌든 원효 진찬의 증거가 확실하지 않으면 의심할 수밖에 없다는 것이 필자의 입장이다. 원효 저술이 아니라고 부정할 근거가 없다는 주장으로는 부족하고 원효 저술이라고 확정할 수 있는 증거가 있어야 한다고 생각한다. 따라서 본 논문에서는 『범망경보살계본사기』의 계율관에 대해서는 논의하지 않도록 한다.

원효는 왜 계율을 중시했는지, 구체적으로 계율을 범했는가 여부를 정하는 기준은 무엇인지의 문제를 살펴보도록 하자. 하지만 원효의 계율에 대한 견해를 전체적으로 알려면 계율서 관련 저술만이 아니라 원효의 전체 저술을 대상으로 하여 살펴보아야 할 것이다. 따라서 나머지 저술을 통해서 원효의 계율에 관한 견해를 살펴보도록 한다. 그리고 원효의 계율에 대한 견해가 일반적으로 원효의 핵심 사상이라고 하는 일심과 화쟁 또는 그의 자유로운 행적과 어떤 연관을 가지는지도 밝혀야 할 것이다. 원효는 승려로서 활동하다가 파계를 하고 인생의 후반부는 거사로서의 삶을 살았다. 따라서 출가와 재가의 문제에 대해서 원효는 어떤 생각을 가지고 있는지 파악하는 것도 중요하다. 이 문제와 그의 계율에 대한 태도도 밀접한 연관이 있다. 출가와 재가의 문제도 한 장으로 독립시켜 다루도록 하겠다.

II. 범망계와 유가계를 모두 중시

이제까지 원효의 계율관에 대해서 상당히 많은 연구가 있었다.[2] 그 연구들이 가장 많이 주목한 것은 『菩薩戒本持犯要記』였다. 원효의 계율에 관한 견해를 가장 잘 알게 해주는 저술이기 때문이라고 할 수 있다. 『보살계본지범요기』에서 원효는 계율의 핵심에 대하여 自讚毁他戒를 중심으로 하여 자세히 논의하고 있다. 한 가지 계율서를 중심으로 하지 않고 여러 계율서를 참고하고 계율의 근본정신에 입각하여 계율을 지키고 어긴다는 것이 무엇인가에 대해 논의하고 있다. 원효가 자찬훼타계를 『지범요기』의 대상으로 삼은 것은 여러 계율 중에 한 가지만을 선택해서 시범적으로 논의한 것이다. 그런데 경중문에서 첫째는 총체적으로 경중을 판단하고 둘째는 차별을 밝히는데 차별을 밝히는 것은 달마계본에 의거하여 그 첫 번째 계인 자찬훼타계를 가지고 성상의 차별을 밝혔다. 지범의 심천도 역시 자찬훼타계로써 하였지만 『범망경』에 의거하여 판단하였고 마지막으로 구경지범문에서 계율의 근본에 대하여 논의하고 있다. 이 논의에서는 『반야경』을 인용하고 또 『계본』이라 하여 『범망경』을 인용하면서 논의하고 있다. 원효가 『보살계본지범

2 이기영([1967] 「원효의 보살계관-보살계본지범요기를 중심으로-」, 『논문집』 3 · 4합집, 동국대; [1977] 「원효의 보살계관(續)」 『佛教學報』 5, 동국대 불교문화연구소; [1984] 「원효의 윤리관-보살영락본업경소를 중심으로-」, 『東園金興培博士古稀紀念論文集』)의 선구적인 연구에 이어 심재열([1983] 『원효사상 2 윤리관』, 홍법원), 채인환([1995]「元曉의 戒律思想」, 『불교학보』 32집), 남동신[1995], 남동신[2001], 최원식[1999], 신성현([2002] 「元曉의 菩薩戒 理解」, 『한국불교학』 제31집), 김상현[2000], 이병학([2001] 「원효의 대승보살계사상과 그 의미」, 『한국고대사연구』 24), 손영산[2010] 등의 연구가 있고 일본에서도 木村宣彰[1980], 吉津宜英[1991] 등의 연구가 있다.

요기』에서 기본으로 삼고 있는 계가 무엇인가에 대하여 여러 논의가 있었다. 전체적으로 다라계라 호칭하는 범망계와 달마계라 호칭하는 유가계를 모두 아우르고 있음을 알 수 있다. 보살계본에 여러 종류가 있음을 말하고 경우에 따라 그것을 사용하므로 한 가지로 한정지을 필요는 없을 것 같다.

대승의 계율서를 인정하고 중시하였다면 그 중에서는 어떤 것을 중시하였는가도 우리가 따져보아야 할 문제이다. 대승의 계율로는 두 종류가 있다고 말해진다. 유가계와 범망계가 그것이다. 유가계는 『유가시지론』의 계율이고 범망계는 대승의 『범망경』의 계율이다. 둘 가운데 어느 계율을 원효가 기본으로 삼았는가의 문제에 대해서는 이기영은 유가계를 중시하였다는 주장을 하였으나 이후의 연구에서는 범망계 위주라는 주장이 주류를 이루고 두 계율을 조화시키려했다는 주장도 있지만 그 경우에도 주된 것은 범망계라는 주장이 주류를 이루고 있다.[3]

원효가 경중문에서 총체적으로 판단할 때에는 다라계본을 기준으로 하는 것을 알 수 있다. 경구죄를 말하면서 달마계본과 다라계본과 별해탈계경의 세 종류가 있음을 말하면서 다라계본을 중심으로 공통된 것과 공통되지 않은 것을 설명하고 있다. 그리고 重戒를 말하면서는 10가지가 있다고 하면서 그것이 소승의 율과 공통되는 것 4, 공통되지 않는 것 4, 재가자의 계와 공통되는 6중 등으로 설명하는데 이것은 다라계를 중심으로 하고 있는 것이다. 하지만 차별을 밝힐 때에는 달마계본에 의하여 하였는데 달마계본에 의한 것은 달마계본이 성상을 차별하여 설명하는데 효율적이었기 때문이었다. 계율을 범한 것과 오염됨 또는 상중하의 세 품으로 자세히 나누는 것은 다라계본에 나오는 내용이고 달마계에는 나오지 않는 내용이다. 그 차별을 자세히 설명하는 데는 이와 같이 달마계가 자세하고 확실하기 때문에 달마계에 의하여 설명을 하였다. 그리고

3 최원식은 다음과 같이 말한다. "원효는 경구죄를 논하면서 달마계본과 다라계본, 비구계본을 들고 이 가운데 다라계본에 공통되는 것과 그렇지 않은 것의 기준을 두었다. 그리고 중죄를 유별하면서는 단지 범망경의 10중계만을 들고 10중계 자체를 3부류로 나누어서 묶은 것이다. 따라서 원효의 이러한 분류는 『보살계본지범요기』가 토대를 두고 있는 계본이 바로 범망경임을 시사해주는 것이라 하겠다."(최원식[1999: 79-80] 木村宣彰은 다음과 같이 말한다: "『지범요기』는 신역의 유가계본의 자찬훼타와 구역의 범망계본의 그것과의 양자를 함께 종합하여 조직하고 있는 것이다. 그는 이 양 계통의 계본을 통합시킬 방법으로 다라와 달마, 일승교와 삼승교라고 하는 범주를 안출했던 것이다. ……원효는 『본업경소』에서 明言하고 있는 것처럼 유가계를 삼승교의, 범망영락을 일승교의에 기초를 둔 것으로 해서, 삼승교의는 일승교의 가운데 포섭되는 것이라고 생각하고 있었다. 설사 자주 달마계본을 인용한다 해도 그는 범망다라계본을 주로 하고 있는 것이다. 다만 '百家之說 無所不是 八萬法門 皆可入理' 라는 그의 신념에 근거하여 범망계본의 持犯差別을 유가의 법상을 빌려서 논급하고 있는 것에 지나지 않는다. 이 『지범요기』는 겨우 한 권의 저술이지만 원효의 보살계에 대한 견해를 여실히 얘기해주고 있다는 점에서 귀중한 것이다."(木村宣彰[1980: 308-309] 木村宣彰도 그러하고 김상현도 마찬가지이다. 김상현은 특히 眞圓이 『助覽集』에서 『범망경』을 정의로 유가계를 방의로 하고 있다고 말하면서 이것이 옳은 견해임을 주장한다.(김상현[2000] 참조) 남동신도 마찬가지이다. 범망계 위주라는 해설이 일반적이고 조화를 추구했다고 해도 역시 중점을 『범망경』에 두고 있고 유가계는 덜 중요하게 생각한 것으로 설명하고 있다.(남동신[2001] 참조)

초계인 자찬훼타계를 가지고 그 내용을 자세히 설명한 것은 아마도 그것이 겉보기와는 다른 복잡한 내용을 설명해 줄 수 있는 내용이 많아서일 것이다. 유가계와 달마계를 비교하면 아무래도 조직적이고 체계적인 것이 유가계이므로 성상을 밝히는 데에는 달마계가 효과적일 것이다. 그리고 특히 마음을 중시한다면 상황에 따라 상당히 달라질 수도 있는 것이 특히 이 계율인 것으로 보인다. 원효는 특히 이 계율을 해설하면서 당시의 현실에 대하여 강력한 비판을 한다. 겉보기와 실제 내용이 다를 수 있는 대표적인 계율이 이 계율이다.

깊고 얕음을 가리는 데 있어서는 다라계본을 인용하여 해설을 하긴 하지만 이 경우에도 4구를 사용하여 판별을 하고 있는데 이것이 꼭 다라계본에 있는 것은 아니다. 이것을 볼 때 원효가 특히 다라계를 더 중시했다고 보는 것은 적절하지 않을 수도 있다. 둘을 같이 중시했다고 볼 수 있을 것이다. 『별해탈계경』까지 인정하고 있는데 이는 삼취정계에서 섭율의계에서 이른바 소승의 계율까지도 포섭하기 때문에 그렇게 말할 수 있다고 해석한다면 원효가 범망계를 더 중시했다는 것에 대한 반론이 될 수도 있다. 삼취정계를 강조하는 것은 유가계이기 때문이다. 원효는 『지범요기』의 마지막 게송에서도 삼취정계를 강조한다. 유가계를 중시한 증거이다. 따라서 범망계를 유가계보다 더 중시했다고 보기는 어려울 것 같다.

궁극적으로 지킴과 범함을 가리는 문(究竟持犯門)에서는 『범망경』을 인용하여 계율의 근본정신에 대하여 논의하고 있는데 단순히 『계본』이라고 부르고 있다. 다라계본이라고 하지 않으므로 보살계의 대표를 『범망경』이라고 생각하였던 것은 아닌가 하는 해석도 가능하지만 단순히 여러 계본 중의 하나인 다라계본을 생략해서 부른 것이라고 해야 할 것이다. 여러 계본을 모두 언급하고 있기 때문이다.

원효는 그렇다면 소승계에 대해서는 어떻게 생각을 하고 있었을까? 『지범요기』에서 경계의 종류를 말하면서 유가계본, 달마계본, 『별해탈계경』을 언급한 것은 이미 언급한 바 있다. 중요한 계율의 하나로 인정하고 있는 것이다.[4] 비교적 이른 시기의 저술이라고 할 수 있는 『기신론소』의 계율에 대한 언급도 원효가 소승계를 인정하고 있었음을 보여준다. 원효의 『기신론소』의 다음 말은 그것을 알게 해 준다. 이는 止 수행을 하는 도중에 나타나는 마귀에 대한 대처에 대한 해설에서 나오는 말이다.

"나는 이제 너를 아니, 너는 이 염부제 중에 불을 먹고 향기를 맡는 투랍길지이다. 사견을 네가

---

4 원효의 저술이라고 확정지을 수 없어서 논의의 대상으로 삼진 않았지만 많은 사람이 원효 저술로 인정하는 『梵網經菩薩戒本私記』에서도 소승계에 대하여 자주 언급하면서 논의를 하고 있다.

좋아하며 네가 계행의 종자를 깨뜨리나 나는 이제 계를 가져서 마침내 너를 두려워하지 않는다."라고 해야 한다. 만약 출가한 사람이라면 마땅히 계율을 외워야 할 것이고, 만약 재가의 사람이라면 마땅히 『보살계본』을 외우거나 혹은 삼귀의와 오계 등을 외워야 할 것이다. 이런 것을 외우면 귀신이 곧 물러나서 엉금엉금 기어나갈 것이다.[5]

여기에서는 출가와 재가의 구분을 하고 있다. 출가자는 계율을 외우고 재가자는 『보살계본』을 외우라 하는데 이로써 본다면 계율은 소승으로 분류되는 비구나 비구니를 위한 광율(특히 사분율)이고 『보살계본』은 주로 재가자를 위한 것으로 생각했다고 결론 내릴 수도 있다. 출가 승려가 외우는 계율은 보살계가 아니므로 소위 소승의 계율이라 할 것이다. 원효는 소승계까지도 인정하고 그 바탕 위에서 논의하고자 한다. 그러나 소승과 대승의 관계에서 본다면 역시 중심은 대승의 보살계라고 하여야 할 것이다. 어떤 부분에서는 소승적인 계율을 비판적으로 언급하기도 한다. 다음의 『지범요기』에서의 언급이 그 예이다.

물음: 삿된 계의 죄는 마땅히 설한 바와 같지만 올바른 계를 지닌 사람은 이것이 무슨 죄가 되는가? 이유를 말하자면 만일 한 무리가 있어 안으로 얽힘이 없고 다른 사람들의 지음과 짓지 않음을 보지 않고 오직 자기 마음만을 관찰하여 홀로 올바른 계를 지킨다면 이런 보살이 무슨 연유로 범하였다고 하는가?

답변: 만일 염심이 없다면 앞의 설에 해당되지 않는다. 그러므로 이 사람은 또한 마땅히 분별하여야 한다. 하지만 만일 홀로 깨끗한 것으로 말미암아서 모든 세상 사람들이 널리 여러 승려들에 대하여 복전이 아니라 말하도록 하여 이양과 존중이 자기에게만 오도록 하는 자는 비록 성문의 자기를 제도하는 계에는 어긋나지 않아도 보살의 광대한 마음의 계에는 거슬린다. 성문의 무상 등의 관이 비록 천박한 일에서는 전도됨이 없지만 법신에 있어서는 전도이다. 이 중의 어긋남과 어긋나지 않음이 또한 그러함을 마땅히 알아야 할 것이다.[6]

---

5 我今識汝 汝是此閻浮提中食火臭香偸臘吉支 邪見汝喜 汝破戒種 我今持戒 終不畏汝 若出家人 應誦戒律 若在家人 應誦菩薩戒本 若誦三歸五戒等 鬼便却行匍匐而出也(『起信論疏』下卷, 『韓國佛敎全書』(이하 한불전으로 약칭)1. 729c)

6 問邪戒之罪 應如所說 持正戒者 何必是罪 所以然者 如有一類 內無諸纏 不觀餘人作與不作 唯察自心 獨持正戒 如是菩薩 何由成犯 荅 若無染心 不在前說 而於此人 亦當分別 若由獨淨 令諸世人普於諸僧謂非福田 利養尊重偏歸於己者 雖順聲聞自度心戒 而逆菩薩廣大心戒 如似聲聞無常等觀 雖於淺事是無顚倒而於法身 卽是顚倒 當知此中順逆亦爾 (『菩薩戒本持犯要記』 한불전1. 582a-b)

행동을 깨끗이 하고 계율을 지킨다고 하더라도 자신만을 높인다면 이는 소승의 계에는 어긋나지 않을지 모르지만 대승의 광대한 마음의 계에는 어긋난다고 말한다. 마음을 중시하고 중생제도를 강조하는 대승의 계가 옳고 자신만을 생각하는 소승의 계는 부족함은 당연하다.

이와 같이 원효는 대승적인 계율의 중요성을 강조했다. 따라서 대승의 계율서를 중시하였는데 이는 그의 교판에서도 확인할 수 있다. 원효의 교판은 『화엄경소』에서 행하였다는 사교판이 유명한데 이는 현재 남아 있지 않고 다른 사람들의 저술에 인용되어 전해져 오고 있다. 표원의 『華嚴經文義要決門答』에서는 다음과 같이 전하고 있다.

> 新羅의 元曉法師 역시 四教를 세웠다. 첫째는 三乘別教 (四諦教 · 緣起經 등과 같은 것)이고, 둘째는 三乘通教(般若教와 深密經 등과 같은 것)이고, 셋째는 一乘分教(瓔珞 및 梵網經 등과 같은 것)이며, 넷째는 一乘滿教(華嚴經 普賢教를 이른다)이다. 三乘이 함께 배우는 것을 三乘教라 이름하는데 그 중에서 아직 法空에 밝지 못한 것을 別相教라 하고 法空을 두루 설하는 것을 通教라고 부른다. 二乘과 함께 하지 않는 것을 一乘教라 하는데 그 중에서 아직 普法을 드러내지 않은 것을 隨分教, 普法을 완전히 밝힌 것을 圓滿教라 한다.[7]

원효는 『반야경』이나 『해심밀경』보다도 『영락경』이나 『범망경』을 높게 평가하고 있다. 원효는 기본적으로 화쟁을 중시하는 입장이었으므로 이 평가가 절대적이라고 보아서는 곤란하겠지만 최소한 이론적인 면보다도 구체적인 실천을 중시하고 있고 계율의 중요성을 깊이 인식하고 있었음은 충분히 인정할 수 있다.[8]

『본업경소』에서는 『본업경』과 『유가사지론』의 계율에 대한 설명의 상위를 어떻게 화회시킬 것인가의 문제에 대해 다음과 같이 문답한다.

> 이와 같은 논서(『유가사지론』)의 글과 이 경(『보살영락본업경』)의 상위는 어떻게 화회시키는가? 풀이해 말한다. 저 논은 삼승의 교의를 서술하였으므로 버리는 법(사법)이 있어서 계를 범하면 잃음이 있다. 마음이 완전하지 못하기 때문이고 견고하지 못하기 때문이다. 이제 이 경은 일승교이다.

---

7 唐新羅元曉法師 亦立四教 一三乘別教(如四諦教緣起經等) 二三乘通教(如般若教深密經等) 三一乘分教(如瓔珞及梵網經等) 四一乘滿教(謂華嚴經普賢教) 三乘共學名三乘教 於中未明法空 名別相教 通說法空是爲通教 不共二乘名一乘教 於中未顯普法名隨分教 窮明普法名圓滿教.(表員, 『華嚴經文義要決問答』 卷四, 한불전2. 385b)

8 최유진[1998], 『원효사상연구』, 경남대출판부, pp.126-129 참조

그러므로 버리는 법이 없어서 범하여도 잃음이 없다. 이것에 의하여 발심하면 전과 마찬가지로 지닌다.[9]

『본업경』(받는 법이 있고 버리는 법은 없어서 범함이 있어도 미래가 다하도록 잃지 않는다)과 『유가사지론』(보살의 율의를 버렸을 때는 청정한 받는 마음을 다시 얻으면 그 후에 마땅히 다시 받는다)의 상위를 일승교와 삼승교라는 관점에서 화해시키고 있다. 원효가 『화엄경소』에서 행한 교판의 삼승 일승의 입장이 그대로 관철됨을 볼 수 있다. 원효는 『본업경』과 『범망경』은 일승분교로 『해심밀경』은 삼승통교로 교판하고 있는데 『유가사지론』을 직접 거명하고 있지는 않지만 『유가사지론』은 『해심밀경』 계통의 가르침이므로 삼승으로 볼 수 있다. 『본업경』은 일승의 가르침이고 『유가사지론』은 삼승의 가르침인데 삼승의 가르침에 의하여 발심하면 마음이 완전하지 못하고 견고하지 못하여 계를 잃는 수도 있지만 일승에 의하여 발심하면 잃음이 없다는 것이다. 일승에 의한 발심과 삼승에 의한 발심 중 어느 것이 더 나은가? 삼승에 의한 발심은 마음이 완전하지 못하고 견고하지 못한 발심이므로 버리는 법이 있어서 큰 잘못을 저질렀을 경우 계를 잃을 수도 있고 그럴 경우 청정한 마음을 회복하여 다시 받아야만 한다. 일승에 의한 발심은 결코 계를 잃음이 없다. 계를 다시 받지 않아도 되는 것이다. 버리는 법이 있고 없음이 차이가 나는 이유에 대해 일승법과 삼승법의 차이로 화회시키고 있는 것인데 일승에 의한 발심이 더 완전하고 견고한 것이어서 버림이 없는데 삼승법은 그렇지 못하여 버리는 법이 있다는 것이다. 아무래도 일승의 가르침인 『본업경』을 더 높은 위치에 두고 있다고 판단할 수도 있다. 그리고 여기에서는 범망계와 유가계가 직접 비교되고 있는 것은 아니지만 삼승인 『유가사지론』에 입각한 유가계보다는 일승의 가르침인 『범망경』에 입각한 범망계를 더 중시할 것이라고 예상할 수도 있다. 그러나 그렇다고 하여 삼승이 필요 없거나 중요하지 않은 것이라는 결론을 내릴 수는 없다.[10] 그리고 유가계와 범망계를 대립적인 것으로 보고 원효는 범망계를 강조했다고 파악하는 것은 문제가 있는 것 같다. 『범망경』을 계승했다고 인정되는 『본업경』 자체가 『유가사지론』 계통에서 삼취정계를 받아

9 如是論文與此經違如何和會 解云彼論述於三乘敎意 故有捨法犯戒有失 依三乘敎發心菩薩 心不全故 不堅固故 今此經者是一乘敎 故無捨法犯而不失 依是發心與前返持(『本業經疏』 卷下 한불전1. 521c)

10 원효는 『彌勒上生經宗要』에서 『彌勒下生經』과 『彌勒成佛經』은 성문장에 속하지만 그것이 중요하지 않은 것은 아니라고 말한다. 즉 옷을 바느질할 때는 긴 창보다 작은 바늘이 더 소용되고 비를 피할 때는 작은 우산이 쓸모가 있고 널리 하늘을 덮는 천막은 쓸모가 없으므로 소승이라고 가볍게 여겨서는 안 되고 근성에 따라 대소승이 모두 보물이 된다고 말한다.(『彌勒上生經宗要』 한불1. 549b 참조) 심지어 소승까지도 인정하는 것이 원효의 입장이므로 일승과 삼승 중에서 일승이 원효의 입장이고 삼승은 원효의 입장이 아니라고 보는 것은 곤란하다.

들이고 있고 원효에게서는 유가계와 범망계를 대립적으로 보는 생각은 찾아볼 수 없기 때문이다. 『범망경』에 대한 저술은 많이 남기고 있지만 유가계에 대한 주석서를 남기고 있지 않은 것도 범망계를 중시했다는 증거가 된다는 주장도 있다.[11] 하지만 원효는 유가계에 한정해서는 저술은 없지만 유가유식 계통에 대해서는 아주 많은 저술을 남기고 있다. 유가계를 중시한 신라의 많은 승려들도 유가계에 대한 저술은 없으나 『범망경』에 대한 저술을 남기고 있다.[12] 이런 몇 가지를 생각하면 유가계를 가볍게 보았다고 볼 이유가 없다. 범망계와 유가계를 대립적으로 보고 있지 않은 것이 원효이므로 둘을 화해시켜 이해하려 했다고 보는 것이 더욱 정확할 것이다. 특히 『보살계본지범요기』의 내용을 볼 때는 조화와 화해의 관점이 원효의 입장이라고 보아야 할 것이다. 범망계를 더 중시했다는 증거는 없다. 일승과 삼승이라고 했을 때 일승은 중요하고 삼승은 덜 중요하다는 것이 원효의 입장은 아니라고 보아야 하므로 일승 삼승에 의한 해설을 범망계 중시의 증거로 볼 수는 없다. 『보살계본지범요기』의 목표는 어느 계통의 계율이 더 중요한가를 밝히고자 하는 것이 아니라 자찬훼타계를 선택하여 그것을 중심으로 계율의 근본에 대해서 살펴보는 것이다. 원효의 『요기』는 모든 계율서에 공통되는 근본정신을 말하고 있다. 그리고 그것을 아주 요령 있게 종합하고 있는 것으로 보인다. 경중과 심천과 구경이라는 세 가지 문에 의하여 계율의 근본에 대해서 그리고 계율의 구체적인 모습에 대해서 논의하고 있는 것이다. 그 과정에서 두 가지 계율서를 모두 동원하여 설명하고 있다. 경중은 범망계와 유가계 모두를 말하지만 거의 대부분을 차지하는 차별을 밝히는 부분에서는 유가계를 중심으로 하고 심천문은 범망계를 인용하여 그리고 구경지범문에서는 범망계의 서분과 『반야경』을 인용하여 자신의 견해를 말하고 있다. 아주 잘 짜여진 작품이다. 여러 계율을 모두 인정하고 그 중요성을 말하면서도 계율의 근본정신을 강조하고 있다고 할 수 있다. 계율의 근본정신을 강조하고 현실을 강력하게 비판하는 것이 원효의 이 작품이고 원효의 저술 목적도 그것에 중점이 있는 것으로 보인다. 그렇다면 원효가 가장 힘써서 강조하는 부분은 경중문 그 중에서 차별을 밝히는 문이라고 볼 수 있는데 그 부분은 유가계를 중심으로 서술하고 있다. 따라서 유가계의 중요성이 결코 적지 않다. 궁극적으로는 마음이 가장 중요하지만 그 마음을 잘 살펴서 여러 경우에 따라 살펴보고자 하는 것이 차별문이다. 어떻게 보면 원효가 가장 힘써 밝히고 있는 부분이 성상차별이다. 원효의 뛰어남이 돋보이는 부분이

---

11 남동신[2001] 참조.

12 義寂, 勝莊이 그러하고 太賢은 유가계에 관해서는 『瑜伽戒本宗要』라는 한 가지 저술을 하였지만 『범망경』에 대해서는 『梵網經古迹記』와 『梵網經菩薩戒本宗要』 등 더 많은 저술을 남겼다.

기도 하다.[13] 범망계를 더 중시했다고 볼 이유는 없다.

III. 마음과 중생 제도의 강조

원효의 계율에 대한 기본 입장은 무엇인가? 당연히 계율은 불교의 근본 목적에 도움이 되는 것이어야 할 것이다. 원효는 『보살계본지범요기』의 서두에서 계율에 대하여 다음과 같이 말한다. 이것이 계율에 대한 원효의 기본적인 입장이라고 할 수 있다.

보살계는 흐름을 거슬러 근원으로 돌아가는 큰 나루이고 삿된 것을 없애고 올바른 것으로 나아가는 요긴한 문이다. 그러나 삿된 것과 올바른 것은 서로 넘치기 쉽고 죄와 복의 성품은 구분하기 어렵다. 혹은 안의 뜻은 실제로 사악하면서 외면으로 나타난 행적은 올바른 것처럼 보이기도 하고, 겉의 행동은 오염된 것과 같아도 내면의 마음은 순수하고 맑다. 혹은 마음과 행동이 심원한 것에는 맞지만 천근(淺近)한 것에는 어긋난다. 그러므로 더러움에 물든 도인과 사사로이 행하는 사문이 오래도록 유사한 행적만을 오로지 행하여 바르고 옳은 것을 없애서 매번 깊은 계율을 어기고 천박한 행동을 추구한다. 이제 천박한 일을 버리고 깊은 것을 온전하게 하며, 유사한 행적은 버리고 실질을 추구하고자 한다.[14]

보살계는 근본적으로 근원으로 돌아가는 큰 나루이다. 원효는 불교의 궁극 목적을 일심의 근원으로 돌아가는 것이라고 말하고 있거니와 보살계는 그 궁극 목적에 도달하기 위한 수단이다. 그리고 그것은 삿된 것을 없애고 올바른 것으로 나아가게 해준다. 그러나 어느 것이 올바르고 어느 것이 잘못된 것인가 하는 것은 판단하기가 쉽지 않다. 바로 그 핵심을 찾아보고자 하는 것이 저술의 목적이다. 표면적으로 옳고 그름을 판단하여 형식적인 판단 기준을 세우는 것이 목표가

---

13 바로 그 부분을 法藏도 높이 평가했기에 자신의 『梵網經菩薩戒本疏』에서 적극 활용하고 있는 것이다. 法藏은 『梵網經菩薩戒本疏』에서 원효의 『菩薩戒本持犯要記』를 적극 활용하고 있는데 제6輕重門의 約心과 約行에서 원효의 이 부분을 거의 그대로 인용하고 있다.(法藏, 『梵網經菩薩戒本疏』 卷3, T40. 628b-c 참조) 하지만 法藏은 그것을 밝히고 있지는 않다. 원효의 영향력을 다시 한 번 확인할 수 있고 원효가 뛰어난 부분이 바로 이 부분임도 확인할 수 있다.

14 菩薩戒者 返流歸源之大津 去邪就正之要門也. 然邪正之相易濫 罪福之性難分. 何則或內意實邪 而外迹似正 或表業同染 而中心淳淨. 或有作業合少福而致大患 或有心行順深遠而違淺近. 是以專穢道人 剋私沙門 長專似迹 以亡眞正 每剋深戒而求淺行. 今將遺淺事而全深 去似迹而逐實.(한불전1. 581a)

아니다. 불교의 궁극목적에 이바지할 수 있도록 근본적인 면에서 판단을 하여야 한다는 것이 원효의 주장이다. 천박한 것을 버리고 깊은 것을 온전하게 하며 유사한 행적을 버리고 실질을 추구하는 것이 원효의 『지범요기』 저술의 목적이다. 깊은 것은 바로 내면의 마음이고 실질적인 것이 내면의 뜻이다. 마음과 뜻에 맞아야 그것이 계율에 맞는 것이다. 겉으로 판단을 해서는 안 된다는 것을 확실하게 하고 있다.

원효는 천박한 일은 버리고 깊은 것을 온전하게 하며 유사한 자취는 버리고 실질을 추구하기 위해서 이 『지범요기』를 짓는다고 하였다. 그리하여 자찬훼타계를 선택하여 구체적으로 살피면서 당시의 겉으로만 계율을 지키는 태도를 강하게 비판하고 있다. 첫 번째 문인 차별을 밝히는 문에서는 달마계본을 인용하여 자찬훼타를 4종류로 나누어서 범하고 범하지 않는 것 오염되고 오염되지 않은 것으로 구분하고 다시 오염되고 무겁게 범한 것을 다시 상중하품으로 구분하여 설명한다. 특히 그 중에서도 상품을 자세히 설명하고 있다. 원효는 다음과 같이 말한다.

> 상품 가운데에도 죄는 하나가 아니라서 간략하게 보이면 3쌍이다. 불법 내의 사람이 삼학에 의지하나 불도와 비슷한 마귀의 일을 많이 짓는다. 마치 사자 몸 속의 벌레가 다른 짐승은 못 먹는 사자를 먹는 것과 같다.[15]

불법 외의 다른 사람들에 의해서가 아니라 불법 내부의 사람들에 의해서 불법이 망치게 된다는 것이 사자 몸 속의 벌레인 사자신충의 비유이다. 이는 『인왕경』[16]과 『범망경』[17] 등에 나오는 비유인데 원효는 이를 인용하여 당시의 불교인들의 잘못된 행태를 강하게 비판하고 있다. 세 쌍은 심, 계, 혜의 삼학에서 잘못을 저지르는 각각 두 부류의 사람들이다. 심학에서 잘못을 저지르는 부류는 탐욕과 교만에 의하여 자찬훼타하는 두 부류이다. 그리고 혜학에서도 자찬훼타하는 두 부류가 있는데 하나는 增益에서 하나는 損減에서 말미암는 것이다. 이와 같은 잘못을 저지르면 안 된다고 원효는 힘주어 강조하고 있다. 이 모든 것이 스스로가 훌륭하다고 생각하는 데에서 오는 것이다. 원효는 당시의 현실을 강하게 비판하고 있다.[18] 그런데 원효의 계율관과의 연관

---

15 上品之內 罪非一端 隨其難別 略示三雙 佛法內人 多依三學 起似佛道之魔事故 猶如師子身內之虫 乃食師子 餘無能故(『菩薩戒本持犯要記』 한불전1. 581c)

16 乃是住持護三寶者 轉更滅破三寶 如師子身中蟲自食師子. 非外道也 多壞我佛法得大罪.(T8. 833c)

17 菩薩弟子作繫縛事 如師子身中蟲自食師子肉 非外道天魔能破(T24. 1009b)

18 이는 최원식도 지적하고 있다. "보살계 지범의 문제를 통하여 현실을 비판한 예를 다른 승려에게서 거의 찾아볼 수 없으므로 이 점도 원효의 보살계 이해에 나타난 특성의 하나로 꼽을 수 있을 듯하다."(최원식[1999], 91)

에서 우리가 살펴볼 가장 중요한 것은 계율과 관련된 잘못이다. 원효는 계학에 의거하여서도 두 종류의 벌레가 있다고 말한다. 하나는 잘못된 계율에 의한 것이고 또 하나는 올바른 계율에 의한 것이다. 원효는 삿된 계에 대해서 다음과 같이 말한다.

> 두 번째 쌍은 계학에 의거한 것으로 두 종류의 벌레가 있어서 불법을 먹어 멸망시킨다. 하나는 삿된 계에 앉아 있는 것이고 둘째는 正戒에 앉아 있는 것이다. 삿된 계에 앉아 있는 것에 한 무리가 있어서 태생이 질박하고 곧지 못하여 혹은 삿된 계를 받들고 혹은 스스로 사악한 생각을 해서 옷감과 삼으로 된 옷을 입지 않고 오곡을 먹지 않고 변하여 욕심내고 탐욕스럽게 이양공경을 구하여 스스로 높이기를 비할 데가 없이 하고 어리석은 무리들을 기만하고 어리석은 무리가 모두 자기의 덕을 공경하기를 희망하여 널리 이적이 없는 자를 억압한다. 이로 말미암아 안으로 참된 것을 상하게 하고 밖으로 사람들을 어지럽힌다. 상하고 어지럽히는 죄가 이보다 앞서는 것이 없다.[19]

계율의 근본은 마음가짐에 있는데 잘못된 삿된 계율을 지키면서 잘 지킨다고 스스로를 높이고 남을 헐뜯으면 이는 중죄를 짓는 것이다. 특이한 행동을 하면서 탐욕스럽게 이양공경을 구해서 하는 행동이기에 잘못된 행동이라는 것이다.

다음으로는 올바른 계를 지키는 가운데에 범하는 잘못이다. 이른바 올바른 계에 앉아 있는 잘못이다.

> 正戒에 앉아 있는 것은 한 무리가 있어 본성이 천근하여 세상의 큰 흐름에서 많은 사람들이 게으르고 느릴 때에 홀로 그 몸을 바르게 하여 몸가짐에 결함이 없다. 문득 스스로를 높이고 남들을 업신여기는 마음을 일으켜서 수행하고자 하는 마음은 급하지만 계는 완만한 무리를 오만하게 헐뜯는다. 이 사람은 그 불선을 온전하게 함으로써 큰 금기를 어겼다. 전복위화가 이보다 심한 것이 없다.[20]

正戒에 앉아 있는 무리는 남들이 계율을 잘못 지킬 때에 스스로는 올바른 행동을 하고 몸가짐에 결함이 없다. 하지만 스스로를 높이고 남을 업신여기는 마음을 일으켜서 수행하고자 하는

---

19 第二雙者 依於戒學 有二類虫 食滅佛法 一坐邪戒 二坐正戒 坐邪戒者 如有一類 生非質直 或承邪戒 或自邪念 不衣絲麻 不食五穀變欲貪求利養恭敬 自揚無比 誑諸癡類 希望群愚咸仰己德 普抑一切無異迹者 由是內以傷眞 外以亂人 傷亂之罪 莫是爲先也 (한불전1. 582a)

20 坐正戒者 如有一類 性是淺近 於世大運 多慢緩時 獨正其身 威儀無缺 便起自高陵他之心 慢毁乘急戒緩之衆 此人全其不善 以毁大禁 轉福爲禍 莫斯爲甚也 (한불전1. 582a)

마음은 급하지만 계율을 지키는 부분에서 좀 부족한 사람들을 헐뜯는다면 이는 큰 죄를 저지르는 것이다. 계율을 잘 지키는 것이 복이지만 그런 오만한 마음을 내서 남들을 헐뜯으면 복이 화로 바뀐다고 주장한다. 그런데 이에 대해서 문답을 배치하고 있다. 즉 계율을 잘 지키는 것이 왜 죄가 되느냐는 문제이다.

물음: 삿된 계의 죄는 마땅히 설한 바와 같지만 올바른 계를 지닌 사람은 이것이 무슨 죄가 되는가? 이유를 말하자면 만일 한 무리가 있어 안으로 얽힘이 없고 다른 사람들의 지음과 짓지 않음을 보지 않고 오직 자기 마음만을 관찰하여 홀로 올바른 계를 지킨다면 이런 보살이 무슨 연유로 범하였다고 하는가?

답변: 만일 염심이 없다면 앞의 설에 해당되지 않는다. 그러므로 이 사람은 또한 마땅히 분별하여야 한다. 하지만 만일 홀로 깨끗한 것으로 말미암아서 모든 세상 사람들이 널리 여러 승려들에 대하여 복전이 아니라 말하도록 하여 이양과 존중이 자기에게만 오도록 하는 자는 비록 성문의 자기를 제도하는 계에는 어긋나지 않아도 보살의 광대한 마음의 계에는 거슬린다. 성문의 무상 등의 관이 비록 천박한 일에서는 전도됨이 없지만 법신에 있어서는 전도이다. 이 중의 어긋남과 어긋나지 않음이 또한 그러함을 알아야 할 것이다. 만일 자기 홀로 깨끗함에 말미암아 모든 세상의 믿지 않는 사람들로 하여금 믿음이 자라나게 하여 모든 승려들에게 평등하게 공양하게 한다면 이런 사람은 참으로 범하는 것이 아니라 이에 많은 복을 짓는 것이다. 그러나 만일 홀로 깨끗하면서도 잡스럽고 물든 가운데 머물면서 그것으로써 물든 무리를 억압하지 않고 또한 남들로 하여금 공경하는 마음을 내도록 하고자 하는 자는 머리에 해와 달을 이고 가는 자가 그 어두움을 일부러 없애려 하지 않는 것과 같다. 스스로 그 기틀을 아는 대성인이 아니면 그렇게 하기 어렵다. 옛날의 대현인이 그 자식을 경계하여 말하기를 "삼가서 착한 일을 하지 말아라"라고 하였다. 그 자식이 대답하여 말하기를 "마땅히 악을 행하여야 합니까?"라 하니 아버지가 말하기를 "선도 오히려 하지 말아야 하는데 하물며 악을 행하겠는가?"라고 하였다.[21]

오직 자기 마음만을 관찰하여 계를 지키는 것이 무슨 잘못인가에 대하여 원효는 계 그 자체

21 問邪戒之罪 應如所說 持正戒者 何必是罪 所以然者 如有一類 內無諸纏 不觀餘人作與不作 唯察自心 獨持正戒 如是菩薩 何由成犯 荅 若無染心 不在前說 而於此人 亦當分別 若由獨淨 令諸世人普於諸僧謂非福田 利養尊重偏歸於己者 雖順聲聞自度心戒 而逆菩薩廣大心戒 如似聲聞無常等觀 雖於淺事是無顚倒而於法身 卽是顚倒 當知此中順逆亦爾 若由獨淨 令諸世間未信⑤者 信者增長 普於諸僧 平等供養者 非直無犯 乃生多福 然由獨淨 居雜染間 以此望得不抑染衆 又欲令他生等敬心者 猶如頭戴日月 而行而欲不 其暗者矣 自非知機大聖 尠能得其然也以是之故 古之大賢 誡其子云 愼莫爲善 其子對曰 當爲惡乎 親言善尙莫爲 況爲惡乎 (한불전1. 582a-b)

가 목적이 아니고. 중요한 것은 마음이고 또 중생 제도라고 대답한다. 스스로 계를 잘 지키는 것으로 사람들로 하여금 다른 여러 승려들에 대해서는 존경심을 버리고 오로지 자기 자신만을 공경하도록 만든다면 이는 자기를 제도하는 계에는 어긋나지 않아도 보살의 광대한 마음의 계에는 어긋난다는 것이다. 대승 계율의 중요한 목적 중의 하나가 중생의 제도에 있음을 명확하게 밝히고 있다. 홀로 깨끗함으로 말미암아 세간의 믿지 않는 이들의 믿음을 키워서 모두를 공경할 수 있도록 한다면 그것은 진정 좋은 일이다. 하지만 깨끗한 사람이 더럽고 물든 가운데로 들어가서 직접 행하는 것은 더욱 훌륭한 일이다. 잡되고 물든 가운데 있으면서 물든 중생들을 억압하지 않고 그들이 공경심을 내게 하는 것은 실로 힘든 일이다. 해와 달을 머리에 이고 있는 사람이라면 일부러 어둠을 쫓으려 하지 않는다. 바로 그와 같은 것이 정말 이상적이다. 하지만 근기를 아는 큰 성인이 아니면 힘든 일이다. 옛 성현께서 말하기를 착한 일까지도 벗어날 수 있어야 한다고 말했다는 고사를 인용하면서 이 부분을 마무리하고 있다. 계율은 잘 지켜야 하지만 그것을 가지고 스스로 자만하고 남을 업신여긴다거나 중생 제도의 큰 뜻을 잊고 있다면 그것은 계율의 근본 정신을 잊고 있는 것이라는 주장이다.

『보살계본지범요기』의 두 번째 부분은 계율을 지키고 범하는 깊고 얕은 것에 대해서 밝히는 淺深門인데 이 부분은 앞서도 말했듯이 다라계본을 인용하여 논의를 진행한다. 그런데 淺深을 밝히는 것을 4구로 판별을 한다. 4구는 긍정, 부정, 긍정과 부정, 긍정과 부정 모두의 부정이라는 네 가지 판단 형식을 가리킨다. 이른바 4구분별이라고 하는 것이다. 이것을 자찬훼타에 적용하여 논의를 하는 것이다. 자찬훼타가 죄가 되거나(긍정), 죄가 되지 않고 복이 되거나(부정), 혹은 죄가 되기도 하고 복이 되기도 하거나(긍정+부정), 자찬훼타를 하지 않는 것이 복이 되기도 하고 죄가 되기도 한다(자찬훼타 하든 않든 모두 부정)라고 판단을 내리는 것이다. 4구로 판단을 내리지 않는다면 자찬훼타는 당연히 계율을 어기는 것이고 죄이다. 하지만 그렇게 단순히 판단 내리지 않고 4가지 경우로 나누어서 보는 것이다. 이렇게 판단을 내림으로써 복과 죄를 잘 판별할 수가 있고 이것이 계율을 지키고 범하는 덕을 깊이 이해하는 것이라 한다. 요컨대 겉으로 드러난 행동만이 문제가 아니라 그 이면을 깊이 들여다보아야 한다는 것이 요점이다. 그런데 판단 기준은 마음이다. 그리고 중생을 생각하는 마음이 가장 중요하다. 『보살계본지범요기』의 지범심천을 밝히는 두 번째 문의 결론이기도 하다. 원효는 "행자의 지범의 요체는 다만 마땅히 스스로의 득실을 미세하게 잘 살펴야 하고 딴 사람의 덕과 병을 급히 판단해서는 안 된다."[22]라고 말하고 있다.

원효는 『보살계본지범요기』의 마지막 구경지범문(究竟持犯門)에서 계율의 지킴과 범함에 대

22 行者持犯之要 只應微察自之得失 不可輒判他之德患(한불전1. 585a)

하여 경중과 심천을 알았다 하더라도 계의 상에 대해서 여실하게 이해하지 못하고 죄와 비죄(非罪)에 대하여 두 극단을 떠나지 못한다면 궁극적으로 지키고 범하지 않는 경지에 도달할 수 없고 청정한 계바라밀에 나아갈 수 없다고 말한다.[23] 『금강삼매경론』에서는 "계율의 상에 머물지 않기 때문에 지계바라밀을 갖춘다."[24]고 말하고 있는데 계의 실상에 대해서 알고 실체화하여 집착하지 않음이 중요하다는 뜻으로 이해할 수 있다. 지계바라밀에 대해서 좀 더 자세히는 다음과 같이 설명한다.

> 중생을 불쌍히 여기기를 마치 외아들을 보는 것과 같이 하기 때문에 '지극한 생각은 견고하다'고 하였고, 항상 세간에 있으면서 열반에 머물지 않기 때문에 '마음이 항상 머무름이 없다'고 하였으니, 이것은 이승의 그릇됨을 막은 것이다. 마음을 관찰함이 명철하여 모든 번뇌와 섞이지 않기 때문에 '청정하여 더러움이 없다'고 하였고, 육도를 두루 건너면서도 모두 공적함을 깨달았기 때문에 '삼계에 집착하지 않는다'고 하였으니, 이것은 범부의 잘못을 그치게 한 것이다. 이것은 범부와 성인의 계율의 상에 머물지 않는 것을 밝힌 것이니, 곧 위에서 말한 '계율의 상에 머물지 않는다'는 것이다. 이것이 세간을 벗어난 시바라밀(尸波羅密)이다.[25]

지계바라밀은 결국 마음의 청정과 중생제도의 깊은 뜻에 입각한 것이어야 한다고 해설하고 있다. 그것은 범부와 성인(소승의 성인)의 계율의 상 모두를 벗어난 것이다. 이는 형식적인 계율을 지키고 지키지 않음이 중요한 것이 아니라 항상 근본을 잊지 말아야 진정한 계율을 지킴이라는 것을 말하는 것이다. 그러나 이렇게 계율의 실상이 깊고 깊어서 이해하기 어려우므로 이것은 높은 경지의 大地보살에 해당하고 초심자는 해당하지 않는 것이 아닌가 하는 문제에 대해서는 처음 발심한 때로부터 얻을 것이 없는 법을 닦아야 한다고 말한다.[26] 처음부터 어려움을 익혀 나가면 나중에는 쉬워진다는 것이다. 무소득의 법을 닦는다는 것은 집착 없이 실천하는 것이라 할 수 있다. 중생 제도를 위한 마음, 스스로 불법을 이루겠다는 마음으로 올바로 실천하는 것이 중요하다. 이것이 원효의 계율관의 핵심이라고 할 수 있을 것이다.

---

23 『菩薩戒本持犯要記』 第三究竟持犯 (한불전1. 585b) 참조.

24 不住戒相故 具戒度(『金剛三昧經論』 無相法品. 한불전1. 620b)

25 愍念衆生 如視一子 故曰至念堅固 恒在世間 不住涅槃 故曰心常無住 是防二乘之非 觀心明徹 不雜諸漏 故言淸淨無染 遍涉六道 達皆空寂 故言不着三界 是止凡夫之惡 是明不住凡聖戒相 卽是上言不住戒相 是名出世尸波羅密(『金剛三昧經論』 無相法品. 한불전1. 621a)

26 『菩薩戒本持犯要記』 第三究竟持犯 (한불전1. 585b-c) 참조.

IV. 출가와 재가

계율은 출가자에게 중요하지만 재가자에게도 중요하다. 특히 대승의 계율은 출가와 재가를 굳이 구별하지 않으려는 경향을 보인다. 원효가 중시했던 『범망경』은 출가와 재가 모두에게 통하는 계율이다. 그러나 실제로 승려들이 대승의 계율만으로 출가자의 생활을 한 것은 아니다. 이른바 소승이라고 하는 기존의 계율들이 출가자들이 의거한 계율이었다. 그것은 원효 시대에도 그러했던 것으로 짐작된다. 그것은 앞서 소승의 계율을 원효가 어떻게 보았는가의 문제를 논의할 때 언급한 바 있다. 그렇다면 재가자들의 계율은 어떠한 것이었는가? 원효는 앞서 인용한 『기신론소』에서 "재가자는 보살계본을 읊어야 하고 삼귀오계 등을 읊으면 귀신이 물러간다."고 말한 바 있다.[27] 보살계본이 출가자보다도 재가자에게 해당하는 계율로 파악하고 있음을 알 수 있다. 원효가 보살계를 중시했다면 그것은 재가자의 계율을 그만큼 중시했다는 증거라고도 말할 수 있는 것이다. 『보살계본지범요기』의 경중문에서도 범망경의 십중계를 중심으로 설명하면서 앞의 6계는 재가보살의 6중계와 공통된다고 설명하고 있다. 재가의 6중계는 『우바새계경』의 6중계를 의미하는데 재가자의 계율이 또한 중시되고 있음을 알 수 있다. 재가자의 계율을 그 자체로 중시하여 다루고 있지는 않지만 재가의 계율도 함께 아울러서 보고 조화적으로 보고자 하는 것이다.

그렇다면 출가와 재가에 대하여 어느 쪽이 더 중요하고 훌륭한가의 문제에 대한 원효의 생각을 좀 더 확실하게 살펴보도록 하자. 출가에 대한 태도는 원효의 저술 사이에 차이가 있다. 『발심수행장』[28]은 초기의 작품으로 추측되는데[29] 그 표현을 보면 출가를 높게 평가하고 출가중심주의적인 느낌이 든다. 그러나 후반의 작품으로 평가되는 『금강삼매경론』에서는 출가와 재가를 굳이 구분하지 않으려는 태도가 나타난다. 이는 확실히 태도가 달라졌다고 보아야 할 것이다. 『발심수행장』에서는 다음과 같이 말한다.

> 마음속의 애욕을 떠남을 사문이라 하고 세속을 그리워하지 않는 것을 곧 출가라 한다.……비록 재주와 지혜가 있어도 마을에 거처하는 사람에 대해서는 모든 부처가 이 사람에 대해서 슬프고 걱정하는 마음을 내고 비록 도행이 없다 해도 산에서 거주하는 자에게는 여러 성인들이 이 사람에 대

27 若在家人 應誦菩薩戒本 若誦三歸五戒等 鬼便却行(한불전1. 729c)

해서 환희하는 마음을 낸다.[30]

출가를 우선시하고 중시하는 관점을 확실히 드러낸다. 출가와 재가를 상당히 대립적으로 파악하고 있다. 출가가 좋은 것이니 출가하여 열심히 수행하여야 한다는 것이 『발심수행장』의 핵심 주장이다. 출가자는 계율을 철저히 지켜야 함은 말할 나위도 없다. 그리하여 다음과 같이 말한다.

> 비록 재주와 학식은 있으나 계행이 없는 자는 보물이 있는 곳(이상적인 곳)으로 인도해도 일어나 가지 않는 것과 같다.……세간의 시끄러운 것을 버리고 허공을 타고 천상에 오름은 계행이 좋은 사다리가 된다. 그러므로 파계하고 타인의 福田이 되는 것은 마치 날개 부러진 새가 거북을 업고 하늘을 날고자 하는 것과 같다. 자기의 죄를 벗지 못하면 남의 죄를 벗겨줄 수 없다. 그러니 어찌 계행이 없고서 다른 사람의 공양을 받을 수 있겠는가?[31]

계율을 말 그대로 철저히 잘 지켜야 한다. 그리고 계율을 잘 지킴으로써 천상에 태어날 수 있

---

28 『발심수행장』은 오래 전부터 寺中에 전해져 왔다고 한다. 현재 『한국불교전서』 제1책에 수록되어 있다. 저본은 海印寺寺刊藏이고 갑본은 崇禎八年雲住龍藏寺刊으로 되어 있다. (숭정 8년은 1635년이고 해인사 판본은 1883년板이다.) 그리고 『가산불교대사림』에 의하면 『발심수행장』과 지눌의 『계초심학인문』과 야운의 『자경문』을 합본한 『초발심자경문』의 언해본 두 종류가 전해지고 있는데, 하나는 규장각에 소장된 것으로 1577년(선조10)에 송광사에서 간행한 것이며, 다른 하나는 영남대학교 동빈(東濱)문고에 소장된 것으로 1583년(선조16) 용인 서봉사에서 간행한 것이다. 언해본이 1577년에 간행되었으므로 한문본은 그 이전으로 올라갈 수 있을 것이다. 하지만 원효 시대부터는 너무 멀리 떨어져 있다. 그리고 의천의 『신편제종교장총록』을 위시하여 우리나라나 일본의 어떤 목록에도 나타나지 않는다. 따라서 그것이 확실히 원효의 저술인가 하는 점에 대해서는 의문의 여지가 있다. "그의 이름으로 가탁된 가능성까지도 배제할 수는 없다. 그러나 모든 수행자들에게 귀감이 될 수 있는 내용임과 더불어 발심의 소중함이 강조된 점 등으로 미루어 현존하는 그의 여타의 저작들에 나타나 있는 철학적 가치를 한층 빛내주는 역할을 하고 있다."(정순일[1991], 「元曉의 發心論」, 『韓國思想史: 釋山 韓鐘萬 博士 華甲紀念論文集』, 원광대학교, p.2 주 6))라거나 "이 글(발심수행장)은 과연 원효의 작인가? 엄격하게 말하자면 아직도 잠정적이라는 단서를 붙이는 것이 마땅하다고 생각하나 『발심수행장』을 원효의 것이 아니라고 할 만한 이유는 없다고 본다."(이기영[1989], 「원효의 원융무애사상과 발심수행장」, 『修多羅』4, 해인승가대학, p.77)라고 하여 약간의 의문을 제기하기도 하지만 원효의 저술임을 부정하는 연구는 없다. 의문이 없지 않지만 일단은 원효의 저작이라는 전제에서 논의를 진행하도록 하겠다.

29 鄭仲煥([1976]「元曉의 發心修行章에 대하여」, 『荷西金鍾雨華甲紀念論叢』, 金鍾雨華甲紀念會, 부산대학교)과 李箕永[1989]은 말년의 작품으로 추정하나 無觀([1987] 「元曉大師의 發心修行考」, 『원효연구논총』, 국토통일원)은 그것을 부정하고 그의 오도 이전의(45세 이전) 작품으로 추정하였다. 원효의 중요한 특징인 일심과 화쟁이 잘 드러나지 않고 비교적 소박한 차원에서 써진 저술이므로 후기의 작품은 아닌 것 같다. 무관의 견해가 더 설득력이 있는 것으로 판단된다.

30 離心中愛 是名沙門 不戀世俗 是名出家……雖有才智 居邑家者 諸佛是人 生悲憂心 設無道行 住山室者 衆聖是人 生歡喜心(한불1, 841a-b) 여기에서 "離心中愛 是名沙門 不戀世俗 是名出家"라는 구절은 野雲의 『自警文』에도 거의 동일한 구절이 있다. (離心中愛曰沙門 不戀世俗曰出家)(한불전6. 766c)

31 雖有才學 無戒行者 如寶所導 而不起行……棄世間喧 乘空天上 戒爲善梯 是故破戒 爲他福田 如折翼鳥 負龜翔空 自罪未脫 他罪不贖 然豈無戒行 受他供給.(한불전1. 841b)

다. 그리고 공경을 받을 수 있다. 출가해서 수행하는 이유와 목적에 대해여 차원 높은 완전한 깨달음, 중생 제도의 이상 등에 대해서는 별로 말을 하고 있지 않다. 어떻게 보면 소소한 그렇지만 실제적인 효과 등을 강조하면서 도를 닦고 계율을 지킬 것을 권하고 있다.

출가와 재가에 대해서 『금강삼매경론』에서는 상당히 다른 입장을 취한다. 출가와 재가에 걸림이 없어야 한다고 주장한다.

> 이 부분은 곧 첫 번째로 과보를 얻는 뛰어난 이익이다. 처음 가운데에도 네 가지의 뛰어난 이익이 있다. 첫째는 변견을 떠난 뛰어난 이익으로서, 도와 속의 이변의 상에 떨어지지 않는 것이니, 경에서 '이와 같은 사람은 두 가지 상에 있지 않으니, 비록 출가하지 않았더라도 재가에 머무는 것이 아니다.'라고 한 것과 같다. 둘째는 자재함의 뛰어난 이익으로서, 교문의 계율에 의하여 제재되지 않고 자신의 마음으로 도리를 판결하여 고요히 함이 없되 행하지 아니함이 없는 것이니, 경에서 '비록 법복이 없고 내지는 성인의 과보를 얻을 수 있다.'고 한 것과 같다. 셋째는 도에 들어가는 뛰어난 이익이니, 경에서 '이승에 머물지 않고 보살도에 들어간다.'고 한 것과 같다. 넷째는 과보를 얻는 뛰어난 이익이니, 경에서 '뒤에 마땅히 계위를 채워서 부처의 보리를 이룰 수 있을 것이다.'라고 한 것과 같다.[32]

진정으로 훌륭한 사람은 도(출가)와 속(재가)의 이변에 떨어지지 않고 계율에 의하여 제재되지 않고 마음으로 판결하여 함이 없되 행하지 아니 함도 없으며 또 도에 들어가고 뛰어난 과보를 얻는다는 것이다. 더 나아가면 이 같이 훌륭한 사람은 재가자라 해도 사문도 마땅히 존경하여야 한다. 재가자를 오히려 높임을 볼 수 있다. 출가 중심에서 벗어나고 있고 출가자 중심주의를 비판하는 것으로 해석할 수 있다. 『금강삼매경』에서는 다음과 같이 말한다.

> 대력보살이 말하였다. "불가사의합니다. 이와 같은 사람은 출가한 것이 아니지만 출가하지 않은 것도 아닙니다. 왜냐하면 열반의 집에 들어가 여래의 옷을 입고 보리의 자리에 앉으니, 이와 같은 사람은 사문이라도 마땅히 존경하여 공양해야 할 것입니다." 부처님이 말하였다. "그렇다. 왜냐하면 열반의 집에 들어갔으나 마음이 삼계에서 일어나고, 여래의 옷을 입고서 법공의 처소에 들어갔으며, 보리의 자리에 앉아 정각의 여일한 경지에 올랐기 때문이다. 이와 같은 사람은 마음이 두

---

32 은정희 외[2000: 396-397](한불전1. 647a-b)

가지의 我를 벗어났으니, 어찌 하물며 사문이라고 해서 존경하여 공경하지 않겠느냐?"[33]

원효는 이 부분을 해석하여 공양을 얻는 뛰어난 이익을 설명한 것이라 한다. 재가자의 신분이지만 뛰어나므로 마땅히 공양을 받을 만하다는 것인데 출가자까지도 그를 공경하여야 한다는 것이다. 공경이 출가 재가의 문제가 아니라는 것이다.

> 두 번째 공양을 얻는 뛰어난 이익을 설명한 것이니, 세 가지 뛰어난 공덕을 얻어 복전이 될 수 있어서 모든 도인과 속인이 마땅히 공양해야 할 것이다. 글에 세 가지가 있으니, 먼저 보살이 복전임을 설명하였고, 다음에 이승은 보지 못함을 나타내었으며, 뒤에 보살은 볼 수 있음을 나타내었다.[34]

출가자 중심에서 벗어나고 있음을 알 수 있다. 『금강삼매경론』의 다음 부분에서는 계율만 오로지 지키는 것을 능사로 아는 출가자는 잘못된 것임을 지적한다. 계율을 지키는 것이 오히려 잘못이라는 것이다.

> '계율을 말해 주는 사람'이라고 한 것은 계율을 말해 주는 바의 사람으로서 곧 모든 성문을 말하니, 자신이 계율을 지니고 있음을 믿고서 모든 파계를 업신여기기 때문에 '불선하고 교만하다'고 하였다. 이러한 사람은 아직 모든 법공을 증득하지 못하였기 때문에 수면의 바다 가운데 칠식의 물결이 유전하니, 그러므로 '바다의 물결이 일렁인다'고 하였다. 이것은 계율을 지니는 사람의 과실을 든 것이다.……이 사람이 이미 일체의 법이 공적함을 증득하여 일곱 가지 계율의 자성이 모두 공적함을 깨달았기 때문에 '계율의 자성은 허공과 같다'고 하였다. 그러나 성문의 사람은 법공을 깨닫지 못하고서 계율의 자성이 있다고 집착하여 자신이 잘 지님을 믿기 때문에 '지닌다는 것은 미혹하고 전도된 것이다'라고 하였다. 이것은 처음 질문에 대답한 것이니, 계율을 지니지 않는 것이 과실이 아님을 설명한 것이다.……이러한 뜻으로 말미암아 삼보를 깊이 공경하니, 형상의 부처와 紙素 등의 법과 네 부류의 승려 등을 공경하지 아니함이 없다. 사문에 대하여 공경하지 아니함이 없는 것은 삼불에 의하여 발심하였기 때문에 교만의 뿌리와 무명의 종자를 없앴기 때문이다.[35]

---

33 은정희 · 송진현 역주[2000], 『원효의 금강삼매경론』, 일지사, p.398(한불전1. 647b)

34 은정희 · 송진현 역주[2000], 『원효의 금강삼매경론』, 일지사, pp.398-399](한불전1. 647b)

35 은정희 · 송진현 역주[2000], 『원효의 금강삼매경론』, 일지사, pp.405-408](한불전1. 648b-649a)

계율을 지닌다는 것은 미혹하고 전도된 것이라고도 할 수 있다. 계율에 자성이 있음을 믿고 스스로가 계율을 잘 지킨다고 집착하면 그렇다. 그러나 모든 번뇌를 떠난 사람은 계율을 어기지도 않는다. 그리하여 사문에 대해서 공경하지 않는 것은 아니다. 출가와 재가로 좁혀서 말하자면 출가지상주의는 잘못된 것이지만 출가자에 대한 공경을 하지 않는 것은 아니다. 중요한 것은 궁극적인 목적이라고 할 수 있을 것이다. 본래의 청정한 마음으로 돌아가고 중생을 제도하는 궁극 목적에 따라서 판단내릴 수 있을 뿐이다. 출가나 재가 그 자체가 중요한 것은 아니다.

VI. 결론

계율은 불교의 궁극 목적에 도달하기 위해서 필수적인 것이다. 계율이 제대로 지켜지지 않는다면 불교의 이상을 실현할 수 없다. 원효는 계율이 중요한 이유는 바로 이 점에 있다고 보았다. 다양한 계율서 가운데 어느 것을 중시하였는가의 문제에 대해서는 어느 특정한 계율서를 중시하는 입장이라기보다는 대승의 범망계와 유가계 모두를 중시하여 여러 계율서를 종합해서 조화를 찾으려 하였다고 말할 수 있을 것이다. 대승계만을 중시한 것은 아니다. 출가자들을 위한 소위 소승의 계율도 무시하지 않았다. 이는 조화를 중시하는 원효의 기본적인 입장과도 부합한다. 마지막으로 원효의 계율사상에서 지적하여야 할 것은 그의 중생제도의 정신이 계율에서도 그대로 나타나고 있다는 사실이다. 계율은 단순히 깨달음으로 가는 중요한 덕목 정도가 아니며 중생을 제도하는 것이 대승 계율의 궁극적인 목적이라는 것을 강조한다.

원효는 『보살계본지범요기』에서 "보살계는 흐름을 거슬러 원천에 돌아가게 하는 커다란 나루이고 삿된 것을 버리고 올바른 것을 취하는 중요한 문이다."라고 말한다. 제도적이고 형식적인 면보다는 계율의 근본정신을 강조하는 입장이었다고 볼 수 있다. 그리하여 그의 계율 해석은 마음을 강조하고 있다. 겉으로 드러나는 계율을 지키는 모습이 사실은 계율의 근본정신과 어긋날 수 있다는 점을 강조한다. 그리하여 당시의 현실을 강력하게 비판한다. 이것이 원효의 가장 중요한 점이다. 이는 그의 근본 사상이라고 일반적으로 인정되는 일심과도 통한다. 일심에 근본을 두고 있는 계율 해석이라고 할 수 있다. 계율은 일심에 근거를 두고 있어야 한다. 그런데 또 한편으로는 일심에 도달하게 해주는 것이 계율이다. 계율을 통해서 일심의 근원으로 돌아갈 수 있는 것이다. 다른 한편 계율 특히 대승의 계율에서 중요한 것은 중생제도이다. 자비의 마음으로 중생제도를 하고자 하는 데서 나온 행위라면 그것은 표면상 계율에 어긋난 것처럼 보여도 결코 그렇지 않고 오히려 복이 된다. 계율은 단순히 깨달음으로 가는 중요한 덕목 정도가 아니며 중생을 제도하는 것이 대승 계율의 궁극적인 목적이라는 것을 강조한다.

다음으로 출가와 재가의 문제에서는 초기의 작품으로 추측되는 『발심수행장』에서는 출가 중심이고 출가의 중요성을 강조하나 『금강삼매경론』에서는 출가와 재가에 걸림없음을 강조하면서 출가 중심주의에서 벗어나고 있음을 알 수 있다. 결론적으로 원효는 그의 전체 사상적 특색이라고 할 수 있는 일심과 화쟁 그리고 중생제도에 입각하여 계율을 바라보고 있다고 할 수 있다.

제7장 『범망경보살계본사기』의 저자 문제

I. 서론

원효(617-686)의 계율사상에 대해서는 상당히 많은 연구가 이루어졌다. 연구는 당연히 원효가 남긴 계율 관련 저술에 의하여 주로 이루어졌다. 현존하는 원효의 계율 관련 저술에는 『한국불교전서』에 의하면 『보살계본지범요기(菩薩戒本持犯要記)』, 『범망경보살계본사기(梵網經菩薩戒本私記)』, 『보살영락본업경소(菩薩瓔珞本業經疏)』가 있다. 그런데 『범망경보살계본사기』가 원효의 저술인지 확실하지 않다는 문제 제기가 있었다. 거기에 대해서 원효의 저술이 아니라고 볼 이유가 없다는 반론이 있었고 다시 원효 저술로 인정할 수 없다는 반론이 있는 등 아직 정설이 없는 상태이다. 원효의 사상을 말하려면 그의 저술에 의거하여 말할 수밖에 없다. 그의 저서가 아닌 것이 그의 저술로 잘못 인정된다면 그의 사상을 말함에 차질이 빚어질 수밖에 없다. 따라서 어떤 저술이 원효의 진찬인가 아닌가를 확실히 밝히는 것은 원효 연구에서 기본적인 일이다. 『범망경보살계본사기』의 원효 저술 여부를 밝히는 것도 원효 연구에서 필수적인 문제이다. 이를 밝힘으로써 원효 사상 특히 원효의 계율에 관한 사상을 명확히 알 수 있을 것이기 때문이다. 『범망경보살계본사기』가 원효의 진찬인가의 문제에 대해 최근에 이제까지의 연구를 정리한 연구가 있었지만 아직 이 문제는 논쟁 중이라고 할 수 있다. 연구 성과를 다른 각도에서 점검해 보고 원효 진찬 여부에 대해 나름대로의 의견을 제시하고자 한다.

II. 연구사의 검토

『범망경보살계본사기』의 저자 문제에 대하여 기무라 센쇼(木村宣彰)[1]가 가장 먼저 원효 저술

1 木村宣彰, 「菩薩戒本持犯要記について」, 『印度學佛教學研究』 28-2(日本印度學佛教學會, 1980)

인지 의심스럽다는 주장을 하였다. 이에 대해 요시즈 요시히데(吉津宜英)[2]는 원효의 작품이라고 반론하였고 남동신[3]은 약간의 의문은 제기하였지만 전체적으로는 인정하는 편이고 최원식[4]은 논란이 있다는 정도로 언급하면서 원효 작품으로 인정하고 논의를 진행하고 있다. 김상현[5]은 적극적으로 원효진찬설을 주장한다. 손영산[6]은 『범망경보살계본사기』에 나타난 삼신설의 용례를 들어 원효의 진찬이 의심되는 점이 있다고 주장하였다. 최근에 한명숙[7]은 이제까지의 연구에 대해 검토한 논문을 발표하였다. 그는 이 논문에서 『사기』가 원효의 진찬임을 부정하는 주장은 모두 존립 근거가 없기 때문에 이 책은 원효의 진찬으로 인정되어야 할 것이라고 주장하였다. 이 주장들에 대하여 알아보도록 하자. 한명숙의 연구를 참고하여 이제까지 『범망경보살계본사기』의 원효 진찬 여부에 대한 연구를 정리하면 다음과 같이 정리할 수 있다.

1. 기무라 센쇼 (「菩薩戒本持犯要記について」)

1) 『사기』는 원효의 저술임이 분명한 『요기』와 그 취지를 달리하여 동일인의 사상이라고 볼 수 없다.
2) 원효의 저술에는 『사기』라는 이름을 사용한 것이 없다.
3) 원효는 자신의 저술 간의 상호인용이 많은데 그의 여타 저술에 『사기』라는 명칭은 한 번도 나오지 않는다.
4) 의천의 『제종교장총록』, 영초의 『동역전등목록』, 文雄의 『蓮門類聚經籍錄』 등의 경록에 사기는 나오지 않는다.
5) 현재 속장경에 수록된 것에서는 찬술자에 대해 "曉公造"라고 하였고 『사기』의 이름이 실린 『奈良朝現在一切經疏目錄』에서도 "효공조"라고 하였다. 원효라는 이름을 명기하지 않았다. 효공을 원효라고 할 수 없다.
6) 원효는 일반적으로 『금광명경』을 『금고경』이라고 부르는데 『사기』에서는 『금광명경』이

---

2 吉津宜英, 「法藏以前の『梵網經』諸注釋書について」, 『華嚴一乘思想の研究』(大東出版社, 1991)

3 남동신, 「元曉의 大衆敎化와 思想體系」, 서울대 박사학위논문(서울대 대학원, 1995); 「원효의 계율사상」, 『한국사상사학』 제17집(한국사상사학회, 2001)

4 최원식, 「원효의 보살계 인식 경향과 그 특성」, 『신라 보살계사상사 연구』(민족사, 1999)

5 김상현, 「『菩薩戒本持犯要記助覽集』의 검토」, 『元曉研究』(민족사, 2000)

6 손영산, 「『梵網經菩薩戒本私記卷上』 원효 진찬여부 논쟁에 관한 재고」, 『한국불교학』 56집(한국불교학회, 2010)

7 한명숙, 「원효 『梵網經菩薩戒本私記』의 진찬 여부 논쟁에 대한 연구(1): 선행연구에 대한 비판적 검토」 『불교연구』 42(한국불교연구원, 2015)

라고 부르는 것도 이례적이다.

7) 타인의 설을 인용 소개할 때 "一云"이라고 말하는 방식도 그 예가 없다.

8) 『사기』는 전체적으로 삼론의 용어를 많이 쓰고 삼론의 章疏를 상기시키는 곳이 적지 않은데 이것도 원효의 저술로서는 예외적이다.

기무라 센쇼의 문제 제기는 상당히 설득력이 있는 것이 많다. 문제가 되는 것은 따로 자세히 논의하도록 하겠다.

2. 요시즈 요시히데 (「法藏以前の『梵網經』諸注釋書について」)

기무라 센쇼의 위찬설에 대해서 반론을 한다.

1) 위찬설이 제기되지 않은 원효의 『법화종요』도 그의 여타 저술에 나오지 않는다.

2) 그가 제시한 경록에 수록되지 않았다고 하여 위찬이라고 하는 것은 옳지 않다. 『奈良錄』에 『사기』가 들어 있음은 진찬의 증거이다.

3) 나라 시대에 원효를 제외하고 "효공"이라는 이름의 찬술자는 보이지 않는다.

4) 『법화종요』에도 『금광명경』이라는 명칭이 나온다.

5) 원효와 삼론학의 관계가 매우 깊은 것이 오히려 학계의 정설이다.

요시즈 요시히데의 몇 가지 지적은 설득력이 있다. 다른 저술에 전혀 인용되지 않는다고 원효 저술임을 의심하는 것을 지적한다거나 『금광명경』의 용례 등을 지적한 것은 설득력이 있다. 그리고 원효가 삼론학과 관계가 깊다는 주장도 타당한 것 같다. 하지만 효공을 원효로 단정한다든가 하는 주장은 설득력이 없는 것 같다. 이 주장들에 대해서는 여러 문제에 대해 논의를 하면서 자연스럽게 검토할 수 있을 것이다.

3. 최원식 (「원효의 보살계 인식 경향과 그 특성」)

원효는 『요기』에서 이 10중계 가운데 소승계와 공통되는 중계는 앞의 4계(살, 도, 음, 망)이고 공통되지 않는 중계는 뒤의 4계라고 하였다. 그런데 이는 『사기』와 어긋난다고 한다. 즉 "원효는 『범망경보살계본사기』에서 10重戒를 주석하면서, 제7중계인 자찬훼타계를 '대소공학' 즉 대소승에서 같이 규제한 것으로 이해하고, 나머지 제8、9、10중계는 '대소부동'이라 하였으므로 『보살계본지범요기』의 주장과는 일치되지 않는 셈이다. 이는 어디에서 연유하는 것인지 잘 알 수 없다."라고 말하여 약간의 의문을 제기하고 있다. 이 문제에 대해서는 따로 논의하도록 하겠다.

4. 김상현 (「『菩薩戒本持犯要記助覽集』의 검토」)

김상현은 "『보살계지범요기조람집』(진원, 1282)에 '요기의 저자가 지은 범망소에 말하기를' 이라고 하여 인용한 문장이 현행본 사기와 정확히 일치하기 때문에 『사기』는 『범망경소』의 이칭임을 알 수 있다. 따라서 『사기』는 원효의 진찬이라고 보아야 한다."라고 말하고 있다. 이와 같이 김상현은 『사기』의 원효 진찬을 강력하게 주장한다.

5. 남동신 (「元曉의 大衆教化와 思想體系」, 「원효의 계율사상」)

1) 기무라 센쇼에 대한 반론

(1)위찬설이 제기되지 않은 『요기』 역시 그의 여타 저술에 나오지 않는다.

(2)원효의 『본업경소』에 一云이라고 한 용례가 있다.

2) 초기 저술 가능성을 주장

대의분이 없다. 교사, 율사, 법사 등의 호칭으로 보아 저자의 선배나 스승이고 이는 초기 찬술설 뒷받침하는 증거 될 수 있다.

3) 남동신은 "『사기에서는 진여문과 생멸문에 각각 불공여래장과 공여래장을 대응시키고 있는 반면 『별기』에서는 거꾸로 진여문=공, 생멸문=불공의 일면성을 인정하면서도 결론에 있어서는 진여문과 생멸문은 모두 불공을 설한 것이며 여래장은 생멸문에 포섭된다고 주장하였다."고 하여 『사기』의 말이 원효의 다른 저술과 일치하지 않음을 주장한다. 위찬 가능성을 인정하는 것이라 할 수 있다. 이 문제에 대해서는 따로 자세히 논의하도록 하겠다.

6. 손영산 (「『梵網經菩薩戒本私記卷上』 원효 진찬여부 논쟁에 관한 재고」)

1) 원효는 그의 저술들에서 三身說을 법신, 보신, 응신, 화신 등 여러 이름으로 폭넓게 설명하고 있다. 그러나 『사기』에서는 삼신을 유독 법신, 응신, 화신의 구도로 규정하고 있다. 그리고 이것을 비로자나, 노사나, 석가모니에 대응시킨다. 이는 원효의 주장이라고 보기에는 매우 이례적이다.

2) 비로자나에 대한 언급은 원효의 다른 저술에서는 찾아볼 수 없다.

(1)비로자나불에 대해 언급한 것은 위찬임이 확실시 된 『유심안락도』 뿐

(2)비로자나 용어의 연원은 『화엄경』인데 毘盧遮那란 음역어는 80화엄에 나오고 60권본에는 毘樓遮那라고 음역하였다. 비로자나란 용어가 『능가경』에 나오기는 하나 별로 중요하지 않아 이것을 보고 원효가 비로자나에 중요성 부여했다고 할 수 없다.

3) 초기 찬술설은 사기의 삼신설에 대해서 제기한 앞의 문제가 해결되지 않는 한 인정할 수 없다.

4) 원효는 삼론을 인용할 때, 진제의 삼성 개념, 분별성, 의타성 등을 거론하는 것이 일반적인데, 『사기』에는 이런 서술 형태가 보이지 않는다.

5) "효공"은 원효라고 보기 어렵다.

문제 제기는 결국 비로자나불이라는 용어의 사용과 삼신에 대한 논의와 삼신을 삼불에 대응시키는 것이 원효의 사상에 어울리지 않는다는 것이다. 법신, 보신, 응신 또는 법신, 응신, 화신 등으로 다양하게 불리는 삼신의 이론을 『사기』에서는 법신, 응신, 화신으로만 고정시켜서 말한다는 것이다. 이것들을 회통시키려는 최소한의 언급도 없다는 것은 이상하다는 것이다. 이 문제 제기는 어느 정도 일리는 있는 것 같다. 그러나 결정적인 증거가 될 수는 없을 것 같다. 손영산도 인용하고 있지만 『금강삼매경론』에서 원효는 삼신을 법신, 응신, 화신이라고 설명한다.[8] 이 부분에서도 보신 등의 삼신의 다른 명칭에 대한 언급은 없다. 손영산은 "『금강삼매경론』에서는 다른 장에서 보신의 용례가 나타난다는 점, 그리고 『금강삼매경론』에서 법-응-화신 용례가 법성신과 응화법신의 이신설과의 회통시키는 내용이라는 점에서 『사기』의 그것과는 맥락상의 차이가 있다고 생각된다"고 말하고 있지만 설득력이 없는 것 같다. 『사기』에서도 법신 응신 화신을 말하고 있고 『금강삼매경론』에서도 말하고 있다. 『사기』에서 법신, 응신, 화신만이 옳고 보신이라고 하면 안 된다고 한 것이 아니라 법응화의 삼신으로 말하고 있을 뿐이다. 따라서 『사기』의 서술이 다른 저술에서의 기술 내지는 사상적 태도와 어울리지 않는다고 말하기는 어렵다. 비로자나불이라는 용어는 물론 『화엄경』의 경우는 원효가 사용한 60권본 화엄경에는 그 용례가 없지만 원효가 즐겨 인용하는 『능가경』[9]이나 『살차니건자경(薩遮尼犍子經)』[10]에도 나타나고 있다. 비로자나불에 대해 이 경전들을 통해서도 충분히 알 수 있었다. 다른 저술에 용례가 없다고 이상할 것은 없다. 그리고 비로자나불을 법신에 노사나불을 응신에 석가모니불을 화신에 대응시키고는 있지만 『사기』에서의 태도는 그것만을 고집하는 것이 아니다. 전체적인 의도는 『범망경』에 나오는 노사나불이라는 명칭이 삼신에 모두 통한다는 것을 말하고자 하는 것

8 『금강삼매경론』 진성공품 한불전1. 657a ; 言三身者 一名法身 二者應身 三者化身

9 『入楞伽經』 卷第一 請佛品第一에 "歸命大智海毘盧遮那佛"이라는 구절이 있다.(T16. 0514c)

10 『大薩遮尼乾子所說經』卷第一 序品第一에 "歸命大智海毘盧遮那佛"이라고 나온다.(T9. 0317a)

이므로 회통적이라고 할 수 있을 것이다. 이런 몇 가지 점에서 볼 때 손영산의 문제 제기는 설득력이 없는 것 같다. 삼론 인용이 원효답지 않다는 것도 큰 설득력은 없는 것 같다. 효공이 원효인가의 문제는 따로 논의할 것이다. 손영산의 주장에 대해서는 한명숙도 비판적으로 검토하였다.

7. 한명숙 (「원효『梵網經菩薩戒本私記』의 진찬 여부 논쟁에 대한 연구(1): 선행연구에 대한 비판적 검토」)

한명숙은 원효 찬술을 부정하는 기존의 연구를 검토한 다음, 기무라 센쇼가 문제 제기한 것 중 두 가지와 최원식의 문제 제기 및 남동신의 진여심 생멸심에 대한 문제 제기가 해결되지 않았고 최근에 문제 제기가 이루어진 손영산의 문제 제기가 해결되지 않았다고 주장한다. 따라서 그는 이에 대해서만 대답하면 원효의 진찬이 증명된다고 하여 진찬임을 주장한다.

기존의 위찬 문제 제기에 대한 반론이 없었던 문제에 대해서 한명숙의 논의 순서에 따라 검토해 보자. 먼저 기무라 센쇼의 문제 제기에 대해 답변이 이루어지지 않았던 것을 두 개 지적한다. 첫째는 『사기』와 『요기』의 취지가 달라 동일인의 사상이라고 볼 수 없다는 주장인데 이 주장에 대해 근거가 제시되고 있지 않아 의문이 유효하지 않다고 결론을 내린다. 원효의 저술에 『사기』라는 이름을 사용한 것이 없다는 지적에 대해서는 여러 경록에 『사기』라는 이름의 저술이 전해짐을 지적하여 그의 주장이 유효하지 않다고 반박한다. 한명숙의 논의는 타당해 보인다. 그러나 『사기』와 『요기』의 취지가 다르다는 것은 기무라 센쇼는 근거를 제시하지 않아서 유효한 의문이라고 할 수 없다고 하지만 논의할 거리가 있는 것으로 보인다. 이 문제는 따로 논의를 하겠다.

다음 자찬훼타계에 대하여 『요기』에서는 '소승과 함께 하지 않는 중계'(不共之重) 『사기』에서는 '대승과 소승이 함께 배운다'(大小共學)이라고 하고 있어서 서로 일치하지 않는다는 최원식의 문제 제기에 대해 논의한다. 한명숙은 대소공학이라는 것은 대승과 소승이 함께 중계로 파악하는 것이라는 뜻은 아니므로 『요기』와 어긋나지 않는다고 지적한다. 이 문제도 따로 논의하겠다.

다음에는 남동신의 문제 제기에 대하여 논의한다. 남동신은 다음과 같이 주장한다. "『사기』가 원효의 다른 저술과 사상이 어긋나는 부분도 있다는 점이다. 예컨대 『사기』에서는 진여문과 생멸문에 각각 불공여래장과 공여래장을 대응시키고 있는 반면, 『기신론별기』에서는 거꾸로 '진여문=공, 생멸문=불공'의 일면성을 인정하면서도 결론에 있어서는 진여문과 생멸문은 모두 불공을 설한 것이며 여래장은 생멸문에 포섭된다고 주장하였다. 진여문과 생멸문은 일심의 두 측면이며, 일심은 원효사상에서 핵심적인 개념이다. 따라서 『사기』와 『기신론별기』가 이문에 대하여 해석을 달리하는 것은 원효사상의 이해에 대단히 중대한 문제를 제기한다."(남동신(2001),

pp.262-263) 여기에 대해 한명숙은 이의를 제기한다. 먼저 그는 『사기』에서는 진여심과 생멸심이라고 했는데 남동신은 그것을 아무 해명 없이 생멸심을 생멸문으로 진여심을 진여문으로 대치하고 있다고 비판한다. 또 진여문은 공, 생멸문은 불공이라고 하는 것이 『별기』의 본원적 입장인 것처럼 서술했는데 이는 타당하지 않다고 한다. 결론적으로 『사기』와 별기를 무리하게 한 틀로 묶어서 보기보다는 『사기』는 『승만경』과 『석마하연론』의 계승으로 이해하는 것이 타당할 것으로 생각된다고 주장한다.(한명숙, p.207) 필자가 보기에 한명숙의 이 주장은 인정하기 어렵다. 이 문제에 대해서도 따로 논의를 하도록 하겠다.

손영산의 문제 제기에 대해 한명숙은 다방면으로 비판한다. 먼저 특정 단어(비로자나)의 존부에 의해 진찬 여부를 가리는 것은 지나치게 방만한 접근이며 설령 이 주장을 수용한다 해도 『사기』가 원효의 초기 저술이라면 이 문제는 해결될 수 있다고 주장한다. 즉 초기에는 비로자나와 노사나가 다른 것으로 알았다가 나중에는 같은 것임을 알고 비로자나에 대한 언급이 필요 없어진 것일 수 있다는 것이다.[11] 다음에 비로자나불 용례가 별로 없는 것에 대해서 비로자나란 용어가 『능가경』에 나타나므로 원효가 그것을 취해서 『사기』에 사용했다고 볼 수도 있겠지만 그것은 곤란하다고 한다. 왜냐하면 인용된 구절은 귀경게일뿐이기 때문에 이것을 갖고 '비로자나불'을 삼신에 대응시켜 정의하고 중요한 위치를 부여했다고 보기는 어렵기 때문이라는 것이다. 여기에 대해 한명숙은 이 귀경게가 중요한 부분이라고 말한다. 비로자나가 삼신을 통틀어서 일컫는 명칭임을 증명하기 위한 중요한 인용이라는 것이다. 그리고 삼불문과 일불문의 관점에서 종래의 견해를 회통시키는 것은 원효의 독자적 면모라 할 수 있다고 한다. 법신-응신-화신을 비로자나-노사나-석가에 대응하는 것은 천태지의에게서 볼 수 있지만 원효는 천태지의에 대해 비판적이기 때문에 이것만 수용했을 가능성은 없다는 주장에 대해서는 원효가 천태지의를 수용한 사례가 많음을 들어 반박하고 있다. 요컨대 삼신설과 삼불설이 원효 저술임을 의심하게 한다는 주장에 대해 의심할 것이 없다는 것이 한명숙의 반론이다.

원효가 저자인가의 문제에 대해서 이제까지 있던 논의를 대략 소개하였다. 원효의 찬술이 아닐 수 있다는 주장에 대해 그것을 옹호하는 주장들이 많이 있었다. 그러나 그 답변이 확실해서 원효의 진찬임이 증명된 것은 아닌 것으로 보인다. 많은 의문점들이 아직 해결되지 않고 남아 있고 그 동안 제기되지 않았던 의심스러운 문제들도 있는 것으로 보인다. 하지만 문제 해결이 되었

---

11 한명숙, 「원효 『梵網經菩薩戒本私記』의 진찬 여부 논쟁에 대한 연구(1): 선행연구에 대한 비판적 검토」 『불교연구』 42(한국불교연구원, 2015), pp.207-208 참조

다고 하는 것도 그대로 인정하기 쉽지 않은 것도 있고 새로운 문제 제기도 가능하므로 하나하나 논의하도록 하자.

III. 원효 찬술에 대한 의문-구체적인 문제점

원효 찬술을 의심하는 다양한 견해들이 있다. 이것을 저자 표기나 문체 등의 형식적인 면과 사상 내용이라는 내용적인 면으로 구별할 수 있을 것이다. 먼저 형식적인 면에서 의심할 수 있는 문제는 효공이라는 저자 표기의 문제이고 다음에 표현상의 특색으로 "일운(一云)"이라는 표현을 문제 삼을 수 있다. 그리고 나머지는 사상적인 면이라고 할 수 있을 것이다. 그것은 진여심 생멸심과 여래장과 관련된 문제, 이제설과 연관된 문제, 『사기』와 『요기』의 사상적 불일치의 문제 등이 논의의 대상이 될 수 있다.

1. 曉公이 원효인가?

『사기』는 저자가 효공이라고 표기되어 있다. 저자로 표기된 曉公이 당연히 원효라고 생각하여 『사기』를 원효 저술로 받아들여서 현재 통용되고 있다. 『한국불교찬술문헌총록』이나 기타 원효의 저술을 조사한 연구에서도 모두 큰 의심 없이 원효의 저술로 인정하고 있다. 『한국불교전서』에서는 목차에 "釋元曉述"이라고 표기하고 있어서 효공을 원효라고 인정하고 있음을 알 수 있다. 하지만 효공이 원효밖에 없다고 할 수는 없다. 원효를 효공이라고 표기한 예가 많이 있지만(『宗鏡錄』[12], 『宋高僧傳』[13], 『新編諸宗教藏總録』[14] 등) 원효가 아닌 다른 효공이 있을 수 있다.[15] 원효를 新羅曉公[16] 또는 靑丘曉公[17]으로 부르는 것은 그 때문이라고 할 수 있을 것이다. 요시즈 요시

12 延壽, 『宗鏡錄』, T48. 0535b

13 贊寧 『宋高僧傳』 唐新羅國義湘傳, T50. 729a

14 義天, 『新編諸宗教藏總録』 卷第三, 한불전4. 692

15 曉로 끝나는 이름을 가진 사람을 효공이라고 부르는 예가 많이 있다. 송대의 승려인 宗曉(1151-1214)를 石芝曉公이라 부르기도 하고 명대의 승려인 如曉도 了此曉公이라고 부르는 예가 있다. 『釋鑑稽古略續集』에도 東林曉公이라는 인물이 나온다.(T49. 929b)

16 湛慧, 『成唯識論述記集成編』, T67. 450c

17 聖詮, 『華嚴五教章深意鈔』, T73. 3c

히데는 "나라 시대에 원효를 제외하고 "효공"이라는 이름의 찬술자는 보이지 않는다."[18]고 하여 효공이 원효임을 주장하지만 우리가 모르는 효공이 있을 수 있다. 『사분율갈마소』는 저자 이름이 曉라고 되어 있는 것을 원효의 작품으로 취급하였었지만 원효의 작품으로 인정하기 어렵다는 의견이 있다.[19] 효라고 표기되어 있어도 원효가 아닌 예로 삼을 수 있을 것이다. 그리고 우리가 알 수 없는 인물이 얼마든지 있을 수 있음은 당장 우리가 문제로 삼고 있는 『범망경보살계본사기』에 등장하는 員教師, 隆鏡師 등을 우리가 전혀 알 수 없다는 것만 지적해도 충분할 것이다.

효공이 원효라는 것은 원효의 저술임을 주장하는 사람들이 증명해야 할 과제이다. 원효를 효공이라고 표기한 용례는 몇 군데에서 발견되지만 효공이 꼭 원효만을 가리킨다고 볼 수는 없기 때문에 효공의 작품을 꼭 원효의 작품이라고 볼 수는 없다. 이것이 가장 기본적인 문제이다. 木村宣彰이 원효 저술이라고 보기 어렵다고 문제 제기한 것에 대하여 吉津宜英 등은 그 문제제기가 확실히 성립하기 어렵다는 식으로 대응을 하여 원효 진찬설을 옹호하였지만 이는 오히려 주객이 전도된 것이라 할 수 있다. 조금이라도 문제가 있다면 원효의 저술이라고 하기 곤란하다고 보아야 한다. 왜냐하면 원효가 지었다고 전해오는 것이 아니라 효공이 지었다고 전해오기 때문이다.

다음으로 효공이 원효가 아닐 수도 있음은 정창원문서의 필사 기록을 통해서도 알 수 있다. 현재 『한국불교전서』에 수록되어 있는 『범망경보살계본사기』는 『속장경』을 저본으로 한 것이고 『속장경』은 일본 일련종의 묘현정사에 전해 온 것을 수록한 것이다. 그 사정은 『범망경보살계본사기』의 마지막 부분에 기록되어 있다.[20] 묘현정사에 전해 온 것은 정창원문서와 같은 것이라 할 수 있는데 "曉公造"로 저자가 표기되어 있다. 정창원문서(『대일본고문서』)에 보이는 원효 내지 효공의 범망경 관련 저술을 검토하면 다음과 같은 것을 확인할 수 있다.[21] 효공의 저술로 나오는 것은 『범망경보살계본사기상권』(753.5.7필사)(『대일본고문서』 12권 536쪽), 『범망경소상권』(767.9.26 필사)(17권 87쪽), 『범망경상권소』(763.7.1)(17권 403쪽), 『범망경상권소』(763.7.5)(16권 417쪽) 등이다. 그런데 효공의 저술을 필사할 때 원효의 저술도 함께 필사하고 있다. 원효와 효공이 같은 인물이라면 같은 날 필사하면서 저자 표기를 달리하는 것은 조금은 이해하기 어렵지만 원본에 저자가 달리 표시가 되어 있을 수도 있으므로 인정할 수는 있다. 하지만 같은 작품이라면 저

---

18 吉津宜英, 『華嚴一乘思想の研究』(大東出版社, 1991), p.592

19 남동신은 『사분율갈마소』의 진찬자에 관해서 "효"라고 표기되어 있더라도 원효가 아닐 가능성을 제기하였었다.(남동신, 「원효의 계율사상」, 254-255 참조) 효라고 꼭 원효인 것은 아니다. 물론 효공의 경우도 마찬가지이다.

20 한불전1. 604a 참조.

21 일본 동경대학 사료편찬소의 인터넷 홈페이지(http://www.hi.u-tokyo.ac.jp)에서 제공하는 자료 및 남동신, 「원효의 계율사상」, 260쪽 참조.

자 표기가 다르더라도 그대로 필사하지는 않을 것이다. 같은 내용을 굳이 동시에 필사할 필요는 없기 때문이다. 그런데 763년 7월1일의 기록(16권 403쪽)을 보면 효공의 『범망경상권소』(1권)와 원효의 『범망경소』(2권)를 같은 날 필사하고 있다. 이것은 『범망경상권소』와 『범망경소』가 다른 책임을 알려준다.[22] 같은 날 필사한 것에 효공의 『범망경상권소』와 원효의 『범망경소』가 있는데 원효와 효공이 같은 사람이라면 『범망경소』와 『범망경상권소』는 겹치는 부분이 없다고 판단하는 것이 자연스럽다. 같은 것을 제목을 달리 해서 필사할 필요는 없기 때문이다. 그렇다면 『범망경소』는 『범망경』 일부 즉 『범망경』 하권에 대한 주석이고 『범망경상권소』는 『범망경』 상권에 대한 주석일 것이다. 그렇다면 『범망경소』라는 명칭이 또 어울리지 않는다. 그리고 둘을 나눌 이유도 없다. 『범망경소』라고 하여 상권과 하권에 대한 소를 모두 합치면 되기 때문이다. 혹시 원효가 상권에 대한 주석서를 먼저 저술하고 따로 하권에 대한 것을 저술하였다면 두 가지 모두 명칭을 달리 하여야 할 것으로 생각된다. 아무튼 『범망경소』와 『범망경상권소』로 나누는 것은 자연스럽지 않다. 주석서가 상권이나 하권에 대한 것 하나만 있다면 그것을 대표하여 『범망경소』라고 하면 된다. 그러나 같은 저자에게 여러 종류의 주석서가 있다면 구별하는 명칭이 필요하다. 『범망경』에 대한 주석서를 같이 '소'란 이름을 붙인다면 '상권소'라고 하였다면 나머지 하권에 대한 소라면 '하권소'로 하여야 할 것이고 전체에 대한 것은 그냥 '소'라고 붙일 것이다.[23] 따라서 『범망경소』와 『범망경상권소』가 같은 사람의 저술이라면 저술의 제목이 의미하는 바는 『범망경소』는 『범망경』 상하권 모두를 주석한 것이고 『범망경상권소』는 『범망경』 상권만을 주석한 것이라고 보아야 할 것이다. 그렇다면 범망경 상권에 대한 주석서인 『범망경상권소』는 『범망경소』와 겹친다. 그렇다면 같은 날 필사하는 것은 말이 안 된다. 따라서 둘이 겹치지 않는다고 보아야 하고 그렇다면 원효와 효공은 같은 사람이 아니다. 효공의 저술에 『범망경소상권』(767.9.26 필사)(『대일본고문서』 17권 87쪽)이라는 명칭의 것도 있는데 이는 『범망경상권소』와 같은 책이라고 보아야 할 것이다. 그렇다면 효공에게 『범망경소』가 있는데 그것이 범망경 상권에 대한 주석이었다고 이해하면 될 것이다. 효공의 상권에 대한 주석서와 원효의 주석서는 다른 책이었고 따라서 둘은 다른 사람이라고 판단된다.

『사기』의 저자로 표기된 효공은 원효가 아니고 일본 원홍사 간교(願曉)일 가능성도 있다는 손

---

22 같은 책(완전히 같은 책 또는 일부분이 같은 책)을 같은 날 동시에 필사하는 것은 이해하기 어려운 일이다.

23 『범망경』 하권만을 주석한 의적의 『범망경소』를 정창원문서에서 "범망하권소"라고 부른 용례도 있다.(남동신, 261) 이는 하권만을 주석하였다는 것을 밝힌 것이다. 이와 같이 '상권소', '하권소' 등의 명칭으로 구별할 수 있을 것이다.

영산의 주장[24]도 효공과 원효를 다른 인물로 보는 의견이다. 이 주장에 대해서는 한명숙이 그 문제점을 지적하였다. 간교는 신역 시대 사람인데 『사기』는 주로 구역본을 사용하고 있음을 볼 때 간교를 『사기』의 저자로 인정하기 어렵다는 것이 한명숙의 주장이다.[25] 『사기』의 저자를 간교라고 보기는 어렵다는 것은 올바른 지적인 것으로 보인다. 하지만 효공이 간교가 아니라고 하더라도 그것이 효공이 원효임을 반증하는 것은 아니므로 효공이 원효가 아닐 수도 있다는 주장 자체가 틀렸다고 할 수는 없다.

원효진찬설의 중요한 근거 중의 하나는 12,3세기의 일본 승려들의 저술이다. 凝然의 『日珠抄』나 眞圓의 『菩薩戒本持犯要記助覽集』에서는 원효의 『소』를 인용하고 있는데 그 내용이 『사기』와 같다. 따라서 당시에 『범망경소』라는 제목의 『사기』와 같은 내용의 저술이 원효의 작품이라고 인정되고 있었음을 알 수 있다. 이는 『사기』가 원효의 작품일 수 있음을 말해주는 유력한 증거이다. 그러나 그렇다고 해서 확실하게 원효의 작품이라고 할 수 있는 것은 아니다. 그 때 당시에 그렇게 유통되고 있었다는 증거일 뿐이다.[26]

2. "一云"이라는 표현

타인의 설을 인용 소개할 때 "일운"이라고 말하는 방식도 원효의 저술에 그런 예가 없다고 기무라 센쇼는 지적하고 있는데 이것도 중요한 지적인 것 같다. 이 문제에 대하여 남동신은 『본업경소』에 용례가 확인되므로 기무라 센쇼의 문제 제기는 잘못되었다고 지적한다.[27] 하지만 남동신의 지적에도 불구하고 '일운'의 용례가 특이하다는 기무라 센쇼의 문제 제기는 유효한 것으로 보인다. 확실히 『본업경소』에는 "일운"이라는 말이 나온다. 그 용례는 다음과 같다. "다음에 법신장이라는 것은 응화법신의 여러 덕이 적집된 것을 법신장이라고 한다. 달리 말하면(一云) 법신장은 오상오덕이 적집된 것을 장이라고 한다. 『무상의경』에서 말한 것과 같다."[28] 그런데 '일운'의 뜻이 어떤 사람이 말한다는 의미로 어떤 사람의 말을 소개하는 것이 아니라, "달리 말하

24 손영산, 「『梵網經菩薩戒本私記卷上』 원효 진찬여부 논쟁에 관한 재고」, 『한국불교학』 56집(한국불교학회, 2010), pp.216-217 참조.

25 한명숙, 「원효 『梵網經菩薩戒本私記』의 진찬 여부 논쟁에 대한 연구(1): 선행연구에 대한 비판적 검토」 『불교연구』 42(한국불교연구원, 2015), pp.213-214 참조.

26 『유심안락도』의 경우 원효의 작품으로 유통되었지만 현재는 원효의 작품이 아닌 것으로 판명되었다.

27 남동신, 「원효의 계율사상」, 『한국사상사학』 17집, p.258.

28 次法身藏者 應化法身衆德積集名法身藏 一云次法身藏者 五相五德積集名藏 如無上依經言 (한불전1. 519b)

면"의 의미이다. 다른 방식으로 설명할 수도 있음을 의미한다. 따라서 『사기』의 용법과 다르다.[29] 『사기』에서는 전체적으로 다른 사람의 학설을 소개할 때 "일운"으로 쓰고 있는데 원효의 다른 작품에서는 거의 사용하지 않는다. 원효는 다른 사람의 학설을 소개할 때 "일운"이 아니라 "혹유설자(或有說者)"[30] "혹운(或云)"[31] "혹설(或說)"[32] "혹언(或言)"[33]등으로 표현한다. "혹유설자"의 표현이 가장 많아서 대부분 "혹유설자"로 표현하고 몇 군데에서 "혹운(或云)" "혹설(或說)" 또는 "혹언(或言)"으로 표현한다. 요컨대 "일"이 아니라 "혹"으로 표현하는 것이 원효의 문장의 표현 방식이다. 따라서 타인의 학설을 인용 소개할 때 거의 "일운"으로 쓰는 『사기』의 표현방식은 원효와는 다르다. 그 문체에서 원효의 작품이 아님을 강하게 느끼게 해준다.

3. 『梵網經菩薩戒本私記』와 『菩薩戒本持犯要記』의 불일치

원효의 저술로 전해 오는 『범망경』에 대한 저술 중 현존하는 것은 『사기』와 『요기』의 두 종류이다. 그런데 『요기』는 원효의 저술임이 확실하지만 『사기』에 대해서는 원효의 저술임을 의심하는 의견이 있는데 그 중요한 근거 중의 하나가 『사기』의 내용이 『요기』와 일치하지 않는다는 것이다. 일찍이 기무라가 문제 제기를 하였고 최원식도 의문을 제기하였다. 최원식의 문제 제기와 그에 대한 한명숙이 반론한 문제를 먼저 논의하도록 하자. 앞서 언급하였듯이 자찬훼타계에 대하여 『요기』에서는 '소승과 함께 하지 않는 중계'(不共之重), 『사기』에서는 '대승과 소승이 함께 배운다'(大小共學)이라고 하고 있어서 서로 일치하지 않는다는 것이 최원식의 문제 제기였다. 이에 대해 한명숙은 대소공학이라는 것은 대승과 소승이 함께 중계로 파악하는 것이라는 뜻은 아니므로 『요기』와 어긋나지 않는다고 지적한다. 한명숙의 지적처럼 대소공학이라는 말이 대승 소승 모두 중계로 본다는 뜻은 아닌 것으로 보인다. 자찬훼타가 소승에도 있다는 의미로 대소공학을 말한다. 이는 공통점을 강조하는 입장으로 볼 수 있다. 『사기』에서는 사분율의 훼자계(毁

---

29 설령 같은 용법이라고 해도 원효 저술 중 이곳 한 군데밖에 없지만 『사기』에서는 수십 군데가 된다. 그것은 『사기』가 원효의 다른 저술과는 다른 문체를 가지고 있음을 알게 해준다.

30 현존하는 원효 저술 전체에 고르게 용례가 나타난다. 『大慧度經宗要』(한불전1. 480c)를 비롯하여 『법화종요』, 『열반종요』, 『미륵상생경종요』, 『무량수경종요』, 『기신론소』, 『대승기신론별기』, 『이장의』, 『중변분별론소』 등 5-60곳에서 용례를 확인할 수 있다.

31 『열반종요』(한불전1. 544a)

32 『열반종요』(한불전1. 544a)

33 『열반종요』(한불전1. 544a), 『금강삼매경론』(한불전1. 661c)

皆戒)를 인용하여 자탄훼타계와 동일시하고 있는데 이것에서도 공통점을 강조하는 입장을 확인할 수 있다. 이와 같이 『사기』는 대소승의 공통점을 강조하고 있다. 그러나 『요기』에서는 불공지중이라고 하여 소승에서는 자찬훼타계가 중계가 아니나 대승에서는 중계라 한다. 이는 대승과 소승의 차별성을 강조하는 입장이다. 『사기』의 태도와는 다른 것으로 보인다. 이와 같이 본다면 『요기』에서의 자찬훼타계에 대한 평가와 『사기』에서의 평가는 다르다고 할 수 있다. 대승의 계율을 적극적으로 내세우는 입장과 소승과 공통점을 찾는 입장은 기본적으로 다르다. 둘을 같은 저자가 아니라고 볼 수 있는 근거가 될 수 있다.

다음으로 『요기』와 『사기』를 형식적인 면에서 보면 『사기』와 『요기』가 같은 주제를 다루는 부분이 있는데 다른 저술에 대한 언급이 없는 것은 이상하다. 두 저술 중 어느 것이 후대의 것이든 후에 저술된 것은 이전의 것을 언급하는 것이 자연스럽다. 다른 저술의 경우 같은 주제를 다룰 경우에는 언급하는 것이 일반적이다. 『요기』는 자찬훼타계만을 중점적으로 다루고 『사기』는 10중계를 다루지만 어쨌든 대상이 겹친다. 그런데도 다른 저술에 대한 언급이 없는 것은 자연스럽지 않다. 물론 언급할 필요가 없으면 하지 않아도 되겠지만 같은 내용을 되풀이해서 말하지 않기 위해서는 언급할 필요가 있을 것이다.

내용적인 면에서 『요기』와 『사기』를 비교하면 다음과 같은 문제를 지적할 수 있다. 첫째, 원효는 『지범요기』에서 자찬훼타계를 해설하면서 輕重, 深淺, 究竟의 세 문으로 나누어서 행하고 있다. 그런데 어디에서도 이익을 얻는 돈의 액수를 갖고 말하고 있지 않다. 그런데 『사기』에서는 5전이라는 액수가 중요한 기준이 되고 있다. 원효의 기본적인 입장과 잘 맞지 않는 것 같다.

둘째, 계를 지켜도 죄가 되는 경우가 있다는 것이 『요기』에서의 원효의 주장이다. 『사기』에서는 그런 요소가 전혀 눈에 띄지 않고 너무 형식적인 내용을 자세히 따지고 있다.

셋째, 4구 분별의 경우도 전혀 다르다. 『요기』의 경우는 4구 분별이 ①자훼찬타가 복, 자찬훼타가 죄; ②자훼찬타가 죄 자찬훼타가 복 ③약훼찬약찬훼 혹죄혹복 ④비훼찬비찬훼 혹복혹죄라고 하고 있다. 그리고 또 『요기』에서는 (1)是福非犯 (2)是犯非染 (3)是染非重 (4)是重非輕이라 하여 4가지로 차별을 두어 설명하고 있다. 그런데 『사기』의 경우는 (1)一向福非罪 (2)非福非罪 (3)唯輕非重 (4)唯重非輕으로 나누어 설명하고 있어서 둘이 상당히 차이가 난다. 『사기』에서는 『요기』에서와 같은 조직적이고 치밀한 설명이 보이지 않는다.

구체적인 주석을 비교하면 차이가 확연히 드러난다. 『범망경계본』의 서론 부분의 계광(戒光) 이하의 부분을 『요기』에서도 인용하고 있으므로 『사기』와 같은 부분에 대한 설명을 확인할 수 있다. 그 부분을 비교해 보도록 하자. 계광에 대하여 『요기』에서는 “여기에서 계의 빛(戒光)이라고 한 것은 계와 빛이 둘이 아니고 다른 것이 아님을 드러내기 위한 것이며 밝고 깨끗한 것과 잡되고 물든 것이 같은 맛임을 드러내기 위한 것이다. 계의 빛을 연해서 계의 실상을 드러낸다."[34] 라고 설명하여 계가 단순히 더러운 것과 대립되는 깨끗함이 아님을 주장한다. 그러나 『사기』에서는 "계광이라는 말은 비유로 이름을 삼았다. 계는 더러움을 떠나 밝고 깨끗하다. 그리고 능히 어두움을 파한다. 따라서 빛과 비슷한 뜻이 있다. 그래서 비유로 이름을 삼았다."[35]라고 하여 빛의 밝고 깨끗한 측면을 강조한다. 둘의 취지가 상당히 다르다. 『사기』와 『요기』의 상위는 원효진찬설을 의심하게 하는 유력한 근거 중의 하나라 할 수 있다.

4. 진여심 생멸심과 불공여래장 공여래장의 문제

다음으로는 진여심 생멸심과 불공여래장 공여래장의 문제이다. 앞서 논의하였듯이 이는 남동신이 먼저 문제 제기를 하였고 한명숙은 그에 대해 반론을 펼쳤다. 남동신은 『사기』에서는 진여문과 생멸문에 각각 불공여래장과 공여래장을 대응시키고 있는데 이는 원효의 입장과 다르다고 주장한다. 한명숙은 이에 대해 비판하고 『사기』와 『별기』를 무리하게 한 틀로 묶어서 보기보다는 『사기』는 『승만경』과 『석마하연론』의 계승으로 이해하는 것이 타당할 것으로 생각된다고 주장한다.

남동신이 진여심과 생멸심을 근거 없이 진여문과 생멸문으로 대치하고 있다는 한명숙의 비판은 일면 타당한 것으로 보인다. 엄밀한 의미에서는 둘은 다르기 때문이다. 그러나 진여, 생멸의 구분은 『기신론』에 근거를 두고 있는 것으로 파악해도 큰 문제는 없을 것으로 보인다. 원효는 진여심이라는 말을 직접 사용하고 있지 않지만 일심의 심진여문이므로 진여문의 마음 즉 진여심이라 하여 큰 잘못은 없을 것으로 보인다. 실제 혜원[36]이나 법장[37]은 진여심이라는 말을 사용하고 있다. 문제는 생멸심이다. 생멸심은 생멸문과 같지 않다. 생멸문에는 생멸심과 생멸 자체

---

34 此中言戒光者 爲顯戒之與光無二無別 明淨雜染同一味故 故緣戒光 顯戒實相 (『요기』, 한불전1. 585b)

35 言戒光者 以喩為名 謂戒離染明淨 亦能破闇 故有似光義 故以喩為名也 (『사기』, 한불전1. 592b)

36 此真如心不生滅故諸法之體 自下第二明妄法體 此中有二 一者順釋 二者若離心念以下返釋 一切諸法者 生死妄法非一 故名一切諸 如虛非無故名之為法 唯依妄念而有差別者 無明是其為妄念也 以有無明迷真如故即有生滅 (T44. 180a-b)(慧遠, 『起信論義疏』)

37 不思議熏者 謂無明能熏真如 不可熏處而能熏 故名不思議熏 又熏即不熏 不熏之熏名不思議熏 不思議變者 謂真如心受無明熏 不可變異而變異 故云不思議變 又變即不變 不變之變 名不思議變 勝鬘中不染而染 染而不染 難可了知者 謂此不思議也 然此熏變甚微且隱故 所起現識行相微細 (法藏, 『大乘起信論義記』, T44. 269a)

가 있다. 이러한 문제를 충분히 의식하고 진여심과 생멸심이라는 용어를 사용하였는지는 의문이지만 진여심 생멸심을 『기신론』 이외에서 그 근거를 찾는 것은 쉽지 않은 것으로 보인다. 『석마하연론』과 『승만경』의 계승으로 이해하자고 하지만 이는 크게 설득력은 없는 것 같다. 『석마하연론』은 원효보다 후대에 출현한 것이고[38] 원효가 『승만경』의 공여래장 불공여래장을 언급하고는 있지만 일체유심을 여래장으로만 보는 것은 원효의 입장과 어울리지 않기 때문이다. 그리고 여래장으로 일체유심을 설명하면 생기는 한 가지 문제는 여래장은 생멸문에만 해당된다는 것이다. 원효에 의하면 여래장은 『기신론』의 이문 중 생멸문에만 해당되기 때문이다.[39] 이는 남동신도 지적한 바 있다.[40]

『기신론소』에서는 『기신론』의 상대(相大)를 설명하는 "여래장구족무량성공덕(如來藏具足無量性功德)"을 주석하면서 이곳의 여래장은 이종 여래장[41]의 불공여래장이고 삼종 여래장의 능섭여래장이라고 설명한다.[42] 그리고 『금강삼매경론』에서도 "불공여래장의 체는 곧 앞의 세 가지 중에 첫 번째의 법(능섭여래장)이고, 이 중에서 공의 뜻은 저기의 두 번째(소섭여래장)이다. 그리고 저기의 세 가지 여래장 중에 '은부'(隱覆)의 뜻은 세 번째에 합해져 있기 때문에 앞의 두 가지 중에서 능섭과 소섭의 두 가지 뜻을 따로 나타내었다."[43]고 말하고 있다. 요컨대 불공여래장은 능섭여래장, 공여래장은 소섭여래장과 동일시할 수 있지만 은부여래장은 다르다. 그러나 『사기』에서

---

38 石井公成(1996), pp.361-383참조.

39 법장의 경우는 일심을 一如來藏心이라 하여 여래장과 일심을 동일시한다. 따라서 진여문에도 여래장이 있다.("一心者謂一如來藏心" 法藏, 『大乘起信論義記』 T44. 251b) 그리고 Buswell은 『기신론』에서 진여문에는 여래장, 생멸문에는 알라야식을 배치시킨 것으로 이해하기도 한다.(Buswell Jr., R. E., The Formation of Ch'an Ideology in China and Korea: The Vajrasamadhi-Sutra, a Buddhist Apocrypha, (Princeton Univer. Press, 1989) p.82 참조). 하지만 원효의 경우에는 적멸한 일심이 진여문에 있고 여래장은 생멸문에 있다.(心眞如門者 卽釋彼經寂滅者名爲一心也 心生滅門者 是釋經中一心者名如來藏也, 『기신론소』 권상, 한불전1. 704c) 물론 『금강삼매경론』(한불전1. 610a)에서는 一心本覺如來藏이라는 용어를 사용하고 있어서 일심과 여래장을 동일시하는 것 같은 인상을 준다. 그러나 『금강삼매경론』에서도 이문일심의 틀은 계속 유지하고 있고 일심을 적멸의 측면과 여래장의 측면에서 보고 있으므로 일심 전체가 바로 여래장이라고 보고 있다고 하기는 어려울 것이다. 일심이 본래적으로는 청정하다는 것을 강조하기 위한 용어법이라고 판단하여야 할 것이다. 일심본각이라는 용어법도 마찬가지이다.

40 남동신, 「원효의 계율사상」 참조

41 이종여래장은 『승만경』의 공여래장·불공여래장이고 삼종여래장은 『佛性論』에 나오는 能攝如來藏·所攝如來藏·隱覆如來藏이다.

42 『起信論疏』 한불전1. 740b-c
"言如來藏具足無量性功德者 二種藏內 不空如來藏 三種藏內 能攝如來藏"

43 『금강삼매경론』 권상, 한불전1. 616c "此中不空如來藏體 卽前三中第一之法 此中空義 是彼第二 而彼三種如來藏中隱覆之義 合在第三 故前二中 別顯能攝所攝二義"

는 공여래장과 은부여래장을 동일시하고 있다.[44] 이는 원효의 입장과 다르다. 이와 같이 진여심, 생멸심과 여래장에 대한 『사기』의 설명은 다른 저술에 나타나는 원효의 입장과 달라서 『사기』가 원효의 저술이 아님을 강력히 시사한다.

5. 이제설(二諦說)의 문제

원효는 이제(二諦)를 부처가 설한 방편적 가르침이라고 규정하였다. 그리하여 원효의 이제설은 중층적 구조를 갖고 이제는 상즉하고 이제와 삼성을 종합하였다고 한다.[45] 그런데 『사기』에서는 속제는 차별법이고 진제는 眞空一味라 한다. 그리고 진이 속을 포섭한다고 말하고 있는데 이런 피상적인 이제 이해는 원효의 입장과 일치하지 않는 것 같다. 원효의 이제설은 중층적 구조를 갖고 있어서 유무 이제의 경우는 무 즉 공이 진제가 되지만 한 단계 올라가면 유무가 모두 속제가 된다. 따라서 단적으로 진공일미를 진제라고 하고 차별법을 속제라고 말하는 것은 곤란하다. 그리고 원효에게 있어 이제는 방편적 가르침인데 여기에서는 어떤 경계나 대상을 의미하는 것으로 이해하고 있어서 원효의 입장과는 다르다.

원효는 『금강삼매경론』에서 진속이제를 진여 생멸의 이문과 동일시하여 진여문을 진제, 생멸문을 속제에 배치시켜서 설명하고 있다. 진제는 평등하고 속제는 차별적이라는 것도 밝히고 있다.[46] 그런데 『사기』에서는 진제가 진공일미라고 말한다. 이것은 상당히 곤란하다. 일심이문의 입장에서 보면 진여문이 공, 생멸문이 불공이라고 말할 수 없기 때문이다. 이와 같이 『사기』에 나타나는 이제설의 설명도 원효 찬술을 의심하게 하는 하나의 근거가 될 수 있다.

IV. 결론

『범망경보살계본사기』의 저자는 원효로 알려져 왔다. 그러나 그것에 대하여 근래에 이의가

---

44 『私記』, 한불전1. 590b 참조.

45 유용빈, 「원효의 이제설 연구」, 65-69쪽 참조

46 『금강삼매경론』 한불전1. 658c 眞俗無二 而不守一 由無二故 卽是一心 不守一故 擧體爲二 如是名爲一心二門 大意如是 次釋其文 因緣所生義者 是擧一切世諦諸法 是義滅者 融俗爲眞 謂所生義 本來寂滅故. 言非生者 顯其生義是滅之由 由其生義卽非生故 求其生義卽不成故 是故生義卽寂滅也 滅諸生滅義者 是擧眞諦寂滅之法 是義生者 融眞爲俗 謂寂滅法 從緣生起故.

제기되었고 여러 가지 논란이 있어 왔다. 그 문제에 대하여 서지적인 면과 사상적인 면 모두 종합적으로 검토한 결과 원효의 저술로 인정하기는 어렵다는 결론을 얻었다. 효공의 저술이라고 되어 있는 것이 현존하는 『범망경보살계본사기』인데 효공이 과연 원효인지는 확신할 수 없다. 따라서 기본적인 문제에서 의문이 제기된다. 그렇다면 『사기』를 원효의 저술로 인정해서는 안 될 것이다. 그리고 효공이 원효가 아닌 것을 증명하여야 하는 것이 아니라 효공이 원효임을 확실하게 증명하여야 한다. 그러나 효공이 원효라는 확증은 없다. 물론 아니라는 확증도 없지만 불확실한 경우에는 논증 책임은 『사기』가 원효의 작품임을 주장하는 사람들에게 있다. 그러므로 『사기』의 저자가 원효임은 증명되지 않았다고 할 것이다. 당시의 효공이라면 원효밖에 없다는 불확실한 근거에 의하여 원효의 저술임을 주장하고 있는 것이다. 원효의 저술이 아니라 효공의 저술이고 효공이 원효인지 아닌지는 확인되지 않는다고 결론 내릴 수 있다.

저술의 내용을 분석해 보면 더욱 원효의 작품이라고 인정하기 어려운 부분이 많이 눈에 띈다. 『사기』에서 계율 해석을 너무 형식적인 면에 치우쳐서 하고 있는 점을 가장 먼저 지적할 수 있을 것이다. 원효는 계율의 근본정신을 강조하는데 『사기』는 그렇지 못한 것으로 판단된다. 이것도 『사기』가 원효의 저술임을 의심하게 하는 증거이다.

일심의 문제, 이제설 등에서 원효의 견해와 『사기』의 견해가 서로 어긋난다. 이것들도 『사기』가 원효의 저술이 아님을 강력히 시사한다. 이상과 같은 여러 면에서 볼 때 『범망경보살계본사기』는 원효의 저술이라고 보기 어렵다.

| 제5부 |

원효와 중국

원 효 연 구

제1장 원효와 노장사상

I. 서론

원효(617-686)는 우리나라 불교사상가 중에서 가장 많이 연구된 사람 중의 하나이다. 철학이나 불교학 방면에서의 연구뿐만 아니라 문학이나 역사 쪽에서의 연구도 많다. 그리하여 원효의 구체적인 저술의 사상에 대해서는 연구가 많이 이루어졌고 시대적 상황과의 관련성 등에 대해서도 연구가 상당히 많이 되어 있다고 할 수 있다. 원효 연구의 당면 과제는 국제화라는 주장도 한편에서 제기되면서 원효전서가 영역되고 있는 중이며 국제적으로도 많은 연구 논문이 발표되는 등 원효 사상의 국제화에도 많은 진척이 이루어지고 있다.

그러나 아직도 원효 연구에서는 해명해야 할 많은 부분이 남아 있다. 원효의 개별 저술에 대한 연구를 철저히 해서 원효의 사상을 정확하게 해명하여야 하는 것은 기본이다. 그런데 원효 연구를 함에 있어서 원효의 구체적인 저술에만 집중을 해서 더욱 폭넓게 보지 못하면 원효의 사상 해명에도 많은 문제가 발생할 것으로 보인다. 원효가 경전에 대하여 주석서를 쓴다고 할 때 그는 이전의 많은 사람들을 참조하고 영향을 받으면서 작업을 진행시키기 때문에 그의 정확한 의도는 그런 많은 것을 해명해 놓았을 때 밝혀질 수 있을 것이다. 따라서 원효 당대 또는 이전의 우리나라 또는 중국의 불교사상가들과의 비교 연구가 필수적이라고 하겠다. 더 나아가서는 불교 이외의 사상까지도 확대시켜서 비교 연구해 나갈 때 더욱 정확하게 원효 사상을 해명할 수 있을 것으로 생각된다.

원효 당시에는 불교사상가라 해서 오로지 불교에만 한정해서 연구하지는 않은 것으로 보이며 특히 원효의 경우에는 그것이 두드러진다. 원효의 특색 있는 사상이라 할 수 있는 화쟁은 일단은 불교사상 내부의 다툼에 대한 화해이기는 하지만 원효가 화쟁을 말할 때에 다른 사상에 대해 어떻게 생각하고 있는가 하는 것도 철저한 검토가 필요할 것이다. 그 중에서도 특히 노장사상과의 연관에 대해서는 철저한 검토가 필요하다. 원효 저술 곳곳에 노자나 장자의 인용이 보이고 원효 이전에는 격의불교의 영향이 컸을 것이기 때문이다.

원효와 노장사상과의 관계에 대한 연구는 아직까지 별로 이루어지지 않았다. 노장을 즐겨 인용하는 승조나 길장의 원효에 대한 영향을 말하고 있는 논문[1]을 볼 수 있고 원효의 화쟁이 유교와 도교까지 포함하고 있다는 주장을 하는 논문[2]이 있지만 본격적인 논의는 아니다. 다만 최근에는 이에 대한 연구가 점차 늘어가는 추세이다. 최근에 한 국제학술회의에서 원효가 왕필, 곽상, 승조 등의 영향을 받았음을 지적하는 논문[3]이 외국인에 의해 발표되기도 하였고 한 연구소의 학술발표회에서는 원효와 장자사상을 비교하는 논문[4]이 발표되기도 하였다.

국외에서도 원효와 노장사상과의 관계에 대한 연구는 잘 발견되지 않는다. 다만 「원효와 중국사상」[5]이라고 하여 전체적으로 원효가 유교와 노장사상에 대해서 어떤 태도를 취했는가에 대해서 검토한 논문이 있을 뿐이다. 이 논문에서는 화쟁과의 연관에서 노장사상에 대한 태도를 검토하고 원효는 부정보다는 긍정적인 면에서 여러 이론들을 대하는 태도가 두드러진다는 점을 지적하고 있다. 그렇지만 노장사상이나 유교가 화쟁의 대상이 되지는 않는다고 지적하고 불교 내부의 대립이 문제가 되고 있는 것은 불교가 주류였던 신라에서는 불교의 여러 파의 융화가 가장 중요한 과제였기 때문일 것이라고 결론 내리고 있다. 원효의 유교 및 노장사상에 대한 태도가 이렇게 검토되고 있는 것이다. 그렇지만 이 논문에서도 노장사상에 대한 원효의 여러 언급들이 자세히 구체적으로 지적되고 있지는 않다. 몇 가지 사례만 대표적으로 언급되고 있을 뿐이고 원효의 노장사상에 대한 태도, 원효에 대한 노장사상의 영향 등은 별로 밝혀지지 않고 있다.

본고에서는 먼저 원효와 노자의 사상을 비교하고 다음에 장자와 비교한다. 노자와의 비교에 있어서는 먼저 궁극적인 진리 내지는 최고의 진리에 대한 노자와 원효의 입장을 살펴본다. 즉 道에 대해서 어떻게 파악하고 있는가를 살펴본다.

다음으로 장자와 비교한다. 특히 제물론과 원효의 화쟁을 비교해 본다. 장자의 영향이 큰 대표적인 문헌으로는 『화엄경소』의 서문을 들 수 있다. 많은 표현들이 장자적인 표현에서 차용된 것이다. 특히 만물을 같은 것으로 보는 장자의 제물론의 사고방식이 진한 영향을 주고 있는 것을 알 수 있다. 이는 원효의 화쟁과의 연관에서 깊이 검토하여야 할 것이다.

---

1 김하우, 「三論과 華嚴系(元曉.法藏系)의 轉悟方式」, 『철학연구』 6집(고려대학교 철학회, 1982) 참조.

2 朴性焙, 「元曉思想 展開의 問題點」, p.64 참조.

3 요르그 플라센, 『重玄의 法門-중국불교의 맥락에서 화쟁사상 재평가하기-』, 금강대학교 국제불교학술회의 논문집,(금강대학교, 2004. 10), pp.123-143

4 김도공, 「원효의 화쟁론과 장자의 제물론」, 보조사상연구연구원 제58차 학술발표회, 2004. 10

5 石井公成, 「元曉と中國思想」, 『印度學佛敎學硏究』 31-2, 1983

II. 노자와 원효[6]

1. 道

원효의 『대승기신론별기』는 다음과 같이 시작하는데 이것이 원효가 노자의 영향을 강하게 받고 있음을 알게 해준다.

> 대저 불도가 도가 됨은 호젓이 공적하고 고요하고 깊이 현묘하다. 현묘하고 현묘하나 어찌 萬像의 밖을 벗어났겠으며 고요하고 또 고요하나 오히려 百家의 말 속에 있다. 만상의 밖을 벗어나지 않았으나 五眼으로 그 몸을 볼 수 없으며, 백가의 말 속에 있으나 四辯으로 그 모양을 말할 수 없다. 크다고 말하고 싶으나 안이 없는 것에 들어가도 남김이 없고, 작다고 말하고 싶으나 밖이 없는 것을 감싸고도 남음이 있다. 장차 有라고 이르자니 一如가 그것으로 말미암아 空하고, 無라고 이르자니 만물이 그것으로써 생겨나서, 뭐라고 말해야 할지 몰라 억지로 道라고 하였다.[7]

도를 중시하는 원효의 표현이다. 도는 물론 불도의 도이지만 그 도를 설명하는 데에 노자나 장자에서 차용한 표현들이 많이 나타나고 있다. 먼저 불교의 근본 진리를 도로 표현하여 "불도가 도가 됨(佛道之爲道)"이라고 표현함은 원효에만 독특한 것은 아니고 도가 노장사상의 전유물도 아니다. 하지만 굳이 도를 가지고 표현한 것은 무언가 통한다고 생각했기 때문일 것이다. 물론 원효가 노자의 도와 불도의 도를 완전히 같다고 생각하지는 않았겠지만 노자 용어의 자유로운 사용은 둘 사이가 통하는 것이 있는 것으로 생각한 것으로 해석해도 큰 무리는 없을 것이다. 다음으로 佛道의 성격을 설명하면서도 노자가 도를 설명할 때 쓰는 말인 "玄" 또는 "玄之又玄"이라는 말을 사용하고 있다. 노자 사상의 강한 영향이라고 볼 수밖에 없다. 또 "뭐라고 말해야 할지 몰라 억지로 道라고 하였다."[8]는 말도 노자를 차용한 표현이다. 『노자』 25장에서는 "어떤 것이 혼돈되어 이루어졌는데 하늘과 땅보다도 먼저 생겼다. 소리도 없고 형체도 없지만 홀로 우뚝

---

6 이 부분은 최유진, 「원효와 노자」, 『원효학연구』 9집(원효학연구원, 2004) 참조.

7 然夫佛道之爲道也 簫焉空寂 堪爾冲玄 玄之又玄之 (豈)出萬像之表 寂之又寂之 猶在百家之談 非像表也 五眼不能見其軀 在言裏也 四辯不能談其狀 欲言大矣 入無內而莫遺 欲言微矣 苞無外而有余 將謂有耶 一如由之而空 將謂無耶 萬物用之而生 不知何以言之强爲道 (『韓國佛敎全書』 제1책, 677c)(이하 한불전1로 약칭.)

8 不知何以言之强爲道

서서 영원히 변하지 않는다. 미치지 않는 곳이 없이 운행하면서도 어그러지지 않으니 천하의 어미가 될 수 있다. 나는 그것의 이름을 모른다. 억지로 글자를 붙여 道라 하고 억지로 이름을 붙여 크다고 한다."[9]라고 도에 대해 설명한다. 여기에서의 "억지로 글자를 붙여 도라 하고 억지로 이름을 붙여 大라 한다."는 것을 그대로 차용한 표현이 이 "뭐라고 말해야 할지 몰라 억지로 道라고 하였다."는 말이다. 여기에서도 노자사상의 강한 영향을 알 수 있다. 다음으로 大小를 설명하는 데 있어서 가장 작은 것을 無內라 하고 가장 큰 것을 無外라 말하는 것은 「莊子」에서 인용하는 惠施의 '大一' '小一'의 이론이다.[10] 이것도 원효가 노장사상에 밝았음을 알게 해주는 한 예이다. 원효는 많은 문헌에서 『기신론별기』와 비슷한 표현을 하고 있다. 『解深密經疏』에서는 『大乘起信論別記』의 서문과 거의 같게 "무릇 불도가 도 됨은 고요히 깊고 현묘하며 빈틈없이 현묘하여 널찍하게 넓고 머니 끝없이 멀다."[11]이라고 표현한다. 佛道라고 표현하면서 설명을 하고 있고 그 성격을 설명할 때도 玄이라는 말을 써서 설명을 하여 노자적인 색채를 강하게 드러내고 있다.

이와는 조금 다르게 전체로서의 道라기 보다는 한정을 시켜서 설명을 하는 예들이 다른 곳에서 발견된다. 『大慧度經宗要』에서는 "무릇 반야가 지극한 도가 됨은 도와 도 아님이 없고 지극함과 지극하지 않음이 없고 호젓하여 고요하지 않은 바가 없고 넓어서 광대하지 않은 바가 없다."[12]라고 말하고 있으며 『涅槃宗要』에서는 "무릇 열반이 도가 됨은 도가 아니면서 도가 아닌 것이 없고 머무름이 없으면서 머무르지 않음이 없으니 그 도가 지극히 가깝고도 지극히 먼 것임을 알겠다."[13]라고 말하고 있다. 반야의 도, 열반의 도로 한정을 하여 불도의 도라는 표현보다는 한정을 지어서 말하고 있기는 하지만 어느 것이나 궁극적인 진리를 道라는 말로 표현하고 있는 점은 같다. 노자적인 영향이라고 볼 수 있을 것이다.[14] 『華嚴經疏』의 序에서도 도를 나타내는 노자적인 표현을 차용하여 불교의 근본 진리를 설명한다. 즉 "이와 같은 無障無礙의 법은 法界法

---

9 有物混成, 先天地生, 寂兮寥兮, 獨立不改, 周行而不殆, 可以爲天下母, 吾不知其名, 字之曰道, 强爲之名曰大,(『老子』 25장)

10 『莊子』 第33 「天下」. "至大無外 謂之大一 至小無內 謂之小一"(지극히 커서 밖이 없는 것을 大一이라 한다. 지극히 작아서 안이 없는 것을 小一이라 한다.)

11 夫佛道之爲道也 湛爾冲玄 玄於無間 泰然廣猿 遠於無邊(「解深密經疏序」, 한불전1, 553a)

12 夫波若爲至道也 無道非道無至不至 蕭焉無所不寂 泰然無所不蕩(한불전1, 480a)

13 原夫涅槃之爲道也 無道而無非道 無住而無非住 是知其道至近至遠(한불전1. 524a)

14 "涅槃之爲道也"란 표현은 僧肇의 「涅槃無名論」에도 똑같이 나온다.("夫涅槃之爲道也. 寂寥虛曠. 不可以形名得. 微妙無相. 不可以有心知."; 『肇論』, T45. 157c) 도에 대한 원효의 여러 논의가 노자의 직접적인 영향으로 볼 수도 있지만 노장사상의 영향을 강하게 받은 僧肇를 통한 간접적인 영향일 수도 있음을 짐작하게 해준다. 『不盡空論』 중의 승조의 말("道遠乎哉 觸事而眞 聖遠乎哉 體之卽神"; T45. 153上)을 인용하는 것이 『金剛三昧經論』에도 나타난다. ("如肇法師言 道遠乎哉 觸事而眞 聖遠乎哉 道之卽神矣"; 『金剛三昧經論』 卷下, 한불전1. 674b.)

門의 수단이 되어 모든 대보살이 들어가는 바이고 삼세의 모든 부처가 나오는 바이며 二乘四果가 귀먹고 눈머는 바이며 범부와 下士의 웃고 놀라는 바이다."[15]라는 것이 그것이다. 여기에서의 "下士와 범부가 웃고 놀라는 바이다."라는 표현은 『노자』 41장의 "下士는 도를 들으면 크게 웃는다. 웃지 않으면 도라고 하기 부족하다."[16]고 하는 말을 차용한 것이다.

『本業經疏』의 서문은 다음과 같이 시작하는데 더욱 노자적인 표현이 눈에 띈다.

> 二諦中道는 도라고 할 것이 없는 나루요 重玄의 법문은 더욱 문이라고 할 이치가 없다. 도라고 할 것이 없으므로 유심으로 행할 수 없고 문이라고 할 것이 없으므로 행으로 들어갈 것이 없다. 그러나 큰 바다는 나루가 없지만 배를 타고 능히 건널 수 있고 허공은 사다리가 없지만 날개로 높이 날 수 있다. 그러므로 無道의 도는 도가 아님이 없고, 문이 없는 문은 문이 아님이 없음을 알겠다. 문이 아님이 없으므로 모든 일이 다 玄에 들어가는 문이고 도가 아님이 없으므로 모든 곳이 다 원천에 들어가는 길이다.[17]

이것도 역시 『老子』 제1장의 "道可道非常道, 名可名非常名"을 그대로 따르는 표현이다. "도라고 할 수 있는 도는 常道가 아니다(道可道非常道)." 따라서 "無可道"로 될 수밖에 없으므로 二諦의 중도는 無可道의 나루가 되어야 하는 것이다. 그리고 重玄의 法門도 "문이라 할 것이 없는 것(無可門)"이 될 수밖에 없고 따라서 無可門의 理(이치)가 된다. 노자의 취지에 따라 역시 도라고 할 것이 없고 문이라고 할 것이 없다고 말하고 있는 것이다. 그러나 다음에는 노자와는 차이가 있다. 앞서 여러 서문에서도 "도와 도 아님이 없다(無道非道)"(「大慧度經宗要」), "머무름이 없고 머무르지 않음이 없다(無住無非住)"(「涅槃宗要」) 등으로 표현되고 있거니와 여기에서도 "無道의 도는 도가 아님이 없고, 문이 없는 문은 문이 아님이 없다(無道之道 斯無不道 無門之門 則無非門)."라고 하여 부정이 긍정으로 바뀌는 점이 노자와는 다르다. 노자의 도에 대한 부정적인 표현 방식을 빌려와서 그것을 한 번 더 긍정으로 바꾸어서 모든 것을 긍정하는 것으로 넘어가는 데에 원효의 미묘한 멋이 있다. 모든 일이 현묘함에 들어가는 문이고 곳곳이 다 원천으로 돌아가는 길이 되는

---

15 如是無障無礙之法 乃作法界法門之術 諸大菩薩之所入也 三世諸佛之所出也 二乘四果之聾盲 凡夫下士之所笑驚(『華嚴經疏序』, 한불전1. 495a)

16 下士聞道 大笑之 不笑不足以爲道(『老子』 41장)

17 原夫二諦中道 乃無可道之津 重玄法門 逾無可門之理 無可道故不可以有心行 無可門故不可以有行入 然以大海無津 汎舟楫而能渡 虛空無梯 翩羽翼而高翔 是知無道之道 斯無不道 無門之門 則無非門 無非門故事事皆爲入玄之門 無不道故處處咸是歸源之路(한불전1, 498a-b)

것이다. 그러나 물론 긍정에 그대로 머무르지는 않는다는 의미에서 보면 긍정과 부정의 자재라고도 할 수 있다. 원효는 이와 같이 노자적인 표현을 많이 하지만 노자의 도에 대한 사상에 머물러 있지 않고 새로운 사상으로 넘어서고 있는 것이다.[18]

그런데 『기신론별기』의 도에 대한 표현은 『大乘起信論疏』에 가면 달라진다. 『別記』의 大意文은 나중에 『疏』를 쓸 때에도 그대로 가져다 다시 쓰는데 이 부분은 바꾸어서 쓰고 있다. 원래 『대승기신론별기』에서는 "佛道가 道가 됨이…… 현묘하고도 현묘하다."라고 표현하였는데 『大乘起信論疏』에서는 "大乘의 體는 ……현묘하고도 현묘하다."[19]고 하여 그 '道'를 '大乘의 體'로 바꾸어서 大乘의 體를 표현하는 데에 '玄之又玄'이란 말을 쓰고 있다. 『大乘起信論別記』에서의 "무어라고 할지 몰라 강제로 도라 한다."[20]라는 표현도 『大乘起信論疏』에서는 "무어라고 할지 몰라 억지로 대승이라 한다."[21]라는 말로 바꾼다. 노자가 도를 설명할 때 쓰던 말을 그대로 불도의 도를 설명할 때 쓰다가 나중에 대승의 체로 용어를 바꾸어서 쓴 것은 아무래도 노자의 도와는 다르게 표현하여야 될 것으로 생각했기 때문에 그렇게 했다고도 볼 수 있다.[22] 즉 초기에는 노장적인 영향 아래에서 둘 사이를 별로 구분하지 않다가 이후에는 둘 사이의 구분을 좀 더 정확히 하여야 할 것으로 생각한 것으로 해석할 수도 있을 것이다.

2. 無爲

圓妙國師가 임종 시에 불렀다는 원효의 「彌陀證性偈」에 "법계의 모습은 생각하기 어려우니 고요하여 무위하나 이루어지지 않음이 없다. 그 부처에 따르는 지극한 믿음으로 그 나라에 반드시 태어난다."[23]라는 표현이 나온다.[24] 이 偈에서는 극락의 모습을 묘사하면서 無爲無不爲라고 표현하고 있다. 그밖에 無爲無不爲라는 말은 『金剛三昧經論』 「入實際品」에서는 출가에 걸림 없는 재가보살을 설명하면서 "고문의 계율의 제재를 받지 않고 능히 스스로의 마음으로 도리를 확

---

18 부정의 부정이 긍정으로 전환되는 긍정과 부정의 자재라는 원효의 논법에 대해서는 다음을 참조할 것: 최유진, 『원효사상연구』(경남대출판부, 1998), pp.93-101.

19 大乘之爲體也 ……玄之又玄.(『大乘起信論疏』, 한불전1. 733a.)

20 不知何以言之强爲道(한불전1. 671c)

21 不知何以言之 强號之爲大乘(한불전1. 698b)

22 이는 박태원도 "또한 '然夫佛道之爲道也'를 '然夫大乘之爲體也'로 바꾼 것은 원효가 차용하고 있는 노자적 표현으로 인한 노자사상적 인상을 되도록 줄인다는 의미도 있다."라고 지적하고 있다.(박태원, 「원효의 『대승기신론별기』와 『疏』」, 『大乘起信論思想硏究(I)』, p.234.)

실히 알아 호젓하게 무위하나 하지 않음이 없다."[25]라고 나온다. 이 無爲無不爲라는 말은 『노자』의 "도는 항상 무위하나 하지 않음이 없다."[26]는 표현과 동일한 것이다. 이런 표현들도 원효가 노자의 영향을 강하게 받고 있음을 알려주는 예이다. 노자가 도를 표현하면서 사용하는 無爲라는 말을 즐겨 사용하고 있는 것이다. 단순한 무위라는 용어는 물론 꼭 노자적인 것은 아니지만 무위무불위로 표현되는 무위는 노자의 영향을 받은 표현이다.

『金剛三昧經論』의 제목을 해석하는 부분에서는 금강을 설명하면서 "덜고 덜어서 무위에 도달한다."[27]라고 말하고 있다. 이는 『노자』 48장의 "배움을 추구하면 날로 늘어가고 도를 실천하면 날로 줄어든다. 줄고 또 줄어 무위에 이르게 된다. 무위에 이르게 되면 못하는 일이 없다."[28]라는 표현과 동일한 것이다. 또 『大慧度經宗要』에서는 관조반야를 설명하면서 "관조반야는 덜고 또 던다."[29]라고 말하고 있는데 이것도 『노자』 48장과 비슷하게 표현하고 있는 예이다. 다만 덜고 던다는 말만 있고 무위에 이른다는 말은 없지만 무위와의 연관에서 관조반야를 생각해 볼 수도 있을 것이다.

3. 重玄

원효의 도에 대한 설명으로는 먼저 '玄之又玄'이라는 표현이 있는데 『대승기신론별기』에서는 다음과 같이 말한다.

> 대저 불도가 도가 됨은 호젓이 공적하고 고요하고 깊이 현묘하다. 현묘하고 현묘하나(玄之又玄之) 어찌 萬像의 밖을 벗어났겠으며 고요하고 또 고요하나 오히려 百家의 말 속에 있다. 만상의 밖을 벗어나지 않았으나 五眼으로 그 몸을 볼 수 없으며, 백가의 말 속에 있으나 四辯으로 그 모양을

23 法界身相難思議 寂然無爲無不爲 至以順彼佛信心 故必不獲已生彼國

24 彌陀證性偈는 知訥의 「法集別行錄節要幷入私記」와 「萬德山白蓮社圓妙國師碑銘」(『東文選』 권117, 朝鮮古書刊行會, 『東文選』 第六, p.214)에 일부가 인용되어 전해지고 있다. 「萬德山白蓮社圓妙國師碑銘」에는 「澄性歌」라는 명칭으로 나오지만 「彌陀證性偈」와 같은 것이다. (김상현, 「彌陀證性偈와 그 의의」, 『원효연구』, p.192 참조.)

25 不爲敎門戒律所制 能以自心 決判道理 蕭然無爲而無不爲故(『金剛三昧經論』「入實際品」, 한불전1. 647b)

26 道常無爲而無不爲(『노자』 37장)

27 損之又損之 以至於無爲(『金剛三昧經論』 卷上, 한불전1. 606a)

28 爲學日益, 爲道日損, 損之又損, 以至於無爲, 無爲而無不爲(『노자』 48장)

29 觀照波若損之又損之也(『大慧度經宗要』, 한불전1, 480a)

말할 수 없다. 크다고 말하고 싶으나 안이 없는 것에 들어가도 남김이 없고, 작다고 말하고 싶으나 밖이 없는 것을 감싸고도 남음이 있다. 장차 有라고 이르자니 一如가 그것으로 말미암아 空하고, 無라고 이르자니 만물이 그것으로써 생겨나서, 뭐라고 말해야 할지 몰라 억지로 道라고 하였다.[30]

여기의 "玄之又玄"이라는 말은 앞서도 말했듯이 『老子』에 나오는 말이다. 『老子』 제1장의 "玄之又玄하니 衆妙의 門이다."[31]에 나오는 말이다. 玄之又玄은 이와 같이 道를 나타내기 위해서 노자가 쓰는 말인데, 元曉는 그것을 자신의 저술에서 사용하고 있다. 『기신론별기』의 서두에서 佛道의 체를 설명할 때에 이 용어를 사용하고 있다. '玄之又玄'은 다른 말로는 重玄이라고 하는데 이것을 중시하여 도교 내에 重玄學派라는 한 학파가 형성될 정도였다. 중현학파의 중요한 인물인 成玄英은 "玄之又玄"에 대해서 다음과 같이 설명한다.

유욕한 사람은 유에 막히고, 무욕한 사람은 또 무에 막힌다. 그러므로 하나의 '현'을 말하여 두 집착을 없애도록 하였고, 또 수행하는 자가 이 '玄'에 막힐까 두려워하여 이제 '又玄'이라고 말함으로써 나중의 병을 쫓아버리도록 하였다. 그래서 막히는 것에 막히지 않을 뿐만 아니라 또한 막히지 않는 것에 막히지 않도록 하였으니 이것이 곧 버리고 또 버린다는 것이다.[32]

이 학파는 이와 같이 불교의 영향을 받아서 노자를 해석하고 있다. 그런데 불교사상가 중에서도 元曉 뿐만 아니라 다른 사람들도 重玄이라는 말은 많이 사용한다.[33] 많이 쓰이던 관용적인 표현이라고 하더라도 어쨌든 원효가 이런 말을 쓰고 있으므로 老子的인 영향을 받고 있는 사실을 보여주는 주요 사례라고 볼 수 있다. 노자가 도를 표현하는데 사용하는 "玄之又玄"이라는 말을 원효는 대승의 체나 佛道를 나타내는 데 사용하고 있다. 이것은 원효가 노자 사상의 영향을 강하게 받고 있음을 알 수 있게 해주는 것이다. 다른 용례를 살펴보면 또 『大慧度經宗要』에서도

---

30 然夫佛道之爲道也 簫焉空寂 堪爾冲玄 玄之又玄之 (豈)出萬像之表 寂之又寂之 猶在百家之談 非像表也 五眼不能見其軀 在言裏也 四辯不能談其狀 欲言大矣 入無內而莫遺 欲言微矣 苞無外而有余 將謂有耶 一如由之而空 將謂無耶 萬物用之而生 不知何以言之强爲道(한불전1. 677c)

31 玄之又玄, 衆妙之門.(『老子』 제1장)

32 有欲之人 唯滯於有 無欲之士 又滯於無 故說一玄以遣雙執 又恐行者滯於此玄 今說又玄更祛後病 旣而非但不滯於滯 亦乃不滯於不滯 此則遣之又遣 故曰玄之又玄.(『道德經義疏』卷一, 『四部要籍注疏叢刊 老子』(中華書局, 1998), p.143)

33 鎌田茂雄, 『中國華嚴思想史の研究』(東京大出版會, 1970) pp.273～279 참조.

實相般若를 설명하면서 玄之又玄이라고 말한다. "실상반야는 현묘하고 또 현묘하다."[34]라는 표현이 그것이다.

佛經 중에도 重玄이라는 용어를 사용한 것이 눈에 띈다. 경전에 이 말이 나오는 것은 그만큼 불교에 대한 중국사상의 영향을 보여주는 것이며 이 말이 등장하는 경전이 중국에서 찬술되었을 가능성을 시사한다. 어쨌든 원효가 중시하였던 경전 중의 하나인 『本業經』에 다음과 같이 이 말이 나온다. 『本業經』에서는 다음과 같이 말한다.

> 佛子여! 第四十一地心은 入法界心이라 하고 또 心所行法이라는 것은 소위 勇伏定入法光三昧이다. 이 定 가운데에서 十法을 수행한다. 첫째는 佛의 不思議變通을 배우는 것이고, 둘째는 菩薩眷屬을 모으는 것이고, 셋째는 앞의 所行法門을 거듭 닦는 것이고, 넷째는 一切佛國에 수순하여 一切佛에게 묻는 것이고, 다섯째는 無明의 父母와 헤어지는 것이고, 여섯째는 重玄門에 들어가는 것이고, 일곱째는 부처와 같이 나타나서 일체 형상을 보이는 것, 여덟째는 二種法身을 具足하는 것, 아홉째는 二習이 없는 것, 열째는 中道第一義諦의 山頂에 오르는 것이다.[35]

이것을 원효는 다음과 같이 설명한다.

> 먼저 所依定을 드러내고 다음으로 能依行을 밝힌다. 처음에 勇伏定이라는 것은 佛地에서 끊는 장애를 능히 항복시키기 때문이다. 이 定으로부터 法光三昧에 들어간다. 法界山頂에 올라 諸法界를 비춘다. 다음으로 能依行은 전체적으로 표시하고 개별적으로 드러낸다. 만약 앞서 설한 三地의 상에 배치한다면 이 중의 所依定은 백겁위에 있다. 백겁의 수명의 자리에 머물러 천 三昧를 닦는다고 말하고 있기 때문이다. 따로 열 가지를 밝히는 것 중에서는 앞의 4법은 千劫位에 있다. …… 뒤의 6법은 萬劫位에 있다. ……이제 앞의 4법 중에 第三의 앞의 所行法門을 거듭 닦는다는 것은 앞의 2문 즉 佛德을 우러러 닦는 것과 이끌어 이루는 것이 어려우므로 거듭 닦는 것이고 제4의 問訊은 또한 부처의 威儀를 배우는 것에 포섭된다. 다섯째 無明의 父母와 헤어지는 것은 佛地에 나지 않으므로 지금 먼저 헤어지는 것이다. 이 자리는 아직 무명이 갖추어져 있기 때문이다. 여섯째 重玄에 들

34 實相般若 玄之又玄(『大慧度經宗要』, 한불전1, 480a)

35 佛子。第四十一地心者。名入法界心。復次心所行法者。所謂勇伏定入法光三昧。入此定中修行十法。一學佛不思議變通。二集菩薩眷屬。三重修先所行法門。四順一切佛國問訊一切佛。五與無明父母別。六入重玄門。七現同如佛現一切形相 八二種法身具足。九無有二習。十登中道第一義諦山頂。(『菩薩瓔珞本業經』 卷上., T24. 1015b)

어가는 문이라는 것은 空空門을 중현이라 한다. 이 공공문은 오직 부처만이 끝까지 다할 수 있어서 지금은 조금밖에 얻지 못하였다. 따라서 들어간다(入)고 하였다. 일곱째 부처와 같이 나타나서 일체 형상을 보인다는 것은 古佛과 같이 나타나서 여러 色心을 나타내는 것이다.…… [36]

여기에서는 重玄을 空空으로 해설하고 있다. 불교와 현학의 용어가 서로 영향을 주고받고 있음을 알 수 있다. 그리고 앞서 보았듯이 玄之又玄 즉 重玄은 원효가 중시한다. 그렇다면 원효는 중현학파의 영향을 받은 것인가? 成玄英은 주로 三論學의 영향을 많이 받았다고 한다. 삼론학 등의 불교사상을 이용하여 도가 사상을 새롭게 정립한 것이 성현영이라고 평가된다.[37] 그렇다면 길장의 영향을 강하게 받는 원효[38]가 성현영의 영향을 받는 것도 불가능한 일은 아닐 것이다. 앞서 "노장사상의 대가를 도왔다.(毗讚玄風之大匠)"라는 구절이 <誓幢和上碑>에 등장한다고 말했거니와 이 구절에서 본다면 초기에 玄風에 대해 배웠다고 볼 수 있고 그 배운 것이 중현학파의 것일 수도 있을 것이다. 그것은 어쨌든 우리가 주목할 것 또 하나는 중국 화엄종에서 중요한 인물인 澄觀(738-839)이 重玄을 空空으로 해석하고 있다는 것이다. 澄觀은 『大方廣佛華嚴經隨疏演義鈔』 권1에서 다음과 같이 말한다.

重玄이라는 것은 또한 곧 空空이다. 노자에게서 빌려온 말인데 노자는 말하기를 玄之又玄 衆妙之門이라 하여 有名無名이 모두 玄이라고 했다. 河上公은 말하기를 玄은 天이니 천에 또 천이 있다고 하였다. 장자는 말하기를 천은 자연이라 하니 곧 자연 또한 자연인데 이것에 의해 만물이 생겨난다. 그러므로 중묘지문이라 하였다. 이제 空空 가운데 갖추어지지 않은 덕이 하나도 없는 것이다.[39]

36 先顯所依定 後明能依行 初中言勇伏定者 能伏佛地所斷障故 從此定入法光三昧 登法界山頂照諸法界故 次能依行 總標別顯 若依前說三地相配者 此中明所依定 在百劫位 彼言住壽百劫脩千三昧故 別明十中 前之四法在千劫位 …… 後之六法 在萬劫位 …… 今前四中第三重習先所行法門者 謂前二門 仰脩佛德 率成爲難 所以重習 第四問訊 亦爲學佛威儀所攝 五與無明父母別者不生佛地故今先別 此位猶與無明俱故 六入重玄門者 謂空空門名爲重玄 此空空門 唯佛所窮 今得少分 故名爲入 七現同如佛現一切形相者 現同古佛現諸色心故 ……(『本業經疏』, 한불전1, 499c)

37 鎌田茂雄, 『中國華嚴思想史の硏究』, pp.274-277 참조. 최진석은 成玄英의 사상에 영향을 미친 불교사상가로 僧睿, 道生, 僧肇를 들고 있다.(최진석, 「成玄英의 自然觀」, 『동양철학』 제10집(한국동양철학회, 2000), pp.287-310 참조.)

38 원효에 대한 길장의 영향에 대해서는 다음을 참조할 것: 石井公成, 「元曉と中國思想」, 『印度學佛敎學硏究』 31-2, 1983 ; 최유진, 『원효사상연구』(경남대출판부, 1998), pp.81-83 및 최유진, 「원효의 중관철학 이해」, 『불교학연구』 창간호(한국종교학회 불교분과, 1999), pp.210-213.

39 言重玄者. 亦卽空空 語借老子 老子云 玄之又玄衆妙之門 彼以有名無名同謂之玄 河上公云 玄者天也 天中復有天 莊子云 天卽自然 則自然亦自然也 依此而生萬物 故云衆妙之門 今以空空之中無德不備耳.(『大方廣佛華嚴經隨疏演義鈔』, T36. 8a)

이제 "玄之又玄 衆妙之門"이라는 노자의 말을 重玄 가운데서 모든 것이 나온다고 해석하고 그 중현이 空空이라 하여 空空 가운데에 모든 것이 갖추어져 있다는 식으로 해석하고 있다. 이에 대해 "두루 덕을 갖추고 있다고 하는 것은 화엄의 십현문의 사상과도 공통적인 점이 있지만 어쨌든 重玄을 가지고 화엄을 나타내려고 한 것은 징관의 화엄이 법장과는 다른 하나의 특질이다."[40]라는 지적이 있다. 그런데 징관이 중현을 空空으로 설명하기 이전에 이미 원효가 그렇게 설명하고 있다면 징관은 원효의 그런 견해를 이어받아 노장사상을 받아들이면서 더욱 중국적인 화엄사상의 길로 나아가게 된 것이라고 할 수도 있을 것이다.

III. 장자와 원효

원효는 노자뿐 아니라 장자 역시 즐겨 인용하고 많은 곳에서 장자적 표현을 차용하고 있다. 장자의 영향이 많이 있음을 짐작하게 해 준다. 몇 가지 예를 살펴보도록 하자. 『대승기신론별기』 대의문에서는 "입을 다문 대사와 직접 눈길이 마주친 장부가 아니고서야 누가 능히 無乘에서 대승을 논하고, 믿음이 없는 곳에서 깊은 믿음을 일으키게 할 수 있겠는가?"[41]라는 표현이 나오고 그것을 거의 그대로 가져다 다시 쓰는 『大乘起信論疏』 宗體文에서는 "입을 다문 대사와 직접 눈길이 마주친 장부가 아니고서야 누가 능히 언설을 떠나서 대승을 논하고, 사려가 끊긴 곳에서 깊은 믿음을 일으키게 할 수 있겠는가?"[42]라는 표현이 나온다. 여기에서 目擊丈夫라는 말이 나오는데 이것은 『莊子』 「田子方」편에 나오는 溫伯雪子에 관한 다음과 같은 이야기에서 온 것이다.

> 공자가 溫伯雪子를 만났으나 아무 말도 하지 않았다. 자로가 물었다. "선생님께선 오랫동안 온백설자를 만나고 싶어 하셨는데 정작 만나서는 한 마디도 하지 않았으니 어째서입니까?" 공자는 대답했다. "그와 같은 분은 얼핏 보기만 하고도 도를 갖추고 있음을 알 수 있으니까 더 무슨 말을 할 필요가 없는 것이다."[43]

---

40 鎌田茂雄, 『中國華嚴思想史の硏究』, p.278

41 自非杜口開士 目擊丈夫 誰能論大乘於無乘 起深信於無信者哉(한불전1. 678a)

42 自非杜口大士 目擊丈夫 誰能論大乘於離言 起深信於絶慮者哉.(한불전1. 698b)

43 仲尼見之而不言. 子路曰:「吾子欲見溫伯雪子久矣, 見之而不言, 何邪?」 仲尼曰:「若夫人者, 目擊而道存矣, 亦不可以容聲矣.」(『莊子』 「外物」, 안동림 역주, 『장자』(현암사, 1993), pp. 510-511.)

불교의 유마거사(杜口大士)와 불교인이 아닌 온백설자를 모두 도를 이룬 사람으로 동등하게 취급하고 있는 것은 근본의 도는 큰 차이가 없음을 인정하고 있다고도 생각할 수 있음직하다. 아무튼 장자사상의 영향을 엿보게 해주는 대목이다. 또 앞서 인용한 『大乘起信論別記』에서 대승을 無乘과 대비시키고 信을 無信과 대비시켜서 표현하는 것도 현학적인 영향으로 보인다. 이 표현이 『大乘起信論疏』에서는 離言과 絶慮로 달라지고 있다. 이는 앞서 말했던 『대승기신론별기』의 "불도가 도가 됨(佛道之爲道)"이라는 표현이 『기신론소』에서는 "대승이 체가 됨(大乘之爲體也)"이라는 표현으로 바뀌는 것과 같은 맥락이다. 노장사상적인 영향이 약화되고 있음을 보여주는 것일 수도 있다.

앞서 말했듯이 『대승기신론별기』에서 大小를 말함에 있어서 가장 작은 것을 無內라 하고 가장 큰 것을 無外라 말하는 것은 「莊子」에서 인용하는 惠施의 '大一' '小一'의 이론이다.[44] 『금강삼매경론』의 大意에서 "묘하게 環中에 꼭 맞는다."[45]이란 표현이 나오는데 "環中"은 원의 중심을 뜻하는 말로 郭象의 해석에 의하면 環이 끝없는 是非를 나타낸다면 원 가운데의 빈 곳인 환중은 시비가 없는 곳이라 한다.[46] 궁극적인 절대의 경지를 나타내는 말이라 할 수 있다. 어쨌든 이 말도 장자에 나오는 말인데 자유로이 장자의 여러 문장을 인용하는 것은 원효가 그만큼 장자에 밝았음을 보여주는 것이다. 또 『華嚴經疏』의 서문을 보면 특히 장자의 영향이 많이 나타난다.

> 수미산이 겨자씨에 들어가는 것이 돌피가 커다란 창고에 들어가는 것과 같고 方丈(사방 1자의 좁은 방)에 많은 좌석이 들어갈 수 있는 것은 우주가 만물을 용납함과 같다. 안이 아주 넓으니 무슨 어려움이 있겠는가? 봉황이 청운 위에 날아올라 산의 낮음을 내려다보는 것 같고 하백이 大海에 당도하여 하천의 좁음을 부끄러워함과 같다. 배우는 이가 이 경의 넓은 문에 들어와서 바야흐로 자신의 학문의 도량이 좁음을 안다.[47]

---

44 『莊子』 第33 「天下」. "至大無外 謂之大一 至小無內 謂之小一"(지극히 커서 밖이 없는 것을 大一이라 한다. 지극히 작아서 안이 없는 것을 小一이라 한다.)

45 妙契環中(『金剛三昧經論』, 한불전1, 604b)

46 『莊子』 「齊物論」, 郭慶藩, 『莊子集釋』, p.68 참조. 環中이라는 말은 「제물론」 외에 「則陽」에도 나온다. (안동림 역주, 『장자』, p.63 및 pp.628-629 참조.)

47 況乎須彌入於芥子者 稊來入於大倉也 方丈內乎衆座者 宇宙內於萬物也 內入甚寬 何足爲難乎哉 若乃鳳皇翔于青雲 下觀山岳之卑 河伯屆乎大海 顧羞川河之狹 學者入乎此經普門 方知會學之齷齪也(『華嚴經疏』 序, 한불전1. 495a-b.)

화엄의 無障無礙의 법계가 걸림이 없음을 말하고 그것을 여러 방면에서 설명하는데 『장자』를 많이 인용하고 있다. 먼저 “돌피가 큰 창고에 들어간다.”는 표현은 “중국도 사해 안에 있다는 것을 헤아려 보면 돌피 알이 커다란 창고 속에 있음과 같지 않겠소?”[48]라는 「秋水」편의 문장을 이용한 것이고 “봉황이 청운 위에 날아올라 산의 낮음을 내려다보는 것 같고”라는 것은 「소요유」편의 鵬이 아래를 내려다보는 것을 염두에 둔 표현으로 보인다. 그리고 “하백이 大海에 당도하여 하천의 좁음을 부끄러워함과 같다”는 것도 「추수」편의 황하의 神인 河伯이 바다에 당도해서 스스로의 좁음을 알고 북해의 神인 若과 대화를 나누는 우화[49]에 바탕을 둔 이야기이다. 이와 같이 『장자』를 적극적으로 활용하여 화엄의 사상을 설명하고 있다. 장자 사상의 영향을 알 수 있게 해주는 대목이다.

다음으로는 『장자』 「제물론」의 논리와 원효의 화쟁을 비교해 보도록 하자. 원효의 화쟁과 제물론의 사상은 통하는 바가 있고 원효는 장자의 영향을 받고 있는 것으로 보이기 때문이다. 『大乘起信論別記』에서는 心體를 異熟識으로 보는 설과 心體의 배후에서 여래장을 보는 설을 열거한 뒤 다음과 같이 평가하는 말이 나온다.

> 평가하여 말한다. 두 사람의 설하는 바는 모두 도리가 있다. 모두 성스러운 가르침에 의거하기 때문이다. 무슨 까닭인가 하면 현료문에 의하면 앞에서 설한 것이 유가론 등의 뜻을 얻고 은밀문에 의하면 뒤의 설과 같은 것이 기신론 등의 뜻을 얻는다. 한 귀퉁이를 편벽되게 집착해서는 안 되고 또 말 그대로 뜻을 취하면 안 된다. 왜 그런가 하면 만약에 앞의 說대로 뜻을 취하면 곧 法我見이고 뒤의 說에 따라 뜻을 취하면 人我見이기 때문이다. 그러므로 저 두 가지 뜻은 모두 설할 수 없다. 비록 설할 수 없으나 또한 설할 수 있다. 비록 그러한 바가 없지만 그렇지 않은 것도 아니기 때문이다.[50]

여기에 나오는 “비록 그러한 바가 없지만 그렇지 않은 것도 아니기 때문(以雖無所然而非不然故)”이라는 말은 화쟁의 논리에서 중요한데 이 구절이 다음의 『장자』 「제물론」의 논의를 따르고

48 計中國之在海內,不似稊米之在大倉乎.(「秋水」, 안동림 역주, 『장자』, p.419)

49 「秋水」, 안동림 역주, 『장자』, pp.417-434 참조.

50 評曰二師所說皆有道理 皆依聖敎之所說故 何者 若依顯了門如前說者 好是得瑜伽論等意故 若依隱密門如後說者 好得此起信論等意故 是不可偏執一隅 又亦不可如言取義 何以故 若如初說現而取義者 卽是法我見 若後說而取義者 卽謂人我執 故彼二義 皆不可說 雖不可說而亦可說 以雖無所然而非不然故(『大乘起信論別記』 末, 한불전1. 695b)

있다고 石井公成은 지적하고 있다.[51]

> 자기가 좋은 것을 좋다 하고 자기가 싫은 것은 좋지 않다고 하게 된다. 길이란 그곳을 다니니까 생기게 마련이고, 사물은 이름을 붙이니까 그렇게 된다. 어째서 그렇게 여기게 될까? 그렇게 여겨지는 모습 때문에 그렇다고 한다. 어째서 그렇지 않다고 여기게 될까? 그렇게 여겨지지 않는 모습 때문에 그렇지 않다고 한다. 사물에는 본래 그래야 할 것이 갖추어져 있고, 또 본래 좋다고 할 만한 데가 있어서 어떤 사물이든 그렇지 않은 것이 없고 좋지 않은 데가 없는 것이다.[52]

"어떤 사물이든 그렇지 않은 것이 없다"고 하는 것을 바로 따르고 있다는 주장이다. 원효는 자기 나름대로의 논리에 의해서 부정에서 긍정으로 넘어가는데 반해서 『장자』의 이 구절은 사물에는 본래 그러한 것이 갖추어져 있기 때문에 그것이 그 자체로서 존재한다는 말이다. 어쨌든 모든 것을 긍정한다는 점에서는 공통적이라 할 수 있을 것이다. 그런 것을 이어받고 있는 것인데 원효는 스스로의 독자적인 입장에서 받아들이고 있는 것이다. 다음으로는 좀 더 구체적인 쟁론의 화해와 관련하여 논의를 하도록 하자. 『金剛三昧經論』에서는 다음과 같이 말하고 있다.

> 만일 여러 가지 다른 견해가 엇갈려 쟁론하고 있을 때에 有見에 의해 설한다면 空見과 다를 것이요, 또 만일 空執에 동의하여 설한다면 有執과 다를 것이다. 그리하여 동의하든 동의하지 않든지 쟁론만 더욱 일어나게 할 것이다. 또 저 두 가지에 다 동의하면 자기 안에서 서로 논쟁할 것이고, 저 두 가지에 다 동의하지 않는다면 그 둘과 더불어 서로 논쟁할 것이다. 이런 까닭에 동의도 하지 않고 이의도 제기하지 않으면서 설한다. 동의하지 않는다 함은 말 그대로 취하면 모두 용납되지 않기 때문이고, 동의하지 않는 것이 아니라고 함은 그 뜻을 살려서 들으면 허용되지 않는 바가 없기 때문이다. 동의하지 않는 것이 아니기 때문에 情에 어긋나지 않고, 동의하지 않기 때문에 道理에 어긋나지 않는다. 情에 있어서나 理에 있어서나 서로 어긋나지 않는다.[53]

---

51 石井公成, 「元曉と中國思想」, 『印度學佛教學研究』 31-2(日本印度學佛教學會, 1983), p.165 참조.

52 可乎可 不可乎不可 道行之而成,物謂之而然. 有自也而可,有自也而不可. 有自也而然,有自也而不然. 惡乎然? 然於然. 惡乎不然? 不然於不然. 惡乎可? 可於可. 惡乎不可? 不可於不可. 物固有所然,物固有所可. 無物不然,無物不可.(「제물론」, 안동림 역주, 『장자』, p.61.) 「寓言」편에도 거의 같은 내용의 말이 나온다: 有自也而可,有自也而不可.,有自也而然,有自也而不然. 惡乎然? 然於然. 惡乎不然,不然於不然. 惡乎可? 可於可. 惡乎不可? 不可於不可. 物固有所然,物固有所可,无物不然,无物不可.(「寓言」, 안동림 역주, 『莊子』, pp. 674-675)

53 『金剛三昧經論』 入實際品, 한불전1. 638a. 若諸異見諍論興時 若同有見而說 則異空見 若同空執而說 則異有執 所同所異 彌興其諍 又復兩同彼二則自內相諍 若異彼二則與二相諍 是故非同非異而說 非同者 如言而取 皆不許故 非異者 得意而言 無不許故 由非異故 不違彼情 由非同故 不違道理 於情於理 相望不違.

원효의 화쟁의 이론에서 쟁론을 화해시키는 중요한 방법으로 긍정과 부정의 자재를 말할 수 있는데 여기에서 동의도 하지 않고 이의도 제기하지 않으면서 설한다는 것이 그 방법이다. 긍정도 부정도 떠나야 하는 이유를 情에도 어긋나지 않고 理에도 어긋나지 않아야 하기 때문이라고 말한다. 이 부분은 『장자』 「제물론」의 다음 구절을 연상시킨다.

나와 당신이 논쟁은 한다고 합시다. 당신이 나를 이기고, 내가 당신에게 졌다면 당신이 옳고 내가 틀렸을까요? 내가 당신을 이기고 당신이 내게 졌다면 내가 옳고 당신이 틀린 걸까요? 그 한쪽이 옳고 다른 쪽이 틀렸을까요, 아니면 두 쪽 다 옳을까요? 두 쪽 다 틀린 걸까요? 이런 일은 나도 당신도 알 수가 없소. 그렇다면 제3자도 물론 판단을 내릴 수가 없게 되오. 우리는 누구를 시켜 판단하게 하면 좋겠소?

당신과 입장이 같은 사람에게 판단을 시킨다면, 그는 당신과 같으니까 공정한 판단을 할 수가 없소. 나와 입장이 같은 사람에게 판단을 시키면, 그는 나와 같으므로 공정한 판단을 할 수가 없게 되오. 나와도 당신과도 입장이 다른 사람에게 판단을 시킨다면 그는 나와도 당신과도 다르므로 역시 공정한 판단을 할 수가 없소. 나와도 당신과도 입장이 같은 사람에게 판단을 시킨다면, 그는 나와도 당신과도 입장이 같으므로 또한 공정한 판단을 할 수가 없소. 그렇다면, 나도 당신도 그리고 제3자도 모두 판단을 할 수가 없는 거요. 그런데 누구에게 기대한단 말이오?

불안정하고 변하기 쉬운 소리에 기대한다는 것은 처음부터 기대하지 않았음과 마찬가지요. 天倪(자연의 길)로써 모든 것을 조화시키고 曼衍(변화)에 모든 것을 맡겨둠이 천수를 다하는 방법이오. 천예로 모든 것을 조화시킨다 함이 무엇인가 하면 이렇소. 옳다고 하는 의견과 옳지 않다고 하는 의견이 있고, 또 그렇다고 하는 의견과 그렇지 않다고 하는 의견이 있소. 그 옳다는 의견이 만약 참으로 옳은 것이라면, 옳다는 의견이 옳지 않다는 의견과 다를 건 두말 할 필요도 없소. 또 그렇다고 하는 의견이 만약 참으로 그렇다면, 그렇다는 의견이 그렇지 않다는 의견과 다를 게 뻔하오. 나이를 잊고 의리를 잊으면, 곧 무한한 경지로 뻗어나가게 되오. 그래서 모든 것을 이 무한한 경지에 놓아두는 거요.[54]

---

54 「既使我與若辯矣,若勝我,我不若勝,若果是也,我果非也邪? 我勝若,若不吾勝,我果是也,而果非也邪? 其或是也,其或非也邪? 其俱是也,其俱非也邪? 我與若不能相知也,則人固受黮闇,吾誰使正之? 使同乎若者正之? 既與若同矣, 惡能正之! 使同乎我者正之? 既同乎我矣,惡能正之! 使異乎我與若者正之? 既異乎我與若矣,惡能正之! 使同乎我與若者正之? 既同乎我與若矣,惡能正之! 然則我與若與人俱不能相知也,而待彼也邪?「化聲之相待,若其不相待,和之以天倪,因之以曼衍,所以窮年也. 何謂和之以天倪? 曰:是不是,然不然. 是若果是也,則是之異乎不是也,亦無辯.,然若果然也, 則然之異乎不然也亦無辯. 忘年忘義,振於無竟,故寓諸無竟.」(「齊物論」, 안동림 역주, 『莊子』, pp.82-85)

시비의 판단을 내릴 척도가 없다는 것이 요지이다. 쟁론을 화해시키기가 어려운 것이다. 앞서 원효는 동의하지도 않고 이의도 제기하지 않으면서 설한다고 하였다. 어느 한쪽 편에 치우쳐서는 안 되기 때문에 그랬다. 그런데 『장자』에서는 공정한 입장이라는 것이 도의 입장이라고 말할 수 있을 것이다. 나이를 잊고 의리를 잊고서 무한한 경지로 뻗어나갔을 때 괜한 다툼은 없어지는 것이다. 한 단계 초월적인 데로 올라간다는 입장이다. 원효는 장자처럼 높은 데로 가는 것은 아니다. 언어의 유용성을 인정하는 입장이기에 긍정과 부정에서 자유로운 상태에서 말을 해서 쟁론을 화해시킬 것을 주장한다. 물론 긍정과 부정에서 자유로운 상태에서 말을 할 수 있으려면 그 쟁론을 화해시키는 화쟁의 주체가 이미 걸림 없는 경지에 이르러야 하긴 하지만 일단은 장자와는 다르다.

언어의 성격에 대해서는 장자는 뜻을 얻으면 말은 잊어버려야 한다고 주장하여 언어의 도구적 측면을 강조하고 있다. 『장자』 「외물」편에서는 다음과 같이 말한다.

> 통발은 물고기를 잡기 위해 있으며 물고기를 잡고 나면 통발 따위는 잊혀지게 마련이다. 올가미는 토끼를 잡기 위해 필요하며 토끼를 잡고 나면 올가미는 잊혀지고 만다. 말은 생각을 전하기 위해 있으며 생각하는 바를 알고 나면 말 따위는 잊고 만다. 나도 이렇듯 말을 잊은 사람과 만나 그와 이야기를 나누어 보고 싶다.[55]

장자는 말과 뜻의 관계에서 말은 수단이고 뜻은 목표라고 보고 있음은 쉽게 알 수 있다. 위진시대에 말이 뜻을 다할 수 있느냐 하는 語盡意, 語不盡意 논쟁이 현학가들 사이에서 있었는데 이들도 말은 수단 뜻은 목표라고 보고서 논쟁을 진행하였으므로 같은 맥락에서 파악할 수 있다. 원효는 그러나 이름과 뜻은 서로 객이 된다고 하여 名과 義가 상대적으로 성립함을 주장한다.[56] 바로 이 점이 원효의 언어관이 장자와 다른 점이다. 말과 뜻이 따로 있는 것이 아니라 말이 있을 때 뜻이 있을 수 있다는 것이다. 물론 말이 뜻을 표현한다. 그러나 말이 없으면 뜻도 없는 것이다. 뜻이 먼저 있고 난 다음에 그것을 표현하기 위해 말이 있는 것은 아니다. 도에 대한 언어적 표현의 문제는 장자에 있어서도 역시 중요하다. 장자에 있어서도 말로 할 수 없는 것이 도라는 것은 노

---

55 筌者所以在魚,得魚而忘筌.,蹄者所以在兎,得兎而忘蹄.,言者所以在意,得意而忘言. 吾安得夫忘言之人而與之言哉.(『莊子』『外物』, 안동림 역주, 『장자』(현암사, 1993), pp. 668-669.)

56 최유진, 『원효사상연구-화쟁을 중심으로-』(경남대학교 출판부, 1998), pp.68-69 참조.

자와 마찬가지이다. "大道는 명칭으로 나타낼 수 없다."[57]거나 "도라고 할 수 없는 도"[58]라는 말이 그것을 알게 해주는 대표적인 예이다.

IV. 결론

이제까지 원효의 사상을 노장사상과 비교해서 살펴보았다. 원효는 노장사상의 영향을 많이 받은 것으로 보인다. 직접적인 영향인지 아니면 노장을 연구한 僧肇나 王弼, 郭象에 의한 간접적인 영향인지 정확하게 말하기는 쉽지 않지만 『노자』와 『장자』 책의 많은 구절들을 즐겨 자신의 저술에서 인용하고 있다. 문장의 서술 방식도 노장적인 것이 많이 있다. 이 논문에서는 노자와의 비교를 道, 無爲, 重玄의 문제에 국한해서 살펴보았다. 원효는 그의 저술의 많은 부분에서 노자적인 표현을 직접 하고 있음을 확인할 수 있었다. 노자를 즐겨 인용하고 노자적인 표현 형식을 많이 채용하고 있는 것은 그가 노자의 사상과 불교 사상에 어느 정도 통하는 것이 있다고 생각한 것으로 보아도 큰 무리는 없을 것이다.

다음으로 장자와 원효를 비교하였다. 원효 저술 곳곳에서 장자적 표현이 나온다. 원효에 대한 장자의 영향이 큰 것을 확인할 수 있었다. 특히 원효의 화쟁의 논리와 장자의 제물론의 논리를 비교해 보았다. 원효가 장자의 영향을 받고 있음을 알 수 있다. 물론 근본에 있어서는 다르지만 영향은 받고 있다. 장자의 언어관을 보면 도는 표현이 불가능하다고 보는 점은 노자와 큰 차이가 없으나 언어가 뜻을 다할 수 있는가의 문제를 다루는 것은 노자에서는 없던 문제의식이다. 그러나 언어가 수단이고 뜻이 목적이며 언어와 뜻을 엄밀히 나누는 것은 원효와는 다른 점이라는 것을 지적하였다.

이상과 같은 연구를 통해 우리는 원효 사상에 대한 노자와 장자의 영향을 확인할 수 있었다. 원효는 노장사상을 받아들이고 그것을 자신의 사상 표현에 이용하고 있다. 이는 한편으로 원효의 포용적인 자세를 우리에게 알려주고 또 전체적인 사상사의 면에서는 불교와 전통사상의 상호 영향 관계를 보여준다. 원효의 특징적인 사상은 조화와 화해를 강조하는 화쟁이다. 화쟁은 일

57 大道不稱(「齊物論」, 안동림 역주 『莊子』, p. 73.)

58 不道之道(「齊物論」, 안동림 역주 『莊子』, p. 73.)

단은 불교 내부의 이론에만 향해 있고 어떤 부분에서는 유교를 낮게 보고 있기도 하지만[59] 그 근본정신에서 볼 때 원효는 불교 이외의 이른바 이교의 사상에 대해서도 열린 자세였다고 판단해도 큰 무리는 없을 것이다.

59 최유진, 『원효사상연구-화쟁을 중심으로-』(경남대학교 출판부, 1998), pp.19-21 참조.

제2장 원효와 중국불교

Ⅰ. 서론

신라의 불교 사상은 중국의 영향을 크게 받았고 뛰어난 학자들 중에는 중국에 유학을 다녀온 사람이 많다. 신라불교가 본격적으로 발전하는 데에는 이들의 공헌이 크다고 할 수 있다. 삼국통일 이전의 가장 대표적인 불교사상가라 할 수 있는 원광과 자장이 모두 유학승 출신이다. 신라불교는 이렇게 중국불교의 큰 영향 아래에서 발전해 나갔다. 중국의 발전된 불교사상이 바로 신라에 알려졌고 교류도 활발하였다.

우리나라 불교사상가 중에서 가장 뛰어난 사람 중의 하나로 널리 인정받고 있는 원효도 발전된 중국불교에 대해 잘 알고 있었고 직접 유학을 가고자 하였다. 그의 사상의 형성에는 중국불교의 영향이 크다고 할 수 있다. 그리고 그의 뛰어난 성취는 신라에만 국한되지 않았고 널리 중국에까지도 알려져서 후대에까지도 큰 영향을 미쳤다. 심지어는 원효의 불교사상을 중국불교의 한 부분으로 취급하기도 한다.[1] 원효의 저술이 당의 승려들에 의해 인용되고 있고 원효의 전기가 중국의 고승전에 들어 있는 것도 원효의 영향력을 보여준다. 당에 유학 갔던 승려들은 중국에서도 활동했으므로 그들의 전기는 중국의 고승전에 실릴 수 있더라도 유학 간 일이 없는 원효의 전기도 실려 있는 것은 그만큼 밀접한 관계를 보여준다.

그렇지만 당시의 신라불교가 바로 전체적으로 중국불교의 일부라고 할 수는 없을 것이다. 상황과 조건이 다르므로 다른 양상을 나타낸다고 보아야 할 것이다. 당과 신라가 대립하고 있을 경우에는 더욱 그 편차가 커질 수밖에 없다. 신라는 중국의 영향을 크게 받고 있었지만 중국의 일

---

1 賴永海의 『中國佛性論』이란 책에서는 불성설에 대한 여러 학자의 학설을 소개하는 책으로 吉藏의 『大乘玄論』, 均正의 『大乘四論玄義』, 元曉의 『涅槃宗要』 등을 들고 있다. 원효를 중국불교의 한 사람으로 취급하고 있는 것을 알 수 있다.(라이용하이, 법지 역(2017), 『中國佛性論』, 운주사, pp.52-55 참조(이하 라이용하이, 법지 역(2017) 형식으로 인용)) 望月信亨의 『中國淨土教理史』에서도 의상, 원효, 의적을 모두 언급하고 있다.(望月信亨, 이태원 역(1997), 『中國淨土教理史』, 운주사, pp.215-230 참조) 신라 불교를 중국불교의 한 부분으로 언급하고 있는 사례들이다.

부라고 할 수는 없기 때문이다. 원효의 불교사상도 중국의 그것과는 다를 수밖에 없다. 하지만 원효는 국제적인 사상가로서 중국의 불교사상가들에게도 영향을 미쳐 중국불교사에서도 큰 족적을 남기고 있다. 원효는 신라의 가장 뛰어난 불교사상가이면서도 또한 중국불교사에서도 중요한 사상가라는 두 측면이 있는 것이다. 따라서 원효 사상을 살필 때에 신라불교사라는 한정된 측면에서만 볼 것이 아니라 국제적인 관계까지도 고려하여 중국불교사와의 연관에서도 파악하여야 전체 원효사상을 잘 알 수 있을 것이다. 원효사상 형성과 중국불교라는 측면과 원효사상이 중국불교에 영향을 준 두 측면이 있을 것인데 본 연구에서는 원효 사상에 미친 중국불교의 영향을 중심으로 중국불교와 원효의 관계를 전반적으로 살펴보고자 한다.[2]

Ⅱ. 원효의 사상 형성

원효는 617년(진평왕 39년)에 지금의 경산에서 담날 나마의 아들로 태어났다. 높은 귀족 출신도 아니었고 경주 사람도 아니었다. 원효가 어떤 과정을 거쳐 출가했는지는 정확히 알 수 없다. 『송고승전』에 의하면 관채지년(丱䰂之年; 총각머리 나이)에 출가했다고 하므로 비교적 이른 시기에 출가했으리라 짐작할 수 있을 뿐이다. 출가 후 어떤 수행 과정을 거쳤는지도 정확한 것은 알 수 없지만 『삼국유사』 등에 실려 있는 여러 가지 이야기를 통해 그와 관련되는 사람들을 말할 수 있다.

원효는 출가 이후 누구에게서 배우면서 자신의 사상을 정립해 나갔을까? 『삼국유사』의 원효 전기에 의하면 원효는 “태어나면서부터 빼어나게 영특하였고(穎異) 배움에 스승을 따르지 않았다”고 하였고 『송고승전』에서는 “스승을 따라 배웠는데 다니는 곳이 일정하지 않았다”고 하였다. 특정한 스승을 밝히고 있지 않은 것이다. 그러나 『삼국유사』 등의 기록에 의하면 원효에게 가르침을 베푼 스승이 여러 명 등장한다. 원효는 출가한 이후 누구에게서 배웠을까? 먼저 낭지가 있다. 『삼국유사』에는 다음과 같은 기록이 전해 온다.

---

2 원효가 중국불교에서 차지하는 위치나 원효 저술의 한중일 삼국불교에 미친 영향 등에 대해서는 김훈(2005), 「중국불교사에 있어서의 원효의 위상」, 『원효학연구』 10집, 원효학연구원; 福士慈稔(2001), 「元曉著述이 韓中日 삼국 불교에 미친 영향」, 박사학위논문, 원광대학교 대학원 등의 연구가 있다. 그리고 원효사상에 미친 중국불교의 영향에 대해서는 구체적인 인물을 중심으로는 상당한 연구가 있다. 하지만 원효사상에 미친 중국불교의 영향을 전체적으로 정리한 연구는 찾기 어렵다.

원효가 반고사에 머물고 있을 때 항상 낭지를 찾아 만났는데 낭지는 『초장관문』과 『안신사심론』을 짓게 하였다. 원효가 다 짓고 나서 은사 문선을 시켜 책을 받들어 보내면서 그 편의 끝에 게를 적었다. 그 내용은 이러하다. "서쪽 골짜기의 사미는 머리 숙여 동쪽 봉우리 큰 스님의 높은 바위 앞에 예를 표합니다. 미세한 먼지를 불어 영취산에 보태고, 가느다란 빗방울 날려 용연에 던집니다."[3]

낭지는 영취산에 있으면서 항상 『법화경』을 강론한 신통력 있는 승려라는 것이고 661년에 지통이 찾아가 만났다고 하는데 그 때에 135년 전부터 그곳에 있었다고 하는 신비한 인물이다. 원효는 낭지와 만나서 지도를 받은 것으로 볼 수 있다. 고정적인 스승이라고 보기는 어렵지만 낭지가 항상 『법화경』을 강론했다 하므로 『법화경』을 중심으로 배웠을 것으로 추측할 수 있다. 또 하나 원효의 스승으로 나오는 사람은 고구려의 승려 보덕이다. 보덕은 650년에 완산 고대산으로 옮겨 갔다고 한다. 완산에 있던 보덕에게서 원효와 의상이 배웠다는 것이다. 이는 의천이 보덕성사의 진영에 예하면서 쓴 시에 나오는 말이다.[4] 원효 의상이 『열반경』과 『유마경』을 배웠다고 한다. 고대산은 백제 멸망 이전에는 백제 땅이었으므로 원효와 의상이 가서 배우기가 쉽지 않았을 것이라는 의견도 있고 백제 땅으로 오기 전에 고구려에서 배웠을 것이라는 설도 있지만 어쨌든 보덕이 원효의 스승으로 거론된다.

다음 원효가 항상 질의를 했던 스승으로 혜공이 거론된다. 『삼국유사』에 의하면 "이 때 원효는 여러 불경의 소를 지으면서 매번 혜공을 찾아가서 의심나는 것을 물었다."[5] 혜공은 신통력이 많았던 사람이고 항상 작은 절에 머물면서 날마다 미친 듯이 만취하여 삼태기를 지고 거리에서 춤을 추었으므로 그를 부궤화상(負簣和尙)이라고 불렀다. 그리고 한편으로는 승조의 후신이라고도 한다. 민중불교의 실천자이면서 삼론종 계통의 사상을 가지고 있었다고 짐작할 수 있다.[6] 원효에게 가르침을 베푼 것은 아니지만 함께 한 사람으로는 大安을 들 수 있다. 『송고승전』에서 『금강삼매경』을 편집한 것으로 알려진 사람이다. 대안이 편집하고 원효가 주석서를 작성함으로써 『금강삼매경』이 세상에 알려지게 되었다는 것이 『송고승전』 원효전에서의 설명이다. 대안도 민중불교의 실천자이다. 구체적으로 원효에게 어떤 가르침을 주었는지는 나타나지 않는다. 다만 원효 주위에 민중불교를 실천하면서 불교를 종합적으로 이해하는 그룹이 함께 하고 있었음

3 『三國遺事』「朗智乘雲 普賢樹」(일연, 김원중 옮김(2002), 『삼국유사』, 을유문화사, pp.549-550)

4 『大覺國師文集』 권17(의천, 이상현 옮김(2012), 『대각국사집』(한글본 한국불교전서 고려5), 동국대학교출판부, p.352)

5 『三國遺事』「二惠同塵」(일연, 김원중 옮김(2002), 444)

6 이는 남동신도 지적하고 있다. 남동신(1999), 『원효』, 새누리, pp.98-104 참조

을 짐작할 수 있다. 원효는 결코 혼자가 아니었던 것이다. 특히 민중 불교의 실천과 거사 불교의 실천에서 중요한 인물로 추정된다. 『금강삼매경』이 재가자의 중요성을 강조하고 있는 것을 보면 알 수 있는 일이다. 다음으로 원효와 연관해서 나타나는 인물은 사복과 광덕, 엄장 등이다. 『삼국유사』에서 확인할 수 있는데 모두 민중 속에서의 실천에서 등장한다. 원효는 국내외적으로 많은 사람들에게서 배우면서 그의 사상을 형성하고 독자적인 자신의 사상을 형성하였다. 일반적으로 일심과 화쟁을 그의 대표적인 사상을 말하는데 이는 모두 기존의 불교사상을 적극적으로 받아들이면서 형성해 간 것이다.

Ⅲ. 원효와 중국 불교사상가

신라는 법흥왕 때 불교가 공인된 이래로 중국과의 지속적인 교류 속에서 발달해 나갔다. 초기에는 중국에서 문물 교류의 형태로 불경이나 불상이 들어왔지만 중국에 건너가 직접 불법을 배워 온 사람이 많다. 원효의 시대인 7세기 말까지 중국의 고승전이나 우리나라의 『해동고승전』 등을 통해 적지 않은 숫자의 인물을 확인할 수 있다. 각덕은 최초의 신라 유학승인데 진흥왕 10년(549)에 양나라로부터 귀국하였다.[7] 양나라의 사신과 함께 부처의 사리를 가지고 귀국하였다고 한다. 이후 6세기 후반에는 명관, 현광, 지장, 지명, 원광 등의 중국 유학승이 있었음을 확인할 수 있다. 그리고 중국 유학승뿐 아니라 인도에까지 간 구법승들이 있었다. 의정의 『대당서역구법고승전』[8] 이나 『해동고승전』[9] 등에서는 아리야발마, 혜업, 현각 등이 유학하였음을 확인할 수 있다. 선덕여왕 12년(643)에는 자장이 당나라에서 귀국하였다.[10] 활발하게 중국에서 새로운 불교사상을 수입한 것이 원효 당시의 신라의 상황이었다.

그러면 신라불교는 중국불교와 별로 다를 것이 없었는가? 그것은 그렇지 않다고 보아야 할 것이다. 먼저 신라는 삼국통일 과정에서 중국과 함께 백제 고구려를 멸망시켰지만 그 후에는 서로 갈등을 겪는다. 전쟁까지 하게 된다. 의상이 귀국하면서 당의 침입 사실을 통보하고 명랑이 당의 침입을 막기 위해 문두루비밀법을 시행하는 등의 여러 사례를 볼 때 당시의 승려들의 신라

---

7 『三國史記』 新羅本紀 제4(김부식, 이강래 옮김(1998), 124) 참조

8 義淨, 김복순 역(2015), 『大唐西域求法高僧傳』, 아연출판부, pp.77-85 참조

9 覺訓, 이병훈 역(1975), 『海東高僧傳』, 을유문화사, pp.111-117 참조

10 『三國史記』 新羅本紀 제5(김부식, 이강래 옮김(1998), 143) 참조

에 대한 충성심이 대단하였다. 중국에 대한 태도가 신라에 대한 태도와 같을 수는 없는 것은 너무도 당연한 일이다. 원효의 사상 형성에도 중국불교의 영향이 컸다. 원효는 신라에서 활동하였지만 중국불교의 동향에 대해서 잘 알고 있었고 발전된 불교 이론을 바로바로 접할 수 있었다. 발전된 중국불교의 이론을 알고 있었고 새롭게 번역된 경전들에 대해서도 알고 있었다.

『송고승전』의 원효 전기에 의하면 원효는 현장 자은의 문하를 사모하여 유학을 가려고 하였으나 인연이 어그러져 유학을 그만 두었다고 한다.[11] 원효와 중국불교의 관련을 보여주는 중요한 언급이다. 현장이 인도로부터 돌아와서 새로운 경전 번역을 하고 있다는 것을 알고 있었고 신역 불교를 배우고 싶은 욕구가 있었다. 그러나 유학을 가지 않았다. 무덤 속에서의 깨달음이 유학을 그만 둔 계기였다고 하는데 이론적으로 따지는 것 보다 근본적인 마음이 중요하다고 본다는 것이 이때부터 나타난다. 하지만 원효가 중국 유학을 그만 두었다고 하더라도 중국의 불교 이론에 대한 관심이 없었던 것은 아니다. 최신의 이론과 경전에 대해서도 잘 알고 있었다. 구체적으로 중국의 어떤 불교사상가의 영향을 받아서 그의 사상이 형성되었는지 차례로 살펴보도록 하자.

1. 원효와 혜원

원효가 영향 받은 중요한 인물 중 하나가 지론종 남도파에 속하는 慧遠(523-592)이다. 원효는 『대승기신론』을 대단히 중시하여 많은 저술을 남겼고 그의 사상의 기반이 『기신론』에 있다는 평가가 있을 정도인데 원효 이전의 『기신론』 주석서 중에서 가장 중요한 것은 혜원의 주석서이다. 원효의 기신론 해석은 혜원에 힘입은 바가 크다고 할 수 있을 것이다. 혜원은 『능가경』을 『기신론』의 소의경전으로 간주하였는데[12] 이를 원효도 계승하고 있다. 특히 원효의 화쟁사상의 원류의 하나로 『능가경』을 말할 수 있다는 주장도 있다.[13] 원효는 『기신론』을 중시하였고 『능가경』 또한 중시하였다. 혜원의 영향이 있다고 할 수 있을 것이다.

다음으로 이장(二障)에 대한 연구에서 혜원의 영향을 확인할 수 있다. 야나기다 세이잔(柳田聖

---

11 『宋高僧傳』「黃龍寺元曉傳」 "일찍이 의상법사와 당나라에 들어가고자 하였으니, 현장삼장의 법문을 사모하여서였다. (嘗與湘法師入唐 慕奘三藏慈恩之門)"(T50.730a)

12 박태원(1994), 『대승기신론사상연구(1)』, 민족사, pp.41-42 참조.

13 石井公成은 "『기신론』과 『능가경』에 근거하여 여러 학설의 화해를 시도하는 원효의 자세는 『능가경』 중시의 계통 특히 지론종 남도파 이래의 흐름 가운데에 위치 지을 수 있다"(石井公成(2002),「元曉の和諍思想の源流-『楞伽經』との關連を中心として-」, 『印度學佛教學研究』 51卷1號, 日本印度學佛教學會, p.23)고 말한다.

山)은 신라불교를 지론종에 경도되어 있었다고 평가하고 있고[14] 『이장의』의 저술에 있어서도 지론종 남도파 학자인 혜원의 『대승의장』의 영향이 있다고 지적된다.[15] 그러나 최근의 연구에 의하면 이장을 해석하고 체계화하는 구체적인 내용에서는 혜원을 그대로 따른 것이 아니라 원효 독자의 사상이라 한다.[16] 원효의 열반사상에서도 혜원의 영향을 지적할 수 있다. 기무라 센쇼(木村宣彰)는 원효가 『열반종요』를 지음에 있어서 혜원의 『대승의장』에 많이 의존하고 있음을 지적하고 있다.[17] 하지만 『열반종요』가 혜원의 『대승의장』의 영향을 받은 것은 사실이지만 그것은 표면상, 형식적인 것이고 근저에는 학설 내용에서는 스스로 독자적인 입장을 취하고 있다고 말한다.[18] 후세 고가쿠(布施浩岳)도 원효의 열반경 해석은 길장과 혜원의 영향이 있음을 받았음을 지적한다. 물론 그들의 이론을 그대로 채용한 것은 아니고 참고하는 것이어서 원효의 독자성이 없는 것은 아니라고 말한다.[19] 기무라 기요타카(木村清孝)는 원효의 천제불성론(闡提佛性論)은 혜원과 지엄의 사상의 영향이 인정된다고 하였다. 하지만 그 해석법은 물론 원효 독자의 것이라 한다.[20] 김천학도 원효가 『대승의장』을 수용하여 자신의 사상을 구축하였고 혜원을 적극적으로 비판한 흔적도 없다고 한다. 하지만 『대승의장』과는 다른 견해도 있고 진일보한 견해도 있어서 혜원을 그대로 따르기만 한 것은 아니라 한다.[21]

이와 같이 원효는 혜원을 많이 참고하고 그의 학설을 수용하지만 혜원을 그대로 따르기만 한

---

14 柳田聖山은 "해동불교는 현장 자은의 유식법상종에 대항하여 십지론계의 여래장에 경도되어 있었다. '三界唯心 云云'은 『기신론』 또는 『십권 능가경』에 의한 것이다. 원효는 『금강삼매경』에 의해 그것들을 집대성한 것이다. … 廣略 二本의 『금강삼매경소』가 만들어진 것은 명백히 현장 유식에 대한 도전이다."(柳田聖山(1993), 「금강삼매경의 연구」, 『백련불교논집』 3, 백련불교문화재단, pp.466-477)라고 말하고 있다.

15 Charles Muller(2006), 「『起信論』の二障に於ける慧遠と元曉」, 「印度學佛敎學研究」 第55卷 第1號, 日本印度學佛敎學會 참조.

16 최연식(2016), 「원효 『二障義』 은밀문의 사상적 특징-『大乘義章』 번뇌설과의 비교를 중심으로-」, 동악미술사학 19, 동악미술사학회 참조.

17 木村宣彰은 다음과 같이 말한다. "제이의 불성문도 대부분 혜원의 불성의를 소재로 하고 있다. 법불성.보불성의 이불성(二佛性)에 대한 논의, 범부위(凡夫位)에 즉해서 불성의 유무를 설하는 곳, 불성과 삼성(三性)의 논의, 또한 제육의 회통에서 갖가지 불성의를 상주불성.무상불성.현과불성.당과불성 등으로 분류하고 있지만, 이 역시 혜원의 불성의에 대한 설을 정리한 것이다. 이상과 같이 교종문은 대부분 혜원의 교학에서 그 소재를 취한 것이며, 다음의 제4 경체문이나 제5 교적문에서도 또한 마찬가지다."(木村宣彰(1992), 「원효대사의 열반사상」, 『민족불교』 2, 청년사, pp.242)

18 木村宣彰(1992), 244

19 布施浩岳(1973), 『涅槃宗之研究』 後篇, 國書刊行會, pp.619-630 참고.

20 木村清孝(1981), 「元曉の闡提佛性論」, 『佛敎の歷史的形態に見る諸形態』, 古田紹欽博士 古稀紀念會, p.334

21 김천학은 "경종(經宗)을 논함에 있어, 『법화경』의 경종을 일승이라고 본 것은, 삼매로 본 『대승의장』과는 다른 견해이다. 또한, 교판적인 자세에서도 남지사의 오시교와 신유식의 삼전법륜설을 동시에 비판한 것은 『대승의장』보다 진일보한 해석이 아닐 수 없다."고 말하고 있다. (김천학(2014), 「신라불교에서의 혜원 수용 양상-『대승의장을 중심으로-」, 『불교학연구』 제40호, 불교학연구회, p.73)

것이 아님은 두말할 필요가 없을 것이다. 혜원은 지론종 남도파로 분류되기는 하지만 폭넓게 연구를 하였고 많은 저술을 남겼다. 원효는 그 저술들을 연구하고 그 내용을 비판적으로 수용하고 있는 것이다.

2. 원효와 지의

천태지의(天台智顗; 538-597)는 천태종의 창시자이고 다양한 분야에 걸쳐서 많은 저술이 있다. 불교 전체를 나름대로 체계를 세워 해석한 천태종의 교판은 특히 중요하다. 원효는 지의의 영향도 많이 받은 것으로 보인다. 원효의 저술에서 지의의 영향을 살펴보면 먼저 『기신론소』에서의 지관에 대한 설명에서 지의를 인용하고 있는 것을 확인할 수 있다. 많은 연구에서 원효의 『대승기신론소』에서는 지의의 『천태소지관』을 참조 이용하고 있다고 지적하고 있다.[22] 이에 대해 최기표는 「『起信論疏』에 나타난 天台 止觀論」에서 원효가 『기신론소』에서 이용하고 있는 것은 『천태소지관』이라기보다는 『석선바라밀차제법문(釋禪波羅蜜次第法門)』이라고 주장한다. 두 저술 동시에 있는 것도 인용되지만 『소지관』에는 없고 『차제법문』에만 있는 부분이 인용되고 있는 것을 보아서 확인이 가능하다고 한다.[23] 어느 책에서 인용한 것이든 천태의 영향이 확인된다. 원효 저술에서 천태의 영향에 대한 후쿠시 지닌(福士慈稔)의 연구에 의하면 점점 갈수록 천태의 영향이 커짐을 확인할 수 있다고 한다. 초기에 천태의 영향이 없는 것은 전적이 전해지 않아서였을 거라고 추측할 수 있다고 한다.[24]

원효의 교판에 관한 입장이 천태의 입장과 같은가의 문제에 대해서는 이견이 있다. 그의 교판에 관한 입장이 크게는 천태와 같다고 본 주장[25]과 천태의 교판을 비판하는 것으로 보는 경우도 있다.[26] 『열반종요』에서는 남북의 교판에 대하여 평가하는 천태의 말을 다음과 같이 인용한다.

---

22 최초로 關口眞大가 지적한 이래(關口眞大(1954), 『天台小止觀の硏究』, 理想社, p.29) 많은 사람들이 지적하고 있다. 福士慈稔(1990),「元曉著述に於ける天台の影響について」, 『印度學佛敎學硏究』 39卷1號, 日本印度學佛敎學會, pp.123-124; 이평래(2004), 「원효의 천태지관의 수용에 관하여」, 『천태학연구』 제6집, 천태불교문화연구원, p.160; 이영자(1988), 「원효의 지관」, 『한국천태사상의 전개』, 민족사, pp.77-80 등 참조

23 최기표(2003), 「『起信論疏』에 나타난 天台 止觀論」, 『한국불교학』 36집, 한국불교학회, pp.110-121 참조

24 福士慈稔(1990), 124

25 오지연(2017),「천태 지의와 원효의 만남-일심삼관을 중심으로-」, 『불교철학』 제1집, 동국대학교 세계불교학연구소, p.80

26 이기운(2005), 「天台의 四一과 원효의 四法」, 『불교학연구』 11호, 불교학연구회, p.5; 지혜경(2017), 동아시아 불교의 통합 담론 전개에서 원효의 역할-지의의 원융사상과 원효의 화쟁사상의 연속성과 불연속성-, 『한국불교학』 82집, 한국불교학회, p.79

또 수나라 때에 천태 지자가 신인(神人)에게 물었다. "북쪽 지방에서 사종(四宗)을 내세우는 것이 경의 뜻에 맞느냐 그렇지 않느냐?" 신인이 대답했다. "잃는 것은 많고 얻는 것은 적다." 천태 지자가 다시 물었다. "성실론종의 스승들이 오시교(五時敎)를 내세운 것은 부처님의 뜻에 맞느냐 그렇지 않느냐?" 신인이 대답했다. "북쪽 지방에서 사종을 내세우는 것보다는 조금 괜찮지만 그래도 과실이 많다." 그런데 천태 지자는 선정과 지혜를 통달하였으므로 온 세상이 그를 존경하였고 범부와 성인도 (그의 경지를) 헤아리기 어려워했다. 그러므로 알라. 부처님의 뜻은 심원하여 헤아릴 수 없는데도, 사종으로 경의 종지를 과분(科分)하고 또한 오시교로 부처님의 뜻을 한정하려고 하였으니, 이것은 마치 소라고둥으로 바닷물을 퍼내고, 대롱을 가지고 하늘을 엿보려고 하는 것이나 마찬가지일 뿐이다.[27]

문맥을 살펴보면 5시 4종의 남북의 교판에 대한 비판이고 그것을 비판하는 데에 천태와 신인의 대화를 끌어들여 그 정당성을 입증하고자 한다. 따라서 천태에 대한 비판이라고 볼 수는 없다. 하지만 그것이 천태의 교판을 지지하는 것은 아니므로 교판에 관한 입장이 천태와 같다고 보는 것은 문제가 있다고 생각한다. 원효는 5시 4종을 비판하는 데에 있어서 천태와 입장을 같이 한다. 그리고 거기에 덧붙여서 결론적으로 교판 자체에 대하여 비판적인 견해를 피력한다. 주지하다시피 천태는 5시 8교의 교판을 하였다. 따라서 원효는 교판에 있어서 천태와 입장이 다르다고 보아야 할 것이다.

3. 원효와 길장

원효와 길장(吉藏; 549-623)의 관련에 대해서 살펴보면 원효 사상에 길장의 영향이 컸음은 일찍부터 지적되어 왔다. 먼저 원효의 표현법은 길장과 유사한 것이 많음은 이미 지적되어 왔다. 길장은 이제(二諦)를 가르침으로 파악하여 언어 자체에 집착하지 않아야 함을 주장한 것으로 유명하거니와 원효는 바로 그러한 길장의 표현법을 그대로 이어 받아 공과 유의 화쟁을 시도한다. 가명(假名)으로 설하는 공이라거나 가명으로 설하는 유라는 길장의 표현과 원효의 공과 다르지 않은 유 또는 유와 다르지 않은 공이라는 표현은 거의 같다.[28] 또 공·유의 표현이 임시적인 이름

27 원효, 이평래 옮김(2017), 『열반종요』(한글본 한국불교전서 신라20), 동국대학교출판부, pp.261-263

28 최유진(1998), 『원효사상연구-화쟁을 중심으로-』, 경남대학교 출판부, 81-83 참조

이라는 것도 거의 비슷한 표현으로 말하고 있다.[29] 길장의 강한 영향을 알 수 있다.

『법화경』을 해석하는 『법화종요』에서도 『법화경』 해석에서 가장 중요하다고 일반적으로 인정되는 천태 지의의 학설을 참고한 흔적은 보이지 않고 길장의 설을 대부분 수용한다. 이를 천태의 교학이 『법화종요』 저술 이후 『기신론소』 저술 이전에 전래되어서 그랬을 것이라고 추측하기도 한다.[30] 하지만 원효가 『법화경』 해석에서도 길장의 저술을 중시하고 있음은 원효가 길장의 영향을 많이 받고 있음을 알게 해 준다. 이제에 대한 견해에서도 원효는 길장과 상통한다는 지적이 있다.[31] 원효는 『미륵상생경종요』에서도 길장의 『미륵경유의』를 적극적으로 참고하고 인용하고 있다. 구성도 많이 참고하고 있음을 알 수 있다.[32] 그리고 원효는 『상생경』은 대승이지만 『하생경』과 「성불경」은 소승에 속한다고 주장하였는데[33] 이도 역시 『상생경』은 대승이지만 『하생경』은 소승이라는 길장[34]과 의견이 같다.

원효는 길장의 영향을 많이 받지만 노자나 장자에 대한 태도는 좀 다른 것 같다. 노자나 장자를 강하게 비판하는 길장과[35] 달리 즐겨 노자 장자를 인용하고 표현 방식도 유사한 것이 많다.[36] 『화엄경소』의 서문[37]과 『금강삼매경론』에서의 논의[38] 또는 『기신론소』나 『별기』의 내용들을 볼 때 노자나 장자의 영향은 확실하다.[39] 노자나 장자를 즐겨 인용하고 같은 방식으로 표현하고 있으므로 강하게 비판하는 길장과는 확실히 다른 태도이다. 도교와의 경쟁이 심했던 중국과는 다른 신라의 분위기가 영향을 미치고 있다고 보아도 좋을 것이다. 따라서 원효의 사상을 중국불교사의 맥락에서 본다고 하더라도 독자성은 항상 인정하여야 할 것이다. 원효와 길장의 또 다른

---

29 최유진(1999), 「원효의 중관철학 이해」, 『불교학연구』 창간호, 한국종교학회불교분과, 210-212 참조

30 최기표(2003), 「『起信論疏』에 나타난 天台 止觀論」, 『한국불교학』36집, 한국불교학회, 127-128 참조

31 조윤경은 다음과 같이 말한다. "현상적 차원과 초월적 차원을 막론하고 이제를 평등한 한 쌍으로 보는 원효의 이해는 삼론종의 이제 이해와 상통한다."(조윤경(2017), 132)

32 안계현(1962), 「원효의 미륵정토왕생사상」 『역사학보』 17 18합집, 역사학회, 247-256 참조

33 元曉, 『彌勒上生經宗要』(원효, 성재헌 외 옮김(2017), 30-37 참조)

34 吉藏, 『彌勒經遊意』(T38. 263c) 참조.

35 『三論玄義』에서 중요한 비판의 대상 중 하나가 三玄이다.

36 이에 대해서는 최유진(2005), 「원효와 노장사상」, 『보조사상』 24집, 보조사상연구원 참조.

37 『華嚴經疏』의 서문은 『莊子』의 영향이 많이 눈에 띈다.

38 『금강삼매경론』 「입실제품」에서의 有見과 空見의 논쟁에 대한 동의와 이의의 문제는 『장자』 「제물론」에서의 논쟁의 화해 방식과 비슷하다.

39 『대승기신론소』와 『별기』의 논의와 『장자』의 유사성은 石井公成의 지적을 참조할 것(石井公成(1983),「元曉と中國思想」, 『印度學佛敎學硏究』 31卷2號, 日本印度學佛敎學會, 164-165 참조)

점은 길장이 파사가 바로 현정이라고 주장하면서 부정의 방식으로 자신의 사상을 전개하는데 반하여 원효는 긍정과 부정을 자유롭게 하면서 자신의 논의를 전개[40]하는 점이 다르다고 할 수 있다.

4. 원효와 현장

원효와 현장(602-664) 또는 규기(632-682)와의 관계는 어떠하였는가? 『송고승전』의 원효 전기에 의하면 현장을 사모해서 당나라로 유학가려 하였다 한다.[41] 하지만 중간에 무덤 속에서 깨달음을 얻어 유학 가려는 것을 그만 두고 신라에서만 활동을 한다. 원효가 초기부터 중국불교 특히 현장의 새로운 불교에 대해 적극적인 수용 의사를 가지고 있었음을 알 수 있다. 하지만 원효는 신라에서만 활동을 한다. 그러나 새로운 번역의 유식학에 대해서 적극적으로 수용하고 있음은 『이장의』 등의 저술을 통해서 알 수 있다. 『이장의』의 내용에 대한 일반적인 평가는 유식과 『기신론』의 사상을 종합하는 것이라고 말한다. 현료문에서는 유식의 이장에 대한 이론, 은밀문에서는 기신론의 이장에 대한 이론을 말하여 둘을 종합하려 하였다는 것이다. 유식의 이론을 종합할 때 원효는 구유식의 기반 위에서 현장에 의해 소개된 새로운 유식의 이론을 적극적으로 수용한다.[42] 여기에서 현장의 영향을 말할 수 있다. 그러나 원효는 현장을 비판하기도 한다. 『판비량론』에서 현장이나 그 제자들이 고안했던 논증식을 비판한다.[43] 그리고 『법화종요』에서는 『법화경』을 불요의(不了義)로 보는 대표적인 학설로 유식계의 삼륜설을 제시하고 료의로 보는 것은 길장의 삼륜설을 제시하여 논의한다. 경전의 근거가 있으므로 둘 다 인정할 수 있으나 도리에 맞추어 보면 처음 논사(유식계)는 뜻이 좁고 짧다고 비판하고 『법화경』이 구경의 요의교설이라고 결론을 내린다.[44] 유식계의 삼륜설이 바로 현장의 이론인데 원효는 이것을 비판하고 있는 것이다. 현장을 비판하는 것도 많이 있음을 확인할 수 있다.

---

40 최유진(1998), 『원효사상연구-화쟁을 중심으로-』, 경남대학교 출판부, 94-104 참조.

41 『宋高僧傳』 권4 「黃龍寺元曉傳」(T50.709a)

42 유승주는 "원효는 구유식학파의 이론적 전통에 서서 현장에 의해서 새로이 수입된 호법 계통의 신유식 이론을 적극적으로 수용하였다"라고 지적한다. (유승주(2002), 「원효의 유식사상 연구-심식론과 번뇌론을 중심으로-」, 박사학위논문, 동국대학교, 243)

43 김성철(2003), 『원효의 판비량론 기초 연구』, 지식산업사, 384-385 및 권서용(2018), 「원효의 불확정[不定] 원리와 법칭의 선험적 원리에 관한 연구-원효의 『판비량론(判比量論)』 11절을 중심으로-」, 『동아시아불교문화』 35집, 동아시아불교문화학회, 326-337 참조

44 元曉, 『法華宗要』(원효, 성재헌 외 옮김(2017), 154-164 참조

5. 원효와 중국화엄 삼계교 정토종

원효와 중국화엄과의 관련에 대해서 말하면 먼저 원효는 독자적인 교판을 통하여 법장 등과는 다른 독자적인 사상을 전개하였음을 알 수 있다. 원효의 교판에 대하여 표원은 다음과 같이 소개한다.

> "신라의 원효법사 역시 4교를 세웠다. 첫째는 삼승별교 (사제교·연기경 등과 같은 것)이고, 둘째는 삼승통교(반야교와 심밀경 등과 같은 것)이고, 셋째는 일승분교(영락 및 범망경 등과 같은 것)이며, 넷째는 일승만교(화엄경 보현교를 이른다)이다. 삼승이 함께 배우는 것을 삼승교라 이름하는데 그 중에서 아직 법공에 밝지 못한 것을 별상교라 하고 법공을 두루 설하는 것을 통교라고 부른다. 이승과 함께 하지 않는 것을 일승교라 하는데 그 중에서 아직 보법을 드러내지 않은 것을 수분교, 보법을 완전히 밝힌 것을 원만교라 한다."[45]

원효는 이 교판에서 삼승과 일승의 구별을 한 후에 다시 한 번 別과 通, 分과 滿의 구별을 하였는데 그 기준은 법공과 보법이라고 할 수 있다. 보법을 중시하는 것은 원효의 중요한 특색이다. 보법을 알면 일승 중에서도 만교가 된다. 다음으로 원효와 중국화엄의 관련에 대해서 살펴보면 의상을 통하여 새로운 화엄사상을 적극적으로 받아들이고 있음을 알 수 있다. 원효 사상의 형성에서 의상의 새로운 화엄 사상이 영향을 주었다. 균여는 다음과 같이 말한다.

> 『보법기』에서 "수전법은 지엄 법사가 말씀하신 뜻이고, 의상 법사가 전해온 말씀으로서 이 뜻을 생각하고 헤아려보니 도리가 있는 것이다. 이에 지금 그것에 대하여 서술한다."라고 하였고, 또 『화엄종요』에서는 "이 수전법의 방법은 지엄 법사에게서 비롯된 것으로 또한 도리가 있으므로 이제 그것을 택한다."고 하였다. 그러므로 수전법이 지엄으로부터 나온 것임을 알 수 있다. 당나라에서는 법장과 징관, 신라에서는 의상과 원효가 세상에 이것을 유통시켰다.[46]

---

45 表員, 『華嚴經文義要決問答』 卷四(『韓國佛敎全書』 2. 385b), "唐新羅元曉法師 亦立四敎 一三乘別敎(如四諦敎緣起經等) 二三乘通敎(如般若敎深密經等) 三一乘分敎(如瓔珞及梵網經等) 四一乘滿敎(謂華嚴經普賢敎) 三乘共學名三乘敎 於中未明法空名別相敎 通說法空是爲通敎 不共二乘名一乘敎 於中未顯普法名隨分敎 窮明普法名圓滿敎."

46 균여 저, 최연식 옮김(2010), 『일승법계도원통기』(한글본 한국불교전서 고려1), 동국대학교출판부, 147

이에 의하면 원효가 의상에게서 수전법을 배웠음을 알 수 있다. 『법계도기총수록』에서는 다음과 같이 원효가 의상에게 배웠다는 말을 전하고 있다.

> 옛말에 이르기를, "원효가 의상을 만나서 의심을 해결한 것이 세 가지가 있다. 말하자면 첫째는 시각이 본각과 같으니 범부가 되고 성인이 되는 뜻이고, 둘째는 습기를 지나는 바다의 갖가지 마음의 뜻이고, 셋째는 이 설하는 가르침과 설해지는 뜻이 모두 말 가운데 있는 자리이다."라고 하였다. 원효의 뜻은 곧 말하자면 아래 가르침 가운데 실제로 법의 체가 있다고 했는데 이 글을 보고서 설하는 가르침과 설해지는 뜻이 모두 말 가운데 있고 실제의 법의 체가 없음을 알았다는 것이다.[47]

불확실한 부분이 조금 있는 것은 사실이지만 의상이 귀국하면서 소개하는 새로운 화엄에 대해 원효가 적극적으로 받아들이고 있었다는 것은 인정해도 좋을 것이다.[48] 다음으로 삼계교와 원효의 관련에 대해서 알아보면 원효와 삼계교도 관련이 있을 수 있다. 특히 그의 민중 속에서의 활동은 어떤 영향을 받았을 수 있다. "普敬"이란 용어가 삼계교와 밀접한 용어인데 이를 원효가 『열반종요』에서 사용하고 있고, 원효가 『열반종요』에서 일천제에 대해 넓은 의미로 해석하는 것 등이 원효가 삼계교의 신행에게서 영향을 받은 것이 있다고 생각할 수 있다는 지적[49]이 있고 그 밖에 원효와 삼계교의 연관에 대해서 말하는 연구들도 있다. 원효의 저술은 아니지만 원효가 중시하고 원효와 밀접한 연관을 가지는 『금강삼매경』에 여래장불, 불성불의 용어가 나오는데 이것이 삼계교와 관련이 있는 용어이고 『금강삼매경』의 속인을 중시하는 태도도 관련이 있다는 지적도 있다.[50]

다음으로 정토사상에서 중국불교와의 관련을 보면 담란의 영향을 받았다고 할 수 있다. 하지만 그것은 부분적인 것이라고 한다. 후지 요시나리는 다음과 같이 말한다.

> 원효는 하배 현료의 십념에 한하면, 원효는 담란의 십념론을 거의 그대로 받아들였다고 말할 수 있다. 그러나 원효의 염불은 어디까지나 관불, 관찰을 기본논리로 삼고 있는 것이고 담란만큼 칭

---

47 저자 미상, 해주 옮김(2014), 『법계도기총수록』(한글본 한국불교전서 고려6), 동국대학교출판부, 449

48 석길암(2013), 「한국 화엄사상의 성립과 전개에 보이는 몇 가지 경향성-智儼과 元曉, 智儼과 義湘의 대비를 통하여-」, 『동아시아불교문화』 13집, 동아시아불교문화학회, 11-12 참고

49 木村清孝(1981), 「元曉の闡提佛性論」, 『佛敎の歷史的形態に見る諸形態』, 古田紹欽博士古稀紀念會, 332 참고

50 법공(2014), 『삼계교사상 연구』, 운주사, 316-351 참고

명에 무게를 둔 것이라고 속단하면 안 될 것이다.[51]

담란 이후 특히 선도 이후에는 중국 정토교는 칭명염불 중심이 된다. 그러나 원효의 정토사상은 그렇지 않다. 관법이 중요하다. 원효가 엄장에게 가르쳐 준 것도 쟁관법(錚觀法)이다. 관법을 중시하고 있음을 알 수 있다. 아무튼 원효는 중국의 정토사상을 적극 받아들이지만 중국 정토교와는 다른 특색 있는 정토사상을 전개하였음을 알 수 있다. 원효의 정토사상은 칭명일변도의 정토사상과는 다르다.

Ⅳ. 화쟁과 중국불교

원효는 이와 같이 다양한 중국불교의 사상에 대해 폭넓게 연구를 하였다. 많은 부분을 적극적으로 받아들이고 있다. 그러면 그의 사상적 특색이라 할 수 있는 화쟁과 중국불교사상과의 관계는 어떻게 보아야 할 것인가? 그것은 먼저 원효가 왜 화쟁의 필요성을 느꼈고 어느 것을 화쟁의 대상으로 하고 있는가를 보면 확인할 수 있을 것으로 생각한다. 먼저 화쟁의 필요성과 원효의 문제의식에 대해서 알아보자. 和諍이 필요한 이유에 대해서 『十門和諍論』에서는 다음과 같이 말하고 있다.

> "부처가 세상에 있었을 때에는 부처의 圓音에 힘입어 (다툼이 없었으나)…… 쓸데없는 이론들이 구름 일어나듯 하여 혹은 말하기를 나는 옳고 남들은 그르다 하며, 혹은 말하기를 나는 그러하나 남들은 그렇지 않다고 주장하여 드디어 하천과 강을 이룬다. …… 有를 싫어하고 空을 좋아함은 나무를 버리고 큰 숲에 다다름과 같다. 비유컨대 靑과 藍이 同體이고, 얼음과 물이 같은 원천이며 거울이 만 가지 형태를 다 용납함과 같다."[52]

부처가 있었을 때에는 문제가 없었는데 세월이 지남에 따라 여러 가지 쓸데없는 이론들이 나와서 서로 다투게 되었다고 한다. 자기만 옳다 하고 자기의 견해에 집착하기 때문에 다투지만 얼

---

51 후지 요시나리(藤能成)(2001), 『원효의 정토사상연구』, 민족사, 64

52 『十門和諍論』, 『韓國佛敎全書』 1. 838a
"如來在世 已賴圓音 衆生等……空空之論雲奔 或言我是 言他不是 或說我然 說他不然 遂成河漢矣……憎有愛空 猶捨樹而赴長林 譬如靑藍共體 氷水同源 鏡納萬形"

음과 물이 같은 원천인 것처럼 차별이 없으니 다툴 이유가 없다는 것이 원효의 주장이다.[53] 다툼은 왜 생기는가 하는 문제에 대해 원효는 번뇌가 있어서 다툰다고 말한다. 부처는 번뇌가 없으므로 다툼이 없는데 그렇지 못한 일반 사람들은 번뇌가 있기 때문에 다툰다고 한다.[54] 번뇌가 없어 다투지 않는 부처야말로 최고의 존재이다. 우리는 다툼이 없는 이상적인 경지를 추구하여야 한다. 결국 다툼은 번뇌가 있기 때문이고 다툼은 부처의 진리에서 벗어나게 하므로 다툼을 화해시켜 최고의 진리로 돌아가게 하여야 한다.

원효의 문제의식은 그의 계율 관련 저술인 『보살계본지범요기』를 보아도 알 수 있다. 이 책에서 원효는 自讚毁他戒 하나에 대해서만 논의를 한다. 달마계의 첫 번째 계가 자찬훼타계이어서 논의를 한다고 말하고 있기는 하나 이 계가 『범망경』에서는 일곱 번째 계이다. 가장 중요한 계라고 하기는 어려운 계인데 원효가 특히 이 계를 가지고 논의를 하는 것도 스스로는 옳고 훌륭하고 다른 사람은 그릇되고 훌륭하지 못하다고 자찬훼타하는 당시의 현실에 대한 문제의식이 작용한 것으로 보아도 무방하리라 생각된다. 사자 몸 안의 벌레가 사자를 먹듯이 불법을 망하게 하는 내부의 존재를 사자 몸 안의 벌레[55]로 비유하면서 강하게 비판한다. 화쟁과 관련해서 특히 우리의 관심을 끄는 것은 혜에 관련한 사자 몸 안의 벌레이다. 혜에 관련한 사자 몸 안의 벌레는 한 편으로는 남을 이기겠다는 욕심으로 널리 불교 이론을 배워서 자기의 견해에 빠져서 스스로만 잘났다고 하는 데에서 오는 잘못이 있고, 일부 경론만을 알고 그것에 집착하고, 낮은 소견을 갖고 그것에 집착하여 생기는 잘못이 있다 한다. 스스로 집착하여 자기는 옳고 남은 그르다고 하는 것은 큰 잘못이라는 것이다. 그들의 잘못을 고쳐주어서 그들이 올바른 견해를 갖도록 해 주어야 하는데 그것이 바로 화쟁의 목적이라고 할 수 있을 것이다. 쟁론을 화해시키지 않으면 불법을 망칠 수 있다고 생각한 것이 원효였다. 일부의 경론만을 아는 것, 낮은 소견을 갖고 있는 것, 또는

---

53 화쟁이 필요함을 강조하는 이 『십문화쟁론』의 말에도 중국사상의 영향을 볼 수 있다. "靑과 藍이 同體이고, 얼음과 물이 같은 원천"이라는 말은 『荀子』의 「勸學篇」에 나오는 말이다. 원효가 유교에도 밝았음을 알 수 있다. 『菩薩戒本持犯要記』 淺深門에서는 "상사는 그것을 듣고 의취를 잡아 이해하여, 한 모퉁이를 들면 곧 세 모퉁이로써"(上士聞之 掬解意趣 擧一隅 便以三隅)(『韓國佛敎全書』 1. 584b)라는 말이 나오는데 이는 『論語』 「述而」의 "擧一隅 不以三隅反則不能也"란 말과 비슷하다.

54 원효는 『本業經疏』에서 『열반경』을 인용하여 "諸佛世尊은 번뇌가 없는 만큼 단정하는 바도 없다. 이런 까닭에 부처를 無上士라 부른다. 또 上士라 함은 諍訟을 하는 것을 이름이요, 無上士는 諍訟이 없다. 如來는 다툼이 없다. 그러므로 부처를 無上士라 부른다."고 말한다.(『本業經疏』(『韓國佛敎全書』 1. 516a), "諸佛世尊無有煩惱 故無所斷 是故號佛爲無上士 又上士者 名爲諍訟 無上士者無有諍訟 如來無諍 是故號佛爲無上士."(『涅槃經』(40권본) 권18. T12.469a; 『涅槃經』(36권본) 권16 T12.711c)

55 사자는 가장 용맹스러운 존재여서 다른 존재는 사자를 먹지 못하지만 사자 몸 안의 벌레는 사자를 먹는다. 이와 같이 불법 내부에서 불법을 망하게 하는 것을 사자 몸 안의 벌레에 비유한다. 『법망경』, 『인왕경』에 나오는 말이다.(『梵網經』 T24. 1009b "如師子身中蟲自食師子肉 非外道天魔能破") (『仁王經』 T8. 833c "如師子身中蟲自食師子. 非外道也 多壞我佛法得大罪")

널리 불교 경전을 배운다 해도 스스로가 잘났다고 생각하는 것 등이 和諍의 대상이 된다. 和諍은 여러 이론들 사이의 논쟁을 화해시켜서 잘못된 견해에 빠진 사람들을 올바르게 인도하려는 목적에서, 그리고 스스로의 견해에 집착해서 오만한 마음에 빠진 사람들을 잘 인도하기 위해서 필요한 것이다.[56] 당시 사람들에 대한 이러한 비판은 일단은 당시의 신라의 현실이라고 보아야 할 것이다. 하지만 이는 널리 확대하면 중국까지 포함한 일반적인 불교 내부의 모습이라고도 할 수 있을 것이다.[57] 그런 불교의 현실이 화쟁의 필요성을 강하게 느끼게 한 것이다.

구체적으로 화쟁을 행할 때 그 대상은 무엇인가? 화쟁의 대상은 불교의 여러 다양한 이론들 사이의 다툼이라는 것은 일찍이 논한 바 있다.[58] 그렇다면 그 이론은 신라에서의 이론인가 중국 불교의 이론인가가 문제이다. 원효가 화쟁을 논할 수 있었던 것은 신라에 그 이론이 전해 왔기 때문임은 말할 것도 없다. 하지만 그것이 신라에서 그것을 이해하고 받아들인 사람이 있어서 그것만을 고집하고 있기에 그런 것인지 아니면 중국의 사람들에 대한 것인지는 말하기는 쉽지 않지만 일단은 전해져 온 책을 보고 그 이론에 대해 논의한 것이라고 보아야 할 것이다. 신라에는 아직 학파가 형성되기 전이므로 그것을 전해 온 사람이 있다 해도 그 사람이 바로 그 학파의 사람이라고 할 수는 없을 것이기 때문이다. 받아들이는 데에서 문제가 생기는 것이라고 할 수도 있을 것 같다. 그저 무조건 받아들이면 안 되기 때문이다.

화쟁의 대상이 되는 것은 이론이다. 그렇다면 그것은 어떤 것들인가? 구체적으로 원효가 화쟁이라는 이름 하에서 이론들을 화해시키고 있는 것은 『열반종요』와 『십문화쟁론』에서 찾을 수 있다. 먼저 『열반종요』에서의 화쟁에 대한 논의는 열반문의 여섯째인 사덕문(四德門)에서 나온다. 원효는 사덕을 분별하면서 네 개의 문으로 나누어서 논하는데 그 중의 네 번째가 화쟁문이다. 이 화쟁문에서는 보신에 대한 논의에서 보신의 상주에 집착하는 견해와 무상에 집착하는 견해의 두 견해에 대해 화쟁하고 있다.

그리고 현재 남아 있는 『십문화쟁론』의 단편에서는 두 가지 논쟁에 대한 화해를 확인할 수 있다. 하나는 공과 유의 문제에 대한 화쟁이고 또 하나는 불성 유무의 문제에 대한 화쟁이다. 여기에서는 화쟁이라는 말이 직접적으로 나타나지는 않지만 『십문화쟁론』의 남은 단편이므로 이

---

56 최유진(1998), 『원효사상연구-화쟁을 중심으로-』, 경남대학교 출판부, 18 참조.

57 法藏은 『梵網經菩薩戒本疏』에서 自讚毁他戒에 대해 논의할 때 第六輕重門의 第五約心과 第六約行에서 원효의 『菩薩戒本持犯要記』를 많이 참고하여 거의 그대로 인용하면서 자찬훼타에 대해 논하고 있다. (『韓國佛敎全書』 1. 581b-582c 및 T40.628b-c 참조) 원효가 문제 삼는 상황이 신라에서만의 문제가 아니라 중국까지 포함하는 일반적인 문제임을 알 수 있게 해 준다.

58 최유진(1998), 『원효사상연구-화쟁을 중심으로-』, 경남대학교 출판부, 19-22 참조.

두 가지 문제에 대한 화쟁이라고 확인할 수 있다. 『십문화쟁론』의 나머지 화쟁의 주제가 무엇인가에 대해서는 여러 가지로 추정이 있었다. 하지만 그 추정이 전체적인 것을 대변하기는 어렵다. 원효의 현존 저술 등을 토대로 하여 추정을 하지만 원효의 저술이 현재 일부분밖에 남아 있지 않기 때문이다. 하지만 정확히 십문이 무엇인지는 확정하지 못한다고 해도 원효가 어떤 것을 화쟁의 대상으로 삼았는가는 말할 수 있다. 그렇게 보았을 경우 화쟁의 대상은 당시에 중국과 신라에서 모두 문제가 되던 이론들이다. 당연히 신라에 소개가 되었으니까 논의가 가능하지만 그것을 연구하고 주장하는 사람이 있다고 말하기는 어렵고 중국에서 논의되고 있는 이론들에 대한 원효의 발언이라고 보아야 할 것이다. 그렇다면 원효의 화쟁은 중국불교와 밀접한 연관을 갖는다고 할 수 있을 것이다. 중국에서부터 들어오는 여러 이론에 대한 이해라는 측면과 중국불교에 대해 평가하는 측면이 모두 있다고 보아도 무방할 것 같다. 그리고 그의 발언은 신라불교인에게 하는 발언의 의미도 있고 중국불교에 대해서 하는 발언의 의미도 있다고 보아야 할 것이다.

원효의 실천은 신라라는 구체적 현실에서의 실천이다. 구체적 실천에 관한 문제라면 멀리 있는 중국불교인들에게 발언하는 것이라고 보기는 어려울 것이다. 하지만 이론의 종합이나 비판이라면 굳이 구분하지 않고 모든 불교인들에게 말한다고 볼 수 있을 것이다. 그런 점에서 중국불교와의 관련성도 말할 수 있다. 그러므로 중국불교에도 영향을 줄 수 있었던 것이라 할 수 있다. 당시의 신라 불교가 중국불교와 밀접한 관련을 갖고 있었기에 더욱 그렇다고 말할 수 있다.

Ⅴ. 결론

원효의 불교사상을 중국불교의 맥락에서 살펴보아야 오히려 더 정확하게 볼 수 있다는 주장도 있을 정도로 원효의 불교사상은 중국불교사에서도 중요하다. 하지만 그의 사상이 중국불교의 영향 하에서 형성되고 또 그의 사상이 중국불교사상가들에게 영향을 주었다 하더라도 그의 사상은 신라불교의 맥락에서 보는 것이 당연할 것이다. 신라불교가 그대로 중국불교의 일부분은 아니기에 그렇게 말할 수 있다. 하지만 그의 사상에 대한 정확한 파악을 위해서는 중국불교와 관련해서도 연구가 중요하다. 그의 사상 형성에는 중국불교의 영향이 크기 때문이다.

이 논문에서는 원효의 저술에 나타나는 중국불교의 영향을 살펴보고 그의 특징적인 사상이라고 할 수 있는 화쟁이 중국불교와 어떤 연관을 가지는가를 살펴보았다. 먼저 혜원과의 관련을 보면 원효의 『이장의』에서 혜원의 영향이 확인된다. 『대승기신론』을 해석함에 있어서 『능가경』

을 중시하는 것도 혜원과 같은 입장이다. 지의와의 관련을 보면 먼저 『기신론소』에서 지의의 지관에 대한 이론을 받아들이고 있음을 확인할 수 있다. 교판에 대한 논의에서도 지의를 인용한다. 원효와 지의는 교판관에서 서로 통하는 부분이 많다. 길장과 원효와의 관련을 보면 화쟁의 논리에서 특히 영향이 크다. 길장의 가르침으로서의 이제설의 입장을 원효는 적극적으로 받아들이고 있다.

신유식에 대해서는 수용할 것은 수용하면서 일면 비판하는 모습도 보인다. 중국화엄과의 관련을 보면 원효는 의상을 통해 새로운 화엄사상에 접하고 그것을 자신의 사상에 받아들인다. 원효는 중국 정토교의 이론도 받아들여 정토사상을 널리 전파한다. 그리고 삼계교의 영향을 받은 것으로 보인다. 화쟁과 중국불교의 연관을 보면 원효가 화쟁의 대상으로 삼고 있는 것은 불교 이론들 사이의 다툼인데 그것이 중국불교에서도 중요하게 문제되는 것들이므로 화쟁과 중국불교는 밀접한 관련을 가짐을 알 수 있다.

원효는 중국불교의 다양한 이론들을 적극적으로 받아들이지만 비판할 것은 비판한다. 자신의 사상적 특색인 화쟁의 견지에서 중국불교를 바라본다고 결론 내릴 수 있을 것이다. 널리 중국불교의 사상을 받아들인 그러한 바탕 위에서 자신의 독창적인 사상을 형성하고 그것을 직접 실천해 간 것이 원효였다.

본서 수록 논문 발표 학술지 및 시기

1. 「신라에 있어서 불교와 국가-원효를 중심으로-」, 『한국불교학』 55, 한국불교학회, 2009. 11
2. 「신라의 불교대중화-원효와 거사불교를 중심으로-」, 『새천년한국인의 정체성』(제 11회한국학국제학술회의 논문집), 정신문화연구원, 2001. 5
3. 「원효의 거사불교」, 『가라문화』 25, 경남대학교 박물관 가라문화연구소, 2013. 10
4. 「원효- 일심의 철학과 화쟁-」, 서울대학교 철학사상연구소 엮음, 고승학 외 16인 공저, 『마음과 철학 -불교편-』, 서울대학교출판문화원, 2013. 11
5. 「『금강삼매경론』에 나타난 원효의 일심」, 인문논총 제11집, 경남대학교 인문과학연구소, 1998. 12
6. 「금강삼매경론의 심식설-일심이문, 여래장, 본각을 중심으로-」, 『원효학연구』 11집, 2006. 12
7. 「원효의 화쟁에 대하여」, 불교전기문화연구소 편, 『원효사상의 현대적 조명 1』, 불교춘추사, 2000
8. 「종교다원주의와 원효의 화쟁」, 『철학논총』 31, 새한철학회, 2003. 1
9. 「원효의 화쟁과 사회통합」, 『한국교수불자연합회지』 21-3, 한국교수불자연합회, 2015. 12
10. 「원효의 평화사상」, 『한국불교학』 60, 한국불교학회, 2011. 8
11. 「원효의 중관철학 이해」, 『불교학연구』 창간호, 한국종교학회 불교분과, 1999. 8
12. 「元曉의 彌陀淨土思想」, 『哲學論集』 제8집, 경남대학교 철학과, 1993. 12
13. 「원효의 미륵사상에 대하여」, 『종교연구』, 한국종교학회, 2000. 8
14. 「원효의 불성에 대한 견해」, 『대동철학』 20, 대동철학회, 2003. 3
15. 「원효의 열반관」, 『인문논총』 15, 경남대학교 인문과학연구소, 2002. 12
16. 「원효의 계율관」, 『불교연구』 38, 한국불교연구원, 2013. 2
17. 「『범망경보살계본사기』의 저자 문제」, 『동아시아불교문화』 25, 동아시아불교문 화학회, 2016. 2
18. 「원효와 노장사상」, 『보조사상』 24, 보조사상연구원, 2005. 8
19. 「원효와 중국불교」, 『동아시아불교문화』 36, 동아시아불교문화학회, 2018. 12